Ursula Riedel-Pfäfflin · Julia Strecker

Flügel trotz allem

Feministische Seelsorge und Beratung.

Konzeption – Methoden – Biographien

Daedalus

Oderstr. 25 · 48145 Münster
www.daedalusbuch.de

Umschlagentwurf: Dieter Kreuchauff
Printed in Germany
ISBN 978-3-89126-189-7

Inhalt

Vorwort zur Neuauflage 9
Vorwort zur ersten und zweiten Auflage 13

Sonett 16

Einleitung: Orte persönlicher und professioneller Biographien 17
Nähme ich Flügel der Morgenröte – Ursula Riedel-Pfäfflin 17
Ich setzte meinen Fuß in die Luft – Julia Strecker 29

Teil 1: Konzeption

Theoretische Perspektiven 45
Erinnerung 45
Analyse von Macht und Wissen 48
Ressourcenorientierung 52
Prozesshaftes und systemisches Denken 54
Raum 59
Ganzheitlichkeit 62
Spirituelle Präsenz 63
Parteilichkeit 64
Kontextualität und interkulturelle Vernetzung 66
Kontext, Geschichte und Kultur 67
Eigene Ressourcen und kollegiale Beratung 70

Orientierungspunkte: Was ist feministische Seelsorge? 72
Feminismus 73
Seelsorge 75
Feministische Seelsorge 75
Seelsorge, Beratung und Therapie 77
Systemische Perspektiven
geschlechterspezifischer Seelsorge und Beratung 78
Begegnungen mit anderen feministischen Ansätzen
der Psychotherapie und Beratung 82
Humanistische Persönlichkeitstheorien
und Feministische Psychotherapie 82

Feministische Psychologie 86
Feministische Kritik der klassischen Psychoanalyse Sigmund Freuds 88
Objektbeziehungstheorie und Selbstpsychologie 92
Feministische Familientherapie 97
Feministische Traumaforschung und -therapie 102
Narrative gerechtigkeitsorientierte Therapie 106
Zusammenfassung 108

Theologische Aspekte feministischer Seelsorge 110
Heimat und Heimatlosigkeit:
Die Suche nach einem Raum für die eigene Spiritualität 110
Gottesbilder: Selbstverständliches
und feministische Neuinterpretationen 116
Symbolisierung der Göttin 124
GottYn 126
Kritische Gesichtspunkte 127
Schuld und Vergebung 131
Religiöse Sozialisation von Mädchen 136
Rituale 139
Systemisch arbeiten: Veränderungen in Seelsorge
und Gemeindearbeit 145
Erotik und Wissen – die spirituelle Macht der Lebenskraft 149

Teil 2: Biographien und Methoden

Maren und Jonas 163
Thematischer Aspekt: Spirituelle Präsenz und die Linien der Frauen 163
Methodischer Aspekt: Symbolarbeit, Skulpturen, zirkuläre Fragen 175

Die Holzwurmzauberfee 179
Thematischer Aspekt: Frauen in Mehrgenerationen-Haushalten und deutsche Geschichte 179
Methodischer Aspekt: mehrgenerationale Familienbegleitung und narrative Ansätze 185

Rosies Geschichte 190
Thematischer Aspekt: Arbeit und Geld 190
Methodischer Aspekt: Die Bedeutung der Vereinbarungen im seelsorgerlichen Prozess 205
Das Gebet als Quelle von Kraft und Veränderung 208

Eine Häutung 210
Thematischer Aspekt: Lebensformen 210
Methodischer Aspekt: Zur Arbeit mit kreativen Methoden in feministischer Seelsorge 217

Traumflügel 223
Thematischer Aspekt: Raum für Mädchen
Methodischer Aspekt: Arbeit mit Jugendlichen im Konflikt mit ihrem sozialen Umfeld 231

Über Grenzen hinweg 235
Thematischer Aspekt: Migrantinnen
Methodischer Aspekt: Feministische Seelsorge zwischen Kulturen und Religionen 250

Wie Frauen verrückt gemacht werden 254
Thematischer Aspekt: Sexuelle Gewalt 254
Methodischer Aspekt: Die Eröffnung eines sicheren Raumes, die Arbeit mit der Wahrnehmungsfähigkeit der Klientin und der Umgang mit Grenzen im seelsorgerlichen Prozess 271

Das Mädchen ohne Hände 278
Thematischer Aspekt: Körpererfahrung und Sexualität 278
Methodischer Aspekt: Arbeit mit Biographien
als Erinnerungsarbeit in Gruppen 283

Das gläserne Herz 287
Thematischer Aspekt: Abtreibung und Trauer 287
Methodischer Aspekt: Entwicklung und Bedeutung von Ritualen
in der Seelsorge – Wie gehe ich mit dem Erleben des Scheiterns
in seelsorgerlichen Beziehungen um? 300

Das schwarze Zelt 305
Thematischer Aspekt: Töchter und Mütter 305
Methodischer Aspekt: Seelsorge in der kirchlichen Öffentlichkeit 310

Perspektiven im Rückblick 314

Literaturverzeichnis 316
Weiterführende Literatur 323
Adressen 326

Die Autorinnen 328

Vorwort zur Neuauflage

Als wir vor zwölf Jahren die ersten Überlegungen zu unserem *Flügel*-Buch starteten, war die »Hoch-Zeit« feministischer Aufbrüche zwar vorbei, jedoch gab es an vielen Orten den Wunsch und den Ruf nach dezidierten frauenspezifischen Angeboten, so auch im Kontext von Seelsorge und Beratung. Wir selbst waren geprägt und getragen von einer Zeit der feministischen Neuanfänge. Uns war es wichtig, in unseren Arbeitskontexten als Lehrende, Supervisorinnen, Pastorinnen und Seelsorgerinnen die theoretischen Grundlagen sowie die methodischen Ausführungen unserer Praxis zu benennen und anderen zur Verfügung zu stellen.

Vieles hat sich seitdem verändert. Die feministische Bewegung, die schon immer divers und vielfältig in ihrer Ausrichtung war, hat in verschiedensten Institutionen und Bereichen zunehmend weltweit einem gender-orientierten Ansatz Platz gemacht. Durch die schrittweise Verwirklichung von Gender Mainstreaming in gesellschaftlichen Systemen westlicher Industrienationen hat sich der Schwerpunkt geschlechtsbewusster Arbeit auf politische Strategien verlagert und verschoben – im Interesse besserer Umsetzung der Forderungen nach Gleichberechtigung von Frauen und Männern in allen Bereichen, wie Erziehung, Bildung, Arbeit, Ökonomie etc. – jedoch auch im Interesse ökonomischer Entwicklungen des Neoliberalismus, der das »Humankapital« von Frauen für seine wirtschaftlichen Interessen verstärkt nutzen will.

Als wir unser erstes Vorwort schrieben, waren wir eine Woche zusammen und genossen das gemeinsame Denken, Austauschen, einander Zuhören, Konzipieren und Schreiben in vollen Zügen. Wir erlebten das Wachsen unserer Flügel in der gegenseitigen Wahrnehmung unserer Geschichte und Geschichten, unserer unterschiedlichen Temperamente und Ausdrucksweisen, unserer Erfahrungen und Visionen inmitten der Berufsrealität.

Heute ist es sehr viel schwerer geworden, Zeit für ein Treffen schon weniger Stunden zu finden. Diese Zeit- und Begegnungsknappheit erscheint uns symptomatisch für Veränderungen im vergangenen Jahrzehnt zur Wende ins 21. Jahrhundert, zwischen Ost- und Westdeutschland und in der globalen Entwicklung. Unser Leben und Arbeiten fühlt sich oft voller Druck und Anstrengung an; FreundInnen, KollegInnen und KlientInnen sind oft abgehetzt, erschöpft und müde. Viele leiden an Krankheiten, werden schon im jungen Alter arbeitsunfähig und beziehen Erwerbsunfähigkeitsrente oder Arbeitslosengeld. Ähnliches gilt für viele Projekte in sozialen Bereichen und in der geschlechterspezifischen Arbeit. So gibt es oft keine langfristigen Finanzierungsgrundlagen und damit auch keine zuverlässige, sozial nachhaltige Arbeit und Planungsmöglichkeit, da jedes Jahr alle Mittel neu beantragt werden müssen und die LeiterInnen und MitarbeiterInnen ständig mit Strukturproblemen befasst sind und nicht genügend Zeit und Kraft für die personenzentrierte oder inhaltliche Arbeit haben. Leben und Arbeiten erscheint sehr belastet und die Flügel vieler Frauen und Männer, ja oft schon der Kinder und Jugendlichen erlahmen.

Das Bild der Vögel, die durch zunehmende industrieverursachte Katastrophen verklebt und bewegungslos verenden oder durch Gift verseucht getötet werden, ist ein sprechendes Symbol für das Erleben vieler Frauen und Männer weltweit, die nur noch um das Überleben kämpfen, jedoch nicht mehr an Verwirklichung weitergehender Träume denken können.

Wir haben uns entschlossen unser Buch *„Flügel trotz allem"* noch einmal herauszugeben, weil es in den letzten Jahren viele Nachfragen gab und gibt. Das Buch hat trotz aller kontextueller Veränderungen in weiten Teilen nichts an Aktualität eingebüßt, sowohl in den theoretischen Grundlagen, besonders aber in den Fallbeispielen und den methodischen Reflexionen. So haben wir wenige wichtige Veränderungen vorgenommen, die Struktur und den Grundtext des Buches jedoch beibehalten.

Da wir beide Trainerinnen und Supervisorinnen für systemische Ansätze der Seelsorge und Therapie sind, haben wir die Aspekte systemischer Arbeit an einigen Stellen stärker herausgearbeitet. Die beiden biographischen Einleitungskapitel gehören nach dem Feedback der LeserInnen zu den beliebtesten des Flügel-Buches. So haben wir diese mit unseren Erfahrungen und Reflexionen der letzten Lebensjahre aktualisiert. Außerdem haben wir eine neue Fallgeschichte eingefügt, da in den narrativen Ansätzen die größten Stärken des Praxisbezuges und Vermittelns von Methodik liegen.

Flügel für Alle nennen wir das neue Buch, weil wir uns nach wie vor in die Tradition der Befreiungstheologie, der sozialen und politischen Befreiungsbewegungen des 20. und 21. Jahrhunderts und der gerechtigkeitsorientierten Therapie (*Just Therapy*) stellen. Wir gehen davon aus, dass das Glück, die Lebensentfaltung und das Leid Einzelner im Zusammenhang mit dem Leben aller Frauen und Männer, aller Gesellschaften dieser Erde, mit der Natur und dem Ganzen des Lebens gesehen und verantwortet werden muss, und zwar über Generationen hinweg, die vor uns gelebt haben und nach uns leben werden. Darin liegt auch eine Weisheit uralten systemischen Denkens sowie neuester naturwissenschaftlicher Theorien, welche die Grundlage des Lebens im Zusammenwirken aller kleinsten Mikroenergien und der unbegreifbaren Makroprozesse sehen.

Für uns ist nach dem ersten Jahrzehnt des 21. Jahrhunderts die Frage aktuell, wie die globalen Entwicklungen der Lebenswelten von unterschiedlich lebenden Systemen so miteinander ins Gespräch gebracht werden können, dass sie zu einem Wohlergehen aller Lebewesen führen. Wie können die Themen feministischer Seelsorge, die für uns nach wie vor relevant sind, so weiterentwickelt und aufgenommen werden, dass die Vision der Gerechtigkeit und Sensibilität für alle Geschlechter und für diverse Lebensformen unterschiedlicher ethnischer und ökonomischer Bedingungen einer Verwirklichung näher kommt?

Ein Blick auf den feministisch-theologischen Online-Schlagwortkatalog zeigt, dass es nach wie vor kaum Veröffentlichungen zum Thema »feministische Seelsorge« gibt. Auch heute sagen wir: Eine der zentralen Aufgaben im Kontext von Therapie und Seelsorge ist es, herauszufinden, wie Geschlechterwirklichkeiten und Geschlechterzuschreibungen in den zentralen Botschaften im Leben der Menschen geformt werden, bzw. was Seelsorge zur Frage unterschiedlicher Lebens- und Arbeitswirklichkeiten von Frauen und Männern in Familien und größeren Systemen beitragen kann. Was lernen wir aus den Alltagsbewältigungen, beruflichen Entwicklungen und politischen Engagements der nächsten Generationen von Frauen und Mädchen? Und wie wirken sich die Veränderungen im Leben und Arbeiten unterschiedlicher Frauen auf das Bewusstsein und Handeln der nächsten Generationen von Männern und ihre gegenseitigen Beziehungen aus? Inwieweit lernen wir von den politischen, theologischen und seelsorgerlichen Ansätzen der KollegInnen in Asien, Afrika, Südamerika, Osteuropa, Neuseeland, Australien und den Inselvölkern?

Der Titel »Flügel für Alle« nimmt auch die Stimmen der Frauen und Männer indigener Bevölkerungen in Ost und West, Nord und Süd auf, die ein Umdenken und verändertes Handeln der Industrienationen und ihrer Paradigmen fordern. So schreibt der Präsident der Republik Bolivien, Juan Evo Morales Ayma, »10 Gebote, um den Planeten, die Menschheit und das Leben zu retten« und führt in Punkt 10 »Vivir Bien« – das gute Leben aus: »Wir – die indigenen Völker dieses Planeten wollen einen Beitrag leisten für eine gerechte, vielfältige, ausgeglichene Welt, die einschließt, nicht ausgrenzt. Wir sagen ›vivir bien‹ – das gute Leben. Ich denke, dass wir Menschen unsere Wurzeln wieder entdecken können und sollten. Ich glaube daran, dass die Menschheit eine gerechtere Welt aufbauen kann. Eine vielfältige Welt, eine Welt, die integriert und ausgeglichen ist, eine Welt im Einklang mit der Natur, mit der Mutter Erde« (Ayma 2009, 22ff.).

Hier werden Stimmen laut, wie sie auch auf internationalen Konferenzen der Seelsorge, Therapie und Beratung zu hören sind und eine Würdigung der Diversität spiritueller und heilender Traditionen fordern statt der weltweiten

Durchsetzung europäisch zentrierter Theologie, Psychologie, Politik, Medizin und Ökonomie. So haben sich auch in Deutschland neben unterschiedlichsten Debatten um »Geschlecht als Konstruktion« (Judith Butler), neurobiologische Ansätze, um pragmatische Ausrichtungen und karrierebewusste Strategien, Postfeminismus und neue Queer-Programme Ansätze internationaler Forschung weiter entwickelt, die in eigenen Ausbildungsstätten, Akademien, Kongressen und Veröffentlichungen von Frauen und interessierten Männern konkrete Alternativen für die Zukunft der Welt entwickeln.

Wir wünschen den Leserinnen und Lesern der überarbeiteten Texte, dass sie beflügelt werden, ihr eigenes Wissen um ein gutes Leben im Kontext und ihre eigenen Träume eines guten Lebens anzuschauen und achtsam in die Dialoge und Verwirklichungen mit Frauen und Männern ganz unterschiedlicher Erfahrungen einzubringen. Flügel sind ein Symbol für die Verbindungsfähigkeit. Sie ermöglichen zum Beispiel den Zugvögeln, sich zwischen Erde und Himmel, zwischen Meer und Bergen, zwischen Wüsten und Stromländern, zwischen Südkontinenten und Nordländern tausende von Kilometern zu bewegen und nach innerem Wissen neues Leben hervorzubringen. Sich mit eigenen Flügeln aufzuschwingen und zu Orten von Liebsten oder Träumen zu fliegen, war schon immer eine Sehnsucht von Menschen. Die Fähigkeit, Unterschiede wahrzunehmen und sich in Zwischenräumen kreativ zu bewegen, hat sowohl in der systemischen Arbeit als auch in alten Frauentraditionen Bedeutung. Auch der alte Begriff der Seele hat etwas mit der Möglichkeit in jedem Menschen zu tun, Grenzen zu überwinden und neue Wirklichkeiten zu erschließen. Wir danken allen, die in den vergangenen Jahren mit uns Träume verwirklicht, Projekte gegründet und Zusammenarbeit entfaltet haben.

Wir danken Judith für ihr Sonett, in dem sie schreibt:

Wofür lebst du – hast Du jemals Flügel besessen?
Freiheit, Leben, Träume – und du hast sie doch!
Nun schwebst du dahin – obwohl sie dich hassen
Nur deine Traumflügel – sie werden dich niemals verlassen!

Vorwort zur ersten und zweiten Auflage

Dieses Buch ist ein Seelsorgepraxis- und Grundlagenbuch von Frauen. Es entstand aus vielen Gesprächen und Überlegungen mit Frauen, die einander in verschiedenen kulturellen, politischen und religiösen Kontexten begegneten. Der Begriff »Feministische Seelsorge« ist als Ortsangabe für unsere Erfahrungen und Reflexionen in der Verknüpfung von Seelsorgepraxis und Theorie zu verstehen. Feministische Seelsorge ist in unseren Augen ein Prozess, in welchem aus der Perspektive von Frauen und Mädchen Lebensgeschichten und gesellschaftliche Geschichte neu geschrieben werden. Diese Veränderung findet statt im Raum kirchlicher, spiritueller und theologischer Arbeit von Frauen. Wir sind uns bewusst, dass wir feministische Seelsorge für unseren eigenen Kontext entwickeln, als Vertreterinnen der evangelisch-lutherischen und unierten Traditionen des weißen mitteleuropäischen Raumes. Darin sind unsere Perspektiven begrenzt.

Der Titel unseres Buches »*Flügel trotz allem*« wurde durch die Begegnung mit einem jungen Mädchen namens Judith inspiriert. Sie schreibt in ihrem Gedicht konkret und zugleich sehr treffend für viele Frauen von der Sehnsucht nach den eigenen Flügeln und nennt das: Traumflügel. Aus der Begegnung mit Frauen wie Judith und Karin, Rosie und Ute und all den anderen Frauen, die auf dem Weg durch das Labyrinth ihres Lebens ihre Flügel neu entdecken und lieben lernten, entstand dieses Buch.

Es ist ein Buch, das aus unserer Arbeit als Pastorinnen und Ausbilderinnen entwickelt wurde, und aus der Herausforderung, dass wir als feministische Seelsorgerin und Hochschullehrerin der praktischen Theologie lediglich im englischen Sprachraum auf Anregungen zurückgreifen konnten. In unseren therapeutischen Ausbildungen haben wir spezifische feministische Therapiekonzepte kennen gelernt, wir merkten jedoch in unserem je eigenen Beratungs- und Seelsorgekontext, dass feministische Seelsorge ein Fremdwort, eine Art Niemandsland, ein unbeschriebenes Blatt war. »*Flügel trotz allem*« haben wir unser Buch genannt, denn: Es geht uns um die Flügel, die als Grundkonstitution jedem Menschen mit auf den Weg gegeben sind. Solche Flügel sind nicht Traum, sondern können Realität für jede Frau und jedes Mädchen werden.

Diese Flügel sind elementar mit den Potentialen und Ressourcen, die jede Frau in sich trägt, erfahrbar. Sie symbolisieren Kraft und Dynamik, aber auch Schutz und Verantwortung. Sie bezeichnen die Flexibilität und Mobilität, aber auch die Sensibilität, Zartheit und Geborgenheit, nach der sich Beraterinnen und Klientinnen gleichermaßen sehnen. In unserem Buch zeigen wir, dass es in Seelsorgeprozessen für Seelsorgerin und Klientin um das Entdecken und Ausprobieren der eigenen Flügel geht. Flügel geben Schutz, Flügel sind immer auch Teil der spirituellen Ausrichtung, wenn es um Transzendierung und Veränderung geht, Flügel sind Sinnbild für eine im Diesseits stattfindende Verwandlung und Begleitung, die nach einem Zustand der Ganzheitlichkeit und nach einem Gefühl der Freiheit strebt.

Die meisten Frauen und Mädchen haben schon sehr früh mit den Verletzungen ihrer Flügel zu tun bekommen, viele sind sich ihrer eigenen Flügel gar nicht bewusst. Deshalb:

»Flügel trotz allem«, denn Frauen aller Altersstufen und Lebensformen stoßen an Grenzen, wenn es um Bildung, öffentliche Macht und um Einfluss auf Modelle der Ökonomie, Gesundheit, Identität, Konfliktbewältigung, Partnerschaft, Kindererziehung, Sexualität und Spiritualität geht. Frauen und Mädchen aller gesellschaftlichen Schichten und Ausbildungen erleben die Auswirkungen häuslicher und öffentlicher Gewalt, die Bedrohung ihrer Kommunikationsräume durch fortschreitende Technisierung und die Gefährdung ihrer Lebensräume durch Zerstörung der Umwelt.

Wir haben uns entschieden, feministische Seelsorge und Beratung in ihren theoretischen, konzeptionellen und methodischen Aspekten so darzustellen, dass ein Schwerpunkt des Buches auf der konkreten Darstellung von seelsorgerlichen oder beraterischen Begegnungen im Zweiergespräch, in Gruppen oder im öffentlichen Raum liegt. Gleichzeitig fügen wir unsere eigenen Gedanken und Gefühle in die Falldarstellung ein und reflektieren sie anschließend unter theoretischen und methodischen Gesichtspunkten, so dass die Verknüpfung von Theorie und Praxis auf verschiedenen Ebenen sichtbar werden kann.

Wir haben Aspekte unserer eigenen Lebensgeschichten an den Anfang des Buches gestellt. Entscheidend war für uns, dass wir gleichermaßen Unterschiede wie Gemeinsamkeiten und Verbindungen entdeckten, die sich letztendlich am Bild der Flügel, als Symbol für die Suche nach und die Hoffnung auf den je eigenen Ort festmachen lassen.

Unsere theoretischen Grundentscheidungen sowie eine Auseinandersetzung mit ausgewählten Therapieansätzen feministischer Therapie und Seelsorge folgen. Theologische Aspekte, wie Fragen nach Ritual und Gottesbildern, nach Vergebung und Schuld, nach religiöser Sozialisation und dem Verhältnis von Wissen, Macht und Liebe schließen diesen ersten Teil ab. Im zweiten Teil folgen die Geschichten der Begegnungen mit Frauen und Mädchen. Sie stehen exemplarisch für viele andere, die bei uns als Frauen und als Theologinnen Begleitung gesucht haben. Sie erzählen von den wesentlichen Themen, die Frauen in die Seelsorge einbringen: Die Vereinbarung von Familie und Beruf, die Frage nach der eigenen Lebensform, Adoleszenz von Mädchen, erlittene Gewalt, das Leben zwischen den Welten als Migrantin, Schwangerschaftsabbruch, Trauerarbeit und selbstbestimmte Sexualität von Frauen. Erfahrungen von religiöser und politischer Heimatlosigkeit, der Suche nach eigenen Visionen und deren Verwirklichung durchziehen die Gespräche. Die Frauen, deren Geschichten wir erzählen, haben der Veröffentlichung zugestimmt.

Wir danken diesen Frauen und Mädchen, die uns ihre Zustimmung dazu gegeben haben, dass wir ihre Geschichte und unsere Begegnungen mit ihnen erzählen. Durch ihre Offenheit und ihren Mut sind wir ermutigt worden, auch unsere eigenen Gedanken und Gefühle mit in das Beschreiben der Prozesse einfließen zu lassen.

Unseren Freundinnen, Kolleginnen und Wohngemeinschaften danken wir für die vielen Anregungen und Vorschläge, wenn wir mit ihnen über unser Projekt gesprochen haben und für ihre Geduld, wenn wir uns ganze Urlaube mit dem Laptop vergnügten.

Unser besonderer Dank gilt Ulrike Eichler als Lektorin, die uns den ganzen Prozess hindurch mit ihren klaren, kreativen und kritischen Einsichten begleitet und uns mit ihrer fachlichen Kompetenz und Begeisterung Sicherheit vermittelt und beflügelt hat.

Der Evangelischen Frauenarbeit in Westfalen und Lippe und der Evangelischen Kirche im Rheinland danken wir für die großzügige Unterstützung dieses Buches.

Sonett

Umgeben von kalten, grauen Mauern
Vermoderte Luft und ein dumpfer Neonschein
Befallen dich, hüllen dich ein
An den Wänden, wo nacktes Blut und Demut lauern

Beginnst du nach Halt zu suchen
Aber wo du auch hinsiehst sind Spuren
Von Menschen die kalte Luft und Enge erfuhren
Deinen Platz zum Atmen willst du verfluchen

Gefangen bist du, in einem stickigen Loch
Verzweiflung, Angst – du wirst gefressen
Wofür lebst du — hast du jemals Flügel besessen?

Freiheit, Leben, Träume – und du hast sie doch!
Nun schwebst du dahin – obwohl sie dich hassen
Nur deine Traumflügel – sie werden dich niemals verlassen!

(Judith)

Einleitung:
Orte persönlicher und professioneller Biographien

Nähme ich Flügel der Morgenröte

Ursula Riedel-Pfäfflin

Nähme ich Flügel der Morgenröte
und bliebe am äußersten Meer,
so würde mich doch deine Hand auch dort führen
und deine Rechte mich leiten.
(Psalm 139)

Von Anfang an habe ich viele Ortsveränderungen erlebt. Meine Familie wurde durch den von Deutschland zu verantwortenden Krieg auseinandergetrieben und lebt in verschiedenen Ländern Europas und in den USA. Das erste Bild meines Weges ist daher die Frau mit Familie, die den Ort ihres Vertrautseins, ihrer Lieben verlassen muss, die Flüchtlingsfrau, die resident alien, die zwischen mehreren Welten Wandernde, die interkulturelle Migrantin. Hier zeichne ich weite Wege des Wanderns und große Abstände zwischen verschiedenen Orten des Wohnens und Arbeitens in meine Landkarte ein.

Die Frauen, die mich am meisten geprägt haben, meine Mutter und ihre Mutter, haben mehrfach in ihrem Leben Orte und Menschen, die ihnen am liebsten waren, verlassen und sich immer wieder in neue Landschaften, Nachbarschaften und Kulturen einleben müssen. Meine Mutter verließ ihre norddeutsche Heimat im Haushaltsjahr für junge Mädchen der NS-Zeit und lernte so im Isergebirge meinen Vater kennen, der schon zwei jugendliche Kinder hatte und von seiner Frau verlassen worden war. Als Großindustrieller war mein Vater im Krieg nicht eingezogen, aber er identifizierte sich sehr mit den Zielen der Nationalsozialisten.

Dass der Krieg verloren war, wollte er nicht wahrnehmen, besonders nach dem Tod seines neunzehnjährigen Sohnes, der im Kaukasus fiel. Meine Eltern liebten sich sehr, reisten gerne und lebten inmitten eines großen Freundeskreises. Nach vier kurzen Jahren der Ehe wurde mein Vater nach Kriegsende verhaftet, während meine junge Mutter, meine vierjährige Schwester und ich als Zweijährige mit Maschinengewehren im Schach gehalten wurden. Diese Geschichte habe ich erst erfahren, nachdem ich über fünfzig Jahre alt war. Eine Landkarte, die in meiner Familie nicht offen gezeichnet wird, ist die Karte dieser

Kriegs- und Nachkriegsjahre. Es gab zwar immer wieder einzelne Geschichten, aber sie sind von Nebel verhüllt. Es fehlen die Grundlinien, die ich erst durch Gespräche mit meiner Halbschwester und deren Cousins entdeckte. Hier sehe ich eine der wichtigsten Quellen für Kraftlosigkeit, Angst, Trauer und Zorn in mir, aber auch eine Quelle für die Kraft des Suchens und des Findens.

Mein Vater wurde für fünf Jahre von uns getrennt. Meine Mutter flüchtete mit uns mit Hilfe eines amerikanischen Offiziers über Österreich nach Hamburg. Dort lebten wir mit der Familie meiner Tante und den Großeltern in einer kleinen Wohnung, bis meine Mutter als Sekretärin Geld verdienen konnte, und mein Vater zurückkehrte. Meine Großmutter war in all diesen wirren, bedrohlichen Jahren eine Hand der Stärkung und des Zusammenhaltens. Sie war es, die mich an der Rechten nahm und meinen Weg mit ihren Geschichten und ihrer Freude an Tieren, am Spielen, an Menschen begleitete, bis sie über achtzigjährig starb.

Vor meinem zehnten Lebensjahr zogen wir noch zweimal um, jeweils in ganz verschiedene Sprach- und Kulturlandschaften Deutschlands. Ich habe darunter nicht so gelitten wie meine Schwester. Ich sehe mich schon als Zwölfjährige oft in Bewegung. Ich liebte Tanz und den rhythmischen Schwung des Tiefschneefahrens. Wenn ich nachmittags mit meinen Büchern auf der Wiese hinter unserem Haus lag und die Filigranwolken beobachtete, flog ich in Gedanken in andere Welten, wie ein Falke mit ausgebreiteten Schwingen. Ich war viel unterwegs, ich genoss die Lagerfahrten mit der Jugendgruppe, den Pfadfinderinnen. Ich liebte die Bewegung im Ballettunterricht und das Singen im Kirchenchor. Einen Bruch erlebte ich in der Pubertät, als Einübung in die Rolle der Weiblichkeit angesagt war. Die Tanzstunde mit ihrer Inszenierung des »warte, bis Du geholt und begehrt wirst« wurde zum Ausdruck einer künstlichen Passivität, gegen die ich mich innerlich sträubte. Immer wieder stieß die Falkin an unsichtbare Grenzen und spürte den Schmerz der eingefangenen Flügel. Aber es gab auch die ersten schönen Liebesabenteuer in der Jugendgruppe der Gemeinde und Ausflüge in neue Landschaften der Freundschaft.

Die bayerische Kleinstadt zu verlassen und in Heidelberg Germanistik und Theologie zu studieren, war ein entscheidender Schritt, da zuhause nur wenig über Glaube oder Kirche gesprochen wurde. Theologie war für mich nahezu Philosophie, ein Reich des Geistes und nicht der alltäglichen Hausarbeit, die mich in keiner Weise lockte. Die Welt der Väter, die so unerreichbar schien, wurde zugänglich, dem Verstehen waren keine Grenzen gesetzt. In die Landkarten der Hermeneutik, der Existenzphilosophie, der historisch-kritischen Forschung und der sozial-ethischen Analyse eingeführt zu werden, gab mir neue Orientierungspunkte. Aufregend waren auch die politischen Diskussionen Ende der Sechziger und die Versuche, in Kinderladenprojekten und Bürgerinitiativen unsere Utopien von Partizipation zu verwirklichen. Die Grenzen der kirchlichen Traditionen und der Hierarchiewaren sind eng. In den elf Jahren meiner Tätigkeit als Pastorin bin ich immer wieder an diese Gitter gestoßen. Gleichzeitig habe ich in diesen Jahren meiner Gemeindearbeit in einem der unterprivilegiertesten Stadtteile Hamburgs Verbindungen zu Mädchen und Frauen aus allen Bereichen und Berufen geknüpft, die ähnlich wie ich Migrantinnen waren, solche, die keine Heimat mehr hatten, keinen Rückhalt in ihren Familien oder in der Kirche. Sie waren Fremde, nicht nur Jasmin, die türkische Gastarbeiterfrau, die dann Sozialarbeiterin wurde. Auch deutsche Frauen, die sich als Ausgegrenzte in ihrem eigenen Staat erlebten.

Eine der schönsten Einrichtungen, die wir damals schufen, war der Montagstreff in einer eigens dafür gemieteten Wohnung. Wir erklärten den Montagmittag für uns zur Informationsbörse des Stadtteils. Abwechselnd kauften einige Frauen ein und bereiteten ein Mahl für alle anderen, die mit oder ohne Kinder in die kleinen Räume kamen, um miteinander die neuesten Ereignisse der Stadtteil- oder Kirchenpolitik, der persönlichen Erlebnisse oder der gemeinsamen Pläne auszutauschen. Hier waren wir Neugierige, Entdeckungsbereite, Reisende, kompetente Navigatorinnen inmitten all unserer täglichen Belastungen.

In diesen Jahren der Siebziger begann durch Besuche von amerikanischen Theologinnen aus Genf und erste Frauentagungen in Bad Boll auch mein spiritueller und theologischer Aufbruch in die feministische Theologie und Frauenforschung. Wir begannen, Geschichten wie die der Gebärenden in der Apokalypse nicht mehr an Kommentaren entlang, sondern mit unseren eigenen Augen zu lesen und verstehbar zu machen. In dieser Geschichte werden der bedrohten Frau die beiden Flügel der großen Adlerin gegeben, »damit sie in die Wüste an ihren Ort fliegen kann« (Apg 12,14f), eine Vision der Gefährdung und des Beschützens, der Existenzbedrohung und der Rettung, der Verfolgung und der Heilung durch das Fliegen zu ihrem Ort, dem Reich der Erde, die ihr hilft.

In der Gemeinde schufen wir Räume für und mit Mädchen und Frauen, in denen ihre eigene Situation und Lebensgeschichte mit anderen zusammen erzählt und durch das »Hören ins Leben« klarere Entscheidungen und lustvollere Lebendigkeit möglich wurden. Zwei Jahre lang wirbelte ich mit anderen Frauen zwischen beruflichen Anforderungen, Kindern, Brotbacken, Selbsthilfegruppen, Frauenbüchern, Paragraph 218, Frauenberatung und ersten Ritualfesten hin und her, eine atemberaubend schöne und spannende Zeit. Sie gipfelte in der ersten Frauenwoche eines Hamburger Stadtteiles, in der wir uns von der Frauenband Schneewittchen verzaubern und von unseren Rechtsanwältinnen in neueste Ratgeber für Frauen einweisen ließen.

Ein weiterer Schritt war meine Entscheidung, als Assistentin für praktische Theologie zu Joachim Scharfenberg nach Kiel zu gehen, um dort Seminare durchzuführen und eine Dissertation zu schreiben. Dies bedeutete gleichzeitig einen Aufbruch aus meiner Ehe, in welcher ich mich zunehmend als Fremde im eigenen Haus erlebte. Waren die Geburten meiner zwei Söhne Ereignisse gewesen, in denen ich meine ungeheuren Kräfte als Frau am intensivsten und schönsten erlebt hatte, so wurde die Partnerschaft der Zusammenarbeit, die ich mir in einer Theologen- und Therapeutenehe erhofft hatte, zunehmend zur Zone des Tretens auf unerkannte Minen in einem Grenzgebiet. Ich konnte keinen Grund mehr finden für das Vertrauen, das ich in einer Familie als Grundlage brauche, die Gegenseitigkeit des Verhandelns und der Werte, die Ermutigung für das Reisen und den Versuch, Widersprüchlichkeiten in mir und anderen zusammenzuhalten. Dieser Aufbruch aus meinen Hoffnungen und tiefsten Vertrautheiten fiel mir am allerschwersten und ist auch heute noch mit der größten Wehmut behaftet.

Die Arbeit an der Universität jedoch brachte mir genau das, was ich erhofft hatte. Zwar hatte die Landeskirche Nordelbien versucht, diese Weiterentwicklung zu verhindern, weil, wie ich in meiner Personalakte später las, sie mich für die Stelle »für nicht geeignet« ansah. Feministische Theologie passte nicht in die kirchlichen Landkarten. Der Theologe und Psychoanalytiker Joachim Scharfenberg ließ sich jedoch nicht beirren und setzte damit zum zweiten Mal durch, dass eine Frau wenigstens im Mittelbau der theologischen Fakultät Ansätze feministischer Arbeit einbringen konnte. Als Nachfolgerin meiner Kollegin Jutta Groß-Ricker begann ich also, neben den üblichen Angeboten der praktisch-theologischen Ausbildung, auch die ersten feministischen Seminare wie »Verdrängung und Wiederkehr weiblicher Gottesbilder« durchzuführen.

Das Erforschen alter Territorien unter neuen hermeneutischen Gesichtspunkten regte auch bei den Studentinnen und Studenten viel Neugierde und Entdeckungslust an. Hier hatte ich auch die Freiheit, meinen feministischen Lehransatz zu entwickeln, in dem intellektuelles, analytisches und erfahrungsbezogenes, kreatives Lernen verknüpft werden. Abstrakt lineare Modelle und zirkuläre, prozesshafte Arbeitsweisen bieten je verschiedene Möglichkeiten des Verstehens. Miteinander ins Gespräch gebracht, eröffnen sie eine Weite des Erfassens verschiedener Sichtweisen der Wirklichkeit, die einer realitätsgerechten Theologie und Seelsorge viel mehr entsprechen als die traditionalen Lehrformen, welche viele Frauen als Entfremdung erleben. Durch den erfahrungsbezogenen Lehransatz, in welchem die Ressourcen der Studierenden ausdrücklich einbezogen werden, wird auch der Abstand zwischen Studium und Forschung einerseits und Seelsorgeausbildung in Kursen andererseits verringert, der ja leider immer noch ein Dilemma in der Seelsorgeausbildung deutscher TheologInnen ist.

Hier bedeutete mein Entschluss, in die USA zu gehen und dort meine Dissertation über Bilder von Frau und Mann in Seelsorgekonzepten durch die neuesten feministischen Debatten über soziales und biologisches Geschlecht (gender und sex) zu vertiefen, einen neuen entscheidenden Aufbruch. Da meine Mutter inzwischen in zweiter Ehe in den USA lebte, war der Plan, die Promotion dort vorzubereiten, kein Flug in ganz unbekanntes Territorium. Ich bekam vom Weltkirchenrat ein Stipendium für Chicago und erhielt dort eine Vertretungsprofessur in einer kirchlichen Hochschule. Faszinierend war es, die friedenstheologische Tradition der Brethren, die Prozesstheologie und die neuesten Entwicklungen der feministischen, der mujerista und der womanist theology kennen zu lernen. Die offene, lebendige und in vielem seelsorgerlich wirkende Gestalt der Gottesdienste löste vieles von der Kirchenmüdigkeit, die ich in Deutschland gespürt hatte. Nach vielen guten Gottesdienstexperimenten mit Studierenden, entwickelte ich einen Tanz zu meinem Lieblingspsalm 139, und selbst die prüden Brethren steinigten mich nicht! Chicago mit seiner phantastischen Architektur und Kunstszene, dem ständig in verschiedenen Farben bewegten See, den vielen ethnisch-verschiedenen Stadtteilen, den intellektuellen Herausforderungen der erfahrungsbezogenen Theologie und Therapie brachte die Reisende, Abenteuerlustige in neue persönliche und professionelle Dimensionen, und ich entschied mich, länger in den USA zu bleiben.

So bewarb ich mich 1988 auf eine Stelle für Seelsorge und Beratung in einem Seminar der Disciples of Christ in Indianapolis und wurde für sieben Jahre »resident alien«, eine Immigrantin auf Zeit, eine fremde Sesshafte. Auch hier war der Gewinn an Freiheit und Kompetenz mit einem Verlust verbunden. Mein älterer Sohn wollte lieber in Deutschland in die Schule gehen, und entschloss sich, bei meiner Schwester zu leben. Das war zunächst wiederum eine harte Entscheidung. Geh ich zurück, bleibe ich? Ich blieb mit meinem jüngeren Sohn und die Entfernung über den Atlantik hat uns viel gekostet. Sie hat jedoch auch die Perspektiven und Beziehungen für uns alle erweitert und vertieft. Ich habe mit Studierenden aus Afrika, Mizoram in Indien, aus Puerto Rico zusammengearbeitet. Von meinen afrikanisch-amerikanischen Nachbarinnen, Kolleginnen und Studentinnen habe ich gelernt, wie groß die Zahl derer ist, die noch heute in den USA um das nackte Überleben kämpfen müssen. Und gleichzeitig haben sie mich den Reichtum ihrer eigenen Traditionen, ihrer Kultur der großen Familien, ihrer Werte, ihrer Verbundenheit, ihrer politischen und spirituellen Visionen genauso spüren lassen wie mein eigenes Verstricktsein in ökonomische, ethnische und politische Privilegiertheit als weiße Frau in einer unabhängigen Position der Ausbildung.

Eine große Beglückung dieser internationalen Erfahrung liegt in der Erweiterung des geistigen, sozialen, professionellen und spirituellen Raumes. Auf der anderen Seite bringt die Vielfalt der Beziehungen und Interessen auch immer die Gefahr der Verzettelung, die Gefahr der mangelnden Abgrenzung und Klarheit. Die Liebe zur Bewegung, zum Aufbruch verlangt auch eine Balance in der Verlässlichkeit, der Erreichbarkeit und der Standhaftigkeit. Spirituell ist für mich in den Jahren in den USA und auch jetzt – nach meiner Rückkehr in die neuen Bundesländer nach Dresden – wichtig geworden, dass ich in all den Wechseln von Orten und Aufbrüchen immer in Verbindung geblieben bin mit Freunden, Freundinnen und Kolleginnen, die ich schon lange kenne, die mich in wichtigen Entscheidungen begleiten und bei der eigenen Erinnerungsarbeit helfen.

Orte gegenseitiger Anteilnahme und kritischer Aufmerksamkeit, geschützte Räume und Brücken zwischen verschiedenen Welten zu schaffen, sind Ziele meiner Arbeit als Seelsorgerin in Beratung, Supervision und Lehre. Das Thema Raum hat mich in den letzten Jahren in seiner Bedeutung immer mehr fasziniert, da es sowohl den physischen Raum, den Raum der Seele, den Raum der sozialen Beziehungen, den Raum des Geistes und der spirituellen Energie umfasst. Die Landschaften, die in Psalm 139 beschrieben werden, berühren alle diese Dimensionen der Existenz: den Raum des Beginnens und des Endens, den Raum höchsten Glücks und tiefster Trauer, den Raum der Einsamkeit und den der leidenschaftlichen, beglückenden Begegnung. Die Flügel der Morgenröte tragen weit, und doch sind sie immer, auch in der äußersten Entfernung, Begleiterinnen und Halt.

Persönliche und professionelle Biografie II: Flügel der Verbundenheit

Als wir unser Buch 1996 zu schreiben begannen, war ich gerade aus den USA nach Dresden gekommen, sieben Jahre nach der Wende. Inzwischen wurde der 20. Jahrestag der ersten friedlichen Revolution in Deutschland erinnert und gefeiert, ich habe vierzehn Jahre Hochschularbeit abgerundet, bin emeritiert und möchte die Erntejahre meines Lebens etwas bedachtsamer und ausführlicher beschreiben. Denn verändert hat sich heute, im Jahr 2010, vor allem eines: meine Söhne sind selbstständig und gehen interessante eigene Wege zwischen Selbsterkenntnis, Beziehungserleben, beruflicher Selbstständigkeit und gesellschaftlichem Engagement. Ich habe weniger äußere Verpflichtungen und mehr Zeit und Raum für mich als je zuvor. Zu mehr Ruhe und Gelassenheit hat mir der wiederkehrende Satz von Tycho und Vincent verholfen: Mutter, entspann

Dich! Und ihr Lachen, wenn ich wieder einmal versuchte, alles unter einen Hut zu bringen.

Meine eigene Mutter starb im Juni 2008, als ich gerade auf einer Weiterbildung mit Dan Bar-On aus Israel war, in der es um Versöhnung verfeindeter Menschen durch gegenseitiges Hören der Lebensgeschichten ging: »Erzähl Dein Leben«. Ich weiß noch, dass ich an diesem Nachmittag bedrückt war. In der Gruppe war ein Wunsch von mir von einem Teilnehmer sehr negativ beantwortet worden, ich fühlte mich isoliert und unverstanden. Ich ging für ein paar Schritte an die Elbe. Plötzlich ging mein Handy und ich bekam die Nachricht meiner Schwester, meine Mutter sei im Krankenhaus.

Meine Mutter Erika hatte seit über dreißig Jahren in den USA gelebt, ein zweites Mal geheiratet und drei erwachsene Kinder meines Stiefvaters, Cameron Slacks, begleitet. Als die Tochter, Cathy, mich anrief, war meine Mutter schon im Krankenhaus. Sie hatte einen Gehirnschlag gehabt und war neben ihrem Bett aufgefunden worden. Ich war geschockt. Ich werde Cathy immer dafür dankbar sein, dass sie vorschlug, den Telefonhörer an das Ohr meiner Mutter zu halten, damit ich ihr noch etwas sagen konnte. Ich war so berührt, ich war so nah und doch so weit weg, aber ich hatte das Gefühl, ich kann mich jetzt mit ihr verbinden, ihr ganz nah sein, wenigstens für diese Minuten.

Meine Mutter starb zwei Stunden später. Ich war traurig, aufgebracht, fassungslos. Wieder war ich weit weg von der Frau, die mich zur Welt gebracht hatte, die mich behütet und großzügig gefördert hatte, gerade in der Stunde ihres Todes.

Wieder holten uns der Krieg, die Vertreibung und die Trennung der Familie ein. Glücklicherweise war ich in der Gruppe mit Dan und meinen KollegInnen aus aller Welt. Eine von ihnen, Sheryl, Maorilehrerin aus Christchurch, nahm mich an die Hand, sang mir ein Lied und betete mit mir in der Gruppe. Das Spüren der Gemeinschaft war so verbindend, dass ich mich dann allein auf den Weg machen konnte. Ich fuhr zu meinen Söhnen nach Berlin und wir erinnerten uns an die vielen Situationen gemeinsamer Erlebnisse. Auch meine Söhne und die Kinder meiner Schwester wurden von meiner Mutter großzügig gefördert, ihnen war sie wie eine Kameradin, unternehmungslustig und weltoffen. Wenige Tage später wurde meine Mutter schon eingeäschert, was für mich ein totaler Schock war. Alles ging so rasend schnell, so weit weg und ohne die Möglichkeit, da zu sein und langsam Abschied zu nehmen. Es war wie damals, zum Kriegsende, mit der Verhaftung meines Vaters und der Flucht: eine sturzartige Trennung durch Ereignisse, die überrollen und abschneiden.

Es dauerte noch Wochen, bis meine Schwester, Schwager, Söhne und ich nach USA fliegen konnten, um die Abschiedsfeier zu gestalten und ich bin dankbar, dass die amerikanische Familie auf uns gewartet hat. So konnten wir noch einmal mit den vielen Freundinnen und Freunden meiner Mutter zusammen sein, mit denen sie in den vergangen Jahren Kontakt hatte, Bücher las, Karten spielte, Reisen unternahm und ihre Gastfreundschaft austauschte. Meine Mutter ist mir durch die Begegnung mit ihren Bildern, Briefen und Kleidern noch einmal ganz nahe gekommen. Sie sah immer jünger aus, als sie war, auch mit sechsundachtzig Jahren. Sie war eine aktive, interessierte, offene und sportliche Frau. Gleichzeitig war sie natürlich geprägt durch die schlimme Zeit der Entbehrungen in der Weltwirtschaftskrise der zwanziger Jahre und durch die Ausbildung während der Nazizeit. Sie sprach nicht gerne über diese Jahre. Wenn ich sie bat, von ihrer Liebesgeschichte mit meinem Vater zu sprechen, wich sie aus, und über die entsetzlichen Jahre des Kriegsendes wollte sie überhaupt nicht reden. Aber sie erzählte die Geschichte unserer Rettung durch einen amerikanischen Offizier und die geglückte Flucht aus Tschechien nach Hamburg, die sie später in Readers Digest veröffentlichte. Ich habe schöne Bilder ihrer Jugendzeit gefunden: eine junge Frau im Stil der Vor-Nazizeit gekleidet, mit einem ganz eigenen, einladenden Lächeln. Ich fühle mich von diesem Lächeln begleitet, ein schönes, ruhiges Gefühl der Segnung.

»From a Broken Web«

So bin ich:
ich schaue der Spinne zu
wie sie sich von neuem aufbaut –
›geduldig‹ – sagen sie
aber ich erkenne in ihr Ungeduld
meine eigene –
die Leidenschaft
wieder und wieder zu schaffen
wo solches Zerstören herrscht

(Adrienne Rich)

Leider konnte meine Mutter nicht zur offiziellen Verabschiedung aus meinem Ganztagsberufsleben dabei sein. Dafür waren jedoch meine Söhne Tycho und Vincent präsent und gestalteten die Tage mit mir. Barbara Feichtinger, meine Freundin, bereitete mit Frauen aus der Interkulturellen FrauenNetzwerkUniversität und dem Frauenbildungszentrum alles kreativ und liebevoll vor.

Meine Emeritierung feierte ich im März 2008 mit einem Symposion, in dem alles zusammenfloss, was mein bisheriges Leben beflügelte. Das Thema »Vernetzung von Wirklichkeiten« war für mich ein Ausdruck der unterschiedlichen Welten, in denen ich gelebt hatte und jetzt lebe. Ich wählte als Eingang ein Gedicht von Adrienne Rich über die Geduld der Spinne, die immer wieder anfängt, zarte Fäden aus ihrem Leib zu weben, auch in einem zerbrochenen Netz. Dieses Gedicht »From a Broken Web« hat mich schon lange begleitet ebenso wie das Buch der amerikanischen Theologin Catherine Keller, die ausgehend von dem Gedicht die Entstehung des abgetrennten und sich abtrennenden Selbstes in der griechischen Kultur in Europa und Nordamerika analysiert und als Frauen-Wissen die Bedeutung des Selbstes in Verbundenheit und in Verbindungsfähigkeit entwickelt. Es war für mich wunderbar, dass alle Vorträge und Beiträge des Symposions die Vernetzung der unterschiedlichen Wirklichkeiten in Theologie, Psychotherapie und sozialer Arbeit ansprachen.

Nach den Vorträgen des Religionspsychologen Jari Ristiniemi aus Schweden, des praktischen Theologen Larry Graham aus den USA und des Theologen Christoph Schneider-Harpprecht, Oberkirchenrat der Badischen Landeskirche, traten plötzlich fünfundzwanzig meiner Freunde und Kolleginnen auf die Bühne, und ich fühlte mich wirklich im Tal der Ahnungslosen. Was sollte das bedeuten? Alle strahlten. Mir wurde ein wunderschönes Buch in meiner Lieblingsfarbe türkis mit dem Netz und der Spirale als Symbol überreicht und bevor ich wusste, was geschah, brach ein Jubel aus. In der Hand hielt ich eine Festschrift zu meinem 65. Geburtstag und meiner Emeritierung mit Beiträgen aus allen Zeiten und Kontexten, in denen ich gelebt und gearbeitet habe.

Welch ein Geschenk: die eigene Biografie nicht nur aus eigener Sichtweise, sondern in den Resonanzen all der Freundinnen, Freunde und KollegInnen noch einmal ganz neu zu entdecken und zu erweitern! Larry Graham schrieb: »Meine Verbindung mit Ursula Riedel-Pfäfflin besteht seit ungefähr zwanzig Jahren. Zuerst wurde ich ihrer Gegenwart in einer Konferenz der AAPC gewahr. Sie war kürzlich in die Fakultät des Christian Theological Seminary in den USA aufgenommen worden, das ich sehr gut kannte. Ich freute mich sehr, dass CTS eine progressive Vision hatte und eine deutsche Feministin auf diese Stelle setzte, auch um ihre klinischen Perspektiven in Richtung Familiensysteme und kulturelle Sichtweisen zu erweitern. Ich war besonders beeindruckt von ihrer klaren Benennung gender-gerechter, theologischer Interpretation und von ihren interkulturellen Herausforderungen« (Fiedler/Wopat, 2008, 109; Übersetzung: Ursula Riedel-Pfäfflin).

In der Festschrift »Gerechtigkeit und Heilung. Vernetzte Wirklichkeiten« sind Beiträge von Freundinnen aus meiner Jugend- und Pfadfinderinnenzeit in Kaufbeuren im Allgäu und aus meiner ersten Berufstätigkeit als Pastorin in Hamburg-Wilhelmsburg enthalten, Stimmen aus der ersten Zeit der Frauen- und Matriarchatsforschung mit Heide Göttner-Abendroth und Rosmarie

Schmid. Außerdem theologische und therapeutische Reflexionen aus unterschiedlichen Kontinenten von Archie Smith, Jr., Berkeley; James Farris, Brasilien; Satoko Yamaguchi, Japan; Jenny Wegener, Australien und Charles Waldegrave und Kiwi Tamasese in Samoa und Neuseeland. Meine Kolleginnen und Kollegen aus Hamburg, Kiel und Dresden schreiben darin. Es war eine Riesenüberraschung, ein wunderbares Geschenk und Kairos der Verdichtung, vorbereitet von Adelheid Fiedler und Kristina Wopat. Der Rektor der Evangelischen Hochschule für Soziale Arbeit, an der ich nach wie vor mitarbeite, Ralf Evers, meinte hinterher, er habe bei einer Hochschulveranstaltung noch nie so gespürt, wie viele unterschiedliche Menschen zusammenwirken und dabei so viel gute Energie und Kraft erfahrbar wird.

Dieses Gefühl teilten viele, die in diesen drei Tagen feierten, und auch ich habe es als wunderschönen Höhepunkt und Ernte meiner offiziellen Berufstätigkeit erlebt. Besonders berührt hat mich die liebevolle Gestaltung dieser Tage durch meine Freundin Barbara Feichtinger, die durch ihre Liebe den neuen Anfang in Dresden ermöglicht hat und durch ihre Lebendigkeit eine Vernetzung vieler Projekte ermöglicht. Die Frauen der Interkulturellen FrauenNetzwerkUniversitas e.V, die wir 1996 gründeten, waren durch Witz und Musik so präsent, dass deutlich wurde, wie wichtig dieses Projekt in den ganzen Jahren meiner Arbeit als alternatives Lernen und Lehren für mich und viele andere Frauen geworden ist.

Ein weiterer Höhepunkt der Feier meiner neuen Freiheit war die Planung und Durchführung einer Weltreise. Round-the-world-ticket war das Zauberwort, denn nun konnte ich endlich losfliegen, ohne die Termine des Semesters beachten zu müssen. Immer wieder hatte ich in den vergangenen Jahren zu Barbara gesagt: Komm, lass uns zusammen fliegen, mal ganz woanders hin, andere Welten kennen lernen. Leider konnte sie es noch nicht verwirklichen, da sie eine Leitungsfunktion in einem Frauenprojekt hat. Der Zufall wollte es, dass junge Pastoralpsychologen aus Korea eine interkulturelle Seelsorgekonferenz im November 2008 durchführten, und mehrere meiner Kollegen einluden. So auch Archie Smith, mit dem zusammen ich 2004 ein Buch über interkulturelle Seelsorge geschrieben habe. Es war für mich so schön, gleichzeitig mit ihm und anderen zusammen arbeiten zu können, um das Konzept und die Vision unseres Buches »Siblings by Choice« zu verwirklichen. Wir gestalteten zusammen unseren Vortrag und hatten dabei eindrucksvolle Begegnungen mit koreanischen KollegInnen und Studierenden.

Kristina Wopat hatte eine ähnliche Bewegung in sich, und so flogen wir im November 2008 für zwei Monate Richtung Osten nach Korea, Australien, Neuseeland und Samoa. Die Grundlage für diesen weiten Flug bildete nicht touristisches Interesse, sondern die vielen Beziehungen zu Kolleginnen und

Kollegen, die sich seit 1974 in der internationalen Seelsorgebewegung für mich ergeben und vertieft hatten.

Ein roter Faden für diese Reise wurde erneut die Frage: wie können kollektive Traumata, die sich in vielen Teilen der Welt durch Kriege, Kolonialmächte, Entwurzelung und Zerstörung alter Familientraditionen übereinander geschichtet haben, benannt, verstanden und aufgelöst werden? In Korea sprach ich darüber mit Nahamm Kim und ihrem Vater, beide Theologen, die auch Wurzeln in Deutschland haben und die Erfahrung der Dislokalisierung und Entfremdung in beiden Kulturen erlebt haben. Und mit Ausbildungskandidaten der psychotherapeutischen Seelsorge, die von den schweren Zeiten japanischer Besetzung Koreas, den bedrückenden Folgen der Diktaturen und den Folgen für die jetzigen jüngeren Leute sprachen. Hier hielten Kristina und ich einen Workshop zum Thema Trauma und Heilung aus unterschiedlichen Ansätzen mehrgenerationaler Seelsorge und aus Sicht Peter Levines und anderer, die beim Körpergedächtnis ansetzen. Diesen Workshop führten wir dann auch noch einmal in Melbourne, Australien, bei einer Krankenhausseelsorge Seminargruppe durch – und wieder hörten wir Geschichten der Traumatisierung von Papua Neuginea und Australien. Auf Samoa begegneten wir Taimalie Kiwi Tamasese, der Familientherapeutin, Forscherin und Titelträgerin ihrer Familie, die uns die Folgen deutscher Kolonialisierung für ihre Traditionen deutlich machte und auch die heutigen Traumatisierungen und Gefährdungen durch Globalisierung und Weltwirtschaft, Veränderungen im Klima und Abwanderung der jungen Menschen in Länder mit mehr Ausbildungsmöglichkeiten.

Diese Begegnungen haben mich tief beeindruckt. Noch nie habe ich mich in einem Land so aufgehoben und entspannt gefühlt, wie auf Samoa, in der Gemeinschaft der Frauen, Kinder und Männer der Großfamilie Tamasese, deren Oberhaupt auch das derzeitige Staatsoberhaupt Samoas ist.

Das Abschiedsgeschenk, ein Tapa (ein samoanisches Ritualtuch), ist für mich zum Symbol der vernetzten Wirklichkeiten geworden, die ich in diesen Begegnungen kennen gelernt habe.

Erweiterung und Vertiefung der Landkarten

Auch im März 2010 ertappe ich mich immer wieder bei dem Wunsch, fliegen zu können. Ich sage zu meiner liebsten Freundin Barbara, »ach, wenn ich könnte, würde ich jetzt gerne bei Dir sein, ganz schnell meine Flügel erheben, los fliegen, durch die Luft schweben und ankommen!« Ähnlich empfinde ich es mit anderen, meinen Söhnen, meinen Freunden und KollegInnen. Ich fühle mich in Gedanken und Herz mit ihnen verbunden, ich spreche mit Ihnen in meiner

Phantasie, ich möchte schnell nach Neuseeland oder Samoa fliegen, um mit ihnen weiter zu spinnen an den Fäden, die wir begonnen haben zu vernetzen. Natürlich gehört auch das Landen zum Fliegen, das sich Niederlassen, zur Ruhe kommen, die Gegenwart zu genießen.

Inzwischen bin ich sechsundsechzig Jahre alt und erlebe meine Zeit viel intensiver als je zuvor. Ich habe das Gefühl, nicht mehr ständig von beruflichen und familiären Ansprüchen getrieben zu sein, denen ich zu entsprechen versuche, sondern endlich mich selbst, meine Umgebung und andere Menschen mehr in Achtsamkeit und Ruhe spüren zu können. Ich lebe und arbeite im Gleichgewicht zwischen langsam tun, wahrnehmen, Anfragen beantworten, Begleitung, Weiterbildung und Supervision anbieten und erzählen, allein sein, malen und schreiben.

Mein Nest ist ein geräumiges Bauernhaus mit alter Scheune, gemütlich, mit vielen Schuppen und alten Geräten, mit Bauerngarten und großer Streuobstwiese. Am meisten genieße ich, wenn ich morgens draußen in der Sonne frühstücken kann, vor der roten Hauswand mit grünem Fachwerk, umgeben von Kirschbäumen, Himbeersträuchern und Holunder. Über dem Frühstückstisch ranken die wilden Rosen, und der Holundertee schmeckt köstlich, wenn man ihn nur ein paar Sekunden ziehen lässt. Die alten Kräfte der Natur sind mir in diesem Nest ganz präsent. Wenn ich aus Veranstaltungen von Dresden nachhause fahre, fängt mein Herz nach den letzten Häusern der Nachbarorte an zu schlagen: das Land weitet sich, ich fahre über weite Täler und Hügel mit grünen, gelben und im Winter schneeweißen Feldern, ich begegne Füchsen und Falken und: ich bin »at home«.

Mein Tag beginnt mit Aquarellmalen in der Küche, mit spätem Frühstück und vielem Austausch, im Dorf, mit den Nachbarn, mit FreundInnen über E-Mails und Telefon, mit schönen Besuchen, die manchmal ganz spontan vorbeikommen. Nachdem jetzt auch die Tenne der Scheune mit Holzfußboden ausgebaut und isoliert ist, gibt es dort einen wunderschönen Raum und Zeit für Treffen, eine Yogagruppe kommt freitags, und ein mal im Monat treffen sich Frauen und Männer aus dem Dorf zu Vorträgen, Filmen und für kreative Abende.

Mein Leben hat für mich noch einmal eine ganze andere Qualität gewonnen: die Vernetzung ist jetzt auch in mir stärker, die Balance und Ausgewogenheit zwischen leiblichem Wohl, Tätigkeiten in der Natur, geistigen Eskapaden und Seelen-Begegnung erlebe ich als meine stärkste Quelle von Kraft. Meister Eckhart hat gesagt: Gott ist überall in der Seele und sie ist in ihm überall; also ist Gott ein All und sie mit ihm ein Alles in Allem.

In diesem Sinne erlebe ich mein Leben und Arbeiten als ein Zusammenfließen und kann es immer mehr auch schrittweise in Dankbarkeit und Würdigung derer, die es mir ermöglicht haben, loslassen.

Ich setzte meinen Fuß in die Luft

Julia Strecker

Ich setzte meinen Fuß in die Luft,
und sie trug.
(Hilde Domin)

Wenn ich sagen soll, woher ich komme, was meine Identität als Feministin und Theologin bestimmt hat, so ist es in erster Linie das Lebensgefühl, auf der Grenze zu leben, nicht in »normale« Lebensmodelle hineinzupassen. Dieses Lebensgefühl hatte ich schon als kleines Mädchen, und in der Pubertät verstärkte es sich.

Zum zweiten, aber ebenso wichtig, ist die Heimatlosigkeit, die sich wie ein roter Faden durch meine Biographie gezogen hat, unter der ich oft gelitten habe, die aber gleichzeitig auch immer wieder Lebensantrieb und Motor für mich war.

Zum dritten bin ich nicht als Feministin geboren, sondern habe mich in meiner Kindheit mit einem sehr mächtigen, aber kaum präsenten Vater, einer zwar kraftvollen, jedoch völlig überforderten Mutter und drei jüngeren Brüdern auseinandergesetzt und bin in diesem Prozess erst im Laufe meines Studiums zu wesentlichen feministischen Grundentscheidungen gekommen. Entscheidend für meine Identifikation mit der Vagabundin war, dass ich in meiner Kindheit und Jugend häufig umgezogen bin, also nie an einem Ort bleiben durfte. Während mein Vater uns Kindern immer von »dem schönsten Dorf der Welt«, einem kleinen Ort in Niedersachsen, wo er seine gesamte Kindheit und Jugend im Pfarrhaus verbrachte, erzählte, war meine Mutter selbst eine Flüchtende und konnte sich von daher besser in die Schwierigkeiten hineinversetzen, die für uns Kinder mit den häufigen Orts- und Schulwechseln verbunden waren. Allerdings trat meine Mutter für mich immer in symbiotischer Eintracht mit meinem Vater auf, und obwohl sie selbst unter den Umzügen litt, gab es vor uns Kindern keinerlei Auseinandersetzung oder unterschiedliche Positionen, die die Stimme meiner Mutter hörbar gemacht hätte. Ich selbst formulierte zwar mein Unverständnis, meinen Ärger und meinen Zorn, der mich vor allem bei dem Umzug, als ich vierzehnjährig war, überkam, wurde jedoch nicht so ernst genommen, wie ich mir das als Kind gewünscht habe.

Eine Reaktion war meine sehr früh gewählte Autonomie. Meine Mutter erzählt noch heute, nicht ohne Stolz, dass ich schon als Vierjährige allein in den Kindergarten ging.

In der Schule war ich immer eine der Jüngsten. Das Gefühl, »keinen Ort«

zu haben, wo ich meine Wurzeln und mein Zuhause spüren kann, war zu früher Zeit schon sehr ausgeprägt. Einen Ort gab es jedoch, der sich unabhängig von allen Ortswechseln und räumlichen Veränderungen wie ein roter Faden durch meine Biographie zieht: die Kirche. Als Kind ging ich voller Begeisterung und Engagement in den Kindergottesdienst, in der Konfirmandinnenzeit entdeckte ich Theologie und Religion als mich berührende und über mich hinausweisende Bereiche, ich wurde selbst Mitarbeiterin, leitete Kinder- und Jugendgruppen und Jugendfreizeiten. In dieser Zeit reifte der Gedanke, Theologie zu studieren, allerdings war es doch eine wankelmütige Angelegenheit, da ich von zu Hause aus, besonders mit dem protestantisch-puritanischen Erbe meiner väterlichen Linie auch ambivalente Erfahrungen verband. Und vor meinem Großvater väterlicherseits, der selbst Pastor der alten Schule war, fürchtete ich mich als Kind.

Erst am Ende meines Studiums war ich in der Lage, ein Unbehagen bezüglich der patriarchalen Grundorientierung meines Studiums zu formulieren, und erst noch viel später, nachdem ich mehrere Jahre in den USA in einem Frauenprojekt (WOAR – Women organized against rape) gearbeitet hatte, war ich so weit, mich als feministische Theologin um Veränderungen in Theorie und Praxis zu bemühen.

Das, was ich 1984 in meinem ersten theologischen Examen zunächst als einen allgemeinen Widerspruch benennen konnte, verdichtete sich durch die Begegnung mit Frauen, die sich als Feministinnen zu einer eindeutigen politischen Handlungsweise entschieden hatten, mehr und mehr zu einer inneren und äußeren Verortung in dem Gefüge von Heimatlosigkeit, Grenzgängerinnentum und Vagabundinnentum.

Als ich mit Aktion Sühnezeichen in die USA ging, wusste ich nicht, dass ich dort so viele Frauen treffen würde, die selbst noch viel mehr Grenzgängerinnen waren, als ich das jemals gewesen war. Mehr als die Hälfte der 18 Frauen, die bei WOAR arbeiteten, waren aus Kulturen und Gegenden, die ihnen in ihrem Alltag kaum zugänglich waren. Meine beste Freundin Judith kam aus Atlantic City; ihre gesamte Familie, neun Schwestern (größtenteils mit eigenen Kindern als Alleinerziehende) und zwei Brüder lebten im Slum einer »black neighborhood« in einem Haus mit zwei Zimmern. Judith war Associate Director von WOAR und aus ihrer Familie war sie die einzige, die es »geschafft« hatte, die einzige, die ohne Studium eine Karriere eingeschlagen hatte. Jeden Penny, den sie nicht für ihr eigenes Leben brauchte, trug sie nach Atlantic City, aber in ihrem Herzen träumte sie davon, eines Tages nach Afrika, zu ihren Wurzeln, zu gehen. Ich erlebte mich in diesem Kontext als privilegiert, reich und naiv. Nie zuvor erfuhr ich die für mich heute lebensnotwendige, wenn auch manchmal sehr schmerzhafte Öffnung wie in diesen Jahren des intensiven Zusammenseins mit Frauen aus anderen Kultur- und Religionskreisen für Mehrsprachigkeit und Mehrdeutigkeit.

Das, was für mich selbstverständlich war, war für Judith eine unüberwindbare Barriere. Das, was für mich undenkbar war, war für Judith das Selbstverständlichste überhaupt, z. B. dass sie, die zehn Jahre älter als ich war, alles mit ihrer Mutter besprach und mindestens jedes zweite Wochenende »nach Hause« fahren musste, um nach dem Rechten zu schauen.

In den USA war ich immer Fremde, ganz anders als je zuvor wurde ich ständig auf mein Deutschsein angesprochen. Auch wenn ich mich schon in der Schulzeit mit der Shoah auseinandergesetzt hatte, war ich niemals vorher an meine eigene Ohnmacht, meine Wut, mein Beteiligtsein, mein Beteiligtwerden so herangeführt worden. Karen, eine Jüdin, die auch bei WOAR arbeitete, hatte früher konsequent nicht mit Deutschen geredet. Der Großteil ihrer Verwandtschaft, beide Großmütter, waren in Auschwitz und Treblinka ermordet worden, sie wollte eigentlich nie etwas mit Deutschen zu tun haben. Emotional begann für mich die Auseinandersetzung mit meiner Geschichte und der meiner Vorfahrinnen erst, als ich Karen und andere Jüdinnen und Juden traf, die mich auf meine Identität befragten und die es ziemlich genau wissen wollten. Wie einfach war es doch gewesen, Theorien über den Faschismus und Filme, Bücher etc. zu diskutieren, im Gegensatz zu dem, was sich da an Abgründen, Sprachlosigkeit und Verzweiflung auftat, als Karen und ich über unsere Vergangenheit und unsere Identität als »second generation« sprachen.

Und schließlich das Thema der »sexuellen Gewalt«. Zwei Jahre lang hörte ich fast täglich die schrecklichsten Verwundungen und den Schrei nach Rettung. Im Gericht begleitete ich junge Frauen und Mädchen mit deren Müttern, und immer wieder fragte ich mich, wo sie eigentlich ihre Kraft hernehmen. In den meisten Fällen waren die Täter ja aus dem Familienzusammenhang, so dass die Schrecken und Empörung, die Vielschichtigkeit der Höllen kaum auszumalen ist. Die Arbeit bei WOAR bedeutete für mich auch eine ernste Identitätskrise, die ich ohne die Stärke und den Rückhalt der Frauen bei WOAR nicht hätte bestehen können. Das Netzwerk mit diesen Frauen stärkte mich sehr in meiner Identität als Feministin. Interessanterweise wurde ich in dieser Zeit, in der ich mich wieder einmal sehr heimatlos und als Deutsche in den USA letztendlich auch sehr auf mich zurückgeworfen fühlte, in einer großen Massivität von außen an meine Wurzeln und auch an das, was mich trägt, erinnert und darauf behaftet. Ich werde nie vergessen, wie ich an einem heißen Sommertag mit einer 25jährigen afrikanisch-amerikanischen Frau und deren beiden Töchtern im Wartesaal des Gerichts saß, zuhörte, tröstete und meine Begleitung und Präsenz, so wie es eben ging, anbot.

Ich war von WOAR aus so etwas wie eine Sozialpädagogin. Die Frauen und Mädchen wussten gar nicht, dass ich Theologie studiert hatte. Die Mutter war sehr außer sich, weil die Konfrontation mit dem Täter, ihrem Ex-Freund, bevorstand. Plötzlich brach es aus ihr heraus: »If there is any God, please let me know«. Spontan fühlte ich, dass diese Frau eine Psalmbeterin war, eine, die schon vorher die ganze Zeit mit Gott gehadert hatte und die wollte, dass wir das gemeinsam tun. So fand ich mich an diesem heißen Sommertag im Gericht in aufrechter, zorniger Gebetshaltung, und es war gut so. Das war in der Zeit, als ich mich entscheiden musste, ob ich meine theologische Ausbildung beende, oder ob ich in den USA eine Karriere im Beratungsbereich einschlage. Ich spürte die Faszination des »zwischen den Welten Lebens«, ich spürte aber auch die Begrenztheit meines US-amerikanischen Umfelds und die Sehnsucht, meinem Thema vom Suchen nach der Heimat auf der Spur zu bleiben. Vor allem merkte ich, dass meine Identität als Theologin und Seelsorgerin entscheidend darin verwoben war. So entschied ich mich, nach zwei Jahren bei WOAR und einem Jahr Klinischer Seelsorgeausbildung in zwei unterschiedlichen Kliniken, nach Deutschland zurückzukehren.

Während meines Vikariats erlebte ich die Schwierigkeiten und Grenzen, in »meiner« Kirche als Feministische Theologin zu agieren. Nachdem ich eineinhalb Jahre viele kleine und große Gefechte mit meinem Mentor durchlebt und durchlitten hatte, kam es zum großen Eklat kurz vor Ende meiner Vikariatszeit, als ich mit anderen Frauen zusammen einen Frauengottesdienst vorbereitet und durchgeführt hatte.

Für mich war am Ende meines Vikariats, nach meinem zweiten Theologischen Examen klar, dass ich mich nur weiter als Grenzgängerin in der Evangelischen Kirche bewegen kann, wenn ich mich gerade und ganz besonders für die stark mache, die selbst keine Heimat haben.

Noch viel deutlicher spürte ich dies, als ich nach dem Vikariat für ein Jahr eine Vakanz in einem kleinen Schweizer Bergdorf übernommen hatte. Pfarrerin in einer Berggemeinde zu sein, bedeutete, mit Menschen konfrontiert zu werden, für die das Wort »Heimatlosigkeit« ein Fremdwort war. In ihrer selbstverständlichen Verwurzelung konnte ich teilweise ihre Sprache nur mit Mühe und größter Übersetzungsarbeit verstehen. Und sie schüttelten nur den Kopf, als ich während des Golfkriegs meine Erschütterung und den Wunsch nach Aktionen zum Ausdruck brachte. Ein alter Mann aus dem Dorf sagte zu mir: »Ach, wissen Sie, Frau Pfarrer, wo Sie überall schon gewesen sind, das kennen wir alles nicht. Ich war nur ein paar Mal in Chur (nächstgelegene Stadt im Tal), aber hier oben brauche ich nirgendwo hin. Ich bin doch dem Himmel schon ganz nahe«. Es war dort in dieser »heimeligen« Umgebung, wo ich wunderschöne Naturerlebnisse hatte und heilige Kraftorte für mich entdeckte, es war aber auch dort, wo ich spürte, dass mein Platz bei denen ist, die ein wesentliches Lebensgefühl mit mir teilen, nämlich die Wanderschaft und das nicht-festzulegende Grenzgängerinnensein als konstituierendes Element und Kontinuum.

Dies bezieht sich auf den Umgang mit Macht genauso wie auf die Räume. Meine eigenen Erfahrungen von Heimatlosigkeit und Ohnmacht flossen in die seelsorgerliche und theologische Arbeit mit Frauen und Mädchen ein. Ich erfuhr während meines Hilfsdienstes, den ich zum Teil an einer Citykirche in Köln absolvierte, dass ich Ansprechpartnerin für diejenigen wurde, die auf der Suche nach ihrem Ort und ihrer Identität als Frau in dieser Gesellschaft und in der Kirche waren. Während einer Fotoausstellung zum Thema »Mein Feind«, die ich damals zusammen mit meinem Kollegen organisiert hatte, offenbarten sich mir neue Welten. Die Fotografin B. Flitner interviewte 14 Frauen zu der Frage: »Haben Sie einen Feind, und wenn ja, was würden Sie mit ihm machen?«. Dann stellte sie ihnen ein Arsenal von Spielzeugwaffen zur Verfügung und ermutigte sie, sich eine Waffe auszusuchen. Die Fotos der bewaffneten Frauen waren in Lebensgröße auf einem Weg mit 14 Stationen in der Fußgängerzone, mit je einem Zitat versehen, ausgestellt. Der Stationsweg führte in die Kirche zu der Frau, die sich als einzige der 14 Befragten keine Waffe ausgesucht hatte. Sie hing über dem Altar und ihr Satz lautete:

»Mein Feind ist eine Person. Ich kenne ihn ein Leben lang. Er hat mich nie anders behandelt als mit Verachtung. Aber ich könnte keine Waffe nehmen, das geht bei mir alles so nach innen« (Flitner, 1995, 106f.). Die Reaktionen auf diese Ausstellung waren enorm. Stimmen der Empörung und Entrüstung kamen meistens von Männern, aber auch unter den Frauen gab es Ablehnung und Vorwürfe an uns, die wir diese Ausstellung initiiert hatten. Größtenteils jedoch waren die Frauen berührt und bis in ihr tiefstes Inneres hinein erschüttert. Scharenweise kamen sie in die Kirche und zu den Andachten, die wir eine Woche lang jeden Abend während der Ausstellung anboten. Frauen sahen die Frauen auf den Fotos und erzählten ihre eigenen Geschichten. Sie identifizierten sich mit deren Erfahrungen von Gewalt, Missbrauch und Demütigung ebenso wie mit deren Fantasien von Rache und Gegengewalt. Sie thematisierten all das, was mir in meiner mehrjährigen Arbeit im amerikanischen Frauenprojekt deutlich und wichtig geworden war.

Im Anschluss an meinen Hilfsdienst und die einjährige »Auszeit« in einem Schweizer Bergdorf knüpfte ich an die Erfahrungen dieser Ausstellung und die große Nachfrage nach einer Anlaufstelle für Frauen an. Etliche Frauen kamen zu mir in die Beratung, weil sie dezidiert mit einer Pastorin sprechen wollten. Sie suchten einen Ort, wo sie mit anderen ihre Erfahrungen teilen konnten. Sie suchten in der Kirche das, was sie noch nie in ihr gefunden hatten: einen

Raum, der ihnen Möglichkeiten des Sichtbarwerdens, des Heraustretens aus dem Schatten anbot. Zugleich thematisierten sie ihre Heimatlosigkeit und die Schwierigkeit, mit ihren Erfahrungen in der Kirche, im Gottesdienst, in der Seelsorge einen Platz zu finden, der wirklich ihr Zuhause sein könnte.

Nachdem dann im März 1992 meine Stelle als Pastorin für Frauenberatung und Mädchenarbeit im Kirchenkreis Köln-Mitte genehmigt worden war, hatte ich wiederum mit den Nebenschauplätzen der patriarchalen Verstrickungen zu kämpfen. Es dauerte fast ein halbes Jahr, bis ich mein Büro bekam, nachdem ich wie eine Vagabundin in der gesamten Gemeinde Köln nach einem Raum gesucht hatte. Es dauerte noch einmal ein Jahr, bis ich nicht mehr ständig rechtfertigen und legitimieren musste (im Kirchenvorstand, Kreissynodalvorstand, beim Superintendenten, etc.), warum die parteiliche Arbeit für Frauen gerade in der Kirche eine Herausforderung, Aufgabe, Chance ist. Bis zum Schluss jedoch war das Begründen und Thematisieren sowie das Einfordern von frauengerechten Strukturen immer wieder Teil meines Engagements als feministische Theologin und Seelsorgerin.

Das Thema der Heimatlosigkeit ist ein Thema von Frauen in unserer Gesellschaft. Im Lauf meiner vierjährigen Tätigkeit als Pastorin für Frauenberatung ist es mir immer wieder begegnet. Es gab sogar eine Gruppe, die sich schwerpunktmäßig mit dieser Frage auseinandersetzte. Es tauchte in zahlreichen Einzelgesprächen auf, und selbst bei meinem Abschiedsgottesdienst im Juni 1996 war es der rote Faden. Auch seit Herbst 1996, seitdem ich Pfarrerin der Evangelischen Studierendengemeinde bin, begegnet mir die Frage nach Heimat, nach Räumen der inneren Verortung und des Zuhauseseins bei Studentinnen häufiger als bei Studenten.

Mit unserem Buch knüpfen wir auch an das Gefühl der Heimatlosigkeit, an die Suche nach einem Ort, der der eigene ist, an. Flügel zu besitzen bedeutet nicht nur, unabhängig und autonom zu sein, sondern auch, die eigene Kraft zu spüren. Flügel zu haben bedeutet, einen Fuß in die Luft zu setzen und zu erfahren, dass sie trägt. Flügel zu besitzen habe ich mir oft gewünscht, und in Situationen, in denen ich sie auch spüren konnte, war ich dem Himmel und der Erde und damit auch dem Wesentlichen, das ich manchmal Gott nenne, ganz nahe.

Persönliche und professionelle Biografie II

Eigene Familie

Wir schreiben das Jahr 2009. Beim Lesen der ersten Einleitung, die ich im Jahre 1996 schrieb, habe ich vieles wieder entdeckt und vieles neu gelesen. In diesem Sommer haben meine Eltern ihre Goldene Hochzeit gefeiert. Zusammen mit meinem Bruder Max gestaltete ich für meine Eltern ein Ritual.

In dem Segnungsritual, als meine Eltern sich erinnerten, an fünfzig Jahre gemeinsamen Lebens und voller Dank und Wertschätzung auf das zurückschauten, was sie miteinander an Wegstrecke zurückgelegt haben, war ich voller Respekt und innerer Dankbarkeit mit ihnen verbunden. In der Predigt habe ich von den verschiedenen Phasen der Ehe gesprochen, die so eine langjährige Partnerschaft ausmacht.

Ich werde in diesem Jahr 50.

Seit der ersten Herausgabe unseres Buches sind viele neue Menschen in mein Leben gekommen, einer ganz besonders, mein Sohn Jacob, der in diesem Jahr 10 geworden ist. Wenn ich zurückblicke haben mich Schwangerschaft und Geburt, dann aber auch die Rolle der allein erziehenden Mutter, der ständige Balanceakt zwischen Berufstätigkeit, Zeiten der Verantwortung für und mit Jacob und der Wunsch nach Zeiten für mich, mein Leben grundsätzlich verändert. Jacob ist bis heute und jeden Tag neu ein wichtiger Gradmesser in meinem Leben, ich merke, dass ich mit ihm wachse und mich gerade von ihm in seiner Unmittelbarkeit und ehrlichen Unbefangenheit immer neu infragegestellt und liebevoll kritisch betrachtet fühle.

In gewisser Weise bin ich weicher und nachgiebiger, auch mir selbst gegenüber geworden. Dazu beigetragen hat sicher auch der sehr schmerzhafte Prozess um eine Totgeburt im Jahre 2005, die ich bewusst durchschritten habe, bis zu einer würdevollen Verabschiedung des kleinen Jan Lukas, die wir als Familie gemeinsam in einem Ritual vollzogen haben. Heute weiß ich, dass diese Erfahrung mich noch sensibler und aufmerksamer für genau die einzelnen Schritte und Dynamiken eines Rituals und die verschiedenen Bausteine hat werden lassen und auch für die Zeit, die ihre eigene Kraft in diesem Kontext entfaltet und der es so wichtig ist einen eigenen Raum zu geben.

In den Jahren nach dieser persönlichen Erfahrung hatte ich sehr viele Anfragen nach seelsorglicher Begleitung bei Tot- und Fehlgeburten, beinahe als ob ich ein Magnet für Frauen mit solchen Erfahrungen sei. Ich habe viele Begleitungen in Form von Gottesdiensten, Ritualen und Aufstellungen in Form von Skulpturarbeit dazu angeboten und jedes Mal war es wieder neu und anders, aber immer bewegend und voller Intensität.

Gleichzeitig habe ich in den letzten zehn Jahren eine liebevollere Haltung meinen Eltern gegenüber entwickelt. Seitdem ich 2005 die Ausbildung zur Familientherapeutin gemacht und abgeschlossen habe, bin ich in gewisser Weise auch bewusster im Umgang mit eigenen Werten und Haltungen.

Heimat

Das Thema der Suche nach Heimat und der immer wieder auftauchenden Heimatlosigkeit hat mich in unterschiedlichen Facetten weiter begleitet.

In der Evangelischen Studierendengemeinde, wo ich in multikulturellen Systemen immer wieder meine eigene Positionierung vornehmen musste, tauchte die Frage nach Heimat kontinuierlich auf. Manchmal in Bezug auf die religiösen Fragen und manchmal auch in Bezug auf ganz normale Lebensentwürfe, die in kein Raster zu passen scheinen, und gerade darum das Thema der Heimatlosigkeit aufwarfen.

Das Thema »Kein Ort nirgends« formulierte eine koreanische Studentin bei ihrer Verabschiedung als ihr Lebensthema, das ihr erst in Deutschland bewusst geworden sei. Für sie war das mit viel Melancholie aber auch mit einer gewissen inneren Aufbruchsstimmung verbunden. Ich begleitete sie bei der Spurensuche nach ihren Großmüttern, die sie in ein ungeahntes Minenfeld von Traumatisierungen und komplexen Verletzungen brachte. Als wir in der Sandkapelle eine Skulptur ihrer Herkunftsfamilie aufstellten, brach ein nie geweinter Schwall von Tränen aus ihr heraus, den sie in einer kleinen Schale auffing und den sie selbst als Oase inmitten von Wüste und Dürre bezeichnete. Sie wollte nach Korea zurückkehren, um ihre Familiengeschichte besser zu verstehen und um heil zu werden.

Vor allem mit der Gestaltung der Sandkapelle stieß ich auf Kontroversen, Zustimmung und Kritik. Immer stand die heimliche Frage im Hintergrund, ob diese außergewöhnliche und unkonventionelle Idee in die Kirche passt. Als dann nach langen Kämpfen endlich der Raum so umgestaltet war, wie mein Kollege und ich es in Absprache mit den Studierenden durchgesetzt hatten, gab es viel mehr Zustimmung als im Vorfeld. Bis heute ist die Sandkapelle in der ESG ein Ort der spirituellen Verdichtung und Weite zugleich.

Von 2002 bis 2003 erlebte ich das Thema, Grenzgängerin zu sein, noch einmal ganz neu und doch vertraut im universitären Rahmen.

Im Austausch mit den überwiegend männlichen Kollegen war das Thema »feministische Theologie« ein Reizwort, das weder Zustimmung noch besonders großes Interesse hervorrief. Ich erinnere mich an die Disputation einer Kollegin, die ihre Habilitationsschrift vorstellte. Beim anschließenden Empfang im Foyer der Universität hatte ich mehrere kontroverse Diskussionen mit Kollegen, bei denen es immer um die Frage ging, ob die feministische Theologie als solche genug Substanz hergäbe, um den wissenschaftlichen Anforderungen zu genügen. Ein männlicher Kollege bemerkte mit leicht spöttischem Unterton, dass ja mehr Studierende in meine Beratungsstunde als in meine Seminare kämen. In der Tat waren es wenige StudentInnen, die meine Seminare zur »Einführung in die feministische Seelsorge« und »Rituale im Alltag und in der Seelsorge« besuchten.

Erst nach einiger Zeit an der Uni Bonn wurde mir der Kontext deutlich und bewusst: Aufgrund der niedrigen Zahl der Theologiestudierenden war die Teilnahme an den Seminaren und Übungen allgemein auf ein Minimum zurückgegangen.

Als ich die Assistentinnenzeit an der Universität abgeschlossen hatte, ließ ich mich für zwei Jahre beurlauben, um meine Dissertation zum Thema »Rituale in systemischer Therapie und Seelsorge« zu schreiben und abzuschließen. Es war die Zeit, in der ich meine Ausbildung zur Familientherapeutin machte und parallel in der Evangelischen Beratungsstelle in Freiburg als Beraterin arbeitete.

Wachstum

Mein persönliches und professionelles Wachstum in dieser Zeit war sehr intensiv und zugleich erlebte ich die vielen neuen Perspektiven und aufgeworfenen Fragen als ständig neue Herausforderung, mich dem Wachstum weiter zu stellen.

Ich erlebte die Synergie meiner verschiedenen Erfahrungsfelder und Kompetenzen sowohl in den eigenen Fortbildungen und Seminaren, die ich anbot als auch in den Beratungs- und Therapiesequenzen.

Ich erfuhr das Zusammenwachsen vieler verschiedener Elemente, die mir schon damals, als wir die erste Auflage unseres »Flügelbuches« in die Welt brachten, wichtig waren, ohne dass ich sie damals so benennen konnte.

So lernte ich die Wörter Ressourcenorientierung und Reframing in anderer Weise schätzen als zuvor. In gewisser Weise lernte ich durch die systemische Ausbildung, de Methode des Reframing/der Umdeutung als vielleicht wichtigster systemischer Intervention überhaupt kennen, eine Methode, die ich vorher durchaus schon angewandt hatte, die ich aber nicht so reflektiert in mein Repertoire aufgenommen hatte. Wie sehr der systemische Rahmen für die

KlientInnen oft eine überwältigend andere Sicht der Dinge darstellt, lässt sich oft an winzigen Äußerungen oder Gesten feststellen.

Eine afrikanische Doktorandin, ich nenne sie Maya, die zu mir zur Beratung kam, begann die ersten Stunden regelmäßig mit einem Lamento über ihre eigene Unfähigkeit, sich zu entscheiden und Struktur in ihr Leben zu bringen. Durch meine konsequent zirkulären, ressourcenorientierten Fragen veränderte sich ihr eigenes Denkmuster. So begann sie nach den ersten Begegnungen ihre ersten Äußerungen nicht mehr mit einem kopfschüttelnden Lamento, sondern folgendermaßen:

»Wissen Sie, ich weiß schon, dass Sie denken, jedes Verhalten macht Sinn, wenn man den Zusammenhang kennt. Mal angenommen, meine Unentschiedenheit ist tatsächlich eine Ressource, was sagen Sie mir dann?«

Dieser Satz machte mich fast sprachlos, hatte ich doch nach den ersten Begegnungen mit Maya genau diese Sätze zu ihr gesprochen. Im weiteren Prozess begann sie in Windeseile, ihre »Probleme« als Fähigkeiten zu sehen und die Strukturlosigkeit, die sie selbst als großes Defizit beschrieb neu für sich zu füllen, indem sie Eigenverantwortung für ihre weiteren Schritte übernahm.

Ebenso begann ich, die Begriffe Parteilichkeit und Allparteilichkeit neu und anders zu besetzen, und die Allparteilichkeit der Beraterin, gerade in Beratungssituationen mit Paaren und Familien begleitet mich heute als große Ressource.

Das heißt aber nicht, dass es nicht immer wieder Situationen gibt, in denen das Terrain der Allparteilichkeit, also der Neutralität, verlassen werden muss, zugunsten einer Parteinahme für die, die Fürsorge und Fürsprache dringend brauchen, Besonders die Frauen mit Gewalterfahrungen und die, die sich auch von der Kirche gewaltvoll behandelt fühlen, brauchen eine klare eindeutige Positionierung:

»Das was du erlebt hast, ist Unrecht, und ich glaube dir! Ich bin auf deiner Seite! Ich begleite dich bei deinen Schritten auf dem Weg der Heilung und der gerechten Sache«.

In gewisser Weise bin ich immer noch dabei mich dem Konstruktivismus in Spiralen anzunähern, bzw. mich in praktischer Art und Weise mit ihm auseinander zu setzen. Ausgehend von der These, dass jede Theorie und jede Weltsicht immer auch eine Theorie der Beobachterin ist, tun sich immer neue und verschiedene Erkenntnisräume auf.

»Die Umwelt, so wie wir sie wahrnehmen, ist unsere Erfindung« ist der Satz von Heinz von Förster, den ich selbst für mich immer wieder neu zu buchstabieren, zu verstehen und in mein Leben zu integrieren bestrebt bin.

Vernetzungen

Netzwerke zu pflegen und mit diesen weiterzugehen hat in den letzten Jahren nicht an Bedeutung verloren, wenn auch die Verbindlichkeiten und die Eigenverantwortung solche aktiv zu gestalten und mitzutragen im heutigen Zeitgeist oft sehr unterbewertet werden, sobald die alte Prämisse der Frauenbewegung in diesen zum Tragen kommt. Für mich hat der Satz »das Persönliche ist politisch« immer noch eine wichtige Bedeutung, wenn ich es auch im persönlichen und professionellen Alltag nicht so aktiv reflektiere, wie ich es in meinen verschiedenen Denk- und Lebenszusammenhängen in den 1980er Jahren getan habe.

Nach wie vor empfinde ich eine große Wertschätzung für Zusammenhänge, die das Professionelle und das Persönliche miteinander verbinden, und für Menschen, die diese Zusammenhänge transparent machen.

Ich gründete mit fünf anderen Frauen aus der systemischen Ausbildung eine kollegiale Supervisionsgruppe, in der wir jedes Mal ein persönliches Sharing und Fallbesprechungen austauschen, häufig mit der Methode der Reflektierenden Teams. Ebenso bin ich nach wie vor vernetzt in einer generationenübergreifenden interkonfessionellen Frauengruppe, die sich aus einer früheren Arbeitsgruppe »Kirche in Solidarität mit den Frauen« entwickelt hat.

Manchmal werde ich gefragt, ob ich diese Frauengruppen nicht anachronistisch finde, aber das ist nicht so. Nach wie vor empfinde ich im Zusammensein mit Frauen eine Lebendigkeit und Schwesterlichkeit, die mich im Alltag oft weiterbringen und die ich in meiner Kindheit so nicht gehabt und durchaus herbeigesehnt habe. Und vor allem entwickelt sich ja der Geist, der den Zusammentreffen in diesen Gruppen innewohnt, auch mit den gesellschaftlichen und strukturellen Entwicklungen weiter.

Das Thema »Feminismus« beflügelt mich anders als früher, in gewisser Weise ist eine in meine Persönlichkeit integrierte Bezogenheit eingekehrt.

Sowohl in der Gemeinde, in der ich jetzt seit einigen Monaten mit halber Stelle arbeite, als auch im Rahmen meiner Tätigkeit als Therapeutin in eigener Praxis gehört die feministische Grundhaltung zu mir. Immer wieder bin ich mit Fragen der Gerechtigkeit und der Genderthematik konfrontiert, sei es in konkreten Seelsorge- und Therapieanfragen, sei es wenn ich mal wieder einen Bibeltext auslegen muss, der mich in seiner patriarchalen Ausrichtung und Wirkungsgeschichte bis ins Mark herausfordert.

Kürzlich schickte mir ein Kollege, der in der Beratungsstelle für Migranten und Migrantinnen arbeitet, eine Frau, die sexuell, kulturell und in ihrer Identität als Frau in den besten Jahren jeder Würde beraubt zu sein schien. Als sie das erste Mal in meine Praxis kam, erinnerte ich mich an eine Studentin, die ich in unserem ersten Flügelbuch als Fatimah beschrieb. Ich erinnerte mich aber auch an die Begrenzungen, die ich in meiner Arbeit mit ihr hautnah und intensiv erlebte.

Durch die immer wiederkehrende Beschäftigung mit Menschen aus anderen Kulturkreisen und meine fortlaufende Auseinandersetzung mit multikulturellen Systemen habe ich viel gelernt, und doch bleibt das Gefühl des Andersseins und der Fremdheit ein elementarer Bestandteil der Beratung von MigrantInnen. Der Blick auf die Ressourcen hat in meiner Arbeit mit MigrantInnen einen noch größeren Stellenwert als früher bekommen, ebenso die neugierige und offene Haltung, in die ich als Therapeutin und Seelsorgerin in die Beratungssituationen hineingehe.

Am meisten profitiert aus der systemischen Ausrichtung habe ich jedoch durch die Methode des Perspektivwechsels, eine ständige Herausforderung und Chance, alles wieder ganz anders und ganz neu zu sehen.

Vision

Ich bin immer noch sehr gern Theologin und ebenso liebe ich meine Arbeit mit Menschen als Beraterin, Therapeutin, Supervisorin.

Seitdem ich meine eigene Praxis habe, kommen mehr Paare zu mir, manche wollen ein Ritual, andere wollen sich als Paar weiterentwickeln, wieder andere sind an dem Zusammenhang von Spiritualität und Beratung interessiert, ohne genau benennen zu können, was ihr genauer Anknüpfungspunkt ist.

Aber sie kommen, und ich begleite sie bei ihren Schritten ihres eigenen Wachstums, und das ist sehr schön. Immer wenn ich die Funktion der Hebamme übernehmen darf, wenn ich einen Geburtsprozess im übertragenen Sinne begleite, geht mein Herz auf.

Ebenso in Gruppen: ich liebe es, wenn ich eine Frauengruppe als Leiterin begleite und nach und nach erlebe, dass die Frauen sich öffnen und aus den Knospen blühende Pflanzen und manchmal auch Bäume werden. Ich liebe es, wenn die Menschen an ihre Ressourcen kommen und ihre eigenen Potentiale mehr in die Welt bringen.

Ich empfinde es als großen Vertrauensvorschuss, wenn Menschen zu mir kommen, die »nur« von mir gehört haben und sich mir mit dem Innersten ihrer Seele anvertrauen.

Für meine weitere professionelle Entwicklung wünsche ich mir, dass ich in einem größeren Netzwerk verbunden bin, sehr gern würde ich auch stunden- oder tageweise mit einem Kollegen in meiner Praxis arbeiten.

Die Themen »Gerechtigkeit, Verbundenheit mit allen Lebewesen und mit der Natur, und Heilung im umfassenden Sinn« ziehen sich wie ein roter Faden durch mein Leben, und ich habe die Vision, dass ich mit anderen zusammen wieder mehr Netzwerke und Gemeinschaft erleben und genießen darf.

Allerdings wünsche ich mir von ganzem Herzen, dass dieser Prozess einfach geschieht, dass ich mich dafür nicht so anstrengen muss, dass es Ereignisse gibt, die ich beim Schopf nehme, dass ich mich öffne für das, was manchmal nicht sofort sichtbar ist, dass ich dabei offen bleibe für meine Berufung und das Heilige, das manchmal dort ist, wo ich es am wenigsten vermute.

Teil 1

Konzeption

Theoretische Perspektiven

Ursula Riedel-Pfäfflin, Julia Strecker

Unser Projekt ist ein Praxisbuch für Seelsorge, kein theoretisches Grundlagenwerk. Aus diesem Grund haben wir Entscheidungen getroffen, die notwendigerweise zur Auswahl von Themen führen. Während andere Seelsorgekonzeptionen die Geschichte der Seelsorgebewegung, Überblicke über Konzepte, heutige Problembereiche und Methoden zugänglich machen (Riess, 1973; Winkler, 1997), wollen wir aus der eigenen Praxis heraus ausgewählte Fragen der Theorie und Methodik aufgreifen, die uns in unserer Geschichte und im Gespräch mit anderen wichtig geworden sind. Der Schwerpunkt unserer Arbeit liegt in pastoralpsychologischen Aspekten feministischer Seelsorge und weniger im Bereich der seelsorgerlichen Gesichtspunkte in Amtshandlungen, Gottesdiensten, gemeindlichen und übergemeindlichen Gruppen oder in kirchlichen Aktionen und Funktionen, die von anderen Autorinnen aufgearbeitet worden sind (Wagner-Rau, 1992; Karle, 1996; Pohl-Patalong, 1996).

Wie in der Darstellung der Grundlinien für unsere Arbeit deutlich wird, haben wir gleichwohl neben den psychologischen immer auch die theologischen, soziologischen, politischen, ethischen und spirituellen Aspekte der Seelsorge im Blick und verstehen feministische Wissenschaft als interdisziplinär.

Erinnerung

Feministische Seelsorge hat mit dem Aufarbeiten und Neuschreiben unserer persönlichen und kollektiven Geschichte zu tun. Viele Frauen haben das Gefühl, etwas verloren zu haben, das sie nicht mehr genau beschreiben können und wissen doch, dass es dieses Gesuchte gibt. Wir hatten als Mädchen und heranwachsende Frauen Wissen, Wünsche und Träume von unserem Spersönlichen und professionellen Leben, die sich diesem Gesuchten angenähert haben. Wir haben dann oft ganz oder teilweise aufgegeben, weil wir erlebt haben, dass die gesellschaftliche, persönliche und berufliche Realität nicht das ermöglicht, wonach wir suchen. Wir haben uns selbst immer wieder in Frage gestellt, verdächtigt, abgewertet und angepasst, nach dem Motto: Ich bin vielleicht verrückt, ich will zu viel, ich bin illusionär, ich funktioniere nicht, ich habe zu hohe Ansprüche, ich könnte zufriedener sein, wenn ich nur wäre, wie ich sein sollte. Trotzdem sind wir auf der Suche und haben durch feministische Psychoanalyse, Geschichtsforschung, Ethnologie, Religionswissenschaft,

Soziologie und Theologie in der Vermutung Unterstützung bekommen, dass diese Suche nicht sinnlos und verrückt ist, sondern im Gegenteil, überlebenswichtig für uns selbst, für andere und auch für das Weiterbestehen der Welt. Das Wissen um die eigenen Wurzeln und die Verbindung zu den eigenen Geschichtstraditionen sind wichtig, weil sie die Autorinnenschaft für das eigene Leben in Verbindung mit anderen ermöglichen.

Die französische Psychoanalytikerin Luce Irigaray z. B. kritisiert den Androzentrismus der Psychoanalyse, welchen sie als Teil eines Systems der Täuschung und Verrücktheit sieht, das Frauen an der Erkenntnis und dem Leben ihrer eigenen Identität hindert. Sie meint, dass sowohl Frauen wie Männer neu in ihr Sein geboren werden müssen. Für Frauen kann dies nur geschehen, wenn sie von archaischen patriarchalen Projektionen befreit werden und wenn es eine autonome und positive Repräsentation des Frauseins in der Kultur gibt. Sexualität, Körper und unsere biologische Beziehung zu unserer Mutter, die extrem durch die gesellschaftliche Konstruktion der Mutterschaft belastet worden sind, müssen aus Projektionen befreit werden (Irigaray, 1991).

Anfang der siebziger Jahre habe ich anlässlich der Diskussion über neue Mütterlichkeit mit anderen Frauen zur Konstruktion der Mutterschaft gearbeitet (Pasero/Pfäfflin, 1986) und die These vertreten, dass Mütter in der westlichen industrialisierten Welt einerseits im Raum der Beziehungen und Dienstleistungen unerfüllbaren Anforderungen ausgesetzt werden, als seien sie allmächtig. Da sie diesen Ansprüchen nie genügen können, müssen sie sich als schuldhafte Versagerinnen wahrnehmen. Andererseits werden Mütter jedoch aus öffentlich wirksamen Machtbereichen ausgegrenzt, so dass hier ihre Ohnmacht erlebt wird. So reicht die Ambivalenz Müttern gegenüber von einer Abwehr gegen die »mörderische (kontrollierende) Mutter« bis zum symbolischen oder realen Mord an der Mutter.

Auch unsere Kreativität, mit der wir Worte, Symbole, Theorien bilden, spiegelt die Projektionen wider. Damit wir nicht den Mord an unseren Müttern unterstützen, müssen wir nach Irigaray anerkennen, dass wir in einer Reihe von Vorfahrinnen stehen, in einer Genealogie von Frauen: wir haben eine Mutter, Großmutter, Urgroßmutter und Töchter. Wir haben gelernt, diese Tradition zu verleugnen, weil wir im Exil der Vater-Partner-Familie leben. Luce Irigaray findet es wichtig, dass wir den Hass und die Undankbarkeit durcharbeiten, die oft unsere Beziehungen zu unseren Müttern und anderen Frauen kennzeichnen und uns daran hindern, lebendige Beziehungen zu ihnen zu entwickeln. Denn nicht in der Identifikation mit der Geschichte der Väter können wir unsere weibliche Identität erfahren, sondern in der Erinnerung an die Geschichte unseres eigenen Geschlechtes und in der Anerkennung unserer eigenen Traditionen. Hier ist der legitime Ort für Bewunderung und Dankbarkeit, denn ohne bewusste Einübung des Respekts vor Frauen setzen wir bewusst und unbewusst die Gewohnheit der Abwertung von Frauen – und das heißt: unserer selbst – fort (vgl. Irigaray, 1991, 128ff.).

Wir verstehen unsere Aufgabe als Seelsorgerinnen und Theologinnen als Teil dieser Arbeit an unseren Genealogien. Denn Identität hängt wesentlich mit dem Wissen um die Orte zusammen, von denen wir kommen: von unseren biologischen, sozialen, geistigen und spirituellen Müttern, in denen wir unseren ersten Raum fanden. »Wo eine Geschichte ist, da ist eine Person«, meint die Jungianische Analytikerin Heather Formaini und deutet damit an, warum es so wichtig ist, die eigene Geschichte zu erinnern. »Ich weiß, dass es für mich entscheidend war, meine eigene Geschichte zu erzählen und herauszufinden, dass ich eine Geschichte zu erzählen hatte. Wenn es eine Geschichte gab, dann gab es vielleicht auch mich. Sie war lang, meine Geschichte, und sie erstreckte sich über tausend Jahre in die Zeit zurück. Denn es war am Ende nicht nur meine persönliche Geschichte, sondern die aller meiner Schwestern, so, wie die Welt von Anfang an war« (Formaini, 1987).

Frauengeschichte zu erinnern, bedeutet, Bilder des Frauseins ins Gedächtnis zurückzurufen und wach zu halten. Die Vielfalt der Arbeit, der Existenzformen, der Macht, der Erfindungen und der Fähigkeiten der Frauen unterschiedlicher Kulturen und Religionen wird durch geschichtliche Archäologie deutlich. Damit werden auch heutige gesellschaftliche Lebens- und Arbeitsweisen als einschränkende bewusst und überwindbar. »Wir beginnen nie aus dem Nichts, es sei denn, wir wollten jegliche Erinnerung und Immanenz und damit jegliche Beziehung auslöschen. Also heißt verbinden wiederverbinden. Wir beginnen immer wieder neu, denn es liegt in der Natur des Selbst-Augenblicks, dass er sich zwar neu spinnt, doch nicht aus dem Nichts; dazu kommt, dass die massive historische Bruchlandung uns zerbrochene Fragmente dessen hinterlässt, was wir hätten sein können. Die Arbeit an der Welt des Selbst und an den Selbsten der Welt kann nicht den grandiosen Anspruch absoluter Originalität erheben: Um nicht zu verzweifeln, können wir nur reparieren. Wir beginnen »aus einem zerrissenen Netz« heraus (Keller, 1989, 295).

In unserer Arbeit kommen wir immer wieder mit Frauen und Mädchen zusammen, die ihre Geschichte oder besonders wichtige Ereignisse ihrer Geschichte noch nie jemandem erzählt haben. Sie waren nicht wichtig genommen worden oder hatten sich nicht getraut. Es hatte sie keiner »ins Sprechen hineingehorcht«, wie Nelle Morton eine Weise feministischer Theologie beschreibt. Der Schwerpunkt unseres Buches liegt auf dem genauen Zuhören der ungehörten Geschichte der Mädchen und Frauen, der gemeinsamen Erinnerungsarbeit und der Ermöglichung einer eigenen Autorinnenschaft für die weitere Lebensgeschichte (Morton, 1985). Ähnlich wie in der Erinnerungsarbeit der kollektiven Geschichte, bedeutet die Erinnerung bisher nicht beachteter Ereignisse im Leben eines Mädchens oder einer Frau, dass die eigenen Perspektiven erweitert und damit die Wahlmöglichkeiten für die Gestaltung des Lebens vielfältiger werden.

Analyse von Macht und Wissen

Ursula Riedel-Pfäfflin

Auch aus interkultureller Arbeit ist uns deutlich, dass ganze Bevölkerungsgruppen oder Nationen in ihrer Identität verstört oder ausgelöscht werden, indem ihre Geschichte vergessen gemacht wird. Den afrikanischen Sklaven und Sklavinnen, die aus ihrer Heimat in überfüllte Schiffe gepfercht und schon auf der Überfahrt dem Tod preisgegeben wurden, wurde es als allererstes verboten, ihre vertrauten Lieder, die für ihre Geschichte und Identität wesentlich waren, zu singen und zu trommeln. Diese Prozesse der Vernichtung einer Kultur durch das Vergessenmachen ihrer Geschichte gehören keineswegs der Vergangenheit an. Die Mädchen und Jungen der Native Americans in Nordamerika wurden bis vor kurzem bewusst frühzeitig aus ihrer Umgebung genommen und lebten und lernten von ihren Stämmen getrennt in weißen Internaten, um die herrschende Kultur zu erlernen und ihre eigene nicht mehr zu erinnern.

In patriarchalen Gesellschaften ist es selbstverständlich, dass Mädchen und junge Frauen mit der Heirat das Haus ihrer Mütter, Großmütter und Freundinnen verlassen und hinfort am Wohn- und Arbeitsort ihres Mannes leben. Frauen, die nicht mehr in Verbindung zu ihren eigenen Wurzeln leben, sind natürlich eher in der Gefahr, sich anzupassen, sich zu verleugnen und auch an ihre Kinder diese Anpassung weiterzugeben, die heute als Mittäterschaft in der feministischen Literatur diskutiert wird (Thürmer-Rohr, 1990). Im Unterschied dazu bleiben in matriarchalen Gesellschaften Frauen an dem Wohnort ihrer Mütter, und vor allem die jüngste Tochter ist damit betraut, die Traditionen und das Wissen der weiblichen Genealogie zu lernen und weiterzugeben (z. B. bei den Khasi in Nordost-Indien und den Yao in Nord Thailand, wo diese Erbfolge noch heute gilt oder in Malawi, Afrika, wo es beide Gesellschaftsformen gibt, patriarchale und matriarchale).

Die psychoanalytischen und psychologischen Entwicklungstheorien des Westens haben den Prozess der Trennung der Frauen von ihren Müttern und damit von eigenen Frauentraditionen unterstützt, indem in Theorie und Praxis die Reife einer Frau daran gemessen wird, ob sie sich von ihrer Mutter entsprechend abnabelt, trennt und sich einen männlichen Partner wählt, oder ob sie in regressiven Tendenzen verfangen bleibt. Bleibt sie mit der Mutter stark verbunden, richtet sie ihre Liebe auf Frauen, gilt sie nach klassischen Entwicklungstheorien als unreif (unrealistisch, kindlich, abhängig), sogar als persönlichkeitsgestört (hysterisch, depressiv) oder psychiatrieverdächtig (borderline, psychotisch). Auch in diesen Theorien der Entwicklung zu einer »normalen« Frau wird die Geschichte der Frauen in ihrer Vielfalt geleugnet, denn in vielen Gesellschaften ist die Bindung der Frauen untereinander und zur Muttertradition eine der wichtigsten Quellen ihrer Stärken, die dem Gemeinwohl zugute kommen. Durch Verwischung der Spuren der Vorfahrinnen wird auch diese Stärke unterwandert und unzugänglich gemacht. Nicht umsonst begann mit der Frauenbewegung ein bewusstes Ausgraben des Wissens vorhergehender Generationen von Frauen in allen Gesellschaften, denn dieses Wissen bedeutet Unabhängigkeit von den gängigen Lehren, die uns in allen Wissenschaften als Norm präsentiert werden.

Auch die theologische Tradition und kirchliche Praxis haben dominantes Wissen über Frau und Mann entwickelt, indem sie von Schöpfungsordnungen als gottgegebenen Geboten sprechen. Dabei sind alte Traditionen wie die Erinnerung an die vielfältige Mutter allen Lebens, Eva, so verzerrt worden, dass nur noch ihr negatives Bild eingeprägt wurde: die Verführerin, die mit Gebärschmerz Bestrafte, das Einfallstor der Hölle (Tertullian). Als Gegenbild wurde die Ikone der Gottesmutter Maria entwickelt: die reine Magd, die Dienende, die erste der Gläubigen, die unbefleckt Empfangende, Vermittlerin zu Gott und Trösterin, die der Vielfalt des realen historischen Frauenlebens genauso fern ist wie Eva.

In beiden Konstruktionen werden andere Erfahrungen der Frauen und Mädchen unsichtbar und unakzeptierbar gemacht, nämlich die Macht des Wissens der Frauen, die Macht ihrer Weisen des Lehrens und Lernens, die Stärke ihrer Kreativität, ihrer Unabhängigkeit, ihrer Sexualität, ihrer Heilkraft und ihrer Spiritualität. In Predigten, Bibelarbeiten, Konfirmandenunterricht und Kindergottesdiensten wurden die Bilder der schöpferischen Macht der Frauen verleugnet und nur die Stereotype von einer Generation zur nächsten weitergegeben. Dies wurde auf der Ebene der Bilder von Gott, der Theologie, wiederholt. Indem vorwiegend die männlichen Gottesbilder des Allmächtigen, Herrschers über Himmel und Erde, des Vaters, des Hauptes, des Richters und des Gerechten betont wurden, kamen die vielen Geschichten der biblischen Tradition, in denen Gott im Handeln einer Frau beschrieben wird, nicht ins Bewusstsein der Gläubigen. Das vorherrschende Wissen über Frauen in der Theologie und in der Kirche wurde von der heimlichen Gleichung geprägt, wenn der Mensch als Gottes Geschöpf männlich ist, dann ist der Mann gottgleich und die Norm für unser Wissen – wie Mary Daly in ihren Analysen christlicher Theologie treffend herausgearbeitet hat (Daly,1981).

Der französische Analytiker Michel Foucault hat in seiner Archäologie des

Wissens aufgezeigt, wie eng Machtausübung und Wissen miteinander zusammenhängen. Indem bestimmtes Wissen als das dominierende verbreitet und allmählich als das Normale anerkannt wird, üben in der Moderne gesellschaftliche Interessengruppen Macht aus, ohne dass es den Massen überhaupt noch bewusst wird. An der Geschichte der Sexualität zeigt Foucault, dass keineswegs durch absolutistische Gewaltausübung, sondern nur durch die Verbreitung bestimmter Diskurse in Beichtspiegeln, pädagogischen Schriften, Gesprächen mit Eltern, durch Errichtung von Schulen, Heimen, durch Ärzte und die aufkommende Sexualwissenschaft allmählich ein dominantes Wissen von Sexualität erzeugt wurde, das allgemein vertreten und anerkannt wurde (Foucault, 1977, 1991, 1995).

Heute haben die Medien von Zeitschriften bis Internet diese Machtfunktion noch vervielfältigt, indem die gleichen Filme und Werbespots bis in die schwer zugänglichen Bergdörfer Thailands oder Papua-Neuguineas Einfluss üben. Hier wird das Bild von der Landkarte, die nicht die Landschaft ist, noch einmal wichtig: Landkarten über eine Gegend werden von Menschen entworfen, die eine bestimmte Sicht des Landes haben, und ihr Wissen bestimmt die Darstellung des Landes auf der Landkarte. Landkarten sind sehr einflussreich, weil sie überall als Maßstäbe schon in die Köpfe der Kinder eingeprägt und damit dominantes Wissen werden.

Trotzdem lässt sich das unterworfene Wissen nicht ganz verdrängen. Immer wieder gibt es Zeit/Räume, in denen das bisher unterprivilegierte Wissen auftaucht oder wieder entdeckt wird und damit zu Transformationen des gesamten Systems führt. Feministische Praxis und Forschung hat von Anfang an eine umfassende Analyse des Machtbegriffes durchgeführt und das dominante Verständnis von einseitiger, hierarchischer Macht durch das Auffinden alternativen Wissens und alternativer Traditionen der Frauen herausgefordert. So wurde der Ausgangspunkt der Frauenbewegung in der Auseinandersetzung mit dem Paragrafen 218 zum Anlass, die Machtausübung durch dominantes Wissen seitens der Gynäkologen, der Juristen, der Politiker und der Kirchenhierarchien zu analysieren und demgegenüber geschichtliches Wissen geltend zu machen und die Macht der Frauen in Bezug auf ihren eigenen Körper zu stärken (Daly, 1981; Harrison, 1985).

Für die praktische und die theoretische Arbeit feministischer Seelsorge spielt eine differenzierte Analyse von Macht und Wissen eine entscheidende Rolle, da in der Begleitung und Beratung eine starke Beziehung entstehen kann, und der Missbrauch des Vertrauens und die Verletzungen von Grenzen nahe liegen. Das Wissen, das die Seelsorgerin mit in die Beratung einbringt, die psychologischen, ethischen und theologischen Konzepte, an denen sie sich orientiert, spielen eine nicht zu unterschätzende Rolle für den Verlauf der Begegnung. Denn schon mit dem Nicken zu bestimmten Äußerungen, mit dem Aufgreifen bestimmter Themen oder Verhaltensweisen und dem Übergehen anderer, übe ich Einfluss durch Selektion aus. Wenn ich dem Konzept anhänge, dass Anlehnungswünsche kindlich sind, und eine Frau zur Autonomie gebracht werden sollte, oder, dass Liebe zu anderen Frauen Sünde ist, und Abtreibung von Gott bestraft wird, dann wird dieses Denken automatisch in der Beziehung der Seelsorge Einfluss nehmen. Das dominante Wissen in vielen Kirchengemeinden ist immer noch, dass das Zusammenleben mit einem Mann, dass Heterosexualität die gottgewollte Lebensform ist. Viele Frauen wissen jedoch, dass sie im Zusammenleben mit Frauen viel mehr an Gegenseitigkeit und Sicherheit erleben. Hier ist eine Auseinandersetzung der Seelsorgerin mit der Geschichte der Sexualität und verschiedenen Lebensformen der Frauen Voraussetzung einer guten Begleitung. Eine Auseinandersetzung mit der Fachliteratur, eine Zusatzausbildung und eine enge Zusammenarbeit mit anderen professionellen Einrichtungen sind Voraussetzungen für angemessene Hilfe.

Einseitigkeit des Wissens und der Macht kann auch durch die Position der ExpertInnenrolle ausgeübt werden. Solange sich die Seelsorgerin oder Beraterin vor allem als Expertin versteht, die eine Ausbildung hat und aus ihrem besonderen Wissen heraus bestimmte Interventionen tätigt, kann das die Entmündigung der Klientinnen fortsetzen und verstärken, weil diese wiederum nicht selbst beurteilen können, was mit ihnen geschieht und wohin die Reise geht.

Wir halten daher die Ansätze der Seelsorge und Beratung für wichtig, in denen das Wissen, das im Prozess eine Rolle spielt, für die Beteiligten transparent gemacht wird. Indem die Gesprächspartnerinnen sich immer wieder Zeit nehmen, den Prozess auszuwerten, der zwischen ihnen läuft, wird einseitige Macht verwandelt und eine Zusammenarbeit wird möglich, in der alle Beteiligten die Macht der Autorinnenschaft für ihre Geschichte haben. Das heißt nicht, dass die Seelsorgerin nicht ihre Erfahrung, ihr Wissen und ihre Autorität einsetzt, solange es für eine Begleitung oder Beratung nötig ist. Transparenz bedeutet, dass die Schritte, die Interventionen und die Gedanken dazu mitgeteilt und verstehbar gemacht werden. Die Seelsorgerin agiert nicht für andere Frauen und über ihre Köpfe hinweg, sondern die eigene Entscheidungsfähigkeit jeder Frau und jedes Mädchens wird als vorrangig respektiert und gestärkt. Damit üben wir eine andere Weise der Macht in Beziehungen ein, die in feministischer Literatur als Macht von innen und geteilte Macht bezeichnet wird (Starhawk, 1987).

Ein methodischer Ansatz, in welchem Macht und Wissen im therapeutischen Bereich transparent gemacht wird, ist die Arbeit mit reflektierenden Teams, wie sie zunächst in Norwegen entwickelt wurde und vor allem in der systemischen Arbeit Anwendung findet (Anderson, 1991; Schlippe/Schweitzer, 1996). Im

Unterschied zu bisheriger Begleitung und Auswertung beraterischer und supervisorischer Prozesse in Fallbesprechungen, werden die Gedanken, Gefühle und Überlegungen der Fachleute nicht mehr getrennt von den Betroffenen verhandelt, sondern die Beteiligten hören den Reflexionen von KollegInnen zu, die dem beraterischen Prozess beigewohnt haben und untereinander austauschen, was sie beeindruckt hat, wo sie Stärken sehen, was sie empfunden haben und wo sie erweiternde Fragen stellen würden. Nachdem das reflektierende Team miteinander ausgetauscht hat, haben KlientInnen oder SupervisandInnen und BeraterInnen Gelegenheit zu sagen, was bei ihnen angekommen ist, und die Sitzung endet mit einem gemeinsamen Gespräch über den Prozess. Bewusst wird das reflektierende Team nicht eingeladen, Bewertungen auszusprechen, Urteile zu fällen oder abwertende Konfrontationen auszusprechen, da es in diesem Ansatz darum geht, Perspektiven zu erweitern, neue Fragestellungen möglich zu machen und die eigenen Ressourcen, Macht und Wissen der Beteiligten zu stärken. Auch im nicht-therapeutischen Bereich hat sich die Arbeit mit dieser Form geteilter Macht für uns schon als Quelle der Energie erwiesen, z. B. in der Gestaltung von Frauentagungen als Alternative zum Format des Vortrages und der Diskussion, die nur eine beschränkte Teilung von Wissen und Macht ermöglichen.

Ressourcenorientierung

Ursula Riedel-Pfäfflin, Julia Strecker

Jede Frau, jedes Mädchen hat Macht. Macht als etwas Konstruktives, Bereicherndes, Normales zu sehen, fällt vielen Frauen jedoch nach wie vor schwer, weil damit zunächst immer politisch gebrauchte, einseitige oder gewalttätige Machtausübung assoziiert wird. In Deutschland kommt hinzu, dass der Machtbegriff mit den Verbrechen des Nationalsozialismus gekoppelt ist, mit Hitlers Machtergreifung oder den Ermächtigungsgesetzen. Das Konzept des empowerment, gebraucht als Beschreibung eines sozialpolitischen Prozesses, in welchem benachteiligte Gruppierungen zur Aktivierung ihrer eigenen Kräfte angeregt und gestärkt werden, ist daher für uns kaum übersetzbar. Die Frauenbewegung hat daher das Schlagwort von der Frauen- und Mädchenpower geschaffen, um Frauen aus dem traditionell gewünschten Bild der Passivität, der Angepasstheit und Zweitrangigkeit herauszuholen.
Für die beraterische und seelsorgerliche Arbeit ist der Begriff Ressourcenorientierung wichtig geworden, weil hier ein ganzes Spektrum neuer Möglichkeiten angesprochen wird, Macht zu verstehen und mit Macht umzugehen. Ressourcen sind Schätze, mögliche Potentiale, Quellen der Kraft, aus denen ge-

schöpft werden kann, die bereit sind, fruchtbar gemacht zu werden. Ressourcen liegen oft nicht sichtbar an der Oberfläche, sie sind jedoch vorhanden, nur oft tief verborgen.
Es gehört eine neue Sichtweise und Entdeckungslust dazu, sie zu entdecken, denn wer sich nur von vorgeprägten Bildern leiten lässt, wird keine sprudelnden Quellen vermuten, wo Wüste auf der Landkarte steht. Ressourcenorientierung bedeutet für Klientinnen, dass ihre Aufmerksamkeit nach der Darstellung und dem Erfassen ihrer Probleme und Anliegen vor allem darauf gerichtet wird, was sie schon an Lösungsmöglichkeiten für sich erprobt haben, und dass nach den Quellen der Kraft geschaut wird, welche schon in ihrer Geschichte wirksam waren oder wirksam werden können. Üblicherweise erleben Klientinnen ein Aufweisen ihrer Mängel, Fehler und Schwachstellen, die dann verändert werden sollen. Der ressourcenorientierte Ansatz richtet stattdessen die Aufmerksamkeit auf die Potentiale, die schon verfügbar, jedoch bisher nicht genügend beachtet oder genutzt worden sind und motiviert damit zur Eigenveränderung durch Neugier, liebevolle Aufmerksamkeit für sich selbst und durch Verstärkung der gewünschten Ziele.

Die traditionellen Ansätze der Psychoanalyse, Psychotherapie und Seelsorge haben vorwiegend eine defizit- oder pathologieorientierte Ausrichtung. In der Psychoanalyse wird gefragt, was in der frühen Kindheit in Bezug auf Konfliktbearbeitung und Triebumwandlung nicht gelöst wurde, so dass ein Reifeprozess gestört wurde. Welche Defizite wies die Mutter, die vor allem für die geglückte Entwicklung des Kleinkindes als verantwortlich angesehen wird, auf? Welche Persönlichkeits- oder Charakterstörungen haben sich daraus entwickelt? lauten die Fragen defizitorientierter Ansätze. Auch in der humanistischen Psychologie wird zuerst geschaut, welche Gefühle bisher nicht zum Ausdruck kommen konnten, inwiefern die Klientin gehemmt oder unvollständig ist, und was sie lernen muss, um zu wachsen. Die Seelsorge der protestantischen Kirchen ist noch heute oft auf das Aufdecken der Sünde ausgerichtet, damit dann dem, der seine Schuld bekennt, die umso größere Gnade Gottes zugesprochen werden kann.

Neuere therapeutische Konzepte gehen im Einklang mit Erkenntnissen der Naturwissenschaften davon aus, dass das, was wir für wahr halten, auch mit unserem Erleben und der subjektiven Wahrnehmung der Wirklichkeit zusammenhängt. Was wir aus dem Geschehen um uns herum und in uns selektiv wahrnehmen, bestimmt auch, was wir für wirklich ansehen. Dabei spielen Seh-, Denk-, und Reaktionsgewohnheiten eine große Rolle, denn wir haben bestimmte Weisen der Wahrnehmung schon verinnerlicht und zur Gewohnheit gemacht. In gewisser Weise konstruieren wir, was für uns wirklich ist. Deshalb ist es wichtig, worauf wir unsere Wahrnehmung richten. Wenn wir uns nur auf Defizite und Probleme hin orientieren, werden sie unser Leben zum großen Teil bestimmen. Wenn wir unseren Blick weniger auf das Fehlende, sondern stärker auf das Mögliche, auf die Potentiale richten, werden wir mehr gewünschte Kraft mobilisieren.

Dieser Ansatz, der sich an den Ressourcen orientiert und sie zu stärken und zu erweitern sucht, entspricht dem feministischen Ansatz des empowerment. In der seelsorgerlichen Arbeit mit Frauen und Mädchen halten wir es für wichtig, uns gemeinsam auf die Suche nach den eigenen Quellen der Frauen zu machen, weil nur so auf lange Sicht die alten Landkarten, die unhinterfragten Funktionen der Zuarbeit, der Dienstbarkeit, der Benutzbarkeit und das Verdrängtwerden aus den öffentlichen Machtbereichen in Kirche und Gesellschaft von Frauen selbst verändert werden können.

Prozesshaftes und systemisches Denken

Ursula Riedel-Pfäfflin, Julia Strecker

Die in der Aufklärung entwickelten Modelle wissenschaftlicher oder beraterischer Arbeit waren auf das Suchen nach Ursachen von Problemen und das Eliminieren möglicher Fehlerquellen ausgerichtet. Eine Ursache hat eine Wirkung. Um die Wirkung zu verstehen, muss ich also die Ursache kennen und kann dann die Ursache, sprich Fehlerquelle, aufheben. In der Schulmedizin steht dieses Denken nach wie vor im Vordergrund. Damit sind viele psychosomatische Beschwerden und Körpersymptome, die gerade bei Frauen auftreten, nicht erfassbar. Schmerzen und organische Veränderungen im Unterleib z. B. werden mit Operationen kuriert. Die Lebensgeschichte und Lebenssituation von Frauen wird in der Regel nicht einbezogen. Eine schöne Geschichte, wie dies in der Praxis der Seelsorge in den USA im 17. Jahrhundert aussah, erzählt Brooks-Holifeld in seiner Geschichte der Seelsorge:

Die Lady Joan Drake of Esher kam in eine seelische und geistliche Krise, weil sie dachte, sie habe gegen den heiligen Geist gesündigt und daher die ewige Verdammnis verdient. Eine Reihe von Pfarrern besuchte sie und wollte sie dadurch heilen, dass sie ihre Argumente widerlegten. Sie scheiterten jedoch kläglich. Erst als Thomas Hooker in Esher Rektor der Kirche wurde, konnte er bei Lady Drake eine erstaunliche religiöse Konversion erzielen, die seinen Namen sehr berühmt machte. Er brachte von der Universität eine neue Gesprächsmethode mit, die sich beim Nachlesen der Einzelheiten dieser Seelsorgebegegnung als ressourcenorientiert herausstellt! Joan litt nämlich eigentlich an einer ungewollten Ehesituation und wurde schließlich dadurch geheilt, dass Hooker ihre »Krankheit« nicht als verdammenswert, sondern als besonderen Ruf Gottes interpretierte, da sie an gebrochenem Herzen leide. Da er ein gebrochenes Herz als Vorläufer zu geistlicher Gesundheit interpretierte, konnte er Joan überzeugen, dass ihre Krankheit in der Tat ihre Stärke sei. Statt auf der rationalen Ebene zu argumentieren, vollzog Hooker einen Prozess der Umdeutung und konnte damit die Situation fließend machen und neue Perspektiven ermöglichen, während an anderen Orten und etwas später, Joan eventuell in der Psychiatrie als Hysterikerin gelandet wäre (Holifield, 1983, 36).

Mit heutigen Modellen der Naturwissenschaften, der Kommunikation und der Therapie gehen wir eher davon aus, dass Lebensgeschichten und Systeme sehr komplex sind, und lineare Ursache-Wirkungs-Erklärungen nicht viel nützen. Um einen Schmerz oder ein organisches Symptom zu verstehen, braucht es Zeit, Zuhören und das Eingehen auf die komplexen Wahrnehmungs- und Kommunikationsprozesse im engeren Bereich der eigenen Familie, in der erweiterten Familie und im Arbeitsbereich, den Systemen, in denen die Individuen leben. Auch die Prozesse gesellschaftlicher Veränderungen spielen eine Rolle und sind eng verbunden mit ganz persönlichen Erfahrungen.

Während Depressionen die meist behandelte psychische Krankheit der Frauen der Vor- und Nachkriegszeit war, sind heute Essprobleme, vor allem Bulimie und Magersucht, ein Hauptproblem junger Mädchen und Frauen. Systemische Beratung versucht nicht, die mögliche Ursache in der fehlenden Bereitschaft der Mädchen, weibliche Frauen werden zu wollen, zu suchen und die Psyche der Mädchen zu verändern, sondern lädt ein, die verschiedenen Wahrnehmungs- und Zuschreibungsprozesse der Beteiligten deutlich werden zu lassen, die in den Symptomen zum Ausdruck kommen. Die Fress-, Kotz- oder Magersucht junger Frauen wird als Mitteilung von Bedeutungszuschreibungen gesehen, die nur aus dem Funktionieren von Systemen verstanden werden können, angefangen vom Kommunikationssystem der Familie bis hin zum System der Produktion gesellschaftlicher Frauenideale im Markt der Medien. »Die Identifikation eines »Symptoms« ist immer die interpretierende, Bedeutung und Sinn stiftende Leistung eines (oder mehrerer) Beobachters« (Ferel, 1996, 361).

Wie Arist von Schlippe und Jochen Schweitzer in ihrem Lehrbuch der systemischen Therapie aufzeigen, gibt es verschiedene Definitionen und Modelle systemischen, konstruktivistischen und prozesshaften Denkens, von denen wir hier nur einige Ansatzpunkte erwähnen (Schlippe/Schweitzer, 1996). Eine der ersten Therapeutinnen, die sowohl mit den Energien der Beteiligten wie auch nahe am Prozess und systemisch gearbeitet hat, war Virginia Satir, die Pionierin der Familientherapie. In ihrer Arbeit mit psychiatrischen Patienten und Patientinnen bemerkte sie, dass die Fragen der Angehörigen sich keineswegs nur auf das Ergehen der Betroffenen richteten.

Sobald sie sich ihnen zuwandte und ihnen zuhörte, wurden die eigenen Fragen und Interpretationen der Familie deutlich, und Virginia Satir begann, die Familienmitglieder nicht mehr als unliebsame Störenfriede und Verursacher der Krankheitssymptome zu sehen, sondern als wichtige Botschafterinnen für den ganzen Prozess, in dem sich die Familie als System befand. Sie begann, auf die Beziehungsprozesse zwischen den Familienangehörigen zu achten und die Arbeit mit der Wahrnehmung und der Kommunikation über diese Beziehungen in den Mittelpunkt zu stellen (Satir, 1988).

Seit diesen Anfängen mit Satir, Bateson und anderen hat sich das systemische Denken erweitert und verändert. Aus verschiedenen naturwissenschaftlichen Bereichen wie Physik, Biologie und Chemie kamen wesentliche Anregungen. So ist eine weitere Einsicht, die vor allem von den Chilenen Humberto Maturana und Francisco Varela publiziert wurde, dass unser Erkennen weder eine getreue Abbildung einer unabhängigen Realität, noch eine willkürliche Konstruktion ist (Maturana/Varela, 1987). Wir erkennen im Dienst der Lebenserhaltung und entsprechend dem Zustand des oder der Erkennenden. Hier kommt die Unterscheidung von Landkarte und Territorium noch einmal zum Tragen: die Landkarte wird von der Erkennenden konstruiert und entspricht nicht der Landschaft.

Lebende Systeme sind zudem autopoietisch, das heißt, sie steuern, verwirklichen und regenerieren sich aus dem Netzwerk und der Organisationsform der eigenen Kräfte. Damit wird der Begriff der Veränderung neu verstanden. Da sich Systeme selbst erzeugen und erhalten, sind sie grundsätzlich nicht von außen veränderbar oder bestimmbar, sondern wandeln sich durch die Mobilisierung ihrer eigenen Kräfte und Mechanismen.

Direkte Interventionen von außen bewirken keine direkten Veränderungen, sondern höchstens Verstörungen und Verflüssigungen des Festgefahrenen. Veränderungen können daher geschehen, wenn der Einfluss von außen der aktuellen Struktur des Systems entspricht und nicht zu ähnlich oder zu fremd ist. Sie werden also nicht kausal von außen bewirkt, sondern folgen auf Prozesse in den Beziehungen zwischen den Komponenten eines Systems. Wenn z. B. in der systemischen Therapie die Kotzsucht eines Mädchens mit der ganzen Familie bearbeitet wird, und die Eltern der Einladung folgen, das gesamte eingekaufte Essen direkt in die Kloschüssel zu werfen, so verändern sich in der Familie durch diesen symbolischen demonstrativen Akt (»Es ist hier zum Kotzen«) die Positionen und damit auch die Beziehungen untereinander (anstelle »sie ist krank und wo liegt die Ursache?« demonstriert die Familie: »Wir haben verstanden, dass zwischen uns allen etwas Wichtiges vorgeht. Welche Bedeutung es hat, fragen wir alle«).

Welche Prozesse solch eine ungewöhnliche Aktion auslöst, kann vorher nicht gesagt werden, jedoch wird auf jeden Fall etwas verändert und damit der Weg frei für neue, bisher nicht gelebte Kommunikations- und Handlungsweisen. Da soziale Systeme sich von biologischen Systemen durch die Bedeutung der Sprache unterscheiden, wurde vor allem die Kommunikationsforschung für Beratung und Therapie wichtig. »Soziale Systeme sind durch Kommunikation erzeugt. Die Relationen zwischen sozialen Systemen lassen sich als ›Anschlussbildung‹ definieren. In psychischen wie in sozialen Systemen wird ›Sinn‹ verarbeitet, als Bewusstsein oder als Verstehen anderer« (Ferel, 1996, 365).

Sprache ist das wesentliche Mittel, durch welches Systeme, die einander grundsätzlich fremd sind, aneinander ankoppeln und sich verständigen können. Ein Beispiel für systemische Arbeit mit sprachlichen Mitteln wird in dem narrativen Ansatz von Michael White und David Epston deutlich. Wenn eine Familie ein Kind als gestört oder krank zur Therapie bringt, wird nach der Beschreibung des Problems gefragt, und zwar nach der Bedeutung, die das Auftauchen des Problems für jedes einzelne Familienmitglied hat. Alle Familienangehörigen werden eingeladen, die Anwesenheit und Abwesenheit des Problems zu beobachten und seine Bedeutung für ihr eigenes soziales Beziehungsnetz zu beschreiben. Schon damit erfolgt eine wesentliche Veränderung. Aus der Suche nach einer schuldhaften Ursache wird eine gemeinsame Aufgabe aller Beteiligten am Prozess des Beobachtens, eine Einladung an die Ressourcen der Neugierde und der Wahrnehmungsfähigkeit (White/Epston, 1994).

In unserer Arbeit halten wir die verschiedenen Einsichten der Systemtheorien, des Konstruktivismus und des Prozessdenkens für wichtig, weil sie ähnlich wie die feministische Forschung und Praxis das Augenmerk auf die Wichtigkeit von Beziehungen (»alles hängt mit allem zusammen«), auf den Unterschied von Wirklichkeit und Wirklichkeitswahrnehmung (z. B. Konstruktionen von Männlichkeit und Weiblichkeit im Unterschied zur Vielfalt gesellschaftlicher Realität des Lebens von Männern und Frauen) und auf die Macht der Kommunikation und Interaktion als veränderbare Prozesse richten. Im Unterschied zu den frühen systemischen Konzepten haben feministische Therapeutinnen jedoch von Anfang an das Relationale, Prozesshafte mehr betont als den Funktionalismus, der die frühen Ansätze kennzeichnete (siehe Abschnitt feministische Familientherapie). Die Aufnahme systemischen Denkens in die methodische Arbeit der Therapie und die feministische Kritik daran werden wir in der Darstellung feministischer Familientherapie genauer ausführen.

Für die Seelsorge hat Isolde Karle die Systemtheorie Niklas Luhmanns umgesetzt und eine interessante Kritik an den derzeitigen Seelsorgemodellen, vor allem auch den tiefenpsychologischen, entwickelt (Karle, 1996). Aus den von ihr und von Martin Ferel beschriebenen Ansätzen ergeben sich wichtige

Einsichten, die sich in vielem mit unseren Anliegen berühren. Kirche und seelsorgerlicher Kontext werden als eigenes System mit eigenen Traditionen und Ressourcen verstanden. Ressourcen- und Lösungsorientierung werden sinnvoll, wenn die Selbstbezüglichkeit, die eigene Kraft lebender Systeme ernst genommen wird.

Damit wird auch das seelsorgerliche Verständnis von Heilung verändert. Da soziale Systeme sehr an der Aufrechterhaltung ihrer gewohnten Balance und ihres vertrauten Funktionierens interessiert sind, sind Veränderungen nur möglich, wenn vom System selbst her die Motivation dafür geweckt und die Kräfte dafür mobilisiert werden. Diese Dynamik lässt sich in religiöser narrativer Tradition, wie z. B. biblischen Heilungsgeschichten wieder finden. Viele Geschichten, in denen von Heilungen berichtet wird, beginnen mit der Darstellung der Krankheit oder des Anliegens. Dann wird geschildert, was die Betroffenen alles unternehmen, um eine neue Lebensmöglichkeit zu finden (z. B. die blutflüssige Frau, der Gelähmte, der Blinde, der Vater des verstorbenen Mädchens u. a.).

Die Motivation, der Anstoß zur Veränderung kommt aus dem System der Beteiligten selbst. Sie kommen zum Punkt der Begegnung mit Jesus, und nun wird der Prozess der Begegnung als das Entscheidende für die Heilung beschrieben. Eine Veränderung findet in der Begegnung statt, als Interaktion. Meistens schließen die Geschichten mit der Anerkennung der Ressourcen: »Dein Glaube hat Dich geheilt«.

Die Bedeutung der Beziehungen im Prozess der Erlösung in der jüdischen und in der christlichen Tradition ist besonders von nordamerikanischen feministischen Theologinnen herausgearbeitet worden, z. B. in der Beziehungstheologie Carter Heywards, Judith Plaskows und in der Prozessorientierten Theologie Catherine Kellers. »Feministische Theorie ist, wie jede Theorie, theoria ›Sehen‹, das bedeutet Vision; indem wir Beziehung sehen (und hören und fühlen), beginnen wir, sie in allem und jedem zu erfassen und die Beziehung einer Sache zu allen anderen Dingen zu spüren. Für diese sich herausbildende feministische Vision bedarf es so etwas wie einer metaphysischen Sensibilität, denn eine solche Vision strebt über die Sphäre des Zwischenmenschlichen hinaus, sucht einen weiteren Kontext, in dem alle Beziehungen neu überdacht werden können. Das ist nicht lediglich eine Frage der Beziehung von Mensch zu Mensch, sondern eines beziehungsdurchdrungenen Ganzen« (Keller, 1989, 206f.).

Raum

Ursula Riedel-Pfäfflin

Raum hat mich schon immer fasziniert: Raum zum Fühlen, Denkraum, Raum, der durch das Erzählen entsteht, politischer Raum, Raum, der gebaut wird, getanzter Raum der Bewegung, sozialer Raum, Sprachraum, Sinnesraum, Seelenraum, ritueller Raum.

Wir reden ständig über die Bedeutung der Zeit für unser Leben. Die Theologie hat sich ausführlich mit Konzepten der Zeit befasst: Heilgeschichte, Gottes Handeln in der Geschichte, die Entwicklung linearer Zeitvorstellungen als Erlösung der Menschen von zirkulären, im Kreislauf der Natur verhafteten Gesellschaften. Wenig wird jedoch über die Macht reflektiert, die im Umgang mit Raum liegt: in Konzepten des Wohnens und des Städtebaues, in sozialpolitischen Modellen des privaten und öffentlichen Raumes und in philosophischen und religiösen Interpretationen. In der europäischen Theologie und Philosophie können wir eine dualistische Auffassung von Raum wahrnehmen, die sich in der Spaltung von Bereichen äußert: Geist gegen Materie, Himmel gegen Erde, Spiritualität gegen Körperlichkeit, männliche Domäne der Öffentlichkeit gegen weibliche Domäne des Gebarens und Haushaltens, das Reich Gottes gegenüber der Welt.

In der klassischen griechischen Philosophie gilt Raum als eigenschaftslose, homogene Leere, die gefüllt und genutzt wird. Die Frau mit ihrem Uterus ist bestimmt, den Samen des Mannes zu tragen, der alles enthält, was für den künftigen Menschen wichtig ist. Sie ist lediglich ein Behälter, in welchem das neue Leben gedeiht, das vom Mann gewirkt ist. Auch hier spiegelt sich die fortschreitende Abwertung. Raum ist wie Natur (Frau) etwas, das dem Geist unterlegen ist und unterworfen wird, um die Entwicklung der Menschheit voranzutreiben.

Diese Auffassung der Benutzbarkeit des Raumes, der Natur, des Körpers der Frau als Teil der Natur, setzt sich bis in die Naturwissenschaft der Aufklärung fort: Natur ist etwas, das wir benutzen und ausnutzen, im Sinne technischen Fortschritts (Fox-Keller, 1986; Bauman, 1995). Im Bereich der Kommunikation und der Wirtschaft wird heute Raum im Sinne von Wohn- oder Lebensort immer unwichtiger. Aus Sicht der Technologieentwicklung spielt es keine Rolle mehr, wo ich geboren und aufgewachsen bin, wo ich familiär oder nachbarschaftlich verwurzelt bin. Mit Handy, Computer und Flugzeug kann ich überall mein Leben und meine Arbeit organisieren, und das wird auch in der globalisierten Wirtschaft erwartet. Verbundenheit mit ganz konkreten Orten gilt als altmodisch und überholt. Von ganzen Bevölkerungsgruppen wird erwartet, dass sie sich problemlos entwurzeln lassen und neue Wohnorte aufsuchen, oder dass sie komplikationslos unter allen Bedingungen und an beliebigen Orten funktionieren.

Nicht von ungefähr haben sich feministische Ansätze von Anfang an auf die Aufdeckung dualistischer Modelle konzentriert und neue Interpretationen des Verhältnisses von Geist und Natur entwickelt. Daraus entstanden Forderungen nach ganzheitlichen Lebens- und Denkformen, die in der Ökologiebewegung und im Ökofeminismus zu konkretem politischem Handeln gefunden haben. Raum spielt entgegen allen technischen Entwicklungen für Frauen eine große Rolle: die Gestaltung des eigenen Lebens- und Arbeitsraumes, die sozialen Beziehungen, der Raum seelischer Veränderungen, die Entdeckung geistigen Raumes und die Gestaltung spiritueller Räume. Wann immer ich mit Frauen spreche, höre ich sie Bilder des Raumes verwenden, um ihre Gefühle und Gedanken auszudrücken. »Ich weiß, dass ich meinen Platz noch nicht gefunden habe«; »Ich brauche endlich mein eigenes Schlafzimmer«; »Ich möchte abhauen, ganz weit weg«; »Heute geht es mir so, als ob mir die ganze Stadt gehört«. »In Niemands Haus hab ich ein Zimmer, ich wohn darin, doch es ist leer« singt Bettina Wegner.

Auch die Buchtitel feministischer Theologie spiegeln eine Veränderung in Raumbildern wider: The Journey Is Home nennt Nelle Morton (1985) eines der ersten feministisch-theologischen Bücher in den USA. Aufbruch zu neuen Räumen (Strahm, 1987) heißt ein Überblick über feministische Theologie. Expeditionen in den dunklen Kontinent nennt Christa Rohde-Dachser ihre scharfsinnige Analyse der Weiblichkeitsmodelle (1991). In ihrem Buch The Blue Room legt die Dänin Inger Agger (1992) Zeugnis von Berichten der Traumatisierung ab, die ihr in jenem blauen Ritualraum ihres Hauses von Flüchtlingsfrauen anvertraut wurden.

Die Räume, in denen erzählt wird, bekommen eine besondere Bedeutung, wenn sie zum Schutzraum werden, der vor existentieller Bedrohung sichert oder zum Raum des Zeugnisses, in welchem vielleicht zum ersten Mal erzählt wird, was geschehen ist. Die Komplexität der Raummetapher wird deutlich, wenn wir wahrnehmen, dass es in der Arbeit mit Schutzhäusern und Flüchtlingslagern nicht nur um den Schutz des physischen und körperlichen Raumes geht, sondern um die Geborgenheit und Akzeptanz von Emotionen, um das Erleben neuer Beziehungen und die Erfahrung der Wahlmöglichkeit, die im Entdecken des Raumes von Geschichten liegt. Erzähle ich meine Geschichte als Geschichte eines Opfers? Hat sie auch andere Aspekte? Habe ich etwas unbeachtet gelassen, was mir Stärke vermitteln kann?

Die Geschichte der Geschlechterbeziehungen lässt sich auch als Geschichte der Raumaufteilung und der Konstruktion von Raum, Macht und Identität verstehen. Mir ist das nie so deutlich geworden wie bei den vielen Hausbesuchen in einem Neubauwohngebiet in Hamburg-Wilhelmsburg, das von vielen nicht von ungefähr »Ghetto« genannt wurde. Hautnah habe ich erlebt, wie das Leben schon durch die Anordnung und Architektur dieser Hochhaussiedlungen geprägt wurde, bis dahin, dass die Knöpfe der Fahrstühle so hoch waren, dass Kinder nicht alleine zum Spielplatz fahren konnten und dass die Küchen so winzig waren, dass sich die Hausfrau dort nur isoliert »ihrer« Arbeit widmen kann. Es wurde mir im Laufe der Jahre des Besuchens und Zuhörens immer bewusster, dass die meisten Frauen und Mädchen nicht nur kein eigenes Zimmer in einer Wohnung oder einem Haus haben, sondern dass ihnen seit Jahrhunderten auch klar gemacht wird, dass sie keinen Raum in öffentlichen, wirtschaftlichen, universitären und kirchlichen Machtbereichen einnehmen sollen.

Das setzt sich heute in der öffentlichen Diskussion um den Anspruch auf Erwerbsarbeit fort. »Würden die Frauen im Osten nicht so sehr auf Erwerbsarbeit bestehen, gäbe es dort nicht so hohe Arbeitslosenzahlen«, wird argumentiert. Als ideale Frau gilt heute noch weitgehend diejenige, die um ihren Platz an der Seite des Mannes weiß und sich dementsprechend verhält (in Partnerschaft und Beruf). Allerdings gibt es in verschiedenen europäischen Ländern Unterschiede, wie heute Frauen mehr Einfluss im öffentlichen und privaten Raum ermöglicht wird (Pfäfflin/Pfau-Effinger, 1997).

Es ist Zeit, dass wir nicht nur in Metaphern des Raumes sprechen, sondern uns in Beratungssituationen die Bedeutung aller Dimensionen von Raum bewusst machen, angefangen vom physischen bis hin zum spirituellen Raum. In vielen persönlichen und sozialen Konflikten spielt die Enge des Raumes, den Mädchen und Frauen zur Verfügung haben, und Grenzverletzungen in diesen Räumen eine entscheidende Rolle (siehe die Geschichte von Judith). Raumerweiterung bedeutet für viele Frauen eine Befreiung aus bisherigen Beschränkungen, die sie entweder aufgrund frühen Lernens in sich selbst vollziehen, oder die ihnen von außen auferlegt werden. Jedoch spielt nicht nur die Öffnung und Weitung der bestehenden Lebens- und Arbeitsräume für Frauen eine Rolle, sondern auch die Möglichkeit, sich ihre Räume selbst zu schaffen und zu ihrem Reich werden zu lassen, zu ihrem Ort, an dem sie zuhause sind, und von dem aus sie Begegnungen in ihrem Sinne gestalten.

Inger Agger hat als Beraterin und Zeugin die Metapher des Hauses mit verschiedenen Räumen für ihre therapeutische Arbeit gewählt: Im blauen Raum, dem rituellen, schafft sie den Ort, an dem sie den Geschichten der Frauen zuhört und sie durch den Raum der Tochter (Aufwachsen), den Raum des Vaters (der öffentliche Raum), die Zelle (die Verfolgung, Verletzung und Einkerkerung), den Raum der Mutter (in- und außerhalb des Körpers) und den Wohnraum (die eigene Gestaltung des täglichen Lebens) begleitet. Schließlich, um die neue Öffnung zu Begegnungen mit anderen anzudeuten, werden auf der Veranda heilende Rituale gestaltet, wird z. B. Scham in politische Würde verwandelt.

Ganzheitlichkeit

Ursula Riedel-Pfäfflin, Julia Strecker

Aus diesen Überlegungen über die Destruktivität gespaltener und versperrter Räume, aus der Orientierung an den eigenen Quellen der Kraft und den Ressourcen der Frauen folgt, dass feministische Seelsorge nicht nur im verbalen Gespräch wirksam wird. Ähnlich wie in der Gestaltung feministischer Gottesdienste werden auch im Beratungsprozess alle Sinne wichtig genommen und als Vermittlerinnen wichtiger Botschaften einbezogen. Die Aufmerksamkeit richtet sich nicht nur auf Worte oder Affekte, die dahinter sichtbar werden, sondern besonders auch auf die Körpersprache, weil viele Konflikte sich für Frauen hautnah in oder mit ihrem Körper vollziehen. Gerade frühkindliche Verletzungen, die sich vor der Verbalisierungs- und Phantasiefähigkeit des Mädchens zugetragen haben, können auf der rationalen oder auf der emotionalen Ebene nicht geäußert werden, sie suchen sich jedoch eine Ausdrucksform in körperlichen Symptomen oder in Verhaltensweisen, in denen alte Konfliktsituationen immer wieder neu inszeniert werden, um endlich Verständnis zu finden.

Die Geschichte der Abwertung des Raumes, der Natur, des Körperlichen, der Sexualität und der Frauen spiegelt sich in dem verinnerlichten Hass, den viele Frauen und Mädchen gegen ihren eigenen Körper richten. Wir halten eine bewusste Umdeutung (re-framing), eine positive Besetzung eigener Körperlichkeit, Sexualität und Raumwünsche für grundlegend. Deshalb bezieht unsere Seelsorge auch bewusst symbolische Arbeit mit nichtverbalen Methoden ein.

Die Arbeit mit non-verbalen Methoden und Medien setzt neben der Vertrautheit und Lust am eigenen Körper der Beraterin auch eine andere Gestaltung der architektonischen Räume voraus, in denen Begegnungen stattfinden. Günstig sind Räume, in denen genug Platz und Sicherheit ist, um Körpergestik und Rollenspiele zu gestalten oder um starken Gefühlen wie Zorn, Trauer, Scham oder Freude Ausdruck zu verleihen; wichtig ist die Ausstattung mit Kissen, Materialien, Papier, Farben, Stofftieren, Tüchern, Muscheln, Steinen oder Bildern, die zur Identifikation oder zum Ausdruck des Nicht-Sagbaren einladen. Besonders geeignet sind auch Bathakas – stabähnliche Schaumstoffschläger, die weich sind, so dass sie niemanden verletzen, jedoch kräftig genug, um Wut und Zorn zum Ausdruck zu bringen, indem auf Kissen, Teppiche, Sofas etc. geschlagen wird.

Ganzheitlicher Raum schließt auch die Verbindung aller Aspekte und Ebenen ein, die in einer Begleitung oder Beratung wichtig werden können: soziale Aspekte wie Einsamkeit, politische Aspekte wie die Ausgrenzung von Lesben oder allein erziehender Mütter, ökonomische Aspekte wie Arbeitslosigkeit, psychische Aspekte wie Trauer und Wut über den Verlust eines Kindes, intellektuelle Aspekte wie die Geschichte der Geschlechterbeziehungen und spirituelle Aspekte wie die Fragen nach Gerechtigkeit oder nach dem Sinn einer Entscheidung. Ganzheitliche Seelsorge heißt auch interdisziplinäres Arbeiten, das sich mit anderen Professionellen vernetzt. Symbolisch hat Adrienne Rich in ihrem Gedicht From a Broken Web die Grundlage für weitergehende feministisch-theologische Theoriebildung gelegt. So greift die amerikanische Theologin Catherine Keller das Symbol auf und entwickelt es in ihren Gedanken über Selbst und Welt als komplexe Integrität: »Die Spinne nimmt immer wieder die auseinander gebogenen Fäden zerstörter Beziehungen auf, verbindet sie mit feinen, frischen Fäden, die sie aus ihrer eigenen Substanz absondert – ›aus ihrem eigenen Leib‹. Solch unerschrockene Zielstrebigkeit schafft eine langfristige Triebkraft: Es bildet sich eine Person heraus, die ihre Ausdauer als netzhaft erkennt, gewoben aus der komplexen Integrität ihrer sich entfaltenden Selbste, von denen ein jedes rezeptiv und geduldig die Welt so, wie sie ist, empfindet und zugleich kreativ und hartnäckig die Welt so aufbaut, wie sie sein wird« (Keller, 1989, 296).

Spirituelle Präsenz

Julia Strecker

Spirituelle Präsenz und Offenheit halten wir für wichtig, weil Sinnfragen immer Prozesse des Leidens oder des Glücks, des Sich-Trennens, der Konfliktbearbeitung und der Feier begleiten.

In der protestantischen Seelsorge wird immer wieder die Frage nach dem Proprium der Seelsorge erörtert. In den Sechzigern wurde von Joachim Scharfenberg, Richard Riess und Dietrich Stollberg eher die starke Ausrichtung der Seelsorge an der Theologie Karl Barths und Eduard Thurneysens kritisiert, die im Seelsorgegespräch einen Bruch durch die Zusage des Wortes Gottes an den Einzelnen gefordert hatten (Pfäfflin, 1992). Derzeit wird dagegen eher die Psychologisierung der Seelsorge beklagt, die sich kaum noch von säkularer Beratung und Therapie unterscheide. Neue Wege der Identität christlicher Seelsorge werden gesucht, sowohl in narrativen wie auch in systemischen Ansätzen (Grözinger, 1986). In beiden Richtungen werden wichtige Aspekte genannt. Einmal ist der Raum kirchlicher Arbeit ein spezifischer, der als eigenes komplexes System mit eigenen Traditionen für viele Frauen heute noch Bedeutung hat, sei es, um negative Erfahrungen aufzuarbeiten oder neue Symbolisierungen zu schaffen. An Theologinnen und Seelsorgerinnen werden Erwartungen gerichtet, die so nicht an übliche Beratungsstellen herangetragen werden. Auch in unvorhergesehenen Situationen werden Wünsche nach Gebeten oder Bibelworten, nach Bildern und Liedern geäußert, die Sehnsucht nach geistlichen Quellen der Kraft zum Ausdruck bringen. Andererseits halten wir es auch für wichtig, auf die Zeichen derer zu warten, denen wir begegnen, und nicht unsere spirituellen Energien in einer Weise oder zu einem Zeitpunkt überzustülpen, die für andere nicht angemessen sind.

Fragen nach Sinn, nach Gerechtigkeit, nach Halt, der über menschliche Beziehungen hinausgeht, nach Schuld und Vergebung tauchen jedoch oft in Beratungsgesprächen auf. Gerade bei denen, die als Mädchen verletzt oder missbraucht wurden, ohne Möglichkeiten der Entscheidung zu haben, ist die Frage nach Sinn und Schuld immer wieder im Raum. Die Verletzung einer Seele geschieht immer dem ganzen Menschen, die Integrität der ganzen Person wird verletzt. Das gilt vor allem, wenn Verletzung und Missbrauch durch kirchliche Mitarbeiter und Mitarbeiterinnen oder Gremien selbst deutlich werden. Einladungen und Anregungen zur Erinnerung an uralte und Entwicklung neuer Gottesbilder, Gebete und Rituale können hilfreich und heilsam sein, wenn die eigenen Ressourcen der Frauen und Mädchen und ihre Entscheidungen geachtet und gestärkt werden. Feministische Seelsorge ist für uns nicht nur Bearbeitung und Begleitung bei Problemsituationen, sondern besteht auch in der Feier des Geglückten und Erträumten, in der Stärkung der Wurzeln und der Traumflügel.

Parteilichkeit

Julia Strecker

Seelsorge ist eine öffentliche Arbeit, auch wenn sie im Zweiergespräch oder in der Gruppe stattfindet. Die gesellschaftlichen Machtstrukturen sind immer im Raum, und daher ist keine Seelsorge unparteilich, auch wenn sie sich um Neutralität bemüht. Wir halten Parteilichkeit nicht nur für unumgänglich, sondern auch für notwendig, solange asymmetrische Machtverhältnisse das Leben jeder Frau und jedes Mannes prägen. »Niemand kann in dieser Gesellschaft eine Frau lieben, ohne vorher die patriarchalischen Herrschaftsverhältnisse grundlegend in Frage gestellt zu haben«, sagt Carol Hagemann-White. Die

Schweizer Analytikerin Ursula Wirtz zeigt in ihrer Behandlung des Inzestes auf, dass schon in der Definition die Standorte der jeweiligen Richtungen zum Ausdruck kommen. Ob ich Inzest eine Blutschande nenne, Missbrauch oder sexuelle Ausbeutung, ob ich es als Kollusion aller Familienmitglieder bezeichne, an der auch das Opfer teilhat, oder Vergewaltigung und Seelenmord, darin liegt schon ein großer Unterschied, der dann auch für den Umgang mit der Tat eine große Rolle spielt (Wirtz, 1989). Eine differenzierte Analyse der Geschichte der Geschlechterbeziehungen ist Voraussetzung für eine angemessene seelsorgerliche Begleitung.

Zwar ist auch für feministische Beratung klar, dass der Schwerpunkt auf der Problematik oder den Themen liegt, welche die Betroffenen einbringen. Die Beraterin richtet ihre Aufmerksamkeit auf die Geschichte, die Zeichen, die ihr mitgeteilt werden, und stellt ihre eigenen Konflikte, Freuden, Ängste solange in den Hintergrund, bis sie ihren eigenen Ort der Zugehörigkeit aufsucht. Jedoch ist sie zugleich voll mit ihren eigenen Gedanken, Gefühlen und Werten im Raum und wägt ab, wann und wie sie den Betroffenen am besten zur Seite steht, als Advokatin für deren Wohlergehen. Da die eigenen Werte immer in eine Beratung einfließen, ist es wichtig, sie transparent zu machen und gleichzeitig kollegiale Supervision zu suchen, um Rechenschaft über die gewählten Schritte abzulegen.

Besonders in der Arbeit mit traumatisierten Personen ist es wichtig, die eigene Stellung in Bezug auf das traumatisierende Geschehen deutlich zu machen und den Betroffenen einen Raum der Sicherheit und der eigenen Entscheidungskraft zu schaffen, denn die Kernerfahrung einer Traumatisierung sind Machtlosigkeit und Abtrennung von Anderen. Wie Judith Herman in ihrem Buch »Narben der Gewalt« aufzeigt, basieren heilende Erfahrungen daher auf dem empowerment der Überlebenden und auf dem Herstellen neuer Verbindungen. Da die Fähigkeit des Vertrauens, der Autonomie, der eigenen Initiative, der Identität und der Intimität verstört worden sind, müssen sie in neuen Beziehungen, vor allem in der beraterischen oder therapeutischen, wiederhergestellt werden. Judith Herman betont, dass die therapeutische Arbeit vor allem in der Wiederherstellung der Autorinnenschaft über das eigene Leben besteht und daher keine Entscheidungen für die Betroffenen gefällt werden dürfen. Sie unterscheidet jedoch zwischen methodischer Neutralität und moralischer Neutralität.

Die Arbeit mit Traumatisierten erfordert eine engagierte moralische Stellungnahme. Die Therapeutin oder Seelsorgerin ist Zeugin einer Tat, eines Verbrechens, und daher muss sie eine Position der Solidarität mit dem Opfer einnehmen. Denn für jede Betroffene ist es wichtig, dass ihr Gefühl für Gerechtigkeit wieder hergestellt wird (Herman, 1994, 133ff.). Da es in der intensiven Arbeit mit Traumatisierten auf jeden Fall zu Übertragungs- und Gegenübertragungsphänomenen kommt, in welchen von beiden Seiten Gefühle und Beziehungsmuster aus der Ursprungsfamilie auf die andere Person projiziert werden, ist es für Beraterinnen und Seelsorgerinnen besonders wichtig, eine Zusatzausbildung zu haben, ein eigenes System der Hilfe für sich aufzubauen und mit klaren Verträgen und Vereinbarungen zu arbeiten. Dies wird später in einigen Fallbeispielen deutlich. Wenn die eigenen Grenzen sichtbar werden, sind eine Kartei, eine Vernetzung, eine Überweisung an andere Beratungseinrichtungen und Zusammenarbeit mit diesen notwendig.

Widerspricht diese advokatorische Sicht der Seelsorge einer systemischen, konstruktivistischen Arbeit? In unserer Sicht liegt hier kein Gegensatz. Zwar gibt es systemische Ansätze, in denen der Funktionalismus überwiegt und keine klare Analyse z. B. des Machtbegriffes durchgeführt wird. Hier wird allen Beteiligten in einem System Macht zugesprochen, ohne zwischen politischer und psychischer Macht zu differenzieren. Jedoch gibt es inzwischen genügend andere Konzepte, in denen gesellschaftliche Konstruktionen genauso entlarvt werden wie persönliche, und Gerechtigkeit, Veränderung der Geschlechterbeziehungen und Abbau von Rassismus erklärte Ziele der Therapie sind, wie z. B. in den narrativen Ansätzen der Australierinnen und Neuseeländerinnen (vgl. u. a. Waldegrave, 1990; White/Epston, 1994). Auch die feministische Familientherapie hat sich kritisch mit den systemischen Entwicklungen auseinandergesetzt und eigene Landkarten entwickelt.

Kontextualität und interkulturelle Vernetzung

Ursula Riedel-Pfäfflin

Advokatorische Seelsorge stößt oft an eigene Grenzen, wenn wir mit Mädchen und Frauen aus unterschiedlichen Kulturen oder Traditionen arbeiten. Die kulturellen Grenzen unserer Erfahrung und unseres Wissens, der eigene Rassismus und unsere Privilegiertheit werden uns immer bewusster, je mehr Seminare und Gruppen wir im internationalen und ökumenischen Rahmen durchführen. Bei Plenumssitzungen eines interkulturellen Seelsorgeseminars z. B., in denen europäische weiße Männer und Frauen überwiegen, setzt sich oft ein Diskussionsstil durch, der Aggressivität und Konfrontation für heilsam hält. Für Kolleginnen, die aus der britischen psycho-analytischen Tradition des Tavistockseminars kommen, ist es wichtig, dass das Unbewusste im Raum bewusst gemacht wird. Da zwischen Seelsorgerinnen aus verschiedenen Traditionen jedes Jahr konfliktgeladene Situationen auftreten, plädieren sie für eine offene, ungehinderte Äußerung der Aggressionen im Raum einer Plenarsitzung mit hundert Teilnehmerinnen. Seelsorgelehrerinnen aus Indien und Thailand halten von dieser Art konfrontativer öffentlicher Auseinandersetzung, die dann nur zwischen einigen Wortgewandten stattfindet, nichts. Sie haben ganz andere Traditionen des Umganges mit Konflikten, andere Weisen der Kommunikation. Da sie jedoch nur Einzelne aus verschiedenen Ländern sind, kommen sie auch kaum dazu, sich als Gruppe oder als gewichtige Stimme in das Plenum einzubringen. Mit diesem Problem hat sich die Vorbereitungsgruppe der Tagung schon etliche Jahre auseinandergesetzt und immer wieder neue Modelle erprobt, aber jedes Jahr kommt es wieder zu Verletzungen. Vor einem Jahr entstand unter einigen Frauen der Teilnehmerinnen ganz klar der Wunsch: wir brauchen unsere eigenen Räume der Begegnung, um eine feministische interkulturelle Seelsorge zu entwickeln. Das heißt nicht, dass unter Frauen unterschiedlicher Traditionen nicht auch Verletzungen und Aggressionen entstehen, weil wir zu wenig wissen und zu wenig zuhören. Aber es gibt zumindest die Gelegenheit, spezifisches Wissen der Frauen zu enttrivialisieren und in ein Erproben neuer Netzwerkarbeit einzubringen. Welche Bedeutung haben Flügel für Nalini, die in Südindien Praktische Theologie und Seelsorge lehrt? Welche Landkarten entwickeln Frauen in Thailand, in den Philippinen, in Korea, auf Papua-Neuguinea, wenn sie ihre Seelsorgeerfahrungen in Seminaren weitergeben?

Das Problem der Fremdheit begegnet uns jedoch nicht nur in der Begegnung mit Frauen aus anderen Kontinenten. Bei den innerdeutschen Tagungen der Seelsorgerinnen wird auch deutlich, dass zwischen den Erfahrungen in Ost und West gravierende Unterschiede bestehen, die jedoch noch viel zu wenig Beachtung finden. »Ich komme mir vor, als ob ich im falschen Film sitze«, sagte eine ostdeutsche Kollegin bei einer Konferenz, in welcher die Erfahrungen der Seelsorge in der DDR immer noch keine Rolle spielen und, wie in anderen Bereichen auch, in den Stil und die Ansätze der westdeutschen Pastoralpsychologie vereinnahmt werden. Kontextuelle Seelsorge sehen wir als Herausforderung an die Seelsorge der Zukunft.

Kontext, Geschichte und Kultur

Ursula Riedel-Pfäfflin

Archie Smith, Jr. und ich haben in der Weiterentwicklung unserer ursprünglichen Ausbildung zur Pastoralpsychologie, Seelsorgetheorie und Praxis in jahrelanger Kooperation und Kommunikation ein neues Modell von Geschwisterlichkeit entworfen und erprobt. Wir nennen es im Arbeitstitel Siblings by Struggle,

Siblings by Choice. Siblings by Struggle benennt symbolisch die vielen Herausforderungen, denen Frauen und Männer weltweit heute ausgesetzt sind: Folgen der Kolonialisierungsprozesse, Hunger, Flucht, Kriegserfahrungen, Naturkatastrophen, Armut, mangelnder Zugang zu Bildung und Ressourcen. Siblings by Choice meint eine neue kooperative Geschwisterlichkeit: ein bewusstes Anerkennen der Probleme, die wir weltweit mit Machtunterschieden haben und eine bewusste Entscheidung, kollegial neue Wege zu gehen, in denen Unterschiede anerkannt werden und gleichzeitig Verbundenheit und Verantwortlichkeit als Grundlage des Arbeitens und Lebens gesehen werden.

Kooperation gelingt besser, wenn für sie ein Klima geschaffen wird, in dem Neugier, assoziatives Denken, spielerische Wahrnehmung der Verbundenheit aller Dinge und Ereignisse Raum gewinnen, so wie es in der Arbeit mit reflektierenden Teams ermöglicht wird. Denn in allen Prozessen der Begegnung und der Veränderung ist es wichtig, etwas zu erleben, was ungewöhnlich ist (und unsere Neugierde, Offenheit weckt), um einen Unterschied zu machen, aber nicht zu ungewöhnlich sein darf. Sonst schließen sich offene Türen wieder (vgl. Anderson, 1991).

In der Begegnung mit KollegInnen aus anderen Kontexten ist es daher grundlegend, dass Differenzen anerkannt werden. Diese Prozesse des Zuhörens, der Wahrnehmung der Andersheit sind nicht leicht und führen immer wieder zu Konflikten. Es ist nicht notwendig, einander zuzustimmen und miteinander übereinzustimmen. Jedoch ist es notwendig, einen gemeinsamen Raum für die Hörfähigkeit und den Dialog zu schaffen, und für das Geschenk einer Lebensgeschichte, die eingebettet ist in das Ganze des Lebens. Wenn es glückt, könnten dies eine Zeit und ein Raum für Heilung in gegenseitiger Würdigung werden, ein Raum der Heiligkeit.

In einem Band zu postpatriarchaler Ethik entwickelt Anne-Claire Mulder (2003) eine ähnliche Fragestellung, nämlich, wie unterschiedliche Kulturen und Geschlechter in einer Zeit zunehmender Spannungen miteinander leben können. Sie entwickelt einen Ansatz des Umgangs mit dem Anderen, der statt der üblichen Erfahrungen der Irritation, der Unsicherheit und der Ablehnung die Bereitschaft des Staunens hervorhebt: »Staunen öffnet also das eine Subjekt für das Andere. Es bewirkt darüber hinaus ein Innehalten im Prozess des Sich Annäherns und erschafft damit einen Raum zwischen den Subjekten. Diesen Raum nenne ich das 'Dazwischen‹. Das Dazwischen ist wesentlich, um die irreduzible Differenz beider zu wahren und um ihr Zusammentreffen zu einer intersubjektiven Begegnung zu machen« (Mulder, 2003, 42).

Das Symbol der bewussten Geschwisterlichkeit, der Neugierde und des Staunens tritt an die Stelle eines Paradigmas der Bekämpfung und Vernichtung des Anderen.

Ein Beispiel dafür ist die Arbeit des Familienzentrums in Lower Hutt, Neuseeland. In langjähriger Arbeit wurde dort das Konzept der Just Therapy entwickelt, in dem die Achtung bisher marginalisierter Kulturen, ihrer Weisheit, ihrer Spiritualität und ihrer Gemeinschaftsformen im Mittelpunkt steht und mit Ansätzen narrativer Therapie und Beratung verbunden wird. So wurde auch die Bedeutung der Rolle von Schwestern und Brüdern für das Zusammenleben von Frauen, Männern und Kindern in Samoa durch Erinnerungsarbeit ausgegraben, um für Familien heute eine neue Grundlage der Gewaltfreiheit und Achtung zu ermöglichen. Die wichtigsten Prinzipien dieser Therapie sind Zugehörigkeit, Heiligkeit des Lebens und Einfachheit (Waldegrave u. a., 2003).

In Bezug auf die Erinnerungsarbeit ist es für mich und andere TheologInnen bzw. PhilosophInnen wichtig geworden, auch die Verbindung zu den abgeschnittenen Wurzeln der so genannten Vorgeschichte wieder herzustellen. Unsere Geschichte ist nicht nur eine Anhäufung unverarbeiteter Traumatisierungen. Sie ist auch eine Geschichte verloren gegangener Schätze und Ressourcen aus matriarchalen Gesellschaften, deren Wiederentdeckung und Wiedergewinnung für die Herstellung von Lebensqualität und bewusster Geschwisterlichkeit heute entscheidend ist.

Die Komplexität heutiger Lebenswelten von Frauen, Männern und Kindern weltweit wird immer deutlicher, genauso wie das Ausmaß der Verletzlichkeit immer sichtbarer wird. In dieser Entwicklung sind Seelsorge und Beratung vor neue Herausforderungen gestellt. Wenn wir ernst nehmen, dass Individuen in sich selbst, dass Familien, spirituelle Gemeinschaften und ganze Gesellschaften hybride, vermischte Welten verkörpern, die in sich die unterschiedlichsten Traditionen, Realitäten und Visionen verbinden, dann sind auch die theoretischen und praktischen Modelle von Seelsorge und Beratung herausgefordert, Vielschichtigkeit und Vielfältigkeit ernst zu nehmen. Gleichzeitig ist Pastoralpsychologie eingeladen, die Wahrnehmung von Differenzen und Grenzen bei gleichzeitiger Anerkennung und Würdigung der Gemeinsamkeiten und einer Verbundenheit mit dem Ganzen des Lebens aufzunehmen und in neuen Arbeitsweisen umzusetzen. Der Dialog zwischen unterschiedlichen Kulturen, Religionen und Generationen wird dabei eine entscheidende Rolle spielen, auch und gerade innerhalb Deutschlands und in den Kulturen zwischen Frauen und Männern.

Eigene Ressourcen und kollegiale Beratung

Ursula Riedel-Pfäfflin, Julia Strecker

Sich auf die Lebensgeschichten und Wege anderer Frauen einzulassen, ist eine beglückende und anstrengende Erfahrung. Sie zehrt an den eigenen Kräften in einer Weise, dass wir oft an unsere Grenzen stoßen. Unsere eigene Lebensgeschichte wird wachgerufen; unsere eigenen Ängste und Fluchtbewegungen aktiviert. Wir brauchen selbst Orte, an denen wir aufgenommen werden, an denen wir uns fallen lassen können und neue Kraft sammeln. Die eigenen Grenzen rechtzeitig zu erkennen, ist etwas, das Seelsorgerinnen und Beraterinnen genauso lernen müssen wie Pastorinnen, die sich oft von Anforderungen aufreiben lassen.

Hier sind kollegiale Netzwerke entscheidend. Einmal können wir durch gute Kontakte zu anderen professionellen Frauen leichter überweisen und abgeben, wo wir uns in unserer Kompetenz überfordert wissen. Zum anderen können wir uns Beratung und Seelsorge holen, wo wir sie für uns selbst brauchen. Neben der Supervision durch Fachkräfte, die für jede Seelsorgerin wichtig ist, gibt es Modelle kollegialer Beratung und Supervision, die beraterisch tätige Frauen aus verschiedenen Bereichen (Beratungsstellen, Projekte, Sozialarbeit, Gemeinden, Akademien) untereinander einrichten können, um ihre eigenen Ressourcen zu stärken.

Eine Form dieser kollegialen Beratung kann durch »reflektierende Teams« geschehen, in denen eine Beraterin oder Seelsorgerin ihre Arbeit mit anderen Frauen oder Organisationen einbringt. Die Gruppe der Kolleginnen hört zunächst zu, bis die Erzählende ihren Erzählbogen abgeschlossen hat und zu einem Punkt kommt. Das Erzählen kann frei geschehen oder mit Ausschnitten aus Video- oder Kassettenaufnahmen veranschaulicht werden, so dass die eigenen Stimmen der Klientinnen auch im Raum sind. Nachdem die Beraterin erzählt hat, wird sie eingeladen, sich zurückzulehnen und nur zuzuhören, was immer sie hören mag. Die Teilnehmerinnen des reflektierenden Teams setzen sich nun im Kreis in der Mitte ohne die Beraterin zusammen und äußern, was sie beeindruckt hat, was sie wahrgenommen haben, und welche erweiternden Fragen sie stellen könnten. Dabei ist es wichtig, dass es nicht um Kritik oder Aufweis von Defiziten geht, sondern um das Verflüssigen der Situation durch Einbringen neuer Perspektiven in respektvoller und gleichzeitig offener Kommunikation. Die Beraterin wird dabei nicht direkt angesprochen, sondern das Team reflektiert über das Gehörte; ein Gespräch über das Gespräch. Anschließend wird die Beraterin oder Seelsorgerin eingeladen zu sagen, was bei ihr angekommen ist, und abschließend wertet die ganze Gruppe aus, wie sie den Prozess erlebt haben und was sie gelernt haben.

Ich habe diese Form kollegialer Beratung in verschiedenen Kontexten erprobt und gute Erfahrungen damit gemacht. Am besten ist es natürlich, wenn die Beratung oder Seelsorge selbst stattfindet, während die Kolleginnen in einem anderen Teil des Raumes sitzen und zuhören. Auch in der interkulturellen Begegnung bietet sich diese kollegiale Arbeitsform an. In einem Workshop über feministische Beratung mit Frauen und Männern in Thailand, die für Frauenorganisationen arbeiten, wollte eine der Mitarbeiterinnen ihre eigene Geschichte einbringen. Es war die Geschichte einer Vergewaltigung durch verschiedene Freunde ihres Partners, die bei ihr einen tiefen Bruch des Vertrauens und eine existentielle Krise ausgelöst hatte. Von ihrer Familie konnte sie kein Verständnis und keine Hilfe bekommen. So wandte sie sich an eine der beiden Frauenorganisationen, Friends of Women, die sich in Thailand für Frauen einsetzen. Hier bekam sie rechtliche Hilfe und Beratung, auch zeitweilig Unterkunft und Begleitung. Heute arbeitet sie selbst in dieser Nicht-Regierungs-Organisation mit und ficht ihren Rechtsfall öffentlich durch, um andere Frauen in ähnlicher Situation zu stärken.

Der Prozess mit dem reflektierenden Team, in welchem sie ihre Geschichte zwanzig anderen politisch und beraterisch engagierten Frauen und Männern erzählte, war ein sehr bewegendes Erlebnis für alle Beteiligten. In ihr kamen die unterschiedlichen Grundlagen für feministische Beratung und Seelsorge zum Tragen: die Bedeutung der Erinnerung, die Analyse von Macht und Wissen, die Orientierung an den persönlichen, familiären und öffentlichen Ressourcen, das prozesshafte und systemische Denken, die Bedeutung des Raumes, die Ganzheitlichkeit der beraterischen Arbeit, die spirituelle Präsenz, die Parteilichkeit, die Bedeutung interkultureller Vernetzung und die Kollegialität als Ressource unserer Arbeit.

Orientierungspunkte: Was ist feministische Seelsorge?

Ursula Riedel-Pfäfflin

Als Frauen in verschiedenen Kirchen und kirchlichen Hochschulen vor fünfundzwanzig Jahren anfingen, ihre Erlebnisse mit Kirche und Theologie zu reflektieren und im Austausch mit anderen Frauen als Erfahrungen öffentlich zu machen, entstand ein spannender Prozess: alle Themen und Bereiche der Theologie und der kirchlichen Arbeit wurden unter neuen Gesichtspunkten angeschaut, in Frage gestellt, auf ihre kontextuellen Hintergründe hin untersucht und revidiert. Ich erinnere mich, als 1974 einige Freundinnen, Theologinnen und Hausfrauen zum ersten Mal zu einer Werkstatt Feministische Theologie nach Bad Boll fuhren.

Eine Theologin des Weltkirchenrates aus den USA erzählte uns von der Frauenbewegung und dem Entstehen feministischer Theologie. Wir diskutierten mit Elisabeth Moltmann-Wendel über ihre neuen Ansätze der Auslegung biblischer Texte aus der Sicht der Frauen und begannen selber »wilde Exegese« zu treiben, ohne Kommentare von Rudolf Bultmann oder Ernst Käsemann. Wir lasen den Text der gebärenden Frau aus der Apokalypse, die, vom Drachen an Leib und Leben bedroht, Flügel bekommt und auf ihren Flügeln in die Wüste fliehen kann. Der Drache will sie in einem Schwall von Wasser ersäufen, das er gegen sie ausspeit. Ihr jedoch hilft die Erde, heißt es, indem sie die Flut in sich aufnimmt (Offb 12,13-17).

Wir interpretierten wild unsere eigenen Erlebnisse, Gefühle, Einfälle und Gedanken in die Geschichte. War der Drache nicht eine Drachin, bedrohlich wie unsere Mütter? Oder unsere Ehe? Unsere Auseinandersetzungen mit der Kirchenleitung? Oder die Erlebnisse mit Gewalt, denen wir in Seelsorge und Amtshandlungen täglich bei Mädchen und Frauen begegneten? Wir diskutierten, wir hörten zu, wir malten und tanzten, wir gestalteten einen sinnlichen, aufregenden Gottesdienst. Das ist für mich das Grenzerlebnis, von dem an ich mich als die einzige Pastorin im Kirchenkreis nicht mehr wie ein »Mann« mit seltsamen Ansichten, unpassenden Gefühlsausbrüchen und unrealistischen Visionen verstand, sondern als Frau, deren Gedanken relevant, deren Gefühle angemessen, deren Analysen scharfsichtig und deren Visionen von einem wohlergehenden, gerechten Zusammenleben der Frauen und Männer aller Gesellschaften und Religionen von vielen anderen Frauen geteilt wurden.

Feminismus

Heute ist es ›in‹, sich als Nicht-Feministin oder Nicht-Emanzipierte zu bezeichnen. So finden sich Zeitungsannoncen wir »37-jährige kultur- u. savoir-vivre-erfahrene Nicht-Emanze (da Selbstbewusstsein vorhanden) sucht ...«. Wenn es hochkommt, bezeichnen sich Frauen im Hochschulbereich als Frauenforscherinnen. Feminismus ist zum Stigma für Radikalität geworden, mit dem besonders junge Frauen nichts mehr zu tun haben wollen. Für viele, gerade junge Studentinnen in Köln und in Dresden ist nicht nur Feminismus überflüssig und belanglos, sondern auch das Thema Geschlechterbeziehungen überhaupt. Warum halten wir es trotzdem für wichtig, unsere Seelsorge als feministische zu kennzeichnen?

Feminismus verstehen wir als Theorie und Praxis, die davon ausgeht, dass es strukturelle Herrschaftsverhältnisse zwischen Männern und Frauen gibt, wobei es klar ist, dass Frauen benachteiligt werden. Ziel feministischer Ansätze ist die Veränderung dieser Herrschaftsverhältnisse, die auch unter veränderten Bedingungen der Wirtschaft, der Politik, der Kultur und der Religion immer wieder in neuer Gestalt weitertradiert werden. Neben einer Analyse und Dekonstruktion einseitiger Machtmechanismen (Elisabeth Schüssler-Fiorenza nennt sie Kyriarche) wurde und werden von Frauen unterschiedlicher Traditionen und Richtungen solche Modelle des Lebens, des Arbeitens, der Kommunikation und der Ökonomie entworfen, in denen einseitige Machtstrukturen und Gewaltausübung eingegrenzt, verwandelt und stattdessen geteilte Macht, Kooperation, Gegenseitigkeit, Anerkennung von Differenzen und Achtung vor allen Lebewesen sowie Respekt für die Umwelt eingeübt werden.

Feministische Familientherapeutinnen wie Thelma Goodrich, Cheryl Rampage, Barbara Ellman und Kris Halstead definieren Feminismus als eine Philosophie, die die Verschiedenheit der Erfahrungen von Frauen und Männern erkennt und feststellt, dass die Erfahrungen der Männer weitgehend formuliert wurden, während die der Frauen weitgehend ignoriert oder missrepräsentiert wurden. Diese Philosophie erkennt auch, dass die Gesellschaft Frauen keine Gleichwertigkeit zugesteht. Sie ist im Gegenteil so strukturiert, dass sie Frauen ausbeutet und Männer privilegiert.

Diese Strukturen werden patriarchal genannt. Feminismus wird also als eine Philosophie definiert, die jeden Aspekt öffentlichen und privaten Lebens als durch patriarchales Denken und Handeln geprägt sieht und deshalb auf eine Revision hinarbeitet. Diese frühen Definitionen und Ziele des Feminismus sehen wir keineswegs als überholt an. Zwar hat sich in den vergangenen zwanzig Jahren für Frauen und Mädchen vieler westlicher Industriestaaten Wesentliches verändert. Wir haben einen viel höheren Zugang zu Bildung und professioneller Öffentlichkeit, zu wirtschaftlichen und kulturellen Ressourcen und Einflussbereichen. Im kirchlichen Bereich gibt es eine große Zahl von Theologiestudentinnen, Pastorinnen, auch schon Dekaninnen und Bischöfinnen, die neue Modelle theologischer und kirchlicher Arbeit selbstverständlich machen. Gleichzeitig hat sich jedoch weltweit das Wissen darum erweitert, wie viele Frauen und Mädchen täglicher Gewaltausübung und sexuellem Missbrauch ausgesetzt sind, weniger essen und weniger Geld verdienen, von der Wirtschaft wie z. B. dem expandierenden Sexmarkt ausgebeutet werden und nicht ihrem Können gemäß öffentlich wirksam werden können. In allen Ländern der Welt haben die anfänglichen Veränderungen zugunsten stärkerer Gleichstellung der Frauen zu scharfen Gegenbewegungen geführt, die eine strikte Kontrolle und Minderbewertung der Potentiale der Frauen und Mädchen wieder einführen. Nicht zuletzt die Frauen und Mädchen in den östlichen Bundesländern und in Osteuropa bekommen den Rückschlag der Wirtschaft zu spüren, indem sie massenhaft aus der Erwerbsarbeit zurück in die Haushalts- und Erziehungsbereiche gedrängt werden. Während sie in der DDR als Erwerbstätige in vielen, auch traditionell von Männern dominierten Berufen ausgebildet und erfolgreich tätig waren, verloren sie im Zuge der »Wende« ihre ökonomische Unabhängigkeit, die sie schon jahrzehntelang als selbstverständlich kennen gelernt hatten.

Feminismus in unseren Tagen steht vor neuen Herausforderungen:

Einerseits werden durch zunehmend Technisierung und globale Marktentwicklung immer mehr traditionelle Arbeitsplätze abgeschafft, wovon auch Mädchen und Frauen betroffen sind. Andererseits nehmen Dienstleistungsberufe und Teilzeitarbeitsplätze zu, was wiederum Mädchen und Frauen zugute kommt.

Einerseits erhalten Frauen in gleichen Positionen weltweit immer noch spürbar geringere Löhne als Männer. Andererseits werden Frauen immer wichtigere Entscheidungsträgerinnen in den Bereichen Bildung und Konsumentwicklung und in Leitungspositionen.

Einerseits sind die Mehrzahl (90%) allein erziehender Eltern Frauen, die zudem in der Überzahl an der Armutsgrenze leben. Andererseits sind in vielen Ländern Europas und in Nordamerika gesetzliche Grundlagen geschaffen worden, um Männer aktiver in Elternarbeit, Erziehungsarbeit und Pflegearbeit einzubeziehen. – Allerdings oft verbunden mit der Forderung nach höheren Löhnen, z. B. für männliche Erzieher.

Mädchen und Frauen unterschiedlicher Erfahrungen und Lebensbedingungen in verschiedenen Kulturen und Gesellschaften stellen uns vor die Herausforderung, das eigene Wissen zu erweitern und die Komplexität und Vielfalt der Probleme, Realitäten und Visionen diverser Frauentraditionen kennen zu lernen und zu würdigen.

Seelsorge

In der frühen Kirche hieß Seelsorge cura animarum und meinte die Sorge um alles Wohl der Gemeinde. Im Hebräischen ist Seele nephesh und meint den ganzen Menschen, die Lebendigkeit, das Leben. Dieser ganzheitliche Begriff steckt auch in dem Wort Seele, denn es kommt aus der Wurzel se, Wasser: die aus dem Wasser Kommenden. Früher nahm man an, dass alles Leben aus dem Wasser kommt. Erst mit dem Aufkommen dualistischer Denkmuster im Mittelmeerraum und speziell in der griechischen Philosophie wurden Leib, Geist und Seele auseinanderdividiert und Seele wurde als der Bereich der Innerlichkeit definiert, als den viele »Seelentrost« heute noch sehen.

Seelsorge hat für uns mit dem gemeinsamen Schaffen eines Raumes zu tun, in dem Frauen und Männer Begegnung in Beziehung finden; eines Raumes, in welchem ihre jeweilige Geschichte gehört, gehalten, gemeinsam befragt und in den Aspekten erweitert und gestärkt wird, die sie für sich und andere zum gegenseitigen Wohlergehen leben möchten.

Seelsorge heißt, auf sich und andere so zu hören, dass nicht nur das bekannte (auch wissenschaftlich, theologisch und ethisch dominante) Wissen wiederholt und bestätigt wird, sondern, dass bisher ungehörtes, nicht privilegiertes Wissen zugelassen und ernst genommen wird. Dazu gehören Neugierde und Abenteuerlust, Geduld und Mut, Aufmerksamkeit und Wildheit, Respekt und Kreativität. Bilder wie die Begleiterin und Advokatin, die Hebamme und Schützende, die Rebellin, Vorkämpferin und Freundin sind ebenso wichtig wie die alten Symbole der Gesprächspartnerin, der Heilerin, der Priesterin, der Frau am Brunnen, der Botin Gottes.

Feministische Seelsorge

Diese alten Tugenden der Frauenkulturen werden wieder neu entdeckt, aus ihren Stigmatisierungen erlöst, in ihren Mächtigkeiten erkannt und in neuen Landkarten entworfen.

Feministische Seelsorge definieren wir als Theorie und Praxis, in welcher wir in Anlehnung an feministische Familientherapeutinnen und Soziologinnen die Beachtung folgender Aspekte wichtig finden:

Wir identifizieren Botschaften und soziale Konstruktionen, die das Verhalten und die Geschlechtsrollen prägen; besonderes Augenmerk richten wir auf biblische, theologische und kirchliche Botschaften und Konstruktionen des Menschen- und Gottesbildes, die sich auf Frauen und das Geschlechterverhältnis beziehen. Wir entwickeln ein Bewusstsein für das sexistische Denken, das die Möglichkeiten der Frauen einschränkt, ihr Leben ihren Vorstellungen gemäß zu leben. Wir erkennen an, dass Mädchen und Frauen so erzogen werden, dass sie die Hauptverantwortung für Familie und Beziehungen übernehmen sollen und machen auf die Muster aufmerksam, die die Frauen in Familien auseinanderdividieren, indem sie Macht durch Beziehungen mit Männern zu erreichen suchen; wir sind aufmerksam für religiöse Machtmechanismen, die diese Sozialisation und Lebensentwürfe unterstützen.

Wir erkennen das Dilemma und die Konflikte an, die für Frauen auftauchen, wenn sie Kinder bekommen und sie aufziehen. Damit verbunden ist eine Anerkennung der realen Begrenzungen im Zugang zu sozialen und ökonomischen Ressourcen, an die Frauen stoßen.

Wir bestärken die Werte und Verhaltensweisen, die charakteristisch für Frauen sind, z. B. Fürsorglichkeit, verbundenes Wissen und Lehren, Beziehungsstärke, Verantwortlichkeit für sich und das Wohl anderer; wir sind uns dessen bewusst, dass traditionale christliche Werte bestimmte Emotionen und Verhaltensweisen bei Frauen als Gefahr darstellen: Zorn, Ärger, Engagement für eigene Interessen und Bedürfnisse und entwickeln neue Bilder des Frauseins in Beziehungen.

Wir sehen und unterstützen Möglichkeiten, die Frauen für sich außerhalb der Ehe, der Familie und religiöser Gemeinschaften eröffnen.

Wir erkennen das grundlegende Prinzip an, dass keine Intervention frei von dem Einfluss der Geschlechterbeziehungen, der ökonomischen Situation und eigener Weltanschauungen oder Glaubensüberzeugungen geschieht und dass jede Intervention eine verschiedene und spezielle Bedeutung für jedes Geschlecht, jede wirtschaftliche Situiertheit und für jede religiöse oder spirituelle Tradition hat (Walters et al., 1988, 28f.).

Beratung und Seelsorge sind politische Akte und können nicht von den sozialen Bedingungen gelöst werden, in denen die Seelsorgesuchenden leben. Da sich soziale Systeme ständig verändern, und wir immer nur aus einer selektiven Wahrnehmung heraus definieren, sehen wir auch unser Selbstverständnis als eines an, das sich ständig verändert. Wir erleben an uns und anderen ein Gespräch zwischen Gewohntem und ganz neuen Gesichtspunkten. Wir haben in verschiedenen Kulturen gelebt und arbeiten mit Frauen aus anderen religiösen Traditionen und Lebensstrukturen zusammen.

Unsere Definitionen von Feminismus sind längst durch Frauen herausgefordert worden, die sich Womanists, Mujerista und Min-Jung-Theologinnen nennen. Die Zukunft feministischer Seelsorge sehen wir in der interkulturellen Arbeit mit Frauen, die ihre Erfahrungen bisher nicht öffentlich machen konnten. Die Ausrichtung an der Veränderung der Strukturen teilen wir, jedoch sind die Wahrnehmung unserer eigenen Mittäterschaft an der Ausbeutung anderer Frauen und Mädchen, unseres Rassismus und unserer Privilegiertheit neue Herausforderungen für feministische europäische Seelsorge.

Seelsorge, Beratung und Therapie

Wir haben Beratung und Seelsorge bisher alternativ gebraucht. Wie unterscheiden sie sich, und wie verstehen wir sie in Bezug auf Therapie? Auch diese Frage kann nur kontextuell beantwortet werden. In den Vereinigten Staaten gibt es andere Gesetze und ein anderes Selbstverständnis für Seelsorge als in der Bundesrepublik. Während es dort üblich ist, dass sich Seelsorger pastoral counselors oder pastoral therapists nennen, gibt es bei uns klare gesetzliche Vorschriften. Nur wer eine Ausbildung zur Ärztin, Psychologin oder als Heilpraktikerin hat, kann den Zusatztitel Psychotherapie erwerben. Alle anderen müssen sich Beraterinnen nennen. Neben diesen rechtlichen Aspekten gibt es noch die soziologischen, dass nämlich Beratung oft in einem anderen Kontext durchgeführt wird als Seelsorge. Die Zuordnungen sind jedoch mehr geschichtlich zu verstehen als grundsätzlich. So heißt es in vielen Einrichtungen Krankenhaus-, Gefängnis- oder Telefonseelsorge, jedoch kirchliche Beratungsstelle. Vom Fachlichen unterscheiden sich die Ausbildung zur kirchlichen Beratung oder Seelsorge kaum noch, außer dass in manchen Seelsorgeausbildungen noch mehr Wert auf Bezug zu theologischen und kirchlichen Traditionen gelegt wird als in anderen. So ist es ein fester Bestandteil der Krankenhausseelsorgeausbildung oder CPT, Andachten und Gottesdienste für die Ausbildungsgruppe oder die Patientinnen zu gestalten. Während Seelsorge und Beratung meist in kirchlichen Institutionen mit eigener theologischer und liturgischer Tradition angeboten werden, wird Therapie in säkularen Systemen durchgeführt, es sei denn, es handelt sich um christliche Krankenhäuser. Während von Seelsorgerinnen und Beraterinnen im kirchlichen Bereich erwartet wird, dass sie eine eigene spirituelle und religiöse Identität entwickelt haben und diese auch bei Klientinnen ansprechen oder offen dafür sind, gilt dies im Therapiebereich nur individuell bedingt.

Die fachliche Differenzierung zwischen Therapie und Seelsorge und Beratung ist schwieriger und wichtiger. Ein Kriterium dafür ist die Dimension der Tiefe und Zeitintensität der Arbeit. Aus psychoanalytischer Sicht findet in der Therapie eine Aufarbeitung der Kindheitsgeschichte statt und damit die Möglichkeit der Regression in früheste Kindheitsphasen. Die Risiken einer solchen Arbeit können nur durch ausgebildete Therapeutinnen verantwortet werden und sind deshalb für Beratung und Seelsorge nicht angemessen. Für Seelsorge und Beratung empfiehlt es sich daher, immer mit den erwachsenen Anteilen der Klientinnen so eng in Kontakt zu bleiben, dass jederzeit ein sicheres Zurückkehren aus einer emotionalen oder körperbezogenen Arbeit in das Bewältigen des Alltags möglich ist. Andererseits kann es in jeder Seelsorge oder Beratung zu emotional sehr tiefgehenden Situationen kommen oder zu sehr festen Bindungen, die eine Veränderung ermöglichen. Wenn eine Seelsorge weitergeführt werden soll, dann ist eine enge Zusammenarbeit und Supervision mit klinisch ausgebildeten Therapeutinnen notwendig. Das gilt besonders bei der Arbeit mit Menschen, die Missbrauch oder andere Traumatisierungen erlebt haben. Zugleich wird jetzt auch von nicht-kirchlichen Therapeutinnen darauf hingewiesen, wie wichtig die Einbeziehung der Sinnfragen für die Durchführung einer Therapie ist und »Seele« wird wieder zu einem Begriff, der auch im nicht-kirchlichen Raum für die Ganzheit der Person in ihrer Beziehung zum Geheimnis des Lebens und des Todes steht.

So sehen die Traumatherapeutinnen Ursula Wirtz (1989) und Judith Lewis Hermann (1994) die Traumatisierung von Menschen als spirituelles Thema, weil sie die Integrität der Person verletzt. In Bezug auf Seelsorgearbeit in den evangelischen Landeskirchen sagt der Frankfurter Pastoralpsychologe Martin Ferel »Seelsorge muss sich profilieren als Lebensform und Ausdruck des Glaubens jeder Christin und jedes Christen, weil zukünftig noch stärker das gelebte Zeugnis mehr zählt als das proklamierte (...). Seelsorge wie Kirche überhaupt steht vor der Aufgabe, religionsfähig zu werden. Wir müssen verstehen lernen, wie Menschen ihre tiefsten Sehnsüchte und existentiellen Fragen in einer nachchristlichen Sprache – mehr stammelnd oder symbolisch – zum Ausdruck bringen. Ist es angemessen, von einer ›seelsorgerlichen Kirche‹ zu sprechen? Kirche als Raum, wo zerbrochenes, beschädigtes Leben geschützt und bewahrt wird, wo Verängstigte, Benachteiligte und Gestrandete oder Verfolgte Asyl finden« (Ferel, 1997, 57).

Systemische Perspektiven geschlechterspezifischer Seelsorge und Beratung

Systemisches Denken wurde in den ersten Jahrzehnten des 20. Jahrhunderts in verschiedenen Bereichen der Wissenschaft entwickelt und setzte eine Erweiterung des linearen Ursache-Wirkungs-Modells der Naturwissenschaften in Gang. Dies führte zu einem Paradigmenwechsel in wissenschaftlicher und praktischer Arbeit. War die klassische europäische Philosophie, Theologie und Naturwissenschaft im Laufe ihrer Entwicklung immer mehr auf Entweder-Oder-Denkmodelle zentriert, so wurde jetzt deutlich, dass Wirklichkeit viel zu komplex ist, um sie in kausale Wirkzusammenhänge zu pressen.

Stattdessen gehen wir heute – ähnlich wie in jahrtausendealten Traditionen systemischer Weltsicht wie des Taoismus oder pazifischer Balancelehre – davon aus, dass unterschiedlichste und gegensätzlichste Wirklichkeiten zusammenhängen und auch nur im Zusammenspiel verstehbar sind. Als Systeme werden Prozesse der Kommunikation (Niklas Luhmann) und des Wirkens von Teilen angesehen, die qualitativ mehr sind und bewirken als nur eine Summe von Teilen und Muster herausbilden, die sich von anderen unterscheiden. Wenn wir mit lebenden Systemen arbeiten, haben wir es mit Beziehungen gegenseitigen Einflusses zu tun.

In der Aufnahme dieser Ansätze durch die ersten FamilientherapeutInnen wie Virginia Satir und Salvador Minuchin führte dies zur Kybernetik 1. Ordnung, d.h. es wurden Strukturen und Muster des Verhaltens und der Kommunikation von Familien beobachtet und daran gearbeitet, destruktive Muster zu erkennen, zu verflüssigen, zu verändern und in ein konstruktives Zusammenwirken zu bringen. Ein Beispiel dafür ist die wichtige Arbeit der strukturellen Familientherapie wie sie z. B. Cloe Madanes und Mitarbeiter veröffentlicht haben, die ein differenziertes Programm für die Arbeit mit Familien entwickelten, in denen sexuelle Gewalt ein Muster war.

In einem späteren Entwicklungsschritt erkannten FamilientherapeutInnen und BeraterInnen, dass sie selbst in ihrer Wahrnehmungsfähigkeit Teil der Beziehungssysteme waren, in denen sie wirkten und daher keine objektiven Beobachtungen außen stehender Systeme möglich sind. Jetzt wurde die Kybernetik 2. Ordnung entwickelt, welche davon ausgeht, dass wir Wirklichkeit immer mit der Brille unserer eigenen Wahrnehmung sehen und daher aus unseren gelernten Mustern mitkonstruieren. Wir arbeiten mit Beschreibungen von Mustern im System, die sich gegenseitig beeinflussen und wirken, und zwar in zirkulären, rekursiven Prozessen. Bedeutung wird in Bezug auf einen Kontext konstruiert und in Bezug auf Muster des Handelns, der Gefühle, des Denkens und des Glaubens. Verhalten wird nicht nur durch das Verhalten von InteraktionspartnerInnen beeinflusst, sondern auch durch die Bedeutung, die einem Vorkommnis gegeben wird: die Konstruktion der Wirklichkeit.

Diesen Ansatz systemischer Arbeit nennen wir konstruktivistisch, weil er nicht von einer objektiven Realität ausgeht, die wahr oder falsch ist, sondern voraussetzt, dass wir nur wahrnehmen, was uns zugänglich ist und wir daher Wirklichkeiten aus unseren gelernten Mustern her mit aufbauen. Dies gilt auch und besonders für die Konstruktion der symbolischen Ordnung der Geschlechter. In der heutigen Frauen- und Männerforschung wird daher von Männlichkeiten gesprochen und von unterschiedlichen Wirklichkeiten von Frauen in verschiedensten Kontexten.

Wenn wir heute beraterisch oder seelsorgerlich systemisch tätig sind, arbeiten wir immer in bestimmten historischen und gesellschaftlichen Kontexten, in denen bestimmte Geschlechterwirklichkeiten a) geschichtlich entstanden und b) noch heute wirksam sind.

Seitdem die systemische Seelsorge Einzug in die allgemeine Seelsorgelandschaft gehalten hat, ist die Entwicklung eines Verständnisses für Menschen aus ihren Beziehungssystemen heraus auch in kirchlichen Aus- und Fortbildungszusammenhängen evidenter und konsensfähiger geworden.

In der systemischen Seelsorge mit Gendersperspektive geht es nun darum, den Blick für diesen größeren Kontext zu öffnen und die vielfältigen Möglichkeiten zu respektieren, als Mädchen und Jungen, als Frauen und Männer oder quer zu binären Geschlechterordnungen zu leben. Anerkennung von Diversität wird damit zur leitenden Perspektive der Begleitung von Menschen in kleineren und größeren Systemen. Dabei gilt es zu erkennen, wo Asymmetrien in Geschlechterverhältnissen sichtbar und beschreibbar werden, aber auch wo es Symmetrien gibt. Denn nicht alle Felder, nicht alle Bereiche sind asymmetrisch strukturiert, nur weil wir in Gesellschaften leben, welche die Geschlechterrollen asymmetrisch definieren. Es gibt sehr viele Bereiche, in denen es auch Symmetrien oder vereinbarte Arrangements gibt.

Deswegen ist es uns wichtig, diese Offenheit für die Unterschiede und für die Gemeinsamkeiten auch in der Seelsorge zu vermitteln, so daß wir als feministische Seelsorgerinnen sowohl auf das eine als auch auf das andere blicken.

Konkret heißt das, z. B. in einer Partnerberatung zu schauen, wo unterscheiden sich Frau und Mann oder Frau/Frau, Mann/Mann in Bezug auf ihre Sozialisation, ihre Vorstellung vom Leben, ihrem Verhalten und ihren Gefühlen, und wo liegen ihre Gemeinsamkeiten. Und beides, sowohl das Betonen der Unterschiede als auch das Betonen der Ähnlichkeiten und Gemeinsamkeiten hat Bedeutung in der Gender-Frage. Wenn es in einer Paarberatung gelingt, beides zu sehen, sowohl die Unterschiede als auch die Gemeinsamkeiten und diese auch transparent zu machen, dann bekommt eine solche Partnerschaft die Möglichkeit, sich wieder selbst zu bewegen, sich wieder selbst anders zu sehen. Vielleicht schaffen es die beiden auch wie auf einer Wippe zu wippen, einmal auf diese und einmal auf die andere Seite. Asymmetrien sind beim Wippen ja erlaubt, sie machen erst den Spaß an der Sache aus. Mal ist der eine unten und mal die andere, oder was wir in Paarberatungen öfter vorschlagen, ist das Innehalten, Pause machen, Verweilen, Nachspüren.

Auf diese Weise können Geschlechterrollen hinterfragt und überall da erweitert werden, wo sie als einengend empfunden werden. Wenn wir davon ausgehen, dass wir sowohl ähnlich als auch unterschiedlich sein können, dann werden die Möglichkeiten erweitert.

Geschlechterbewusste Seelsorge verstehen wir ähnlich wir kulturell bewusste Arbeit: eine Sichtweise, welche die Bedeutung der jeweiligen Kontexte und der mehrgenerationalen Muster und symbolischen Ordnungen für Beziehungen und Kommunikation ernst nimmt, und zwar zwischen Personen in all ihrer Vielfalt, zwischen Frauen und Männern und ihrer Umwelt und zwischen Frauen und Männern und dem Ganzen des Seins.

Begegnungen mit anderen feministischen Ansätzen der Psychotherapie und Beratung

Ursula Riedel-Pfäfflin

Feministische Seelsorge bewegt sich in einem Geflecht von verschiedenen Entwürfen der Beratung und Therapie für die feministische Praxis, aber auch in einem wissenschaftlichen Theoriebildungskontext, wie z. B. der Diskussion um die Konstruktion des Geschlechterbegriffes und der Frage nach dem Ort der Frauen in der Postmoderne. Aus der Kritik und Infragestellung der klassischen Richtungen therapeutischer und beraterischer Arbeit wurden in den letzten zwanzig Jahren Entwürfe zu einem neuen Selbstverständnis der Frauen in ihrem jeweiligen Kontext erarbeitet und gleichzeitig sind Orte, an denen feministisch-therapeutische Praxis ihren Platz hat, sichtbarer und selbstverständlicher geworden. Orte mit rein feministisch-seelsorgerlichem Auftrag gibt es bisher vor allem in den Vereinigten Staaten und Nordeuropa. Aber auch in Indien, Indonesien, Australien und verschiedenen Ländern Afrikas fangen Seelsorgerinnen und Professorinnen an, die traditionellen europaorientierten Konzepte in Frage zu stellen und ihre eigenen Erfahrungen und Perspektiven der Seelsorge, der Beratung und Therapie sowie der Ausbildung zu entwickeln. Im Folgenden zeigen wir Verbindungslinien zu therapeutischen und soziologischen Ansätzen auf, die uns wichtig sind. Wir fragen nach ihren Kernaussagen und Methoden, nach der feministischen Kritik daran und nach den spezifischen Anregungen, die in feministischen Modellen hilfreich sind.

Humanistische Persönlichkeitstheorien und Feministische Psychotherapie

Eine mitreißende Phase des jetzigen Feminismus entstand Ende der Sechzigerjahre, als die Bewegung der humanistischen Psychologie auf ihrem Höhepunkt war. Ich hatte während des Vikariats eine Ausbildung zur Eheberatung und eine psychoanalytische Zusatzausbildung für Pastoralpsychologie begonnen. In der Gemeindearbeit wurde ich täglich mit Problemen konfrontiert, die kaum Möglichkeit für lang andauernde Beratungen ließen. Mit Kollegen und Kolleginnen gründeten wir eine Beratungsstelle, deren Konzept eine integrative Zusammenarbeit mit Gemeinden und .Stadtteil war. Die Welle humanistischer

Psychologie kam gerade zur richtigen Zeit bei uns an. Wir hatten jahrelang die Konzepte der antiautoritären Kindererziehung diskutiert und Kinderläden gegründet. Was uns fehlte, waren gute psychologische Ansätze für emanzipatorische Arbeit mit Jugendlichen, Frauen und Männern. Der Wert, der in der Klientenzentrierten Beratung von Carl Rogers und der Gestalttherapie von Fritz Perls auf individuelle Bewusstheit und Wahrnehmung sowie auf persönliche Verantwortlichkeit gelegt wird, wirkten befreiend, weil sie das Interesse an den Gefühlen Einzelner betonten, eine positive Sicht des Menschen und einen mehr egalitären Therapieansatz vertraten.
Die humanistische Perspektive erschien in Form und Struktur offensichtlich weniger patriarchal, sie förderte Unmittelbarkeit, Gleichberechtigung, Respekt der anderen. Carl Rogers‹ Ansatz ist phänomenologisch, seine Methode klientenzentriert. Mit Einfühlung, Kongruenz und Wertschätzung hört die Therapeutin ihren Klientinnen zu und unterstützt die Differenzierung ihres eigenen Fühlens, Denkens und Handelns aus dem Ausschnitt des Feldes der Erfahrung, so dass die Klientin zu einer besseren Befriedigung ihrer Bedürfnisse kommt (vgl. Lerman, 1992). Rogers hat übrigens nicht nur ein Therapiekonzept für Gesprächspsychotherapie mit Individuen entwickelt, sondern auch für Paarberatung, für Gruppen (Encounter-Gruppen) und für Unterricht (schülerzentriertes Lernen). In Deutschland wurden seine Ansätze durch Reinhart und Annemarie Tausch verbreitet.

Das Modell der Entwicklung zum Erwachsenen ist in dem Bild des »Wachsens«, des Entfaltens (growth) der an sich guten Person erfasst, die durch Einschränkungen gehindert ist, sich frei zu entwickeln. Das damit verbundene Menschenbild einer an sich gut geborenen Person, die durch die Einschränkungen und Einflüsse der Gesellschaft in ihrer Entfaltung behindert wird, hat natürlich starke Kontroversen im kirchlichen und theologischen Raum ausgelöst. Hier wurde vermutet, dass Therapie sich als Befreiung zum Egozentrismus, zum Kreisen um sich selbst und damit als Anstiftung zur Sünde auswirkt, da Sünde jahrhundertelang mit Egoismus gleichgesetzt wurde. Diese Auseinandersetzungen sind von vielen Pastoralpsychologinnen mit Theologen und kirchlichen Institutionsvertreterinnen geführt worden und haben das Bild der Seelsorge als Auseinandersetzung zwischen Barth-orientierten Vertretern wie Thurneysen und Asmussen und psychotherapieorientierten wie Pfister, Thilo, Scharfenberg, Riess, Winkler und Stollberg jahrzehntelang geprägt. Inzwischen hat die humanistische Psychologie auch im kirchlichen Raum eine breite Rezeption erfahren und wird in den meisten Ausbildungskursen zur Seelsorge für Vikarinnen in unterschiedlichen theologischen Rahmen angeboten.

Fritz Perls geht von einem Konzept des Organismus im Feld seiner Umgebung aus. Das Feld möchte vollständig sein, trotz der sich immer verändernden Bedingungen. Ein Organismus erhält sich nur durch Wachstum. Das Selbst kommt aus der Vergangenheit und lebt auf Zukunft hin, aktualisiert sich jedoch in der Gegenwart. Deshalb ist in der Gestalttherapie die Betonung des aktuellen Momentes als einzigem Ort der Veränderung so wichtig. Entscheidend ist die Veränderung der Wahrnehmung der Realität, nicht die Veränderung der Wirklichkeit.

Hier setzt die feministische Kritik an. Mehr oder weniger engten beide Theorien ihren Fokus fast ausschließlich auf die phänomenologische Position ein, das heißt, auf die Wahrnehmung der Wirklichkeit (Was empfindest Du, was ist für Dich wichtig, was machst Du in Deinem Kopf daraus?) und nicht auf die sozialen Kräfte im Umfeld. Dadurch brachten sie zwar ein Korrektiv gegen die Psychoanalyse und die Verhaltenstherapie, aber sie gingen aus feministischer Sicht nicht weit genug. Nach Lerman (1992) sahen sie nicht, dass keine Person ihre eigene Realität ohne äußere Einflüsse konstruiert. Sie verweist darauf, dass feministische Psychologinnen und Soziologinnen nachgewiesen haben, wie stark patriarchale Institutionen die Möglichkeiten für Frauen einschränken, egal ob diese Frauen sich selbst für unterdrückt halten oder nicht. Auch der Glaube daran, dass ich das Recht habe, eine gewalttätige Beziehung zu verlassen, ist noch keine Garantie dafür, dass ich es schaffe, sie zu verlassen (ebd.). Heute wäre zu fragen, ob die gleichen Kritikpunkte auch für das systemische Denken gelten. Lerman entwickelt einige hilfreiche Fragestellungen für eine feministische Auswertung bestehender Therapietheorien. Ist diese Theorie nützlich für Probleme von Frauen? Erfasst sie die Vielfältigkeit und Komplexität des Lebens der Frauen? Sieht sie Frauen positiv und zentral? Kommt sie auch aus der Erfahrung von Frauen? Bleibt sie nahe an Erfahrungswerten? Erkennt sie an, dass das innere Erleben eng mit den Bedingungen der äußeren Wirklichkeit verknüpft ist? Unterstützt sie nicht-sexistische Formen der Therapie?

Aufgrund dieser Fragen kommt Lerman zu dem Schluss, dass die grundlegenden Konzepte der humanistischen Therapie direkt zu den Werten der Mittelklasse der USA des späten 20. Jahrhunderts passen und deshalb letztendlich auch den patriarchalen Status quo unterstützen.

Bei aller Kritik, der ich zustimme, haben sich viele der damals entwickelten Therapieformen bis heute für bestimmte Arbeitsformen bewährt, so z. B. die Themenzentrierte Interaktion (TZI) für Gruppenarbeit (entwickelt von Ruth Cohn) und die Transaktionsanalyse (entwickelt von Eric Berne, Fanita English u. a.), die mir in der Gemeindearbeit am meisten geholfen hat. Ich habe sie durch Mary und Robert Goulding, zwei exzellente Therapeutinnen, kennen gelernt. In ihrer Form der Neuentscheidungstherapie (Redecision Therapy), in der sie Gestalt, Kommunikationstheorie und Familientherapie verbanden, waren schon damals Ansätze späteren systemischen Arbeitens enthalten, die auch für die Beratung von Organisationen hilfreich sind (Goulding/Goulding, 1979).

Mary Goulding war in ihrer ethischen und gesellschaftspolitischen Stellung für Frauen und Missbrauchte klar erkennbar, und beide Gouldings haben ressourcenorientiert gearbeitet. In der Transaktionsanalyse sind auch schon Elemente narrativer Methoden enthalten, denn es geht darum, die Beziehungen zwischen Menschen als Transaktionen auf verschiedenen Ebenen (Eltern-Ich, Erwachsenen-Ich und Kind-Ich) zu verstehen und Probleme als Störungen der Mitteilung von Botschaften zu bearbeiten. Neben der genauen Analyse einzelner Kommunikationsschritte werden auch Lebensgeschichten in Bezug auf die Botschaften durchgearbeitet, die Kindern gegeben worden sind. Auch hier wird das Ziel in der Stärkung der Autorinnenschaft für die eigene Lebensgeschichte gesehen, nämlich, dass ich das Skript lebe, das ich für wichtig und erstrebenswert halte, und nicht ein mir von verschiedenen Seiten eingepflanztes und übernommenes Lebensmuster. Wichtig ist, dass Neuentscheidungen von allen Aspekten der Person gefällt werden, also auch aus den frühesten emotionalen Bereichen (freies Kind-Ich), damit sie wirkungsvoll werden. Daher schließt die Transaktionsanalyse nicht nur kognitive und verhaltenstherapeutische Methoden ein, sondern arbeitet auch stark auf der Gefühlsebene.

Julia hat ihre integrative Therapieausbildung bei FSF bekommen. FSF (Frauenspezifische sozialtherapeutische Fortbildung) wurde von fünf Frauen entwickelt, die alle im Fritz-Perls-Institut eine gestalttherapeutische Ausbildung absolviert hatten. Sie entdeckten allerdings im Kontext und Setting dieser Ausbildungsstruktur grundlegend patriarchale Ausprägungen, die der feministischen Perspektive, die sie im Blick hatten, eher hinderlich waren. Dennoch orientierten sich die Arbeitsformen der Fortbildung zunächst stärker, später modifizierter und differenzierter, an den Grundüberzeugungen der Gestalttherapie: Bewusstheit, Selbstverantwortlichkeit, kreative Anpassung, Unmittelbarkeit der Begegnung im Kontakt, Ganzheitlichkeit und prozessorientierte Bezogenheit auf die Frau als Subjekt.

Wesentliche Momente der Gestalttherapie, die von Frauen übernommen und angewandt werden, sind folgende:

die Reflexion über den Zusammenhang von individueller Entwicklung und historisch-politischen und sozialen Machteinflüssen, gerade hinsichtlich der Diskriminierung und Entwertung von Frauen

das wache Bewusstsein in der Gegenwart, das an Körpersymptomen verifizierbar ist, besonders geeignet für die Frauen, die selten gelernt haben, ihre eigenen Bedürfnisse wahrzunehmen, geschweige denn zum Ausdruck zu bringen

die Zielsetzung für die therapeutische Arbeit, an die eigenen Potentiale heranzukommen, Therapie also nicht reduziert auf die Überwindung von

Krankheit, sondern als Ganzwerdung und Entfaltung der verschütteten Talente, als Grenzüberschreitung im befreienden Sinn und als Überwindung von Unterdrückung und Entfremdung (Voss, 1992).

Feministische Psychologie

Eigene Kriterien für eine feministische Psychologie der Frau hat Jean Baker Miller entwickelt. Sie analysiert geschlechtsspezifische gesellschaftliche Konstruktionen wie die Konstruktion der Entwicklung des Selbst, des Ärgers bei Frauen und Männern und das Verhältnis zwischen Macht und Frau. Miller macht deutlich, dass Frauen wie andere gesellschaftliche Gruppierungen zu einer Kultur der Unterdrückten gehören, die gezwungen sind, die Sprache und Handlungsweisen der dominanten Kultur neben der eigenen zu erlernen, um zu überleben, während die Angehörigen der dominanten (weißen, westlichen, männlichen) Kultur nur ihre eigene zu kennen brauchen und Privilegien in Anspruch nehmen, die den anderen aberkannt werden. Viele Verhaltens- und Denkweisen von Frauen versteht Jean Baker Miller nicht als Ausdruck besonderer psychischer Mechanismen, sondern dieser sozial-politischen Lage. Sie plädiert dafür, die Eigenschaften und Verhaltensweisen, die Frauen sich historisch angeeignet haben (z. B. Bezogenheit auf andere, Fürsorglichkeit, Abhängigkeit, Verbundenheit, Verantwortung), nicht systemkonform abzuwerten und als defizitär und veränderungsbedürftig zu sehen, sondern die Stärken darin aufzufinden und sie als Ressourcen umzudefinieren. In einer Auseinandersetzung mit der Beziehung zwischen Frauen und Macht schärft sie folgende Gesichtspunkte ein:

> die Erfahrungen von Frauen sind meistens nicht die, die als solche bezeichnet werden; sie sind nicht die Erfahrungen der Männer; sie funktionieren nicht notwendigerweise auf derselben Grundlage, mit denselben Motivationen oder derselben Persönlichkeitsstruktur; wenn wir Frauen untersuchen, dann finden wir Teile der menschlichen Potentiale, die nicht vollständig gesehen, anerkannt oder wertgeschätzt worden sind. Sie haben sich deshalb auch nicht voll entfalten können und müssen gerade deshalb in den umfassenden menschlichen Anliegen zur Aktion kommen (Miller, 1991, 181 ff. und 205).

Jean Baker Millers Revision einer Psychologie der Frau hat andere Psychotherapeutinnen angeregt, die in jahrelanger Zusammenarbeit ein neues entwicklungspsychologisches Modell entwickelt haben. Es lässt sich in der Überschrift zu ihrem Buch »Entwicklung von Frauen in Verbundenheit« erkennen. Judith

Jordan, Alexandra Kaplan, Irene Stiver und Janet Surrey kritisieren mit Miller, dass die bisherigen Modelle der westlichen Entwicklungspsychologie ein Selbst als Norm für menschliche Reife und Gesundheit anvisierten, welches eine zunehmende Fähigkeit zur Trennung, Autonomie, Unabhängigkeit, Selbstbestimmung und zum Meistern des Lebens entwickelte. Frauen wurden in diesem Zusammenhang als zu emotional, zu abhängig, zu unabgegrenzt und zu wenig autonom gekennzeichnet. Demgegenüber begannen sie auf ihre eigenen Erfahrungen zu achten und nahmen die Stimmen von feministischen Forscherinnen wie Chodorow (1978), Gilligan (1982) und Belenky et al. (1986) auf, welche die historisch eingeübten Fähigkeiten der Frauen zur Relationalität und zum Lernen in Verbundenheit nicht mehr als Mangel, sondern als Stärken interpretieren. Außerdem wurden sie durch die Forschungen von Daniel Stern (Stern, 1986) in der Säuglingsbeobachtung unterstützt, der die These von dem abhängigen, passiven Neugeborenen, das sich zur Trennung von der Mutter und zur Autonomie entwickeln muss, völlig aus den Angeln hob. Er stellte fest, dass schon Säuglinge ein aktives Interesse und eigene Wahrnehmungen in der Beziehung zu den ersten Personen haben und dass die ersten Erfahrungen nicht als Objektbeziehungen, sondern als interaktive Prozesse zwischen dem Selbst und Anderen zu beobachten sind. Daraus entwickelten die Frauen vom Stone Center am Wellesley College in Massachusetts eine Psychologie, die sich als Theorie und Praxis der Relationalität versteht und Gegenseitigkeit zum Leitbild ihrer therapeutischen Arbeit macht. Von daher werden Themen wie Empathie, Mutter-Tochter-Beziehung, Abhängigkeit zwischen Frauen und Männern, Zorn, Macht, Depression, Arbeit, Essverhalten, Fürsorge und Veränderung noch einmal unter ganz anderen Voraussetzungen durchdekliniert und neu interpretiert, nämlich mit der These, dass Frauen ein relationales Selbstverständnis bevorzugen, dass ihre Entwicklung beziehungsorientiert ist und dass Empathie und respondierendes Verhalten in Beziehungen grundlegend sind, auch im Bereich der Therapie oder Beratung (Jordan et al., 1991, VI).

Für die Seelsorge sind diese Veränderungen relevant, da auch in verschiedenen Ausbildungsmodellen und Theorien der Seelsorge noch die psychische und spirituelle Entwicklung zur Autonomie, zur Unabhängigkeit im Denken und Glauben, die Trennung von der Mutter und die Eigenständigkeit durch konfrontative Konfliktlösung als Leitbilder des gesunden, reifen Menschen (Mannes) normativen Einfluss üben, und Frauen mit ihren beziehungsorientierten Denk-, Fühl- und Lebensformen sich oft als unverstanden und abgewertet erleben (Heimbrock-Stratmann, 1993). Seelsorgerinnen und Beraterinnen finden in den relationalen Ansätzen der feministischen Psychologie gemeinsame Grundlinien für ihre neuen Landkarten der Seele. Denn die Verbundenheit aller Geschöpfe mit der Schöpfung und dem Urgrund der Schöpfung, die Anerkennung von

Abhängigkeit, Verantwortung für andere als antwortendes Verhalten und Gegenseitigkeit sind Werte, die in der biblischen und nachbiblischen christlichen, vor allem in der weisheitlichen, mystischen und prophetischen Tradition, eine grundlegende Bedeutung haben. Sie werden heute auch in der feministischen Theologie, in der Prozesstheologie und in der Befreiungstheologie wieder in den Mittelpunkt gestellt (vgl. Sölle, Schüssler-Fiorenza, Heyward, Keller etc.).

Feministische Kritik der klassischen Psychoanalyse Sigmund Freuds

Die klassische Psychoanalyse hat von feministischen Wissenschaftlerinnen und Praktikerinnen viel Kritik erfahren. Diese Kritik hat dazu geführt, dass wichtige Konzepte und Methoden der Psychoanalyse nicht mehr gekannt und verstanden werden. Gerade für die Arbeit mit Lebensgeschichten, für die Lehre vom Verstehen von Menschen und von Texten, für die Arbeit mit Symbolen, für die Auseinandersetzung mit Religionsgeschichte und Religionskritik ist jedoch das Gespräch zwischen Theologie und Psychoanalyse grundlegend, wie Joachim Scharfenberg in seiner Entwicklung einer psychoanalytisch orientierten Seelsorgelehre und Pastoralpsychologie deutlich gemacht hat (Scharfenberg, 1968). Der Schlüssel liegt für ihn und andere, wie Klaus Theweleit, darin, dass Freud seine Theorie und Praxis aus anfänglicher Verhaftung in modernen naturwissenschaftlichen Paradigmen zu einer Wissenschaft der Hermeneutik entwickelt hat. In diesem hermeneutischen Ansatz geht es nicht mehr um das Suchen nach kausalen Ursache-Wirkungs-Zusammenhängen und Subjekt-Objekt-Spaltung, sondern um das vielschichtige Verstehen komplexer Geschichte, der Geschichte des Lebens von Individuen, Gesellschaften und Religionen. Im Folgenden sollen zunächst die wichtigsten Punkte der psychoanalytischen Theorie und Praxis dargestellt werden, die auch heute noch Bedeutung haben, um dann mit Christa Rohde-Dachser und anderen zu fragen, welche Gesichtspunkte feministische Kritik erarbeitet hat, und welche Ansatzpunkte noch heute für feministische Seelsorge Bedeutung haben. In diesem ersten Teil soll es nur um die klassische Freudsche Analyse gehen, da die späteren Weiterentwicklungen zur Objektbeziehungstheorie und zur Psychologie des Selbst in einem weiteren Abschnitt behandelt werden.

»Kernstück der Psychoanalyse ist die Lehre vom Unbewussten, die Feststellung also, dass ein Teil der Seelentätigkeit unbewusst erfolgt und sich damit der Steuerung durch die Ratio entzieht« (Rohde-Dachser, 1991, 1). Wurde in der aufklärerischen Tradition der Mensch als denkendes, sich selbst vollständig reflektierendes Subjekt definiert, welches die Natur zu erforschen, zu unterwerfen und zu kontrollieren hat, so wurde es zu einer der wichtigsten Einsichten Freuds, dass der Mensch keineswegs der Beherrscher der Natur ist, ja, »nicht einmal Herr ist im eigenen Hause, weil er auf kärgliche Nachrichten angewiesen bleibt von dem, was unbewusst in seinem Seelenleben vorgeht« (Freud, 1916, 295). Die Entwicklung einer Methode, diese unbekannten Seelenräume zu erkunden, wurde ein wesentliches Anliegen der Tiefenpsychologie und ihr erklärtes Ziel, die unbekannten Triebe des ES durch Bewusstmachung in die Kontrolle des ICH zu bringen, Individuum und Gesellschaft aus der Fremdherrschaft von neurotischen Verdrängungsmechanismen und Wiederholungszwängen zu lösen und Grundlagen für Arbeits- und Liebesfähigkeit zu ermöglichen. Mit der Anerkennung des Unbewussten und der Konstruktion eines »ES« wurde – für die Jahrhundertwende revolutionär – auch die Bedeutung der Sexualität anerkannt, die Bedeutung der Kindheit, die Konflikte zwischen gesellschaftlichen und religiösen Interessen und eigenen Lust- oder Aggressionswünschen. »Wo Es war, soll Ich werden«, so lautete Freuds bis heute gültige Zielformulierung psychoanalytischen Tuns, dem die Entwicklung einer Behandlungsmethode dienen sollte, in welcher die Beziehung zwischen AnalytikerIn und PatientIn zum Ort des »Erinnerns, Wiederholens und Durcharbeitens« neurotischer Verdrängungen wird. Wichtige Momente dieser Behandlung sind die Einladung an die PatientIn, sich in ihren Einfällen nicht zu kontrollieren, so dass die unbewussten Anteile sich äußern können, die frei schwebende Aufmerksamkeit der AnalytikerIn, die Deutung und die Nutzung der Wahrnehmung von Prozessen der Übertragung und Gegenübertragung.

So wird die aktuelle Beziehung zwischen PatientIn und AnalytikerIn im Raum zum Ort des Verstehens für Beziehungsprozesse und ihre Störungen, die im alltäglichen Leben ablaufen, welche nach analytischer Theorie in den Eltern-Kind-Beziehungen gewachsen sind. Was im Alltag jetzt als problematisch oder krankmachend erlebt wird, wird daher anhand der aktuellen Behandlungsbeziehung in seinen Mustern bis zum Ort seiner Entstehung zurückverfolgt, um – nach einer Arbeit des Wahrnehmens, des Erinnerns, des Erkennens, Anerkennens und Bewusstmachens – vom »muss« (»ES-Triebe«, »Verdrängungsmechanismen«) befreit zur eigenen Wahlmöglichkeit zu werden und damit erwachsen verantwortbar (»ICH«-Funktion) zu sein.

Wer aber ist dieses Ich, von dem hier die Rede ist? Wie spielen Geschlechterunterschiede eine Rolle in Theorie und Praxis der Psychoanalyse? In ihrem Buch »Expeditionen in den dunklen Kontinent. Weiblichkeit im Diskurs der Psychoanalyse« bringt Christa Rohde-Dachser die Anfragen feministischer Kritik am ausführlichsten und genauesten auf den Punkt, indem sie eine der wichtigsten tiefenpsychologischen Methoden, die Tiefenhermeneutik (nach Lorenzer), als Instrumentarium auf die Texte Freuds und seiner Nachfolgerinnen wie Helene

Deutsch, Melanie Klein und andere anwendet. Ihre wichtigsten Ergebnisse werden in folgenden Beobachtungen und Thesen zusammengefasst:

1. Leitdeutungsmuster der Freudschen Analyse ist ein Mythos der griechischen patriarchalen Tradition, der Ödipuskomplex, in welchem die Aufgabe des Erwachsenwerdens für Jungen und Mädchen zunächst symmetrisch als Aufgeben des Rivalisierens mit dem gleichgeschlechtlichen Elternteil um den gegengeschlechtlichen Elternteil gedeutet wird, mit dem Ziel, die eigene Geschlechtsrolle anzunehmen. Später ändert Freud seine Interpretation dahingehend, dass das Mädchen im Unterschied zum Jungen von der Enttäuschung geleitet wird, keinen Penis zu haben und daher vom eigenen Geschlecht enttäuscht ist, was wiederum der Mutter angelastet wird. Das Mädchen wendet sich also von der Mutter ab, dem Vater zu und erwartet von ihm Wiederherstellung des Selbstgefühls (narzisstische Restitution), indem es von ihm einen Penis oder später als Ersatz ein Kind erhofft. Mit der Geburt eines Kindes (am besten eines Jungen) wird dieses Ziel später erreicht. Motor der Entwicklung ist der Penisneid, der auch die Defizite der Frau, z. B. mangelnde Moral und Sublimierungsfähigkeit, erklärt. Damit ist die traditionelle Frauenrolle als Mutter, als passives Objekt und defizitäres Wesen grundlegend für die normale, gesunde Entwicklung der Frau gekennzeichnet. Neuere Interpretationen bringen zwar andere Schwerpunkte in der Individuation der Frau zur Geltung, jedoch bleibt die Sprache nach wie vor androzentrisch (Kastrationskomplex, Penisneid, phallische Phase etc.).
2. Viele neue Deutungsansätze von Frauen wie Karen Horney, Melanie Klein, Carol Hagemann-White, Nancy Chodorow, Christiane Olivier, Dorothy Dinnerstein, Luce Irigaray und Margarete Mitscherlich sind neben denen hervorragender Analytikerinnen (Anna Freud, Lou Andreas-Salome, Marie Bonaparte, Sabina Spielrein, Anaïs Nin etc.) entstanden, haben jedoch den Hauptstrom der Psychoanalyse nicht wesentlich tangiert. Trotz des Relevanzverlustes der Freudschen Weiblichkeitsdeutung ist sie niemals ins wissenschaftliche Aus geraten, so dass mit Luce Irigaray die Frage gestellt werden muss, ob nicht das Phallische so sehr das heimliche Paradigma der Psychoanalyse ist, dass diese es abschirmen muss und daher eine Auseinandersetzung mit der Geschlechterproblematik und der Frauenbewegung meidet. Rohde-Dachser stellt darüber hinaus die Frage, ob nicht die Psychoanalyse »auf den gleichen unbewussten Phantasien basiert wie das immer noch patriarchalisch strukturierte soziale Umfeld des psychoanalytischen Diskurses« und damit selbst Unbewusstes produziert, anstatt es aufzuklären (Rohde-Dachser, 1991, 15).
3. Freuds Weiblichkeitstheorie kann daher als eine Sozialisationstheorie des

Patriarchats gelesen werden, welche die »unbewussten Prozesse sichtbar macht, die bei der Sozialisation der Geschlechter in die patriarchalische Gesellschaft wirksam werden und dazu beitragen, dass das für diese Gesellschaft typische Geschlechterverhältnis sich immer wieder reproduziert« (Rohde-Dachser, 1991, 55).

4. Abgewehrt werden in Freuds Theorie der Weiblichkeit unbewusste Phantasien über die Autonomie der Frauen in Bezug auf ihre Unabhängigkeit, ihre Macht, ihre Sexualität, ihr Begehren, ihren Besitz, den Rivalen an ihrer Seite, ihre Neidlosigkeit und ihren Vorwurf (seine Schuld) und damit auch über die Bedrohung des männlichen Bildes von sich selbst (die eigenen Schwächen und Abhängigkeiten nicht sehen zu wollen). Dieser Bruch im narzisstischen Universum des Mannes macht ihn potentiell ohnmächtig, was wiederum auf die Frau projiziert wird als Verursacherin, als Bedrohliche, Böse.
5. Diese Projektion weist Frauen einen einzigen Ort zu, der akzeptabel ist: den der ergänzenden, den Mann bewundernden und unterstützenden (komplementär-narzisstischen) Position, den die meisten Frauen auch heute noch so verinnerlicht haben, dass sie nicht einmal das Böse in sich als etwas eigenes benennen oder verantworten. Rohde-Dachser sieht die »Kollaboration« der Frauen nicht als Kennzeichen für einige Frauen an, sondern als typisch für die unbewusste Zusammenarbeit (Kollusion) der Geschlechter im Patriarchat, welche auch für Übergangszeiten des Umbruches gelten. Ihre Verwandlung wird noch mehrere Generationen in Anspruch nehmen (Rohde-Dachser, 1991, 92).
6. Die Setzung des Weiblichen als Ergänzungsbestimmung eines sich absolut setzenden Männlichen weist den Frauen eine Art »Containerfunktion« zu, welche das kollektiv Abgewehrte hält und durch Imagination immobilisiert wird, da die Bilder des Weiblichen die reale, lebendige Frau überlagern und somit nicht als konkrete, lebendige, andere wahrnehmen lassen. Da die Weiblichkeitsentwürfe der Psychoanalyse dem gleichen kollektiven Unbewussten entstammen wie die der Literatur und Kunst (und der Theologie, z. B. in Liturgien), kann eine Analyse dieser Entwürfe zur gegenseitigen Aufklärung herangezogen werden. Die Asymmetrie des Geschlechterverhältnisses lässt sich hier durchgängig als Kennzeichen patriarchaler Kultur nachweisen, die auf alle möglichen Weisen aufrechterhalten werden soll.

Ähnliche Kritik wird auch von anderen Feministinnen geäußert, z. B. Nina Lykke, die die Verkennung der Mutter-Tochter-Beziehung, welche durch die patriarchale Struktur auseinanderdividiert wird, eine Mystifizierung oder

Fetischisierung des Patriarchates nennt und der Psychoanalyse das Fehlen eines historisch-materialistischen Verständnisses vorwirft (Lykke, 1993). Kritisch ist auch noch anzumerken, dass sich besonders das Aufgeben der Verführungsthese durch Freud negativ für die Anerkennung der Traumatisierung von Frauen und Mädchen durch sexuellen Missbrauch ausgewirkt hat.

Anfänglich hörte Freud von vielen seiner Patientinnen Zeugnisse des Missbrauchs durch eigene Väter oder andere Männer. Nachdem er dies zunächst der Öffentlichkeit vorstellte, dann jedoch Probleme bekam, verschob er das Schwergewicht auf die These, dass die Phantasie der Mädchen es sei, die Verführung wolle und erreichte damit genau, was Rohde-Dachser beschreibt: anstelle das Selbstbild der Männer durch Konfrontation mit ihrem realen Tun in Frage zu stellen, wird die Frau zum Container für die Tat: das Opfer muss nun als Erzeugerin der Tat dastehen, als die, die die Tat phantasiert, ja, geradezu herbeiwünscht. Auch diese Muster, mit sexuellem Missbrauch und der Asymmetrie der Geschlechter umzugehen, sind heute noch aktuell.

Objektbeziehungstheorie und Selbstpsychologie

In den letzten Jahren hat sich die psychoanalytische Theorie an verschiedenen Orten vor allem außerhalb Deutschlands weiterentwickelt, was vor allem durch die Verfolgung und erzwungene Auswanderung vieler jüdischer Analytikerinnen nach London und in die USA verursacht wurde. In England entstand vor allem die Objektbeziehungstheorie anknüpfend an Melanie Klein und Margret Mahler (Winnicott, Balint, Bion, Fairbarn etc.), in den USA entwickelte vor allem Kohut die Selbstpsychologie. Ähnlich ist bei allen Ansätzen eine Akzentverschiebung in Theorie und Praxis »weg vom Ödipuskomplex hin zu den sog. präödipalen Konflikten, von der Triade hin zu dyadischen Beziehungsmustern, von der Triebtheorie hin zur Theorie von Objektbeziehungen, von der Neurose zu den ›Frühstörungen‹, von den Vätern zurück zu den Müttern« (Rohde-Dachser, 1991, 172).

Auffällig ist die Konzentration auf die ersten Wochen und Monate des Lebens, die durch eine zunächst vollkommene und sich dann lösende Symbiose mit der Mutter gekennzeichnet sind. Der Name »Objektbeziehungstheorie« ist mit der Annahme verbunden, dass das kleine Kind reale Bezugspersonen und Beziehungen als Objekte seines/ihres Wahrnehmens verinnerlicht, zum »Objekt« seiner/ihrer Phantasien macht.

Besonders im Mittelpunkt steht damit natürlich die Mutter als »Objekt« kindlichen Erlebens, welcher in dieser Theorie und Praxis eine ausnehmend große Bedeutung zukommt, wird sie doch als die wichtigste und einzige

Bezugsperson gesehen, die in diesen entscheidenden ersten Lebenswochen und Monaten alle Regungen des Kindes erfassen, aufnehmen, aushalten und angemessen auf sie reagieren muss. Als geflügeltes Wort entstand damit der Begriff »good enough mothering«, das »angemessen und genügend gute Muttern«, den Winnicott für seine Interpretation der Aufgabe der Mutter entwickelte. Der Vater spielt hier nur eine indirekte Rolle, indem er die Mutter in ihrer Funktion unterstützt, er wird erst später als wichtige Bezugsperson benannt, nämlich als der, der eine zu enge Bindung von Mutter und Kind durch seine Dreiecksposition verhindert und eine fortschreitende Loslösung des Kindes von der Mutter ermöglicht.

Auch ich habe während meiner Lehr- und Ausbildungstätigkeit in den USA viele Variationen dieser neuen psychoanalytischen Theorien kennen gelernt. Wichtig und positiv ist meiner Einschätzung nach die Verlagerung von der Triebtheorie, die noch dem mechanistischen physikalischen Weltbild verhaftet war, zu einer Beziehungstheorie und -praxis, in welcher die Bedeutung der Beziehungsqualität zwischen Menschen von Anfang an betont und beachtet wird. Damit wird auch die Bedeutung der sozialen Umwelt viel stärker einbezogen. Durch die Betonung der frühen Entwicklung des Kindes und der Wichtigkeit von Bezugspersonen, welche dem Kind Anerkennung und Wertschätzung geben (die sogenannte *Spiegelfunktion*) der Bezugspersonen), werden auch für die Durchführung der analytischen Behandlung selbst ganz andere Qualitäten entscheidend: statt freischwebender neutraler Aufmerksamkeit und Deutung werden nun Empathie, Halten und Repräsentanz von frühen Mutterfunktionen wichtig, also Beziehungsqualitäten, die üblicherweise als weibliche gelten. Auch wird betont, dass jeder Mensch solche Beziehungsqualitäten sein ganzes Leben lang braucht und dass sie keinesfalls als regressives Zurückfallen in die Kindheit für Erwachsene zu verstehen sind.

Auf der anderen Seite wird durch die starke Betonung der Bedeutung nur der Mutter für die ersten Wochen und Monate wiederum der alte Dualismus der Geschlechterrollen verfestigt, der für die Mutter die haltenden, nährenden, fürsorglichen und auch Aggressionen aushaltenden Funktionen vorsieht, während es dem Vater verbleibt, die »Welt« zu repräsentieren, das Objektive hereinzubringen und das Kind vor dem Machtüberschuss der Mutter zu schützen (die sogenannte Triangulierungsfunktion, das Dritte in die Mutter-Kind-Dyade hereinzubringen). Damit ist auch verständlich, warum der Mutter wiederum eher die Rolle der Bösen, Schuldigen zukommt, denn, wo so viel von einer Person erwartet wird, kann nur Versagen konstatiert werden, und zwar nicht nur von der Phantasie des Säuglings aus, sondern auch in der Beschreibung der Fallgeschichten, in den Deutungen der Analytiker und Analytikerinnen selbst.

Auch Rohde-Dachser beschreibt dies als das auffälligste Kennzeichen der

Objekt-Beziehungstheorie, »dass die zunehmende Rückwärtsorientierung psychoanalytischen Denkens mit ihrer Zentrierung auf das Bild der präödipalen, ›frühen‹ Mutter auch als ein Versuch interpretiert werden kann, die alte Abwehrkonstellation zu zementieren, und zwar durch eine immer ausschließlichere Fokussierung auf die Imago der ›bösen Mutter‹. Je schreckenerregender und gefährlicher sich die Mutterimago präsentiert (und sie ist, wie wir noch sehen werden, der Inbegriff des Bösen), desto notwendiger erscheint es wiederum, ihr ein entsprechend mächtiges und idealisiertes Vaterbild gegenüberzustellen« (Rohde-Dachser, 1991, 172).

Den Vätern gegenüber wird »gebeten, die Augen zuzudrücken« (Freud in einem Traum nach dem Tod seines Vaters), den Müttern die Last für das Böse zugeschoben. Wovon jedoch soll diese Dämonisierung des Weiblichen ablenken, ist mit Rohde-Dachser zu fragen. Was wird in der Realität als zu gefährlich empfunden? Findet hier nicht eine Ablenkung von der Verantwortung der Väter für die Handlungen statt, die unser Jahrhundert in allen Bereichen, von der Vernichtung von Menschen bis hin zur Vernichtung der Natur durchziehen?

So erscheint die neuere Entwicklung der Psychoanalyse nicht als Aufarbeitung der realen Wandlungen im Geschlechterverhältnis des 20, Jahrhunderts, sondern als eine weitere Weise der Verfestigung der alten Rollenbilder von Weiblichkeit und Männlichkeit, bzw. als eine Ablenkung von den sozialen Problemen mangelnder und schuldhafter Vaterfunktion durch die Verortung der Frau als Projektionsfläche des Bösen: »der Ort der Mutter ist der Ort der Schuld« (Rohde-Dachser 1991, 208). Interessanterweise erwähnt Rohde-Dachser selbst den Urmythos unseres Kulturkreises für die Schuldzuweisung zur Frau, nämlich EVA, die erste und prototypische Frau, die Sünderin, von der alle Verführung kommt.

An dieser Stelle wird die Bedeutung der feministischen Psychoanalyse für die Theologie und Seelsorge deutlich und umgekehrt, denn auch in anderen feministisch-psychologischen Analysen wird die Darstellung der Frau in der Theologiegeschichte angesprochen, so z. B. in den Untersuchungen über Misshandlung von Frauen durch Margrit Brückner (Brückner, 1983). Andererseits setzen sich immer mehr Theologinnen mit der Bedeutung psychoanalytischer Konzepte auseinander, so z. B. mit der Analyse der Jungschen Psychologie Naomi Goldenberg, Jean S. Bolen, Gerda Weiler, Hildegunde Wöller und Christa Mulack, oder etwa mit der Objektbeziehungstheorie nicht nur Soziologinnen und Psychologinnen, sondern auch Theologinnen wie Rita Nakashima-Brock und Catherine Keller.

Feministische Klassikerinnen der Auseinandersetzung mit psychoanalytischen Konzepten und der Entwicklung eigener Theorien sind die Werke von Dorothy Dinnerstein, Nancy Chodorow und Jessica Benjamin, auf die sich alle weiteren Diskussionen immer wieder beziehen. Sie haben die gesellschaftlichen Hintergründe für die frühe Kindheitsentwicklung, die unterschiedliche Identitätsbildung von Mädchen und Jungen erarbeitet und den Zusammenhang von psychischer Entwicklung und Konstellation der Kleinfamilie aufgedeckt. Die Fixierung von Mädchen und Jungen auf die Mutter als erste und einzige Bezugsperson wirkt sich für beide Geschlechter verschieden aus; Mädchen bleiben mit dem gleichen Geschlecht verbunden und übernehmen die Rolle der Beziehungsarbeiterin und Mutter, während Jungen schon früh lernen, dass sie nicht weiblich sind und, um männlich zu werden, sich auf jeden Fall von allem, was die Mutter oder die Frau verkörpert, abgrenzen sollen. Die Auswirkung dieser Struktur auf spätere Beziehungen zwischen den Geschlechtern wird von allen drei Autorinnen in ihrer Problematik überzeugend aufgezeigt (Dinnerstein, 1979; Chodorow, 1985; Benjamin, 1988).

Es ist an dieser Stelle nicht möglich, alle feministischen Rezeptionen der Psychoanalyse zu würdigen. Auch verzichten wir darauf, die feministische Aufarbeitung der analytischen Psychologie C.G. Jungs darzustellen, da dies schon sehr differenziert von Catherine Keller, Gerda Weiler und anderen geleistet wurde (Keller 1989, 137ff.; Weiler, 1985).

Als eine durchgehende Linie der verschiedenen Landkarten feministischer Psychoanalyse sehe ich jedoch, dass sie die sogenannten Schwächen der Frau (Penisneid, zu lange Identifizierung mit der Mutter, Unfähigkeit zur Moral, unzureichendes Muttersein) oder des Weiblichen (die Archetypen der schrecklichen, verschlingenden Mutter als Hexe, Drache, Schlange, Grab, Wassertiefe, Tod, Nachtmahr, die Unfähigkeit zum Selbstsein, zur Individuation, die Ablehnung der eigenen Weiblichkeit etc.) aufgrund historisch-kritischer Analysen und durch genaues Hören auf die Stimmen der Frauen eher in ihren Stärken aufspüren und damit ganz neue Deutungen für die Konflikte der Mädchen und Frauen anbieten. Durch kritische Aufarbeitung der geschichtlichen Entwicklung bestimmter Frauenbilder (Dekonstruktion) gelingt es, neue Möglichkeiten der Identifikation mit historisch wirksamen Frauen oder Bildern der Weiblichkeit in vorpatriarchaler Spiritualität und patriarchaler Geschichte aufzuzeigen (Rekonstruktion), und damit die Stärkung eigener Flügel durch Ressourcen der kollektiven Geschichte der Frauen anzuregen.

Für die feministische Seelsorge sehen wir weiterhin als wichtige Aspekte tiefenpsychologischer Theorie und Praxis u.a.:

die Bedeutung der Beziehungsqualität im familiären und gesellschaftlichen Umfeld für frühkindliche und spätere Erfahrungen und damit auch die Bedeutung der Beziehungsprozesse in der Seelsorge;

die Anerkennung des persönlichen und des kollektiven Unbewussten als eines schöpferischen Widerspruchs zur Machbarkeits- und Kontrollideologie technokratischer Entwicklung;

die Aufmerksamkeit für Übertragung und Gegenübertragung auch in seelsorgerlichen und beraterischen Prozessen und die Notwendigkeit der eigenen Supervision für Seelsorgerinnen; die hermeneutischen Erkenntnisse, die sich auf das Verstehen persönlicher und kollektiver Lebensgeschichten beziehen;

eine kritische Rezeption der Theorien des »Ich« und des »Selbstes«, der Mutter-Tochter- und Mutter-Sohn-Beziehung in ihrer geschlechtsspezifischen Bedeutung;

das Lernen von psychoanalytischen Symboltheorien und der methodischen Arbeit mit Symbolen, Bildern und Mythen;

die Auseinandersetzung mit psychoanalytischer Religionskritik und die Erweiterung durch Öffnung für außerchristliche und vorpatriarchale Symbolweiten.

So schließt Catherine Keller ihre Auseinandersetzung mit psychoanalytischen Ansätzen mit einer neuen Deutung des Selbst für Frauen und Männer mit Hilfe des Demeter-Persephone-Mythos:

»Die Verwandlung der Tochter, die in den Basreliefs dargestellt wird, wo sie freudig aus der Unterwelt emporsteigt wie eine Pflanze, die die Erdkruste durchbricht, trägt für alle, die sich darauf einlassen wollen, das Geheimnis eines Selbstseins, das nicht durch zunehmende Abspaltung zur Blüte kommt, sondern durch die Kraft der Beziehung. Das ursprüngliche Kontinuum mit der Mutter muss nicht muttermörderisch durchbrochen werden; im Mythos überlebt es vielmehr die Gewalt und umfasst die gesamte menschliche Zivilisation, die umgebende grüne Welt der Landwirtschaft, verbindet so Natur und Kultur und die spirituelle Welt, in der das Göttliche auf die Gaben der Menschheit angewiesen ist.

Wie wäre es, wenn das ursprüngliche Kontinuum, aus dem wir alle hervorgehen – ob wir es nun präödipal, narzisstisch, ozeanisch oder empathisch nennen –, weder zerschmettert noch verdrängt würde, sondern ausgedehnt und verwandelt? Wenn Reife bedeutete, dass das empathische Kontinuum fortschreitend differenziert und moduliert würde? Dann erlebten wir weder eine zu starke Bindung an, noch die Trennung von Elternfiguren. Freiheit und Kreativität, Humor, Weisheit und Individualität würde sich nicht in der Abspaltung von den Eltern entwickeln, sondern in einem sich ständig erweiternden Netz von Beziehungen, in dem die Eltern bedeutsame Gestalten bleiben, in der Realität und symbolisch. (…) Verbindung/Beziehung ohne Einschränkung: Das ist ein Geheimnis, das uns das auferstehende kleine Mädchen vielleicht lehren kann« (Keller, 1989, 200f.).

Feministische Familientherapie

Meine erste Begegnung mit familientherapeutischen Denkweisen und Methoden hatte ich in einem vierwöchigen Kurs in Transaktionsanalyse bei Mary und Bob Goulding in Watsonville, Kalifornien, Mitte der siebziger Jahre. In einer anregenden Atmosphäre internationaler TeilnehmerInnen erlebten wir nicht nur den brillanten Witz, mit dem Bob und Mary zusammenarbeiteten und in überraschender Schnelligkeit die Dynamik von Lebensgeschichten, Ursprungsfamilien und Partnerkonstellationen durchschauten. Wir bekamen neben der Theorie der Neuentscheidungstherapie auch einen die Sinne inspirierenden Schreibworkshop und die Grundzüge der Familien- und Paartherapie durch Ruth und George McLendon vermittelt. Virginia Satirs Methoden, z. B. die vier in Familien zu beobachtenden Grundhaltungen des Anklagens, der Beschwichtigung, der Rationalisierung und der Ablenkung, wurden dargestellt und ihre einfühlsame, am Prozess orientierte Arbeit durch Rollenspiele vermittelt. Ich erinnere mich auch noch gut an eine Sitzung, in welcher eigene Ansätze, die sich aus der Neuentscheidungsarbeit der Transaktionsanalyse ergeben, vorgestellt wurden, z. B. in der Paartherapie die Einladung an die PartnerInnen, sich so zu unterhalten, wie sie es zuhause tun würden und die Beobachtung des Zeitpunktes, an welchem beide sich verfestigen oder emotional verfangen. An dieser Stelle werden beide gebeten, ihre Gefühle und Gedanken wahrzunehmen, und dann wird nacheinander mit beiden daran gearbeitet, welche Muster aus der Ursprungsfamilie wiedererlebt werden.

Diese Muster werden dann in der Gegenwart der PartnerInnen mit den TherapeutInnen durchgearbeitet, so dass eine Klärung von alten Entscheidungen möglich wird, die die Partnerschaft belasten und damit die Voraussetzung für neue Entscheidungen entsteht. Oder es wurde im Rollenspiel eine Familie dargestellt, in der alle eingeladen werden, vorübergehend die Position eines anderen Familienmitgliedes einzunehmen, um aus der eigenen Sicht deren Situation zu beschreiben und Lösungsvorschläge für Probleme zu machen. Hier sind schon genaue methodische Schritte für das »Verflüssigen« fester Strukturen sichtbar. Auch für meine eigene Ehe habe ich aus diesem Kurs entscheidende Hilfestellungen bekommen, die unserer Beziehung einen ganz neuen Ausgangspunkt für weitere Jahre ermöglichte: einen Ehevertrag zu entwickeln, in dem die spezielle Dynamik beider Partner ernst genommen und mittels neuer Entscheidungen zur Veränderung herausgefordert wird.

Wie die Lehrtherapeutin und Supervisorin Gesa Jürgens in einem Überblick darstellt, hat sich die Ehe- und Familienberatung schon in den dreißiger Jahren in den USA entwickelt, und die Arbeit mit ganzen Familien vollzog sich erstmalig durch z. B. Virginia Satir ab 1950 (Jürgens 1982, 438f). Diese

Pionierarbeit wurde durch Forschung und Studien aus anderen Bereichen und Wissenschaften unterstützt, so z. B. durch die Kommunikationswissenschaften und das systemische Denken in einigen Naturwissenschaften. Bald wurden Institute und Ausbildungsstätten gegründet, die entweder aus dem »medizinischen Krankheitsmodell« kamen und dies an die Arbeit mit Familien anpassten (Murray Bowen, Nathan Ackerman, Theodore Lidz) oder aus dem humanistischen Wachstumsmodell wie Satir (Jürgens 1982, 439).

Die genaue Entwicklung verschiedener Richtungen der Familientherapie wie die strukturelle, die strategische, die verhaltenstherapeutische, die mit paradoxen Verschreibungen arbeitende, die psychoanalytisch oder konstruktivistisch orientierte, kann hier im Einzelnen nicht dargestellt werden; dafür bietet das Lehrbuch der systemischen Therapie von Schweizer und Schlippe einen guten Überblick (Schlippe/Schweizer, 1996). Wichtig erscheint mir die Beobachtung Gesa Jürgens und anderer Familientherapeutinnen, dass von den Gründern fast nur Männer genannt und zitiert werden und auch Virginia Satir nicht in ihrer Bedeutung gewürdigt wird, während in der Praxis Frauen oft innovatorische Schritte gewagt haben. Dies wird sowohl von amerikanischen als auch von deutschen Familientherapeutinnen beschrieben.

So meinen Monika McGoldrick, Carol M. Andersen und Froma Walsh, die 1984 das erste Netzwerktreffen für Frauen in der Familientherapie einberufen hatten: »Das Feld der Familientherapie ist erst sehr spät zu der Erkenntnis gekommen, dass Geschlecht eine entscheidende Rolle in Familien spielt. Die ersten zwanzig Jahre lang hat das Berufsfeld in einer Weise gearbeitet, die blind für geschlechtsspezifische Fragen war, so als seien Familienmitglieder nur austauschbare Einheiten eines Systems« (McGoldrick et al., 1991, 9; Übersetzung U. R.-P.). Zwar haben Familientherapeuten den Kontext, in welchem Familien existieren, nach außen anerkannt, sie haben jedoch den Schwerpunkt ihres Interesses ganz auf die Interaktionen der Familienmitglieder gelegt, als wären sie austauschbare Teile, die gleichviel Kontrolle über die Ergebnisse von Handlungen hätten. Erst in den vergangenen Jahren ist die Bedeutung der Machtpolitik in Familien und der Machtpolitik in Gesellschaft und Kultur langsam entschleiert worden, in welcher Frauen in fast jeder Hinsicht als weniger wertvolle Mitglieder der Kultur definiert werden.

Die Autorinnen analysieren auch, dass selbst in der Ausbildung zur Familientherapie die Perspektiven der Frauen ignoriert worden sind, und dass auch die Sprache der Familientherapie von männlicher Ausdrucksweise, die menschliche Beziehungen objektiviert und Distanz zwischen Therapeuten und Klienten schafft, dominiert worden ist. So wurde z. B. »Vermischung« als schlecht und »Differenzierung« als gut bewertet, Gefühle als schlecht, Denken als gut. Familientherapeuten benutzen »Techniken der Annäherung« und helfen

Familien, sich zu »detriangulieren«. Sie streiten, ob sie »epistemologisch korrekt« sind und sprechen von »ko-konstruierten Wirklichkeiten«, »strategischen Interventionen« und »systemischen Dysfunktionen« (McGoldrick et al., 1991, 10).

Im Unterschied zu einem neuen Zweig der Familientherapie, der sich »Brief Therapy« nennt und den Eindruck erweckt, Probleme seien durch Lösungsorientierung schnell und mit kleinen Interventionen zu lösen, meinen feministische Therapeutinnen, dass die Probleme der Familien in der Tat sehr groß sind, und dass es Generationen dauern wird, sie zu lösen. Dabei müssen alle Ebenen des Systemischen einbezogen werden, vom mikrobiologischen zur sozio-politischen Struktur der Gesellschaft. Einer der wichtigsten Punkte ist dabei die Analyse der Macht zwischen den Geschlechtern, die auch die Arbeit der Familientherapeutinnen selbst betrifft.

Rachel T. Hare-Mustin meint, dass feministische Theorie eine alternative Konstruktion der Wirklichkeit anzubieten hat, die durch eine unterschiedliche Optik entsteht. »Der Feminismus ist futuristisch, indem er für soziale Veränderung und Veränderung in Frauen und Männern eintritt. Feministinnen sind über die Familie besorgt, weil die Familie der primäre Nutznießer und Fokus der Arbeit der Frauen ist und gleichzeitig die Quelle der fundamentalsten Identität der Frau, nämlich der, Mutter zu sein. (...) Feministinnen sehen die sozial konstruierten Rollenunterschiede zwischen den Geschlechtern als Basis weiblicher Unterdrückung (Hare-Mustin, 1990, 61; Übersetzung U. R.-P.). Die nordamerikanischen neuen Konzepte der Familientherapie beachten jedoch nicht nur die Folgen des Sexismus, sondern auch die des Rassismus und der ökonomischen Entwicklungen und haben deshalb interessante Projekte und Theorien über die sozialen und politischen Kontexte der Familientherapie entwickelt. Hier werden nicht nur feministische Gesichtspunkte, Essprobleme, Frauenmisshandlung, Vater-Tochter-Inzest, lesbische Paare und Suchtprobleme thematisiert, sondern auch die Folgen von Armut, Altern, erzwungener Migration, Sklaverei, Holocaust und atomarer Bedrohung im globalen Kontext (Mirkin, 1990).

In Deutschland hat sich die Aufnahme familientherapeutischer Konzepte verzögert, weil durch den Nationalsozialismus die Ansätze der zwanziger und dreißiger Jahre unterbrochen worden sind, und viele Therapeutinnen und Forscher zur Emigration gezwungen oder ermordet wurden. Durch Anstöße aus der Psychoanalyse wurden über Horst-Eberhard Richter, Jürg Willi und Helm Stierlin das systemische Denken und familientherapeutische Methoden eingeführt. Ein erstes Institut wurde von Maria Bosch 1975 in Weinheim gegründet, in welchem die meisten Familientherapeutinnen ausgebildet wurden (Jürgens 1982, 444). In ihrem 1992 veröffentlichten Band »Balanceakte« beginnen auch deutsche Therapeutinnen zu fragen, »Warum haben wir uns so lange nicht mit sexistischen Vorurteilen in der Familientherapie befasst?« (Welter-Enderlin 1992, 119). Ähnlich wie ihre amerikanischen Kolleginnen stellen sie fest, dass in paar- und familientherapeutischen Theorien versteckte Frauenfeindlichkeit herrsche, z. B. die Beschuldigung der Mütter als zornig oder amorph und krankheitsverursachend (schizophrenogene Mutter), die Abwertung und Karikierung von weiblichem Durchsetzungsverhalten und Aggressivität, die Postulierung von Neutralität und damit Ausblendung von asymmetrischen Machtverhältnissen, die Fiktion der Gleichheit aller Elemente eines Systems, die Ausblendung unterschiedlicher Sozialisation und Zugänge zu Ressourcen für Männer und Frauen. Im Mittelpunkt der Konstruktion von Mustern in Familien standen die Beziehungen zwischen den Generationen, und der Ablösungsproblematik zwischen den Generationen wurde viel Aufmerksamkeit geschenkt, nicht jedoch der Geschlechterbeziehung. Auch die eigenen Werte und Erfahrungen der Therapeutinnen als Frauen und Männer in ihrer Bedeutung für den Prozess der Therapie wurden nicht thematisiert und reflektiert (Ebbecke-Nohlen, 1992, 166).

Vorstellungen einer veränderten Theorie und Praxis werden als »Balanceakte« aus der eigenen Erfahrung und Reflektion verschiedener Therapeutinnen sowie an spannenden Protokollen von Therapiesitzungen mit Teambegleitung beschrieben. Als Ziele werden genannt, Landkarten der systemischen Therapie so zu entwerfen, dass sie ihre Guckloch-Perspektive aufgeben und präsentierte Probleme »in ihrer Vernetzung mit dem sozio-kulturellen Kontext wie auch mit der symbolischen Repräsentation der dominierenden Normen, zum Beispiel in der Sprache, verstehen« (Welter-Enderlin, 1992, 121). Theorien über Familien und Paare werden mit komplementären Konzepten über das Individuum, über die unterschiedlichen Erfahrungen von Frauen und Männern ins Gespräch gebracht, Paare und Familien werden klarer als bisher in ihrem gesellschaftlichen Umfeld lokalisiert; die Wertvorstellungen der TherapeutInnen werden deutlich gemacht, die Sprache genau beachtet (ebd., 123).

Als Ressourcen familientherapeutischer Konzepte, die im Sinne der Integration von Männer- und Frauenperspektiven nutzbar gemacht werden können, nennt Andrea Ebbecke-Nohlen das Konzept der Regeln in Familiensystemen, die oft von einer Frauen- oder Männergeneration zur anderen weitergegeben werden und bewusst gemacht werden müssen. Auch das Konzept der Hierarchien und Rangfolgen kann fruchtbar gemacht werden, indem die Machtverteilung zwischen den Geschlechtern konkret sichtbar gemacht wird (z. B. mit Fragen wie: »Wer verdient wie viel Geld?«, »Wer bestimmt am häufigsten, wofür das Geld ausgegeben wird?«, »Wer hat das größte Zimmer im Haus?«; vgl. Ebbecke-Nohlen, 1992, 168).

Auch das Konzept der offenen oder geschlossenen Grenzen hat geschlechtsspezifische und nicht nur generationenabgrenzende Bedeutung, vor allem in Bezug auf Geschlechtsidentität und Sexualität. Das Konzept der Neutralität muss verändert werden, so dass ersichtlich wird, welche Bedeutung es hat, dass Frauen oder Männer als TherapeutInnen mit Frauen oder Männern arbeiten. Auch die in den Grundentscheidungen beschriebenen Ansätze des Konstruktivismus sowie eine Auseinandersetzung mit feministischer Theorie werden für eine Veränderung der Familientherapie genutzt, sodass Leitlinien eines »gendersensitiven« Verhaltens entwickelt werden. Die mehr oder weniger vorhandenen männlichen Vorurteile sollen aufgearbeitet, eine komplexere Sicht der Welt und neue Optionen entworfen werden, vernachlässigte Themen wie Inzest, Gewalt, Sexualität und Macht stärker in den Blick genommen und Frauenperspektiven klar eingebracht werden. »Langfristiges Ziel ist bei allen genannten Punkten die epistemologische Gleichheit von Frauen und Männern« (ebd., 170-184).

Für mich war es am spannendsten, selbst den Prozess dieser Veränderungen an einem Ausbildungsinstitut in einem theologischen Seminar mitzuerleben, in welchem Seelsorgerinnen wie auch Familien- und Ehetherapeutinnen ausgebildet wurden. Mit amerikanischen Supervisorinnen, die eine feministische Gemeinschaftspraxis eröffneten, um Raum zum Ausprobieren ihrer eigenen Ideen und Beobachtungen zu haben, brachten wir allmählich feministische Aspekte in die Ausbildung ein. Meine Kollegin Linda Ferreira achtete besonders auf die Einführung systemischer Aspekte schon bei der Anmeldung der Klientinnen, die Aufmerksamkeit und Fürsorglichkeit in der Organisation der Beratungsstelle für Mitarbeiterinnen und Klienten, den Respekt in der Sprache, wenn über Klientinnen und Studierende gesprochen wurde und die Bedeutung des Schutzes für Traumatisierte.

Hier erlebte ich meine stärkste Infragestellung und Herausforderung. Denn auch ich war es aus deutschem Wissenschaftskontext gewohnt, Kritik als oberste Tugend zu sehen und anzuwenden und musste lernen, viel behutsamer, respektvoller und ressourcenorientierter zu denken und zu handeln. Linda Ferreira, Ingrid Sato und Lee Verner waren auch unter den ersten, die die Arbeit mit reflektierenden Teams und konstruktivistische, narrative Ansätze einführten und auf der Transparenz des Wissens für alle an Therapie und Supervision Beteiligten bestanden. Obwohl es natürlich auch viele Kämpfe kostete und schwierige Auseinandersetzungen mit den Kollegen und der Leitung der Hochschule, obwohl wir Abwertungen, Witzeleien und schmerzliche Trennungen erlebten, haben wir doch erreicht, dass feministische Familientherapie eine im Lehrplan verankerte Veranstaltung wurde, ebenso wie eine Lehrveranstaltung zu Sexualität und Gewalt. Auch feministische Theologie fand immer mehr Eingang in die Seminare, in die Bibliographien und Gottesdienste.

Offensichtlich war, dass Gewalt und Missbrauch nicht nur Themen der Klientinnen waren, die in den wöchentlichen Fallbesprechungsgruppen im Mittelpunkt standen, sondern auch ein Problem in der eigenen Lebensgeschichte vieler Studierender und Praktikantinnen der Seelsorge- und Beratungsausbildung. Auch in der Bundesrepublik werden immer mehr Seelsorgerinnen, Beraterinnen und Pastorinnen mit akuten und Langzeitfolgen von körperlichem, psychischem und sexuellem Missbrauch konfrontiert. Deshalb möchte ich im Folgenden die wichtigsten Ansätze der Traumaforschung und -therapie darstellen und neuere Ansätze der Arbeit mit Gewalttätigen.

Feministische Traumaforschung und -therapie

In meinem ersten Seminar über Sexualität und Gewalt habe ich hautnah erlebt, wie heikel und schwierig dieses Thema selbst auf akademischer Ebene ist, und wie viel Achtsamkeit erforderlich ist, um erneute Traumatisierungen der Beteiligten zu vermeiden. So hatte ich mit meiner Assistentin zusammen lange vorher den Aufbau der einzelnen Einheiten geplant und darauf geachtet, dass durch das ganze Semester hindurch kleine Gruppen arbeiten konnten, die konstant waren und als Schutzraum dienen sollten. Jedoch kam es im gemischt-geschlechtlichen Plenum immer wieder zu Äußerungen, die es für manche Teilnehmerinnen unmöglich machten, sich offen einzubringen und die zu Verletzungen führten. Auch ich selbst kam in Situationen, in denen meine eigene Verletztheit angesprochen wurde und es war schwierig, den Prozess der Gesamtgruppe konstruktiv zu leiten. Jedoch habe ich von diesen Anfängen viel gelernt und die neuere Literatur über Traumaforschung und heilende Prozesse hat ganz neue Perspektiven für die Arbeit mit Lebensgeschichten und vor allem für die Diagnostik eröffnet (Bass/Davis, 1992).

In ihrem Buch »Narben der Gewalt« stellt die amerikanische Psychiaterin Judith Herman eindrucksvoll heraus, wie ähnlich die Folgen des Erlebens von Übermacht und Gewalt im politischen Bereich und in der eigenen Familie, im Intimbereich, sind. Sie macht anhand einer Darstellung der Geschichte der psychischen Verletzungen von Menschen in diesem Jahrhundert deutlich, dass die Opfer häuslicher und sexueller Gewalt an ebenso schweren Symptomen leiden wie die Menschen, die bisher als Traumatisierte bezeichnet wurden: Kriegsopfer und -täter, Zeugen von Grausamkeiten, Opfer von Unfällen und Katastrophen. Aber die Familien und die Öffentlichkeit scheuten die Wahrnehmung der Folgen der Gewalt, und deshalb ist es notwendig, nicht dem allgemeinen Trend der Abspaltung und des Vergessenmachens zu folgen.

Deshalb beginnt ein Verstehen psychischen Traumas mit einer Wiederentdeckung und Benennung der Geschichte der Gewalt, genau wie die Heilung der Traumatisierten mit dem Schaffen eines Raumes der Sicherheit, mit einer Rekonstruktion der Geschichte der Traumatisierung und mit dem Wiederherstellen der Beziehung zwischen Überlebenden und ihrer Umgebung beginnt. Denn seelisches Trauma ist verknüpft mit dem Erleben totaler Ohnmacht, Verlust an eigenem Eingreifenkönnen, mit dem Erleben der Hilflosigkeit gegenüber einer überwältigenden Macht, in welcher Menschen das gewohnte System der Fürsorge verlieren, welches ihnen ein Gefühl des Einflusses, der Verbundenheit und der Sinnhaftigkeit ihres Seins gibt. Eine zentrale Dialektik des Traumas ist der Konflikt zwischen der Verleugnung der schrecklichen Ereignisse und dem Wunsch, sie laut herauszuschreien. Die Geschichten von Gewalterleben werden oft voller Emotionalität, voller Widersprüche und in Bruchstücken erzählt und werden deshalb oft nicht geglaubt. Aber erst, wenn die Wahrheit endlich anerkannt wird, können Überlebende ihre Heilung beginnen (Herman, 1992, 1).

Als zentrale Symptome beschreibt Herman eine Übererregbarkeit, die sich darin äußert, dass Traumatisierte sich schnell angegriffen fühlen, schlecht schlafen, immer wachsam, leicht erregbar sind und psychosomatische Beschwerden haben. Dies hängt mit dem Erleben der Angst zusammen, die jederzeit wieder geweckt werden kann. Eine andere Folge sind ungewollt sich aufdrängende Erinnerungen und Gedankenstücke, Albträume, die sich immer wieder in den Alltag einschieben und sich wiederholen, so dass der Moment des Traumas immer wieder erlebt wird. Psychische Erstarrung und gefühlsmäßige Betäubung sind weitere Symptome, die Opfern begegnen und für diese selbst sehr schwer zu verstehen sind. Eine Studentin, die zweimal vergewaltigt worden ist, sagte in einer kleinen Studiengruppe, in der sie ihre Geschichte erzählte: »Ich weiß heute noch nicht, ob ich beim nächsten Erleben einer Bedrohung wegrennen oder mich wehren könnte. Ich fühle mich immer noch wie gelähmt, wenn ich nur daran denke«. Andererseits fühlen sich Opfer auch von Zorn überwältigt und nehmen Abstand von Beziehungen, da ihr Vertrauen missbraucht wurde.

Probleme des Umgangs mit den Geschichten und Symptomen gerade der vielen Mädchen und Frauen, die uns in der Seelsorge begegnen, sehe ich darin, dass die meisten PastorInnen und SeelsorgerInnen keine Ausbildung für die Arbeit mit Traumatisierten haben und daher oft schon im Verstehen und in der Diagnose ähnliche Probleme auftauchen wie im klinischen Bereich. Speziell Frauen werden leicht von Teilsymptomen her diagnostiziert: als schwer verstehbar, irrational, stimmungsabhängig, überempfindlich, überreagierend, unzuverlässig, als Depressive, als Borderline, als Hysterische oder Persönlichkeitsgespaltene. Sie werden also als persönlichkeitsgestört bezeichnet, pathologisiert und psychiatrisiert.

Wenn jedoch die Persönlichkeit des Opfers einer Gewalthandlung als gestört diagnostiziert und behandelt wird, weil sie Symptome der Erregbarkeit, der Schlaflosigkeit, der Traurigkeit, plötzlicher Zornesausbrüche abwechselnd mit Gelähmtheit erlebt, dann wird die Verantwortung der Tat in die betroffene Person, also das Opfer verlegt, und nicht dort, wo sie hingehört, nämlich in die Verantwortlichkeit der Täter der Gewalt oder des Missbrauches. In einem veränderten Konzept der Diagnostik werden die Symptome als Folgen eines Eingriffes von außen anerkannt und als Überlebensweisen. Um also Opfer des Missbrauches nicht in die Gefahr der Pathologisierung zu bringen, schlägt Herman eine Revision der Diagnose vor und nennt sie »Komplexes post-traumatisches Belastungssyndrom« (ebd., 121).

Von Herman und anderen wird speziell ein Überlebensmechanismus verstehbar gemacht, nämlich der der Abspaltungsfähigkeit, der Dissoziation, der nicht mit psychotischen Reaktionen verwechselt werden darf. Eine genaue Differentialdiagnose ist deshalb wichtig, weil Opfer von Missbrauch in der Kindheit oft falsch, das heißt fragmentarisch und nicht ihrem Erleben angemessen behandelt werden. Gerade für Opfer, denen von klein an Schuldgefühle und Verantwortung für den Missbrauch suggeriert wurden, ist es wichtig, die Ursache ihrer Probleme nicht in sich selbst zu suchen, sondern in missbräuchlicher Umgebung erkennen zu können. Denn die Erkenntnis und die Anerkennung der Traumatisierung sind die ersten Voraussetzungen für eine Heilung.

Da die Kernerfahrung des Missbrauchs äußerste Hilflosigkeit ist, baut sich der Prozess der Heilung auf der Stärkung eigener Kraft, der Achtung eigener Entscheidungen und der Wiederanknüpfung mit Beziehungen und Umgebung auf. Deshalb kann nach Herman Heilung nur im Kontext vertrauensvoller, sicherer, stärkender Beziehungen stattfinden. Für Therapeutinnen heißt daher das Grundprinzip, die Entscheidungsfähigkeit der Betroffenen achten und stärken, die Isolation reduzieren und die Hilflosigkeit vermindern. Das verlangt auch eine Veränderung der Regel der Neutralität. Hier unterscheidet Herman zwischen methodischer Neutralität und moralischer Neutralität. Moralisch muss eine Therapeutin oder Beraterin eine Position der Solidarität mit dem Opfer einnehmen, da sie Zeugin eines Vergehens ist. Eine Wiederherstellung des Gefühls von Gerechtigkeit ist grundlegend für neue Erfahrungen. Das wird auch durch die Schweizer Therapeutin Ursula Wirtz bestätigt, die mit Inzestopfern gearbeitet hat (Wirtz, 1989) und durch die Dänin Inger Agger, die die Geschichten der Gewalterfahrung von Asylantinnen und Flüchtlingen als Zeugenschaft weitergibt (Agger, 1992).

Therapie wird hier also zur Zusammenarbeit, in welcher beide Partnerinnen auf der Basis von Vertrauen, Überzeugung und nicht Zwang, von

Gegenseitigkeit und nicht Kontrolle handeln, also Werte beachten, die gerade durch die Traumatisierung zerstört worden sind. Schwierig ist es natürlich, die Übertragungs- und Gegenübertragungsprozesse durchzustehen, die die Therapeutin zwischen dem Wiedererleben von Terror und Hilflosigkeit als omnipotente Retterin oder Ziel des Zornes erleben lässt. Jedes Wort und jede Geste der Therapeutin kann bedeutsam werden, auch kann eine projektive Identifikation stattfinden oder eine Sexualisierung der Übertragung. Hier ist es unbedingt notwendig, dass die Therapeutinnen selbst eine gute Quelle der Unterstützung für sich und eigene Supervision haben, denn die eigenen Gefühle können von äußerster Hilflosigkeit über grandiose Rettungsphantasien bis zum Zorn oder zu tiefer Traurigkeit reichen (Herman, 1992, 140ff.). Auf dieser Grundlage kann die Arbeit der Heilung beginnen, die Herman mit drei Phasen kennzeichnet: Sicherheit herstellen, Erinnerung zulassen, Trauern und die Wiederanknüpfung und Verbindung mit dem normalen Leben.

Nicht nur Judith Herman und Ursula Wirtz haben auf die Bedeutung ethischer Werte und Sinnfragen in der Arbeit mit Traumatisierten hingewiesen. Auch die amerikanische Familientherapeutin Cloe Madanes hat betont, dass die physische, psychische oder sexuelle Verletzung eines Menschen auch immer spirituelle Bedeutung hat, denn in ihr wird immer die Integrität der ganzen Person verletzt. Auch in der feministischen Theologie wird das Problem des Missbrauchs und der Gewalt an Mädchen und Frauen in seiner ungeheuren Verbreitung aufgenommen und nach Verbindungen zu klassischen theologischen Traditionen gefragt, so z. B. von Hildegunde Wöller, die die Opferung der Tochter als biblische Tradition untersucht (Wöller, 1991). Rita Nakashima-Brock lädt in ihrem Buch »Journeys by Heart« zu einer neuen Interpretation der Sünde ein und zu einer kritischen Überprüfung christlicher Deutung der Liebe, wenn als Kernstück christlicher Verkündigung die Opferung des einzigen unschuldigen Sohnes durch Gott-Vater als Sühneopfer interpretiert wird (Brock, 1988). Für mich ist auch bedeutsam, dass einige männliche Kollegen angefangen haben, Missbrauch als Thema der Strukturen zwischen den Ge-Sschlechtern und der Männlichkeitssozialisation zu verstehen und Konzepte nicht nur für die Arbeit mit Frauen, sondern speziell für die Arbeit mit Tätern, die nach wie vor in der Überzahl Männer sind, zu entwickeln (Poling, 1996; Leehan, 1989; Jenkins, 1994).

Für die Seelsorge sind alle diese Ansätze der Arbeit mit Traumatisierten und Tätern von Wichtigkeit, weil Pastorinnen und Beraterinnen die Erfahrung machen, dass ganz viele Mädchen und Frauen (und auch Jungen und Männer) offener über ihre Geschichte und Gewalterfahrungen sprechen, wenn sie durch ein öffentliches Thematisieren seitens kirchlicher oder beraterischer Einrichtungen darin unterstützt werden. Eine verantwortliche Arbeit mit Tätern und Mittätern ist dringend notwendig, um die bisher übliche Diskrepanz zwischen Nicht-zur-Verantwortung-ziehen und Kriminalisierung aufzuheben, die auf lange Sicht weder den Opfern noch der Veränderung der Strukturen dient.

Außerdem wird über fünfzig Jahre nach Ende des zweiten Weltkrieges deutlich, wie viele Frauen und Männer noch nicht über ihre damals erlebten Traumatisierungen gesprochen haben. Pastorinnen berichten, dass alte Frauen zum ersten Mal von Vergewaltigungen erzählen. Hier hat Seelsorge meiner Einsicht nach auch eine politisch-prophetische Aufgabe, nämlich, nicht an der allgemeinen Amnesie der zu verantwortenden Taten unserer Familien teilzunehmen, sondern die öffentlichen Möglichkeiten kirchlicher und theologischer Arbeitsfelder zu nutzen, um modellhaft kollektive Traumatisierung und Täterschaft anzusprechen (Pfäfflin/Smith, 1996).

Narrative gerechtigkeitsorientierte Therapie

Ein therapeutischer Ansatz, der bewusst politische und feministische Analysen und Veränderungsmodelle zur Grundlage nimmt, ist in der interkulturellen Arbeit des Familienzentrums in Lower Hutt auf Neuseeland zu finden. Dieses Familienzentrum arbeitet als Team mit Mitarbeiterinnen und Klientele aus verschiedenen Kulturen, z. B. Maori, Frauen und Männern aus Samoa und den Pazifischen Inseln und mit Europäerinnen. Ihr Ausgangspunkt war familientherapeutisches Training, welches sie jedoch ähnlich wie feministische Autorinnen als zu indifferent gegenüber politischen und kulturellen Machtverteilungen erkannten.

In Zusammenarbeit mit australischen Therapeutinnen entwickelten sie auf der Grundlage der Machtanalyse Foucaults einen therapeutischen Ansatz, der sich »Just Therapy« nennt, also soziale Gerechtigkeit als Ziel therapeutischen Wirkens sieht. »Eine ›gerechte Therapie‹ ist eine, die Geschlecht und den kulturellen, sozialen und ökonomischen Kontext der Hilfesuchenden ernst nimmt. Es ist unsere Ansicht, dass Therapeutinnen die Verantwortung haben, angemessene Wege zu finden, diese Probleme anzusprechen und Ansätze zu entwickeln, die die oft vergessenen Themen der Fairness und der Gleichberechtigung ins Zentrum stellen. Solche Therapie reflektiert Themen der Befreiung, die zu selbstbestimmten Lösungsergebnissen und zu Hoffnung führen« (Waldegrave, 1990, 5, Übersetzung: U. R.-P.).

Ähnlich wie bei den Australiern Michael White und David Epston werden die Grundzüge dieser therapeutischen Arbeit mit narrativen Mitteln als ein Prozess dargestellt, in welchem das dominante, bisher privilegierte Wissen von Kindern, Frauen und Männer herausgearbeitet wird (Methode der Externalisierung), und das bisher nicht privilegierte Wissen sichtbar gemacht und gestärkt wird, wenn es von den Klientinnen als das gewünschte für ihr weiteres Leben gewählt wird. Wichtig ist jedoch für die neuseeländischen Therapeutinnen, dass in der Arbeit mit persönlichen und kollektiven Lebensgeschichten nicht die realen sozialen, politischen und ökonomischen Lebensbedingungen übergangen werden, und dass die eigenen kulturellen Muster und Kommunikationsformen der Klientele geachtet und aufgenommen wird. So betont Charles Waldegrave, dass bei den Maori und Samoanern die Symbolik des Webens eine Rolle spielt, weil sie die Arbeit vieler Frauen im Südpazifik widerspiegelt. »Menschen kommen mit problemzentrierten Mustern, und die Aufgabe der Therapeutinnen ist es, neue Fäden der Bedeutung und Möglichkeiten hineinzuweben, die neue Farben und neue Texturen ergeben« (Waldegrave, 1990, 12; Übersetzung U. R.-P.). Die eigenen Kräfte der Klientinnen werden bestärkt, die Ursachen und Schuld für ihre sozialen und wirtschaftlichen Probleme nicht in sich selbst zu suchen, sondern an die Entscheidungsträger zu richten, die für Ungerechtigkeiten in Bezug auf Ökonomie, in Bezug auf Geschlechterbeziehungen und in Bezug auf Rassismus verantwortlich sind. Kiwi Tamasase, eine Mitarbeiterin des Familienzentrums meint: »Es gibt bevorzugte Bedeutungssysteme und solche, die nicht bevorzugt sind. Das Sinnsystem, welches das Überleben einer Familie in schrecklichen Bedingungen bestärkt und sie in selbstbestimmte Ziele leitet, ist für uns ein bevorzugtes Sinnsystem, im Gegensatz zu solchen, welche die Familie anpasst, das Leid anzunehmen, mit dem sie zu leben haben« (Tamasase/Waldegrave, 1994, 21, Übersetzung U. R.-P.).

Eine Analyse der Macht ist jedoch nicht nur für die Situation der Klientele wichtig, sondern auch für die Arbeit der Mitarbeiterinnen aus unterschiedlichen Kulturen selbst. Charles Waldegrave meint, dass die postmodernen Ansätze der Machtteilung durch reflektierende Teams und andere demokratische Vorgehensweisen in vielen Kulturen gar nicht hilfreich sind, weil sie immer noch aus einer weißen, westlichen, individualistischen Perspektive und deren sozialwissenschaftlichen Ansätzen kommen. In anderen Kulturen spielt ein gemeinschaftbezogenes und spirituelles Denken eine viel größere Rolle, und es ist wichtig, dass diese Kulturen ihre eigenen ausgebildeten Mitarbeiterinnen in ihren Zentren haben und Raum für ihre eigenen therapeutischen Formen schaffen. Authentische kulturelle Partnerschaft sehen beide Autorinnen nur als möglich an, wenn die bisher Unterdrückten die Regeln für die Partnerschaft benennen, und die Arbeit nicht durch die bisher dominante Kultur bestimmt wird. Dafür haben sie ein Konzept entwickelt, welches »partnership-accountability« genannt wird, also eine Verantwortlichkeit der bisher dominierenden Mitarbeiterinnen gegenüber denen, die bisher nicht-privilegiert waren (also Männer gegenüber Frauen, Weiße gegenüber Farbigen, Heterosexuelle gegenüber Homosexuellen etc.). So wird keine Therapie mit Samoanerinnen durchgeführt, in welcher nicht Unterstützung und Weisung durch eine/n SamoanerIn gesucht wird und struktureller Rassismus wird bewusst in die Diskussion des Teams und die Therapie einbezogen. Auch das Verhältnis zwischen Männern und Frauen wird im Team und mit den Klientinnen angesprochen und neue Modelle des gegenseitigen Zuhörens und Ernstnehmens entwickelt. So schließt jede Arbeit mit einer Familie, in der die Arbeit sich auf die Gewalttätigkeit des Vaters bezieht, notwendigerweise Informationen über die Natur und die Entwicklung des Patriarchats ein (Waldegrave, 1990, 11).

Da Spiritualität jeden Aspekt des Lebens für die Kulturen der Maori und Pazifischen Inseln beeinflusst, spielt sie auch in der Therapie eine große Rolle, und die Europäerinnen haben anstelle ihrer traditionell dualistischen Weitsicht gelernt, die Heiligkeit des Lebens zu respektieren. »Wir sehen den Prozess der Therapie als heilig an. Leute kommen oft in einem sehr verletzlichen Zustand und teilen einige ihrer tiefsten und schmerzlichsten Erfahrungen. Für uns sind diese Geschichten Geschenke, die unserer Ehrerbietung würdig sind. Die Therapeutinnen ehren sie, indem sie respektvoll auf ihren Sinn horchen, und neue Bedeutungszuschreibungen anbieten, die Lösungen, Hoffnung und Selbstbestimmung unterstützen. Dieser Prozess verlangt eine hohe Meinung von Menschlichkeit und Beziehungen und ist als solcher heilig« (Waldegrave, 1990, 7).

Seit einigen Jahren arbeite ich schwerpunktmäßig in Beratungen und in der Lehre mit diesen narrativen und gerechtigkeitsorientierten Ansätzen und habe sie für die Bereiche der Seelsorge, der Beratung und auch der Diakonie/Sozialarbeit als sehr hilfreich und zukunftsorientiert empfunden, weil sie das zu begrenzte psychologische Paradigma der Begleitung und Beratung aufbrechen und sowohl politische als auch spirituelle Dimensionen als entscheidende Markierungen für die Arbeit mit den Lebensreisen unserer Klientinnen und die Entwicklung ihrer Landkarten achten.

Zusammenfassung

Die wieder entdeckten und neu erforschten Landschaften und Orte therapeutischer und beraterischer Ansätze sind vielfältig und komplex. In diesem kurzen Überblick konnten nur wenige Konzepte und ihre Vertreterinnen genannt und skizziert werden. Die Auswahl erfolgte nach subjektiven Kriterien eigener Erfahrung und beansprucht keine Vollständigkeit oder normative Gültigkeit. Einige Territorien feministischer Arbeit sind in diesem Überblick nicht ausführlich angeschaut worden, sind jedoch für die derzeitige Diskussion und für die zukünftige Entwicklung sehr wichtig, nämlich alles, was mit Bedeutungs- und Körperarbeit in Verbindung steht und die derzeitige Fixierung auf verbale Methoden in ganzheitlichere Dimensionen bringt: Bewegungstherapie, Tanztherapie, Yoga, Meditation, Selbstverteidigung und andere Kampfsportarten, Shiatsu, Kontakt-Improvisation, Bauchtanz und liturgischer Tanz, Menstruationshütten, Ritualgestaltung und im gemeindlichen Bereich Bibliodrama (Keßler, 1996), um nur einige zu nennen.

SAuch in diesen Ansätzen werden meist sehr alte Frauentraditionen wieder aufgegriffen oder aus ihrer patriarchalen Gestalt gelöst und neu entworfen. Hierzu gehören auch Entwicklungen in feministischer Kunst, welche in ihrer Bedeutung für Seelsorge später in den Fallgeschichten deutlich werden, z. B. anhand einer Ausstellung, die bei vielen kirchlich engagierten Frauen eine enorme Wirkung auslöste. Nicht ausführlich dargestellt haben wir auch die spannende Debatte über die Begriffe männlich-weiblich, und die Bestimmung des Geschlechts überhaupt, wie sie noch einmal vehement von Judith Butler (Butler, 1997) angeregt wurde. In Zukunft werden auch alternative ethische und ökonomische Modelle verstärkt eine Rolle für die Beratung spielen, denn auch wir sind der Meinung, dass die derzeitige Entwicklung in Technologie und Ökonomie zu weiteren strukturellen Ungerechtigkeiten mit personalen Auswirkungen besonders für Frauen und Mädchen führen wird (Bennholdt-Thomsen/Mies, 1997). Deshalb sehen wir eine Herausforderung für die Zukunft darin, eine feministische Seelsorge an Strukturen in interkultureller Zusammenarbeit zu entwickeln, die ressourcenorientiert, konkret, kontextuell und darin prophetisch ist, dass sie neue Formen der gemeinsamen Teilhabe an Macht mitgestaltet.

Theologische Aspekte feministischer Seelsorge

Ursula Riedel-Pfäfflin, Julia Strecker

Schon in unseren Biographien ist angeklungen, wie sehr unsere Suchbewegung und die Entwicklung eines feministischen Seelsorgeansatzes mit unserem theologischen Ringen verbunden war und immer noch ist. »Glauben Frauen anders?« (Dirks, 1983) lautete der Titel einer der vielen Veröffentlichungen zu Beginn der 80er Jahre, welche die religiösen Erfahrungen von Frauen hörbar machen wollten. Inzwischen gibt es eine Vielzahl feministisch-theologischer Entwürfe, welche die unterschiedlichen systematisch-theologischen, pastoralpsychologischen Aspekte aufgreifen.

Wir beschränken uns im Folgenden auf die für die Praxis feministischer Seelsorge wesentlichen theologischen Themen, die sich auch in den ausgewählten Fallgeschichten widerspiegeln, die uns also in Seelsorge und Beratung mit Frauen und Mädchen immer wieder begegnet sind.

Heimat und Heimatlosigkeit: Die Suche nach einem Raum für die eigene Spiritualität

Julia Strecker

Durch die Jahrhunderte hindurch haben Frauen, die in der Kirche ihre Heimat suchten, sich mit der primär aus männlicher Erfahrung erwachsenen Symbolik des Christentums identifiziert. Sie haben das getan, weil das Sein immer schon das Bewusstsein bestimmte. Das heißt, weil sie in einem patriarchalen System lebten, in dem die gesellschaftliche Realität ideologisch unterstützt und mitgetragen wurde von einem theologischen Gedankengebäude, in dem die Frau sich dem Mann unterordnen sollte und in dem das Wesen Gottes als dreieinige Männlichkeit bestimmend für alles theologische Denken und Ringen wurde. Das Ausmaß der Entwertung und Unterordnung von Frauen war immens. Entscheidend ist, dass die Verinnerlichung der eigenen niedrigeren Wertschätzung durch die Frauen selbst ebenso zum System dazugehört wie die Projektion und Festschreibung entsprechender Eigenschaften auf sie. Das Dienen als klassische Tugend der Frauen gehört zwar weitgehend der Vergangenheit an. Aber was ist an die Stelle dieses Modells getreten? Bleiben die

Erfahrungen der Frauen, die ihre Autonomie begründen können, ebenso wie die intensiven, vielschichtigen Erfahrungen, die Frauen als Mütter machen, in der Theologie nicht nach wie vor auf der Strecke? Goldenberg zeigt Verbindungen auf zwischen der religiösen Suche der Frauen und der Auseinandersetzung der Psychoanalyse mit frühkindlichen Prägungen. Sie geht davon aus, dass das einseitig androzentrische Gottesbild eine Abspaltung der Verbundenheit mit der Mutter bedeutet. Und was ist mit den Frauen, die Frauen lieben, wo bleiben die Frauen, die sich nicht in das klassische Modell der Kleinfamilie einordnen lassen (Goldenberg, 1988)?

Die Frage und die Suche nach Heimat zog sich wie ein roter Faden durch meine Zeit als Pastorin für Frauenberatung und Mädchenarbeit. Viele Frauen hatten eine lange Geschichte mit der Suche nach ihrem Zuhause, dem Ort, wo sie sie selbst sein können in Theologie und Kirche. Ich traf Frauen, die ihr Theologiestudium abgebrochen hatten, weil sie einfach nicht ihren Platz in der Universität und vor allem nicht im Theologiestudium fanden: »Immer wieder fragte ich mich, ob etwas mit mir falsch sei, da ich solche Mühe hatte, mich in den theologischen Gedankengebäuden zuhause zu fühlen. Es war nicht einmal so, dass ich alles uninteressant gefunden hätte. Aber der Punkt, an dem ich die Segel gestrichen habe, kam, als ich merkte, ich komme nicht vor in diesem Gebäude. Ich irre umher, schaue mir alles an, aber kann mich nirgendwo niederlassen«. So und ähnlich formulierten einige Frauen, die sich größtenteils mehr oder weniger mühsam durch den Dschungel von Theologie und Männerkirche gequält hatten.

Andere waren jahrelang in kirchlichen Gremien aktiv gewesen, als Presbyterin, in Ausschüssen für Diakonie oder in der Frauenarbeit. Gemeinsam war ihnen, dass sie sich mehr und mehr von kirchlichen Zusammenhängen entfremdet fühlten, dass sie mit zunehmendem Bewusstsein über patriarchale Strukturen im allgemeinen eine Verbindung zu ihrem Frausein in der Institution Kirche erkannten und mühsam und teilweise unter großen Abschiedswehen einen Prozess der Loslösung durchmachten. So war eine Frau vier Jahre lang in einer meiner Gruppen, obwohl sie im ersten Gespräch signalisiert hatte, dass sie mit Kirche »nichts mehr am Hut haben wolle, weil sie sich in dem Apparat wundgerieben habe«.

In den Gesprächen mit mir erzählte sie dann, dass von ihrem »festen Glauben«, den sie noch als 20jährige gehabt habe, nichts mehr übriggeblieben sei: »Mit zunehmendem Engagement in meiner Gemeinde, ich hätte ja auch nicht gedacht, dass ich mal so viele Pöstchen in der Kirche haben würde, fühlte ich mehr und mehr die Trägheit des Systems. Manchmal haben wir eine gesamte Presbyteriumssitzung nur mit Formalia und äußerlichen Sachen verbracht, z. B. wann der Küster seine Freistunden nehmen darf, und ob die Hunde des

Organisten in den Garten vom Gemeindehaus pinkeln dürfen. Einmal wollten wir mit unserem Frauengesprächskreis einen Gottesdienst mit Tanz und offenem Ende in der Kirche machen. Da hätten Sie mal die anderen Presbyter erleben sollen. Mir warfen sie vor, ich würde die anderen Frauen infiltrieren. Und hinter meinem Rücken wurde ständig schlecht über mich geredet. Als meine Tochter von zuhause wegzog, hatten wir eine ganz nette junge Vikarin in unserer Gemeinde. Sie schlug vor, ein Abschiedsritual für uns zu gestalten. Meine Tochter hing sehr an der Kirche und war hellauf begeistert. Aber die Vikarin wurde im Presbyterium so dermaßen runtergemacht, dass ich es nicht fassen konnte. Die Argumente waren so hanebüchen. Es ging um heidnische Elemente und das spezifisch Christliche und darum, dass nicht jeder sein eigenes Süppchen kochen könne. Dabei wäre das für viele Frauen, wenn ihre Kinder aus dem Haus gehen, ein ganz wesentlicher Meilenstein, sich im Gottesdienst und von der Gemeinde Unterstützung für diesen Weg zu holen«.

Unterstützung auf dem eigenen Lebensweg, Gemeinschaft mit anderen, Vernetzung und Bereitsein für das große Geheimnis, welches ich Gott nenne, all das sind wesentliche Bausteine auf dem Weg zur Heimat in Theologie und Kirche. Aber die kirchlichen Strukturen sind oft zu langsam, zu schwerlebig und zu marode, um Frauen mit ihren Bedürfnissen nach Sichtbarwerden und Sichtbarmachen ihrer religiösen Erfahrungen entgegenzukommen. Dazu gehört ja nicht nur die Öffnung von Gottesdiensten für andere Formen, die Veränderung der liturgischen Sprache und die Bereitschaft der Männer zu Machtabgabe. Dazu gehört auch und besonders die Infragestellung christlicher Tradition, insbesondere was die Legitimation der Ausbeutung und der Gewalt gegen Frauen angeht.

Feministische Theologie nun, die ja aus verschiedenen Strömungen besteht, beschäftigt sich unter anderem auch mit dem Widerstand und Protest gegen Ungerechtigkeit. Damit eröffnete sie eine weitere Dimension der klassischen Religionskritik und forderte zugleich eine grundlegende Transformation der christlichen Symbolwelt.

Dies ist entscheidend, da m. E. die gesamte Debatte um Heimat und damit die Suche nach dem eigenen Ort, den Frauen in der Kirche für sich beanspruchen, letztendlich nur dann wirkliche Veränderungen bewirken wird, wenn die Symbole, die Sprache, der ganze Sinnzusammenhang theologischen Denkens und Arbeitens auf die Selbstbestimmung und wahrhaft freie Entfaltung der Frauen hin befragt und ausgerichtet werden.

Wenn wir in unserer religiösen Vorstellungswelt Befreiung und Autonomie von Frauen zu einem wichtigen Paradigma erklären, stellen wir implizit die Frage nach deren Heimat.

Es ist vielleicht bezeichnend, dass ich an dieser Stelle die Gruppe italienischer Frauen mit ihrem Projekt: »Wie weibliche Freiheit entsteht« (Libreria delle donne di Milano) im Blick habe. Sie erheben keinen theologischen Anspruch mit ihrem Buch. Zunächst beschreiben sie im Rückblick und aus der Erinnerung 20 Jahre italienische Frauenbewegung. Primär geht es ihnen um die Frage, wie eine Transformation/Revolution des Symbolischen dergestalt stattfinden kann, dass weibliche Autonomie und Befreiung, sowie eine dementsprechende veränderte Praxis folgen. Ausgehend von dem Differenzgedanken zwischen den Geschlechtern, postulieren sie die Notwendigkeit einer weiblichen Transzendenz. Gerade nachdem Frauen durch die Analysen der Frauenbewegung, durch den Differenzgedanken etc. ihre ersten politischen Ausdrucksformen in den Selbsterfahrungsgruppen gefunden hatten, wurde ein eigener Transzendenzgedanke ausgeklammert. Die Deutungen und Sinnsysteme ihrer Existenz waren von Männern entworfen und richteten sich nach Kriterien, die der Erfahrung von Frauen entgegenstehen, bzw. nichts mit ihnen zu tun haben.

Während Männer sich in der patriarchalen Tradition mit Symbolen und Bildern eine Heimat schufen, sich mit dieser symbolischen Ebene etwas kreierten, das eine unmittelbare Transzendenz ermöglichte, blieb den Frauen die Welt des Symbolischen für lange Zeit verschlossen. Darum plädieren die Mailänderinnen für die Notwendigkeit einer Öffnung dieser symbolischen Ebene für Frauen.

Sie stellen die These auf, dass Frauen ihre Unterschiedlichkeit in bezug auf Biographien, politische Positionen etc. auch wahrnehmen müssen, um nicht in dem ewiggleichen Strudel des »Wir sind doch alle unterdrückt, sind wir nicht alle Opfer?« stecken zu bleiben. In diesem Strudel gibt es nämlich keinen Platz für Bilder der Freiheit und der Autonomie (vgl. dazu meine Ausführungen zum Gedanken des »Krabbenkorbs« im Kapitel zu Macht und Ohnmacht). Befreiung aus diesem Manko gibt es nur, so die Mailänderinnen, wenn »Frauen der Beziehung zu einer anderen Frau Sinn und Wert verleihen, sie in Worten und Bildern darstellen« (Libreria, 1989, 17). Diese Beziehung sollte von Freiheit und gegenseitiger Achtung geprägt sein, und elementar ist die Fähigkeit, sich gegenseitig Autorität zuzusprechen. »Nicht die Härte der Unterdrückung erklärt das Fehlen weiblicher Freiheit, sondern der Mangel an Autorität, an symbolischer Zuweisung von Autorität« (Libreria, 1989, 173). Diese Autorität kann eine Frau nur in einer anderen Frau finden, denn nur diese legitimiert sie in ihrer Differenz. Die »merkwürdige Weise, einen Ausdruck für sich zu finden« (Libreria, 1989, 56) bezeichnen die Mailänderinnen als Akt der symbolischen Geburt, die mit Hilfe einer »autonomen Mutter« gelingt. Mit Hilfe dieser Mutter, an die keine Forderungen gestellt werden und die auch selbst nichts fordert, gelingt die Kreation einer weiblichen Transzendenz, die der persönlichen und politischen Realität von Frauen eine befreiende Dimension eröffnet.

Die »autonome Mutter« kann jede andere Frau in der Gruppe, auch die reale Mutter oder die ganze Frauengruppe sein. Es geht um die Schaffung einer Triade, die traditionell männlich besetzt ist. Es geht um die Schaffung eines Dritten, das Frauen Befreiung und Autonomie ermöglicht (Günter, 1997, 15), spricht in ihrem Aufsatz von einem Dreiecksverhältnis, das das Mensch-Sein in Beziehungen ausmacht: Frau, Welt, konkrete andere Menschen. Für religiöse Menschen postuliert sie sogar ein Viereckverhältnis, wobei Frau, Gott, Welt und andere Menschen aufeinander bezogen sind. Hierin sehe ich einen entscheidenden, für die Frage nach Heimat wesentlichen Punkt. Wenn Frauen sich auf andere Frauen beziehen, hat das auch Auswirkungen auf das religiöse Bezugssystem und letztendlich auch auf die Institution Kirche. Wenn Frauen andere Frauen als Vorbilder verinnerlichen, verbinden sie sich symbolisch mit einer Kraft, die ihnen als Modell genau die Unabhängigkeit, Souveränität und Freiheit vorlebt, die den Frauen im patriarchalen Kontext immer untersagt und verboten wurde. Die Heimatlosigkeit der Frauen rührt ja gerade daher, dass die Frau ihren Ort beim Mann suchen soll und ihn dort nicht findet (Thürmer-Rohr, 1987, 120).

Auf der symbolischen Ebene bedeutet das die Notwendigkeit eines Bezugssystems, das Frauen die Möglichkeit anbietet, sich an andere »große« Frauen anzubinden. Dies gilt für die Alltagsbeziehungen wie auch für die Anbindung an historische Frauen und Bilder weiblicher Transzendenz. Wie schon Luce Irigaray aufzeigte, fehlt in unserer Kultur der Mutter-Tochter-Beziehung jeder Symbolwert. Die (Gottes-)Mutter ist immer nur mit dem Sohn zu sehen. Erna Kutter hat mit einem Hinweis auf eine Frauenfigurengruppe aus dem 15. Jahrhundert darauf aufmerksam gemacht, dass das nicht immer so war. Sie zeigt in ihren Seminaren eine Figurengruppe von 1439, die im Schnütgenmuseum Köln zu besichtigen ist. In der Mitte steht eine ältere Frau, die ihre beiden Arme um zwei Kronen tragende Mädchen legt, die beide ein Buch in der Hand halten. Diese Figurengruppe erinnert daran, »dass es auch hierzulande Traditionen gegeben hat, die die Weitergabe weiblichen Wissens und weiblicher Macht von der Mütter- zur Töchtergeneration garantierten« (Kutter, 1997, 12).

Für mich wurde das Thema »Heimat« in neuen Dimensionen sinnlich erfahrbar, als ich nach dem Studium in dem Frauenprojekt in Philadelphia arbeitete. Zunächst einmal, weil ich als Deutsche das erste Mal so eng mit Jüdinnen zu tun hatte, deren Eltern und Verwandte im Holocaust umgebracht worden waren. Zu den vielen Fragen, die ich schon im Gepäck mitgebracht hatte, kamen noch mal neue, unter die Haut gehende dazu. Zum anderen, weil sich in dem Frauenprojekt, in dem ich arbeitete, fast der ganze Erdkreis versammelt hatte. So kam es mir jedenfalls damals vor. Wir Frauen aus den unterschiedlichsten Kulturen und mit den verschiedensten religiösen Hintergründen hatten ein gemeinsames Ziel und eine gemeinsame Aufgabe, die uns zwar auf der gesellschaftlich-analytischen Ebene Solidarisierung und Zusammenhalt ermöglichten, die aber per se nicht ausreichten, um Raum für sinnstiftende Autonomie und den Transzendenz-Gedanken für alle anzubieten. So gab es immer wieder starke Anfragen der afroamerikanischen Frauen, inwieweit wir Weißen ihnen unsere Brille aufzusetzen versuchen, oder Theresa, die als einzige vom lateinamerikanischen Kontinent kam, fühlte sich häufig übersehen und mit ihrem stark katholisch geprägten Hintergrund nicht ernst genommen bzw. abgewertet.

Auch darum geht es, wenn wir uns der Frage nach Heimat aussetzen. Wie können wir es schaffen, unsere weiße, privilegierte, eindimensionale Sicht zu öffnen und offen zu halten für die vielen, die an unseren Diskussionen gar nicht teilnehmen, weil sie nicht das Geld und nicht die Möglichkeiten dazu haben, wie können wir wirklich aufeinander hören, wie unseren Horizont nicht begrenzen auf die kleine Welt, in der wir versuchen, wenn auch oft mühsam, so doch so bequem als möglich uns einzurichten?

Als Autorinnen arbeiten wir in Kontexten, die immer wieder die Frage nach dem eigenen Raum aufkommen lassen. Wir bemühen uns, mit anderen Frauen Netzwerke und Verbindungen einzugehen, um der Heimatlosigkeit, die wir ja häufig genug auch selbst erleben, etwas entgegenzusetzen. Manches Mal sind wir sicher die »autonome Mutter« für andere gewesen, manchmal haben wir selbst nach ihr in anderen Frauen gesucht.

Wenn Frauen zu mir in die Beratung kamen, einen Frauengottesdienst mitvorbereiten wollten oder an einem Workshop zu frauenspezifischen Themen teilnahmen, stand die Frage nach gelungener Orientierung und sinnstiftender Gemeinschaft immer wieder im Raum. Wenn Frauen im christlichen Wertesystem nur Bilder und Worte finden, die von weißen Männern erfahren und bedacht wurden, bleiben sie Heimatlose und »gänzlich Unerkannte«, wie eine Frau zu mir sagte, als es um die Suche nach ihrer eigenen Spiritualität ging.

Darum kann nur eine Transformation des theologischen Denkens und Redens, eine, die sowohl die Wertschätzung der Frauen in ihrem Ganzsein als auch ihre Transzendierung herausfordert, aus dem Unerkanntsein herausführen.

Denn, das ist mir im Lauf meiner frauenspezifischen Arbeit immer deutlicher spürbar und benennbar geworden: Es geht nicht nur darum, Bestätigung und Anerkennung und Wertschätzung zu erfahren, wenn das auch konstitutives Element des seelsorgerlichen Kontakts ist. Es geht vielmehr auch entscheidend darum, dass Frauen ihre Autonomie erleben, indem sie an entscheidenden Punkten Anderssein, Verunsicherung und Infragestellung des Gewohnten erleben. Das habe ich ganz besonders von Grenzgängerinnen wie Beate und Frauen aus anderen Kulturen und Kontexten gelernt.

Im Kontakt an und auf der Grenze zeigt sich, dass wir alle sehr ähnliche, aber auch unterschiedliche und vielfältige Sehnsüchte in uns tragen. Wir wollen Vertrautes entdecken und uns verbunden fühlen, aber wir sehnen uns auch danach zu entdecken oder zumindest davon zu träumen, welche ungelebten Potentiale, welche Flügel in uns stecken. Heimat für Frauen auf der Spur zu bleiben, bedeutet, diesen Träumen und Ahnungen Platz einzuräumen. Es bedeutet, dass ich offen bleibe und Offenheit vermitteln kann für das große Geheimnis von Leben und Sterben, am Ende zu sein und mich wieder neu zu finden, es bedeutet, dass ich spüre, welche ungeahnten Möglichkeiten das Leben für mich bereit hält, jenseits dessen, was ich schon kenne und erkannt habe.

Die Frage nach der Heimat und die Frage nach den Gottesbildern hängen eng zusammen. Frauen brauchen Gottesbilder, durch die sie sich erkannt und gesehen fühlen. Frauen brauchen einen Raum, der ihnen Orientierung und Offenheit zugleich anbietet. In der feministischen Theologie gibt es verschiedene Modelle, Symbole und Entwürfe von Gottesbildern. Im Folgenden will ich versuchen, einige von ihnen mit den Erfahrungen der Frauen und deren Biographien in einen Dialog zu bringen.

Gottesbilder: Selbstverständliches und feministische Neuinterpretationen

Julia Strecker

Die verschiedenen Strömungen der feministischen Theologie beschäftigen sich in unterschiedlicher Gewichtung alle mit der Suche nach Heimat und einem Ort der Autonomie und Vergewisserung zugleich.

Am Anfang war der Abschied. Der Abschied von Vertrautem, Gewohntem, auch Liebgewonnenem. In den Gesprächen mit den Frauen zeigte sich immer wieder, wie bestimmend und einschneidend sich gewisse Erlebnisse in der Kindheit und Jugend auf die Ausprägung der Gottesbilder und die wichtigsten theologischen Glaubenssätze auswirken. Manche Frauen fühlten eine starke Entfremdung gegenüber den Sätzen und Inhalten, mit denen sie aufgewachsen waren, zugleich aber kam mit zunehmender Selbstreflexion auch Verwirrung und Orientierungslosigkeit auf. So hatte ich z. B. Kontakt zu einer Frau, die nach einem Frauengottesdienst ernsthafte Anfragen formulierte, weil sie mit der Fokussierung auf weibliche Gottesbilder in große innere Konflikte kam.

Ihre Anfragen formulierte sie so massiv und einklagend, dass ich ihr vorschlug, einen gesonderten Seelsorgetermin wahrzunehmen. Für sie sei Gott immer ein Mann gewesen, gerade das mache ihn ja besonders und hebe ihn von allen anderen Männern und ihren schlechten Erfahrungen mit diesen ab. So wie in ihrer Kindheit genieße sie es auch heute noch, zu Gott als Vater zu sprechen, der es eben wirklich gut mit ihr meine, und der sie als einziger wirklich verstehe (im Gegensatz zu ihrem realen Vater, mit dem sie eine heftige Missbrauchsgeschichte verband). In vielen Gesprächen mit ihr kamen wir dann im Seelsorgekontakt auf ihre Wut. Die Wut auf ihren realen Vater, die Wut auf das Patriarchat und die internalisierte Wut, die sie bisher immer nur gegen sich selbst und gegen ihre Mutter gerichtet hatte. Sie schrieb am Ende unserer Gespräche folgendes Gedichtgebet, wie sie es selbst nannte.

Gedichtgebet

Dichten wollte ich dich
nicht mehr beten
wenn ich bete
sollte ich schreien
wollte ich,
ach wenn ich es könnte.
Lieber kann ich dich in Bilder fassen
die weiter und runder und größer sind.
Wenn du denn kein Vater bist
wie könntest du auch in Wahrheit einer sein
so ganz bestimmt auch keine Mutter
das hätte ich erfahren und gefühlt.
Vielleicht bist du tatsächlich ein Uterus
sagten sie nicht gar in der Bibel so
die Männer?
Im Uterus fühlt es sich unbeschreiblich an
das könnte doch auf dich zutreffen
und es soll immer genug zu trinken geben
das sättigt und stillt den Durst nach Leben
Also bete ich doch zu dir
Still meinen Durst
Lass mich dich spüren
und schmecken
Komm lösche meine Wut
du Gott Göttin
bevor es zu spät ist.

Vielschichtige und tiefgründige Gottes-Erfahrungen von Frauen, die immer mit ihrer Biographie und ihrer (religiösen) Sozialisation korrelieren, spiegeln sich in Gedichten wie diesem wider. Je nach Entwicklung sind die Gottesbilder wandel- und veränderbar. Es gibt in der feministischen Theologie verschiedene Wege, die von Frauen eingeschlagen wurden. In aller Breite sind die Entwürfe zu feministischen Gottesbildern von vielen anderen schon erörtert worden (Gerber, 1987; Meyer-Wilmes, 1996). Im Folgenden sollen drei Strömungen der feministischen Theologie unter dem Blickwinkel von Heimat und Vergewisserung als Herausforderung und Chance für die feministische Seelsorge genauer betrachtet werden.

Die biblische Tradition und ihre Gottesbilder

Weibliche Gottesbilder in der Bibel wurden über Jahrhunderte hinweg und werden auch immer noch weitgehend ignoriert oder verdrängt. Es gibt in der feministischen Theologie inzwischen jedoch eine Vielzahl von Entwürfen, die sich mit diesen Bildern auseinandersetzen (Wörterbuch der feministischen Theologie, 1991; Gerber, 1987).

Viele Frauen finden sich in den lange nicht wahrgenommenen Gottesbildern der Hebräischen Bibel, der Beschützerin als Henne oder als Bärin, der Adlermutter, die ihre Flügel ausbreitet oder der Hausfrau, die ihre Familie mit den lebensnotwendigen Dingen versorgt, wieder. Hier stellt sich für mich jedoch die Frage, inwieweit diese Bilder wirklich zu einer Transformation und Transzendierung der realen Situation der meisten Frauen beitragen. Letzten Endes sind sie nicht nur marginalisierte Symbole in der Bibel, sondern unterstützen auch größtenteils, eben aus einer patriarchalen Perspektive heraus, die marginalisierte und begrenzte Rolle der Frauen.

Überzeugend sind hingegen die biblischen Bilder, die Gott als Frau symbolisieren, ohne sie von vornherein auf eine bestimmte Rolle festzulegen. Dies hat mir die Arbeit mit Frauen, besonders in der Vorbereitung von Gottesdiensten gezeigt.

Da sind zunächst die Jesus-Gleichnisse, in denen Gott mit einer Frau verglichen wird (Lk 15,8-10), in denen Frauen eine herausgehobene, gottgleiche Position haben (Lk 18) oder in denen Frauen eine wegweisende und entscheidende Rolle zukommt (Mk 7,24-30).

Immer wieder habe ich das große Erstaunen erlebt, wenn wir in einer Gruppe bibliodramatisch das Gleichnis von der Frau inszenierten, die ihren verlorenen Groschen suchte und suchte, bis sie ihn wiederfand: das Erstaunen darüber, dass die Frau Gott, dass Gott eine Frau ist und dass den meisten das vorher gar nicht bewusst war, während ihnen Gott in den beiden anderen Gleichnissen im selben Kapitel, dem vom verlorenen Schaf und dem vom verlorenen Sohn viel geläufiger und vertrauter war.

Ein anderes Bild, das mir aus der biblischen Tradition heraus für die Begleitung von Frauen viel Kraft und Inspiration gegeben hat, ist Sophia, die Weisheit. Sophia, die uns ja aus dem Buch der Weisheit oder aus den Sprüchen als »Frau Weisheit« bekannt ist, umfasst einen ganzen Traditionsfluss, der von der hebräischen Bibel bis hin zur Jesusüberlieferung sein Flussbett ausgeweitet hat. Da ist es dann auch teilweise nicht deutlich, ob die Weisheit als Göttin selbst redet, oder ob Aspekte der Gottheit zum Ausdruck kommen. Wichtig ist aber in jedem Fall, dass Sophia in ihrer Vielschichtigkeit, als Ratgeberin und Beschützerin, wie auch als kritische ethische Instanz, als Schöpferin, als Tänzerin, als Kind, unzählige Identifikations- und Auseinandersetzungsmöglichkeiten für Frauen anbietet. Ich verweise in diesem Zusammenhang auf Elizabeth Johnson, die in großer Sorgfalt ein trinitarisches Erfahrungsmuster der biblischen Sophia auf die »rechte Weise, über den einen Gott zu sprechen« (Johnson, 1994, 257) überträgt. Sie zeichnet die dialektische Bewegung der Geist-Sophia auf, die in der Welt anwesend und abwesend ist, der Jesus-Sophia, die ihren Ursprung als Geheimnis in der Gestalt Mutter-Sophias hat. Faszinierend ist, dass die personale Gottesbeziehung auf den verschiedenen Ebenen unterschiedlich erkannt und erlebt wird. Sophia als Geist, die die Welt durchdringt, um zu beleben und zu erneuern. Sophia als Jesus, wo Gott sich mit der Welt im Fleisch verbindet, um zu erlösen, zu heilen und zu befreien. Sophia als Mutter, die ein immanentes Aufeinanderbezogensein zwischen Gott und Welt verkörpert und Beziehung als eine Art konstituiert, in der sich die göttliche Freiheit selbst darstellt (Johnson, 1994, 255).

Eine andere Möglichkeit, die Frauen und auch Männer in den letzten Jahren verstärkt für sich entdeckt haben, ist die Suche nach Gott in Bildern der Schöpfung, der Beziehung aller Geschöpflichkeit untereinander und der Natur in ihren verschiedenen Dimensionen, wie z. B. in Psalm 104. Dabei ist vor allem der Gedanke der gegenseitigen Bezogenheit und der Ganzheitlichkeit entscheidend (Sölle/Schottroff, 1990). Das, was in der Theologiegeschichte jahrhundertelang auseinandergerissen und gespalten wurde, Körper und Geist oder die Liebe zur Erde und die Liebe zu Gott, wird in einen untrennbaren Zusammenhang gestellt.

So verheißungsvoll die verschiedenen Ganzheitsentwürfe auch sind, so tragen sie doch die Gefahr einer Fortsetzung der traditionellen, eindimensionalen Weltsicht in sich. Die alte schlichte und fatale In-eins-Setzung von Frau und Natur wird dann nicht kritisch gesehen. Trotz des Anspruchs auf Ganzheitlichkeit kann den Frauen nahegelegt werden, in ihrer »typisch weiblichen« Rolle zu bleiben, also als Gebärerin und Lebensspenderin für die Reproduktion und Versorgungsarbeit der Familie zuständig zu bleiben oder auf diesen Bereich reduziert zu werden. Diese biologistischen Engführungen gilt es, im Blick zu haben. Zugleich ist aber die spirituelle Dimension gewisser weiblicher Tiefenerfahrungen für die feministische Seelsorge nicht außer acht zu lassen. So habe ich häufig erlebt, dass Frauen aufgrund gewisser einschneidender Erfahrungen mit ihrer manchmal schon verloren geglaubten und dann wiederentdeckten körperlichen Kraft abgeschnitten geglaubte Flügel neu spüren konnten. Eine Frau, die nach einem traumatischen Erlebnis jahrelang keine Menstruation mehr gehabt hatte, empfand die Wiederkehr ihres Menstruationszyklus wie eine göttliche Offenbarung.

Schon in den ersten Anfängen der feministischen Theologie formulierte Nelle Morton: »Wir lernen, mit dem ganzen Körper zu horchen, mit dem Auge zu hören, mit dem Ohr zu sehen und mit dem Gehör zu sprechen«. Der Ort, von dem aus solche Prozesse möglich sind, ist der »tiefste Grund unseres Seins (...) wo die Kluft zum Mann am weitesten klafft« (Moltmann-Wendel, 1983, 202ff.).

Wenn Frauen Gott in der Beziehung alles Lebendigen untereinander suchen und finden, finden sie vielleicht manchmal das, was Dorothee Sölle die Mehrdimensionalität der Liebe genannt hat:

> »Lieben heißt ganz sein
> Mehrdimensionalität
> Integration unserer physischen, psychischen,
> intellektuellen, ästhetischen, emotionalen und spirituellen
> Fähigkeiten«
> (Sölle, 1985, 186ff.).

An dieser Stelle sei noch einmal auf die Frauen des Mailänder Frauenbuchladens (Libreria delle Donne) verwiesen, die als biblisches Beispiel für eine gelungene Frauenbeziehung die Geschichte von Ruth und Naomi anführen. In der Auseinandersetzung mit der Erfahrung von Frauen, Beziehungen zu Frauen als bestärkend und zugleich bedrohlich zu erleben, lautet das von ihnen eingeführte Stichwort »Affidamento«. Affidamento beschreibt das gegenseitige Bezogensein von Frauen aufeinander als eine dialektische Bewegung, in der Frauen gegenseitiges Verständnis und Konkurrenz als Teil derselben Beziehung begreifen. »Affidamento« trägt Wörter wie fede (Glaube), fedelta (Treue) und fidarsi (Vertrauen) in sich. Es beinhaltet jedoch, dass Frauen sich in der Herauslösung aus der Fixierung auf das andere Geschlecht als unterschiedlich und zugleich miteinander verbunden erleben. Frauen können aus einer solchen Beziehung

Selbstvertrauen, gegenseitigen Respekt und freiheitliche Perspektiven für sich gewinnen. Allerdings gehen die Mailänderinnen nicht, jedenfalls nicht explizit, so weit, dieses Beziehungsgeflecht auf die Beziehung von Frauen zu Gott zu übertragen.

Virginia Mollenkott hat das getan. Sie sieht in der Beziehung von Ruth zu Naomi eine Verbindung zu Gott, denn in der Affinität der beiden zueinander gibt es ein Mehr, in dem Transzendenz aufleuchtet (Mollenkott, 1985, 59ff.). Ruth sieht in Naomi die Verkörperung Gottes und ist aufgrund der starken Affinität, die sie zu ihr spürt, in der Lage, sich eindeutig auf sie zu beziehen, sich an sie zu binden und bei ihr zu bleiben.

Der Satz, den Ruth ihrer Schwiegermutter als Zeichen ihrer Verbundenheit sagt, ist aus dem Affidamento herausgelöst worden und wird heute als Trauspruch für die Bezogenheit von Frauen und Männern verwandt: »Denn wo auch immer du hingehst, da gehe ich hin, und wo auch immer du übernachtest , da übernachte auch ich, dein Volk ist mein Volk, dein Gott ist mein Gott, wo du stirbst, da sterbe ich, dort will ich begraben werden. Gott tue mir alles Mögliche an, aber nur der Tod wird dich und mich trennen!« (Rut 1,16-17).

Wenn ich mit Frauen in Gruppen oder auch in Paarberatungen zu dieser Geschichte gearbeitet habe, war die Beziehung zwischen Ruth und Naomi häufig ein Symbol für das, was an göttlicher Präsenz in ihrem Miteinander aufleuchtet. Ein lesbisches Paar, das diese Geschichte für ihre Vision von Beziehung selbst ausgesucht hatte, stellte im Ausagieren der beiden Rollen fest, dass Ruth sich in Naomi mehr als eine Schwiegermutter und Freundin gesucht habe: »Und genau dieses Mehr ist es doch, das ich meine, verstehst du das denn nicht?« sagte die eine, während die andere sie gerührt und sichtlich bewegt anschaute.

In solchen Momenten dachte ich, dass die biblische Tradition auch uns Frauen Hoffnungsvolles eröffnet. Wenn auch häufig so verborgen und überlagert von patriarchaler Auslegung, so ist dennoch die Suche nach den Flügeln der Frauen in der biblischen Tradition ein wesentlicher Meilenstein auf dem Weg der feministischen Seelsorge. Nach weiblichen Gottesbildern zu suchen und die Flügel der Frauen zu spüren, eröffnet neuen inneren Raum und äußere Ausweitung.

Gott als Macht in Beziehung

Da Frauen, seitdem es feministische Theologie gibt, immer von ihren eigenen Erfahrungen her kommen, gehen sie aus von der Beziehungsfähigkeit und -abhängigkeit, mit der sie groß geworden sind, und mit der sie tagtäglich zu tun haben. Ich habe keine einzige Frau getroffen, für die Frausein nicht auch in Beziehung zu sein bedeutet, oder für die Frausein nicht zumindest bedeutete, die Sehnsucht danach zu verspüren. Ich habe in allen seelsorgerlichen Kontakten, wie auch immer sie geartet waren, das Element der Beziehung als konstitutives Element erlebt.

Was heißt das nun für das Gottesbild der feministischen Theologie? Zunächst einmal bedeutet es Abkehr von dem weit entfernten, unnahbaren, allmächtigen Gott. Der Gott, der über den Wolken schwebt und unbeteiligt von oben herab beobachtet, ist ja spätestens seit Auschwitz und der Theologie der Shoah gestorben. Ein Gott, der nicht leidet, sich nicht mit hinein begibt in das Gefühl der Ohnmacht und der Verzweiflung, der sich nicht einlässt auf das, was Menschsein eigentlich in aller existentiellen Verwirrung ausmacht, würde zum Zyniker oder würde in Menschen einen bodenlosen Zynismus verursachen (Wiesel, 1970).

Frauen wie Dorothee Sölle, Leonore Siegele-Wenschkewitz u.a. haben daran angeknüpft, haben dieses Gottesbild weiterentwickelt, und Carter Heyward hat in ebendieser Tradition schließlich eine »Theologie der Beziehung« entwickelt. Sie spricht auf die Beziehungsabhängigkeit der Menschen an und bezieht sich auf die Erfahrung, dass es zwischen Menschen immer eine Begrenzung, Begrenztheit gibt, die die Sehnsucht nach deren Aufhebung in sich trägt. Diese Sehnsucht nach mehr findet sich in der dynamis, der Macht in Beziehung, welche Gott ist. Gott ist Liebe und wird damit bei ihr zu einem ethischen Begriff, der ein gerechtes und nicht-symbiotisches Miteinander postuliert. Die allgemeine Ausrichtung ihres Ansatzes wird beeinflusst vom jüdischen Personalismus (Buber, 1966) und der befreiungstheologischen Vision einer gerechten gesellschaftlichen Wirklichkeit im Hier und Jetzt. Feministisch wird die Theologie der Macht in Beziehung insofern, als es in dieser dynamis um das Entdecken der eigenen Sinnlichkeit und Sexualität als wesentliche Elemente geht. Wenn Menschen ihre Sinnlichkeit und Körperlichkeit in gelungenen Beziehungen erfahren, dann erfahren sie die Quelle beziehungshafter dynamis und damit Gott.

Was aber fangen Menschen, insbesondere Frauen, mit einem solchen Ansatz an, die Sexualität und Sinnlichkeit in Form einer gelungenen Beziehung nie erlebt haben? Was sagt uns diese Vision über den unterschiedlichen Zugang von Frauen und Männern zu Sexualität? Mir ist in der Arbeit mit Frauengruppen an theologischer Literatur zu »Macht in Beziehung« deutlich geworden, dass Heyward die Geschlechterdifferenz gerade an einem so heiklen Punkt wie der Beziehungsfähigkeit und -bereitschaft von Männern und Frauen nicht reflektiert. Schließlich leben wir nicht in einer Welt, in der Beziehungen geschlechtsneutral wertgeschätzt und gewürdigt werden. Vielmehr ist es so, dass Frauen mit ihrer Beziehungsarbeit nicht ernst genommen oder in den Hintergrund geschoben werden, während Macht sich in unserer Gesellschaft doch in erster Linie über Geld und Einfluss manifestiert. Machtvolle Positionen sind für Männer in unserer Gesellschaft immer noch leichter zugängig. Wagner-Rau (1992, 163) beschreibt im theologischen Teil ihres Buches, dass Heyward mit der Macht in Beziehung »zwar an das verdrängte Frauenerbe anknüpfe, dass aber die Frage, wie diese Perspektive einzulösen sei, in einer Gesellschaft, die eben die Beziehung und damit auch die Frauen beharrlich in den Hintergrund schiebt«, offen bleibt.

Zugleich habe ich aber in Predigten, wenn ich mich auf die Quelle der beziehungshaften Kraft bezog, immer wieder gespürt, wie nahe ich hier bei dem bin, was feministische Seelsorge eigentlich ausmacht: Frauen in ihrer Suche nach Bildern einer identitätsstiftenden Kraft für sich selbst zu begleiten und zu ermutigen.

Die Vorstellung, dass Gott sich als eine Kraft erschließt, die in Beziehung erfahrbar wird, ermöglichte jedenfalls vielen Frauen zum ersten Mal die Möglichkeit, Gott als Freundin oder als Schwester, als Vertraute oder als Ratgeberin anzusprechen und auch als solche zu erfahren. In den Seelsorgegesprächen habe ich das häufig nicht reflektiert oder thematisiert, sondern einfach praktiziert, indem ich meine eigene Beziehung zu Gott als einer Freundin, als einer, die mich kennt, mit allen meinen Seiten, in den Kontakt eingebracht habe. In Gruppen, besonders in der Gruppe, in der es um feministische Spiritualität ging, war das Thematisieren dieser Gottesbeziehung häufig auch Teil des Prozesses. Die Anknüpfung an die eigene Erfahrung eröffnete den Frauen den Zugang zum unmittelbaren Erleben des Symbolcharakters einer Transzendierung, die sie so noch nie benannt hatten. Hier taucht wieder das »Mehr« auf, das in der Beziehung zwischen Ruth und Naomi den entscheidenden Unterschied machte.

An dieser Stelle möchte ich auf das Buch von Elizabeth Johnson (1994) verweisen, die sich auf die Suche nach den verdrängten Spuren des Weiblichen in der Rede von Gott begibt. Sie postuliert eine Offenheit für das heilige Geheimnis, die sich ergeben könnte, wenn weibliche Symbole freigesetzt würden, um das Denken anzuregen. Auch wenn es völlig angemessen sein mag, von Gott in nichtpersonalen oder überpersonalen Begriffen zu sprechen, so ist doch zugleich deutlich, dass die meisten geschätzten Merkmale der Beziehung Gottes zu den Menschen wie Liebe, Treue, Erbarmen und Gnade der menschlichen Welt angehören. Deshalb hält Johnson es für angemessen, Gott in personalen Symbolen auszudrücken, die die Ausschließlichkeit der männlichen Metaphern relativieren. Da sie ähnlich wie Heyward am Aspekt der Beziehungsmacht zwischen Gott und Mensch interessiert ist, sucht sie nach einem Orientierungspunkt im Sprechen, der sowohl die Fülle des weiblichen als auch des männlichen Menschseins und die kosmische Wirklichkeit zugleich aufnimmt (Johnson, 1994, 74). Auch wenn sie theoretisch das Ideal einer Sprache für Gott billigt, die gleichwertig männliche und weibliche Begriffe benutzt, plädiert sie aufgrund der peripheren und unterentwickelten Praxis weiblicher religiöser Symbole für ein Sprechen über Gott, »das weibliche Metaphern verwendet, die auf die Kennzeichnung der Ganzheit des Gottesgeheimnisses abzielen« (Johnson, 1994, 86). Dies exemplifiziert sie nicht nur anhand der trinitarischen Sophia, sondern noch bildlicher am Beispiel des brennenden Dornbusches. SIE DIE IST offenbart sich im Dornbusch und sagt ICH BIN DIE ICH BIN. »Mit diesem Namen bringen wir in einer weiblichen Metapher die ganze Macht zur Geltung, die in dem ontologischen Symbol absoluter, relationaler Lebendigkeit zusammengefasst ist, eine Lebendigkeit, die die Welt mit Energie auflädt« (Johnson, 1994, 327). Selten habe ich in Lesekreisen mit Frauen soviel poetische Inspiration gespürt wie zu der Zeit, als wir uns mit den Bildern des großen Geheimnisses, der Ungenannten und der Schönen von Johnson beschäftigten.

Symbolisierung der Göttin

Julia Strecker

Für viele Frauen sind Symbolisierungen der Göttin, der Menschen, der Natur und des Kosmos aus vor- und außerpatriarchaler Sicht im Lauf ihrer spirituellen Entwicklung und Suchbewegung zu einem wesentlichen Halte- und Wendepunkt geworden. Nachdem sie die patriarchal besetzten Bilder als einschränkend und ausgrenzend erkannt hatten, suchten sie nach anderen Traditionen und Symbolen. In den durch die feministische Forschung der Archäologie, der Geschichts- und Religionswissenschaft, der vergleichenden Mythen- und Märchenforschung erarbeiteten Studien über matriarchale Gesellschaften fanden sie sinnstiftende ganzheitliche Modelle, die nicht einfach eine Umkehrung der jetzigen Ordnungen und Verhältnisse bedeuteten, sondern einer radikalen Veränderung von Werten, Idealen und Paradigmen den Weg ebnen. Endlich gab es eine Möglichkeit, »Ganzwerdung« und »Identität« von Frauen mit einer Transzendenz in Verbindung zu bringen, die sie eben nicht in ihrem So-Sein abwertet, sondern sie aufwertet, in allen Schwächen als gut, schön und ganz anerkennt und ihnen als Frauen weibliche Macht als historisch existierende und aktuell mögliche zugänglich macht. Es gibt innerhalb der Matriachatsforschung und der Göttinnen-Bewegung verschiedene Zugänge und Herangehensweisen:

die eher historische Herangehensweise (Gimbutas, Göttner-Abendroth, Weiler), die eher an Ritualen und spirituellen Prozessen orientierte (Starhawk, Francia, Iglehart)
und die eher an psychologischen, hellenistischen und theologischen Entwicklungen ausgerichtete (Christ).

Viele dieser Ansätze überschneiden und ergänzen sich natürlich. Carol Christ, eine nordamerikanische Theologin, die eher aus der psychologisch-spirituellen Motivation heraus schreibt, hat in ihrem Aufsatz »Warum Frauen die Göttin brauchen« in fünf Aspekten benannt, was Frauen in der Symbolisierung der Göttin auf der Suche nach Tiefe und spiritueller Identifikation finden können:

1. Eine positive Bejahung der weiblichen Macht, die sie befreit von der Angewiesenheit auf den männlichen Erlöser und Retter. Ob diese Kraft eine den Frauen innewohnende oder eine von außen wirkende ist, bleibt offen und von der jeweiligen Situation abhängig.
2. Eine positive Bejahung des Frauenkörpers und der gesamten Leiblichkeit, also auch Menstruation, Gebären und Altern werden als wesentliche Bausteine spiritueller Identität anerkannt und ernst genommen.
3. Eine positive Bejahung des weiblichen Willens, der eher dem Persönlichkeitsstil der Eva als dem der Maria entspricht. Christ bezieht sich hier vor allem auf Frauen, die die Göttin und magisches Denken in Verbindung bringen, wie z. B. Starhawk.
4. Eine positive Bejahung der Verbundenheit unter den Frauen. Besonders die Mutter-Tochter-Beziehung wird in ihrer Bedeutung und Kraft wieder sichtbar und wertgeschätzt.
5. Eine positive Bejahung des weiblichen Erbes, das sich auf unsere persönliche Geschichte als Frauen, aber auch unsere Vorgeschichte und die unserer Mütter, Vormütter, Ahninnen bezieht (Christ, 1985, S. 9ff.).

Die fünf Thesen erfassen den Kern der Faszination und Bedeutung, den die Göttin für viele Frauen in ihrer Suchbewegung bekommen hat. An zentralen Punkten wird die Identität der Frauen bestätigt und auch die Frage nach Autonomie und Bindung durch das Göttinnensymbol auf den verschiedenen Ebenen (psychisch, physisch, intellektuell, emotional) unmittelbar berührt und zum Schwingen gebracht.

GottYn

Ursula Riedel-Pfäfflin

Warum genügt es mir nicht, mich als Theologin und Seelsorgeausbilderin auf neue Interpretationen biblischer Texte und weiblicher Präsenz in der Kirchengeschichte zu beziehen und den traditionalen Gottesbegriff weiterhin zu verwenden, wobei dann Nebensätze gebildet werden, die auch weibliche Form haben? Als ich Pastorin war, habe ich in der Gemeindearbeit solche Ausdrucksformen benutzt. Ich habe Gebete angeleitet, in denen ich Gott als die Liebe oder die Weisheit ansprach, »die uns leitet, erquickt und heilt«. Ich habe jedoch für mich selbst entdeckt, dass die Symbolisierung »Göttin« sehr viel mehr bedeutet als das Bild »Gott«, der dann als Vater oder Mutter, Freund oder Freundin bezeichnet wird. Für mich ist der Name »Gott« mit männlichen und weiblichen Beschreibungen eine Möglichkeit, die auch heute noch Relevanz hat. Aber sie reicht mir nicht mehr aus, weil für die meisten Menschen und für mich auch der Name »Gott« automatisch mit männlichen Vorstellungen verbunden ist. Ich möchte die Weiblichkeit des Göttlichen genau wie das neutrale Allumfassende des Göttlichen gesondert und ganzheitlich zur Sprache bringen. Namen schaffen auch Wirklichkeit. Die Vermeidung der Tradition der Göttinnen verlängert auch ausschließende Konstruktionen der Wirklichkeit in Kirche und Theologie.

Es genügt mir für meine eigene Lebensgeschichte auch nicht, mich als Mensch, der eben weibliche und männliche Anteile hat, zu verstehen. Es war für mich ein elementares Erlebnis, mich überhaupt erst als Frau und Mädchen, das ich war und bin, zu erkennen, und zwar ganz als Frau mit allen meinen Zügen und Energien, die nicht männlich sind, wenn ich klug, abenteuerlustig und aggressiv bin, sondern Frauenenergien rundum, weil ich eine Frau bin. Dieser Schritt ist mir wie vielen anderen Frauen erst möglich geworden, nachdem ich auch die historische Präsenz unserer Vorfahrinnen in ihrer ganzen Vielfalt und Fülle kennen gelernt habe. Genauso, wie ich die Erinnerungsarbeit für eine persönliche Lebensgeschichte für wichtig halte, sehe ich es als entscheidend für eine Entwicklung der Identität von Frauen heute an, dass wir unsere kollektive Geschichte in all ihrer Unterschiedlichkeit und all ihren gesellschaftlichen, ökonomischen und religiösen Aspekten rekonstruieren (siehe Abschnitt Erinnerungsarbeit).

Für mich geht es nicht um eine »Göttinnenbewegung«, sondern eine Bewegung des affidamento im gesellschaftlich-historischen und politischen Sinn, dass wir uns nämlich der reichen Fähigkeiten und Lebensformen unserer Vorfahrinnen bewusst werden und uns bewusst auf sie beziehen. Dazu gehören auch die Symbolisierungen, die sie im Zusammenhang mit ihrem Leben in den Rhythmen der Natur und des Kosmos als Ganzem gewählt haben. Sich auf die Göttin beziehen heißt auch, altes Wissen und alte Künste wieder neu zu entdecken und für sich innerhalb einer veränderten Zeit und Gesellschaft fruchtbar zu machen. Für mich bestehen z. B. enge Verbindungen zwischen dem Weltbild der Vorsokratikerinnen und dem heutigen Prozessdenken; zwischen der Symbolgestalt der Maat, der Göttin der kosmischen Ordnung, und dem heutigen systemischen Denken. Denn der Kosmos wird nicht nur als hierarchische Ordnung von oben nach unten verstanden, sondern als eine Verknüpfung von allen Lebewesen mit allem.

Solche Verbindungen werden auch von Physikerinnen und anderen Naturwissenschaftlerinnen hergestellt (Gaia als Repräsentantin der Erde, Chaostheorien etc.). Matriarchatsforschung, Göttinnen- und Vorfahrinnenerinnerung haben für mich auch politische Bedeutung, da sie gerade in der Begegnung mit Frauen aus anderen Kulturen, die ihre eigene matrilineare Geschichte und ihre spirituellen Traditionen erinnern, eine befreiende Wirkung haben können.

Ich habe in meiner Arbeit die Bedeutung des Wissens um alte Frauenreligionen und Spiritualität immer mit klarer intellektueller und gesellschaftsverändernder Arbeit verbunden und gerade darin eine Stärkung vieler suchender Frauen erlebt, bis hin in die Einzelberatung. Ich habe mich entschlossen, abwechselnd mit dem Begriff »Gott« auch den Begriff »GottYn« zu verwenden. »GottYn« bringt die Geschichte der Frauen in der Silbe Yn hinein und macht gleichzeitig die historische Distanz zur Bedeutung der vielen Gestalten der »Göttin« in unterschiedlichen Gesellschaften deutlich, die wir nicht bruchlos übernehmen können. Auf der anderen Seite knüpft der Klang jedoch an die Tradition der Göttin an, die mir als Symbolisierung der Vielschichtigkeit weiblicher Lebensformen und Macht sehr wichtig geworden ist. Die Flügel der Maat oder Isis z. B. drücken nicht nur die Kraft des Sicherhebens und des Umfassens von Himmel und Erde aus, sondern auch Schutz und Segnung, einen Raum der Geborgenheit und der Freiheit.

Kritische Gesichtspunkte

Julia Strecker

Im Folgenden möchte ich die Matriarchatsdiskussion kritisch beleuchten, indem ich den Blick auf die Gefahren und Problematiken richte, die sich mir bei näherer Auseinandersetzung stellen. Ich schreibe dies aus einer langjährigen Geschichte und Erfahrung mit Frauen, die in der Göttinnenbewegung beheimatet sind, mit denen mich teilweise viel verbindet, nämlich die Suche nach anderen Lebensformen, nach herrschaftsfreiem Zusammenleben, nach der Möglichkeit, Identität und Spiritualität von Frauen und Mädchen mit feministischen Kriterien zu benennen und zu füllen. Ich schreibe dies auch aus der Erfahrung heraus, dass eine gemeinsame Suche nach Spiritualität und Religion mit Anbindung an Frauengeschichte und -erfahrungen auch Trennung, Abgrenzung und Abschied bedeuten kann. In vielen Frauengottesdiensten und Frauengruppen, die ich in meiner Zeit als Pastorin für Frauenberatung und Mädchenarbeit initiierte, mitgestaltete und begleitete, tauchte diese Diskussion bis zur Schmerz- und Trennungsgrenze auf.

Der Abschied beginnt an dem Punkt der Rekonstruktion von Rollenzuschreibungen von Weiblichkeit und Frausein in eine zurückgedachte Zeit. Die Andersartigkeit der Frau wird beschrieben als das archetypisch Weibliche. Verbunden damit ist der Glaube an eine friedliebendere, sanftere, sensiblere Natur der Frauen, die sich im Matriarchat durchsetzen konnte. Die Göttin hat in diesem Kontext unter anderem die Funktion, den Naturkreislauf wieder ins Lot zu bringen. So kommt z. B. Göttner-Abendroth nach Rekurrierung auf eine dreigestaltige Göttin in der matriarchalen Urzeit zu dem Schluss, dass die Zukunft der Erde, wenn überhaupt, nur von dieser Göttinnenkraft ins Positive gewendet werden könne, wenn überhaupt: »was die matriarchalen Religionen verstanden und respektierten: die natürlichen Kreisläufe, wurden von (den patriarchalen Religionen) missachtet und zerstört. Was wird uns dagegen helfen? Vielleicht der Aufstand der Hera, um die irdische Ordnung wieder zu einer des Überlebens zu machen. Vielleicht – wenn uns die Zeit bleibt!« (Göttner-Abendroth, 1985, 132).

M. E. ist dies die Rückprojektion einer herrschenden, patriarchalen Konstruktion in die Geschichte. Ich halte dies insofern für problematisch, als die klassischen Zuschreibungen von dem, was weiblich ist, fortgesetzt und unkritisch übernommen werden, was wiederum dazu führt, dass das Frauenbild sehr einseitig ausfällt. Die Identifikation mit diesen Attributen und Projektion auf die Symbolisierung der Göttin führt zu einem polar gedachten Geschlechterverhältnis. Die Göttin wird zur Projektionsfläche für eine einseitige und m. E. reduzierte Welt- und Frauensicht.

Zugleich findet in der Matriarchats- und Göttinnenbewegung das statt, was gesellschaftlich, verstärkt seit Beginn der 80er Jahre, festzustellen ist: Ausgelöst durch die Komplexität der Probleme entwickelt sich ein Kulturpessimismus, der den Glauben an die Veränderbarkeit von gesellschaftlich bedingten Problemen bedroht. Stattdessen wird eine Hinwendung zum mythischen Forschen und Analysieren propagiert, was zugleich beinhaltet, dass die Analyse sich auf die inneren Prozesse, die mythologischen Zusammenhänge und die Wiederentdeckung der eigenen Prozesse im Mythos beschränkt. Gesellschaftsanalyse, die die Möglichkeit von politischen Handlungsstrategien und Widerstand gegen ungerechte Strukturen im Blick haben sollte, ist nicht gefragt. Stattdessen verliert sich das Subjekt im Strudel der remythologisierenden Rede vom ewig Wiederkehrenden (vgl. Schmitt Pantel, 1993). Statt der konkreten politischen Tat konzentrieren sich die Vertreterinnen der Göttinnenbewegung auf energetische Prozesse und Kreisläufe, die als solche keine politischen Konsequenzen haben.

So können Frauen zu Übereinstimmung kommen, wo in einer kritischen Haltung zur patriarchalen Gesellschaft ein permanenter Konflikt droht. In Übereinstimmung meint, mit ihrer Sozialisation als Frau und zugleich mit den Ansprüchen feministischer, oder besser: sich einer gewissen Szene zugehörig fühlender Bewegung.

Letztendlich führt diese Identifikation jedoch nicht zu einer Transformation der herrschenden Verhältnisse, sondern dadurch, dass mit klassischen Zuschreibungen das Weibliche als gut und das Männliche als böse qualifiziert wird, reproduzieren diese Affirmationen das Frausein als Mittäterin in einem patriarchalen, frauenverachtenden System.

An dieser Stelle, last but not least, möchte ich noch einmal auf den Differenzgedanken der Mailänderinnen zurückkommen, die davon ausgehen, dass es Differenz zwischen ganz unterschiedlichen Wirklichkeiten von Frauen gibt. Konkret bedeutet das: Dass es die Differenz zwischen Frauen gibt, ist offensichtlich, aber wie sie sich im Einzelnen ausdrückt, muss sich erst noch erweisen. Dieser Differenzgedanke müsste sich m. E. auch auf die Beziehung zu dem göttlichen Gegenüber übertragen lassen. Es ist jedoch sehr schwer, eine wie auch immer geartete Differenz im Kontext der Göttinnenbewegung zu verorten. Meistens lässt sich eine möglichst große Übereinstimmung und komplette Identifizierung mit der Göttin feststellen.

Es fehlt m. E. eine kritische Affidamento-Haltung, in der sowohl das gegenseitige Verständnis als auch die gegenseitige Konkurrenz und Infragestellung als Teil der gleichen Beziehung gesehen werden. Wenn Affidamento bedeutet, dass Frauen sich als unterschiedlich und zugleich miteinander verbunden wahrnehmen, so würde das in Auseinandersetzung mit der Göttin bedeuten, dass die Anbindung an sie die Differenz und damit auch die mögliche politische Sprengkraft, die diese Differenz in sich trägt, herausbringt. Vielleicht hat Ursula Riedel-Pfäfflin das gemeint, wenn sie von einer Bewegung des affidamento im gesellschaftlich-historischen und politischen Sinn spricht. Ich habe jedoch kritisch anzumerken, dass die Praxis der meisten Matriarchatsforscherinnen eine andere ist, nämlich die, die Weiblichkeitsbilder der naturnahen und emotional gedachten Frau aufrechtzuerhalten. Damit bleibt kaum Spielraum für eine visionäre Utopie von einem Ort, an dem die Frauen eine andere gesellschaftsnonkonforme Haltung zum gleichen Geschlecht, geschweige denn zur Göttin, einnehmen könnten: »die vermeintliche Alternative zur beklagten Wirklichkeit sichert nur die Anpassung an bestehende Rangfolgen« (Wagner- Hasel, 1993, 10).

Die Erfahrung an und auf der Grenze, die eigene Abgrenzungsfähigkeit und zugleich die eigene Begrenztheit zu spüren, würde auch die Beziehung zur Göttin erst zu dem machen, was sie eigentlich ausmacht.

Von den Mailänderinnen übernehme ich: Es gibt keine klare Definition »So hast du als Frau zu sein«, sondern das Frausein wandelt und verändert sich, bleibt und ist im Prozess der Entwicklung von Frauen zum Identischwerden mit sich selbst immer wieder neu zu erfahren.

So ist es auch mit dem Gottesbild der feministischen Seelsorge. Es gibt kein statisches, fertiges, festes Bild. Es gibt Bilder, Ahnungen, Symbole, Träume, Fantasien, Gebete, auch Schreie der Verzweiflung, der Hoffnung, der Wut und Entrüstung. Es gibt offene Wunden, die auch geheilt werden wollen und es gibt tiefe, bedrohliche Löcher, es gibt das gläserne Herz und die Traumflügel. Diese Flügel, die etwas in uns zum Schwingen bringen, die uns von bedrohlichen Orten wegführen zu sicheren und geschützten Oasen oder auch Wüsten, diese Flügel sind es letztendlich, die uns die Gegenwart Gottes zu einer Erfahrung werden lassen, die sich nicht in Reflexionen und theoretische Auseinandersetzungen eingrenzen lässt.

Für mich als Theologin ist entscheidend, dass ich nicht immer Antworten parat haben muss, dass ich manchmal mit Frauen vor dem bedrohlichen Loch saß und manches Mal mit Frauen vor der geballten Faust erstarrt bin, dass auch ich Leere, Ratlosigkeit, Wut und Verzweiflung gespürt habe. Und als ich in der Antoniterkirche im Raum der Kirche die vielen ungehörten Geschichten und Verzweiflungsschreie von Frauen gehört habe, da spürte ich, dass genau in diesem Moment Gott als eine dieser Frauen in dieser Kirche präsent war.

Vielleicht ist auch das eine wichtige Bedeutung der Flügel, dass wir Frauen nicht müde werden, unseren Erfahrungen Raum und Stimme zu geben, dass wir sie damit aus der individuellen Begrenzung auf die gesellschaftlich-kollektive Ebene holen. Damit drücken wir auch etwas von unserer Hoffnung aus, dass nämlich allen Frauen und Mädchen, die keinen Raum und keine Stimme gefunden haben, diese Traumflügel versprochen sind. Nicht erst im Jenseits oder überübermorgen, nicht von einem allmächtigen, weit entfernten und unnahbaren Gottvater, sondern von Gott, die sagt: »Ich bin, die ich bin, heute im Hier und Jetzt. Ich sehe dich, so wie du bist, so wie du geworden bist und so wie du sein wirst. Ich sehe deine Schmerzen, deine Wunden und deine Verletzungen und ich weiß, du bist nicht allein«.

Schuld und Vergebung

Julia Strecker

In meiner Arbeit mit vergewaltigten Mädchen und Frauen habe ich immer wieder gemerkt, dass wesentliche Aspekte des Heilungsprozesses Gefühle der Wut und konkrete Rachefantasien sind. Vorher jedoch waren andere Gefühle im Vordergrund: die der Schuld und die der Einsamkeit. »Ein unendlicher Schmutzfilm hat sich in mir breitgemacht. Er sitzt da wie ein fetter, schmieriger Ölfilm auf meinen Organen und in all meinen Gliedern«, so eine Frau, die zwanzig Jahre nach ihrer Missbrauchsgeschichte als Kind zu mir in die Beratung kam, nachdem sie Fotos von rachelustigen Frauen in der Kirche gesehen hatte.

Während der Fotoausstellung zum Thema »Gewalt gegen Frauen« von Bettina Flitner in der Antoniterkirche in Köln stellten wir lebensgroße Fotos von Frauen und Mädchen aus, die alle Gewalt erfahren hatten und die mit diesen Erfahrungen sehr unterschiedlich umgingen. Auf die Frage: »Haben Sie einen Feind, und, wenn ja, was würden Sie mit ihm tun, wenn Sie es ungestraft dürften?« (Flitner, 1995, 91), antworteten fast alle Frauen mit konkreten Leidensgeschichten aus ihrem Leben. Sie hatten alle mindestens einen Feind, den Vater, Stiefvater, Onkel oder besten Freund der Mutter, und dies nicht grundlos, sondern weil er ihnen Gewalt angetan hatte. Die Fotografin hatte ihnen ein Arsenal von Spielzeugwaffen angeboten, und fast alle wählten sich eine Waffe aus, mit der sie dann ihre Rachegedanken und Wutgefühle zum Ausdruck brachten. Unter den Fotos standen Zitate wie z. B.: »Mein Feind ist eine Person. Ich kenne ihn mein Leben lang. Er hat mich nie anders behandelt als mit Verachtung« (Flitner, 1995, 66).

Während der Ausstellung strömten Hunderte von Frauen und Mädchen, auch Männer, in die Kirche. Wir boten Andachten an, in denen es Gelegenheit gab, den ungehörten Geschichten Raum zu geben. Viele schrieen ihre Wut und ihre Ohnmacht in den Kirchenraum hinein. Es gab Anlehnungen an biblische Texte, in denen geklagt und geschrieen wurde. Viele Frauen, verschieden an Aussehen, Alter und Herkunft, brachten ihre Betroffenheit und ihre Gefühle zum Ausdruck. Nach den Meditationen führte ich oft noch lange Gespräche mit Frauen, die zu mir kamen. Fast alle drückten ihr Erstaunen darüber aus, dass so etwas in einer Kirche stattfinde. Viele erzählten von ihrem Leid mit der Kirche und den Schuldgefühlen, die sie schon als kleine Mädchen eingetrichtert bekamen. Plötzlich erzählte eine alte Frau mir: »Schon als 16-jährige habe ich eine Riesenschuld gespürt, wenn mein Großvater mich genötigt hat, seinen Schwanz zu lutschen und anschließend drohte, wenn ich es jemandem erzähle, würde er mich bestrafen. Ich fühlte mich damals schmutzig und dachte immer, dass ich schuld daran sei, dass er mich so behandelte. In die Kirche gingen wir regelmäßig, und ich kannte viele Geschichten aus der Bibel. Im Seitenschiff unserer Stadtkirche hing ein altes Bild von Eva und der Schlange. Mein Großvater befahl mir, ich solle es mir einprägen. Die Sünde sei schließlich durch Eva in die Welt gekommen. Wut habe ich damals nie gespürt und solche Rachephantasien, die natürlich hin und wieder auftauchten, nur ganz zaghaft. Ich war ein solches Angsthäschen. Mit 45 erst, als meine Tochter sehr krank wurde und ich Angst hatte, dass sie sterben wird, habe ich angefangen, meine Missbrauchsgeschichte aufzuarbeiten. Ich war bei einer Beratungsstelle, und im ersten Gespräch mit der Therapeutin spürte ich, dass ich zehn Tonnen Wut in mir trage, und früher dachte ich immer, das seien alles Schuldgefühle«.

So wie dieser Frau ist es vielen ergangen. Sie haben die erlittene Gewaltgeschichte als eigenes Versagen internalisiert, fühlen sich schuldig und wissen nicht wohin mit ihren Gefühlen von Versagen und Scheitern. Die Kirchen sind Trägerinnen einer christlichen Tradition, die den Frauen die Auseinandersetzung mit der erfahrenen Gewalt erschweren, wenn nicht verunmöglichen. Die Kirchen haben den Frauen und Mädchen seit Jahrhunderten eingeredet, dass durch sie das Böse in die Welt gekommen sei, und sie haben durch verschiedene Mythenbildungen und Geschichten das Bild von Eva als Verführerin und Schuldige zugleich vermittelt, weitertradiert und zementiert. Nur langsam beginnen diese Zementierungen zu bröckeln. Viele Frauen haben sich verabschiedet von diesen Bildern, sind aus den Kirchen ausgezogen und haben sich eigene neue Geschichten gesucht. Aber auch jenseits des kirchlichen Bezugsrahmens hat sich der Mythos tief hinein gegraben in das Unbewusste, in Bilder, Überzeugungen, Gedankengebäude.

Eine Frau, ich nenne sie hier Petra, kam über mehrere Monate hinweg in meine Beratung. Sie war in ihrer Kindheit und Jugend mit Religion oder Glaubensinhalten kaum in Berührung gekommen, hatte aber das Gefühl, dass ihr unaufgearbeiteter Schuldkomplex nur mit einer Pfarrerin zu besprechen sei. Sie fühlte sich schuldig, weil ihre Eltern sich getrennt hatten, als sie fünfjährig war.

Sie war der Überzeugung, dass sie der eigentliche Trennungsgrund war. Obwohl ihre Eltern nicht religiös waren, betete sie jeden Abend zu Gott, dass er sie von ihrer Schuld reinwaschen möge. Als dann die Trennung tatsächlich stattfand, hatte sie den Eindruck, zu wenig dafür getan zu haben, dass ihre Eltern sich versöhnen. Sie empfand die Scheidung ihrer Eltern wie eine Strafe für ihre Schuld. Erst nach vielen Gesprächen erzählte sie mir, was ich vorher schon geahnt hatte. Sie war, seitdem sie sich erinnern kann, vom Bruder der Mutter, der jeden Abend zum Essen kam, sexuell und psychisch gequält worden. Er setzte sie unter Druck, redete ihr Schuld ein und drohte permanent mit

Bestrafung. Er redete ihr ein, dass sie nicht artig genug gewesen sei, und dass ihre Eltern in solch einem schlechten Verhältnis zueinander stünden, weil sie so ungezogen und wenig liebevoll mit ihnen umginge. In den Gesprächen wollte sie von mir wissen, warum das Böse überhaupt in die Welt gekommen sei, warum die Frauen immer eher Schuld haben als die Männer und was sie tun könne, um die Schuld loszuwerden.

In vielen Gesprächen versuchte ich mit ihr an einem positiveren, bejahenden Selbstbild zu arbeiten und musste dabei feststellen, wie viel Ballast sie auf ihre Schultern geladen hatte. Sie konnte sich nicht vorstellen, dass die Schuldfrage die Perspektive, mit der sie ihre Familie, ihre Sozialisation etc. betrachtete, völlig verkürzte. Beispielsweise sah sie sich selbst im Verhältnis zu ihren Eltern immer nur in einem Tun-Ergehens-Zusammenhang. Wenn ihre Eltern Streit hatten, wenn sie von ihnen gelobt wurde, wenn später in Zeiten der Trennung ihre Mutter nicht wollte, dass sie regelmäßig zu ihrem Vater ging, wenn ihr Vater ihr etwas versprach und dann das Versprechen nicht einhielt, so lagen die Gründe immer in ihr und ihrem Handeln oder Nicht-Handeln begründet. Später begriff sie, dass die eigentlichen Gefühle, nämlich die Verlassensängste, die Wut, die Rachegedanken an ihrem Onkel und der Zorn nicht sein durften, weil sie ja schuldig war. So kam sie nur in mühsamer, langsamer Arbeit an die unausgedrückten Gefühle und versteht heute, dass Schuld häufig ein »Pseudogefühl« ist, auf das sie sich jahrzehntelang zurückgezogen hat, das aber gleichzeitig lähmend und sehr verengend auf ihr Leben wirkte.

Wie lässt sich aber von Schuld so reden, dass diese nicht zu Lähmung, Entmutigung und mangelndem Selbstwert führt, sondern stattdessen zu Erkenntnis, Aufdecken und Veränderung? Dieser Dreischritt ist in der feministischen Diskussion verschiedentlich aufgegriffen worden, und er gibt Hilfestellung zu einem ganzheitlicheren und konstruktiveren Umgang mit der Wirklichkeit (Schaumberger/Maaßen, 1986).

Das Erkennen bedeutet, die Situationen von Unrecht und Entfremdung als solche zu benennen und Zusammenhänge als menschengemacht und nicht als gottgegeben zu durchschauen. Sünde wird dann zu einem Begriff, der strukturell verankert ist. Es gibt sündhafte Strukturen und Beteiligung von Menschen an diesen.

Das Aufdecken beinhaltet, die Rolle von Frauen und Männern genauer zu beleuchten, Strukturen zu benennen und zu fragen: Wer sind die eigentlichen Nutznießer des Systems? Auf wessen Kosten kann das System existieren?

Das Verändern zielt im befreiungstheologischen Kontext auf Bekehrung (Schaumberger/Schottroff, 1988, 198). Damit ist wirkliche Veränderung gemeint, was über Umkehrung des Vorgegebenen hinausgeht. Letztendlich zielt diese Bekehrung auf eine Gesellschaft und Kirche, in denen die

Machtverhältnisse transparent gemacht werden. Macht wird »als kreatives Vermögen und subversive Durchsetzungskraft, Erlösung als Lösung von Fesselung und Befreiung als Herausholen aus Unterdrückung (...) und Erfüllung des Lebens« (Schaumberger/Schottroff, 1988, 198) angestrebt.

In Petras Situation bedeutete das Erkennen, dass sie sich selbst als Teil des Systems Familie begriff und verstand, dass sie selbst als eine, der Gewalt angetan wurde, in die Rolle der Schuldigen gedrängt wurde. Erkennen bedeutete im seelsorgerlichen Prozess ihr Einsehen, dass die Verantwortung für die Gewalt bei ihrem Onkel liegt, dass die Trennung der Eltern im Verantwortungsbereich der Eltern liegt. So konnte sie beginnen, langsam und vorsichtig, sich nicht länger selbst abzulehnen.

Hier setzt das Aufdecken ein. Ihre eigene Verantwortung für ihr Leben, ihre Rolle im Ganzen zu beleuchten und zu verstehen, dass sie, sobald sie in Berührung mit ihren tieferliegenden Gefühlen kam, aus der Lähmung und dem Niedergedrücktsein heraustreten konnte, setzte neue Dimensionen frei.

Das Verändern beinhaltete eine neue, transformierte Sichtweise auf die Welt. Petra konfrontierte ihre Eltern mit ihren neuen Erkenntnissen. Sie entschied sich, eine Namensänderung vorzunehmen und sie verabschiedete sich von dem Selbstbild der ewig schuldigen, kleinen Petra. Sie erfuhr, dass ihre Beziehungen sich veränderten und dass sie ganz langsam ein Gefühl der Akzeptanz und Selbstliebe entwickeln und spüren konnte.

Die notwendige »Bekehrung« aus Schuld bedeutet jedoch nicht, dass wir als Frauen der Auseinandersetzung mit den Fragen nach unserer Schuld und Verantwortung enthoben sind. Sölle hat auf das wesentliche Potential der Schuldfähigkeit hingewiesen, die auf Einsicht in Beteiligung und Verstrickung, nicht auf der allgemeinen Schuldgefühlsduselei basiert (Sölle, 1973, 25ff.). Schulderkenntnis bedeutet, Verantwortung zu übernehmen und sich nicht auf ein Abstellgleis zu begeben. Thürmer-Rohr hat in ihrer These von der Mittäterschaft wiederholt kritisiert, dass die Vorstellung von der Unschuld der Frauen dazu geführt habe, dass die Männer in ihrem Handeln und Agieren entschuldigt wurden. »Was die Frau tat, ließ Männer fortschreiten, ohne dass sie selbst fortschritt« (Thürmer-Rohr, 1987, 108). Verantwortung und Schulderkenntnis »irritiert und stärkt Frauen und macht sie daher – ganz im Gegensatz zur »reinen« und »unschuldigen« Frau unbeliebt« (Schaumberger/Schottroff, 1988, 276).

An dieser Stelle ist Vergebung ein wesentliches Stichwort. Menschen, die Verantwortung übernehmen, sollten auch lernen zu vergeben. In der christlichen Tradition gibt es ein Reden über Vergebung, das nahe legt, die Opfer müssten den Tätern vergeben. So fordern Eltern von ihren Kindern, die Deutschen von den Juden, die Weißen von den Schwarzen etc., dass sie ihnen vergeben mögen. Ein Mädchen, das in einer Mädchengruppe bei mir war, störte sich an dem Titel einer Postkarte, die eine Zeitlang an meiner Bürotür hing: »Brave Mädchen kommen in den Himmel, böse kommen überall hin«. Sie meinte, dass zum Bravsein dazugehöre, ein großes Herz zu haben und vergeben zu können, Dinge, die sie eigentlich für sich ziemlich wichtig fand. In der Gruppe erzählte sie, dass ihre Eltern ihr letztendlich ja auch immer vergeben hätten, wenn sie ausgerissen war oder sich »daneben« verhalten hatte. In mehreren Gesprächen entdeckte sie, dass die Vergebung, die ihre Eltern von ihr forderten, eine andere Ebene hatte als die Vergebung, die sie hin und wieder von ihren Eltern erfahren hatte. Auch sie hatte eine Gewaltgeschichte hinter sich mit psychischen und physischen Druckmitteln, die sie selbst in der Rolle der Ohnmächtigen und der Abhängigen sein ließen.

In der Gruppe fand sie heraus, dass Vergebung zwischen gleichberechtigten Personen in einer Gemeinschaft eine andere Qualität hat als Vergebung zwischen Eltern und Kindern. Die angelernte, oft unausgesprochene Vergebungspflicht korrespondiert mit der erneuten Schuldzuweisung, die Menschen mit Gewalterfahrungen erleben, wenn sie nicht vergeben. Vergebung im neuen Licht bedeutet also nicht, dem Zwang ausgesetzt zu sein, vergeben zu müssen, vor allem nicht als Pflicht der Ohnmächtigen gegenüber denen, die Macht haben. Vielmehr ist Vergebung eine Möglichkeit, die geschehen kann, wenn ein Täter, der Unrecht getan hat, dieses bereut und Schritte gegen sich akzeptiert, die den vom Unrecht Betroffenen Gewissheit verschaffen, dass er sich ändern will. Vergebung und Schuld gehören unmittelbar zusammen, denn der Täter muss das Ausmaß der Schuld, die er auf sich geladen hat, akzeptieren. Um die Größe der Schuld wahrzunehmen, muss eine Sensibilität und Empathie für die Folgen, an denen die Mädchen und Frauen noch jahrelang leiden, an den Tag gelegt werden. Die Überlebenden sexueller Gewalt müssen den Tätern nicht vergeben. Für ihr Überleben ist es aber lebensnotwendig, dass es nicht ihre Schuld war, so dass sie sich selbst vergeben können. »Wirklich wichtig ist nur, dass du dir selbst vergibst. (...) Du musst dir vergeben, dass du dich arrangiert hast, so gut du konntest. (...) Du musst dir vergeben, dass du als Erwachsene mit Einschränkungen gelebt hast, dass du deine Opferrolle weitergelebt hast, dass du nicht wusstest, wie du deine eigenen Kinder beschützen solltest« (Bass/ Davis, 1992, 143).

Religiöse Sozialisation von Mädchen

Julia Strecker

Die feministische Theologie hat in ihren verschiedensten Ausprägungen in den letzten fünfzehn Jahren auf ihre Weise auf die Unsichtbarkeit und das Verschwiegenwerden von Frauen geantwortet. Es hat einen Exodus einer bestimmten Gruppe von Frauen gegeben, die sich im christlichen Werte- und Symbolgebäude nicht mehr zu Hause fühlen, und es gibt nach wie vor eine Minderheit von Frauen, die sich auf die unterschiedlichsten Weisen ihren Platz in Kirche und Religion suchen.

Wo aber sind die Mädchen?

Das, was von Carol Gilligan (1984) zur entwicklungspsychologischen Entwicklung von Mädchen und Jungen aufgezeigt wurde, ist in diesem Zusammenhang insofern interessant, als die religiöse Identitätsausbildung m. E. in unmittelbarem Zusammenhang mit der sozialen steht.

Gilligan sagt, dass die Entwicklung von Mädchen und Frauen im Kontext ihrer Verbundenheit zu anderen Menschen und ihr ganzes Bezugssystem von dieser Verbundenheit und Beziehungsorientiertheit her gesehen werden muss. Ihre moralischen Entscheidungen machen sich an den konkreten, jeweiligen Beziehungskonstellationen und -problemen fest.

Jungen und Männer hingegen definieren sich über die Getrenntheit. Ihre moralischen Entscheidungen machen sich an bestimmten Werten, wie zum Beispiel dem Plädieren für grundsätzliche Rechte für alle, fest.

Diese unterschiedliche Entwicklungsweise von Mädchen und Jungen spiegelt sich dann auch im Verhältnis der Mütter zu ihren Töchtern. Mütter können sich von ihren Töchtern von Anfang an schlechter unterscheiden als von ihren Söhnen. Die inneren und äußeren Verbindungen, die in der schon ganz frühen Lebensphase entstehen, bleiben elementar und wegweisend für die Lebensgeschichte der Mädchen. So ist es zum Beispiel für viele Mädchen sehr schwierig, wichtige Entscheidungen zu treffen, die konträr zur Lebensgeschichte der Mutter laufen. Ein Mädchen, das in einer meiner Mädchengruppen war, erzählte mir unter extremer Anstrengung, dass sie Medizin studieren wollte, allerdings große Angst habe, dies ihrer Mutter zu erzählen, die doch »nur« Krankenschwester gewesen sei und insgeheim immer Ärztin werden wollte. In mehreren Gesprächen mit ihr erfuhr ich, dass sie ihre Mutter so sehr idealisierte, dass sie sich nicht vorstellen konnte, einen anderen Beruf oder gar einen anderen Lebensweg zu wählen.

Wo aber können sich die Mädchen mit ihren Sehnsüchten und Ahnungen vom Mehr des Lebens anbinden? Wo sind die Bilder und Geschichten in der christlichen Tradition, die Mädchen Orientierung, Sinnstiftung und Identitätsstützen anbieten? Wenn ich meine Nachbarsfreundin Gloria (vier Jahre alt) nach ihren liebsten Gegenständen frage, ihren Edelsteinen, die sie am liebsten wie einen Schatz hüten und in der Erde verbuddeln möchte, damit sie niemand findet, antwortet sie: »mein Lieblingskuscheltier, die Barbiepuppe Shelley oder meine Lieblingsjeans«. Anna (8) liebt ihr Tagebuch und ihre Kassette mit den Märchen. Wenn ich sie nach Mädchen, die sie aus Büchern kennen und bewundern, gefragt habe, nannten sie mir »Pipi Langstrumpf«, »Ronja, die Räubertochter« oder auch diverse »Mädchen« aus den aktuellen Seifenopern wie »Verbotene Liebe« oder »Lindenstraße« etc.

Aber ein Mädchen aus der biblischen Tradition?

»Erzähl mir doch von einem Mädchen«, sagt Gloria.

Und schon komme ich wieder ins Schleudern. Schließlich gibt es kaum Mädchen, und wenn, dann tauchen sie auf in Vater-Tochter-Geschichten (zum Beispiel die Geschichte von Jephta und seiner Tochter in Ri 11 oder die Geschichte von Lots Töchtern in Gen 19) und reproduzieren alle Bilder, von denen wir Frauen uns in mühsamer Kleinarbeit verabschiedet haben: der allmächtige, weit entfernte Gott, der fast genauso mächtige Vater, der seine Tochter den Feinden ausliefert, die kleine Tochter, die sterben muss und ausgeliefert wird oder gnädigerweise trotz vieler Verfehlungen und Sünden weiterleben darf.

Wo sind die Geschichten, die uns Frauen auch für unsere Arbeit mit Mädchen etwas vom Leben und Sterben, vom Angst haben und Mut zusprechen erzählen, ohne uns oder die Mädchen in alte, festgefahrene Zuschreibungen verfallen zu lassen? Und wo sind die Power-Mädchen, die sich wie der kleine David durchsetzen und wissen, dass ihnen das Recht zusteht? Wo sind sie, die Mütter-Töchter-Geschichten, die von der Einmaligkeit der Verbundenheit und der Besonderheit dieser Bezogenheit erzählen? Gut, es gibt die eine von Ruth und Naomi, die ja nun in diesem Buch schon häufig zitiert wurde, aber die eine ist uns nicht genug, und sie ist auch keine Mädchengeschichte. Und so wichtig die feministische Hermeneutik (Schüssler-Fiorenza, 1988, 63ff.) auch ist, wenn es um die alten Texte geht, so sehr ich mich auch bemühe, die Geschichte vom verlorenen Sohn auch als die der verlorenen Tochter umzudichten: sie bleibt eben doch eine Männergeschichte und für ein Mädchen wie Gloria in der Form nicht zu verwenden, wenn ich ihre religiöse Identität als eine autonome und sie stärkende Sinnsuche unterstützen will.

Und was mache ich? Ich erzähle trotzdem oder gerade darum Geschichten. Weil ich die Unsichtbarkeit der Mädchen in der Tradition genauso schlimm finde wie die der Frauen und weil ich den feministisch-christlichen Rahmen auch für meine Nachbarsfreundin als eine Symbolwelt empfinde, die sie ermutigen und begleiten, in Frage stellen und über sich hinausweisen kann. So erzähle ich von Rahel und Leah, den beiden Schwestern, die es so schwer miteinander hatten, in erster Linie nicht aus sich heraus, sondern weil die Männer sie gegeneinander ausspielten. Und von Rahel insbesondere, dass sie auch so einen alten Schatz hatte, in denen ganz viele Geschichten von ihren Müttern und Großmüttern und Urgroßmüttern gesammelt waren, und dass sie diesen Schatz gehütet hat wie ihren Kleinod, das Allerliebste und Wertvollste überhaupt. Und dass ihr Vater unbedingt an diesen Schatz herankommen wollte, und das ganze Zelt, in dem Rahel lebte, von oben bis unten durchsuchte. Aber er konnte den Schatz nicht finden, weil Rahel ihn versteckt hatte. »Wo hat sie ihn wohl versteckt? Wo würdest du ihn verstecken?« frage ich Gloria. Und sie sagt: »In meiner Unterhose«, ohne auch nur einen Moment zu überlegen. Ja, so ähnlich war das mit Rahel auch. Sie versteckte ihn unter dem Sattel ihres Kamels, setzte sich darauf und sagte dann, dass sie nicht aufstehen könnte, weil sie gerade ihre Tage habe. Und dann hat der Vater den Schatz nicht gefunden. Und Rahel konnte ihn behalten.

Oder ich erzähle die Geschichte von Hagar und Sara, die von Rahab und die von Maria und Elisabeth. Ich lasse die Mädchen auch selbst ihre Geschichten erzählen und verbinde diese dann mit biblischem Material, das mir im jeweiligen Moment einfällt. Zum Beispiel eignen sich Symbolgeschichten wie »der brennende Dornbusch« oder »die Himmelsleiter« wunderbar dazu, die religiösen Bilder der Mädchen aufzunehmen und feministisch zu füllen. »Glaubst du eigentlich, dass Engel Mädchen sind?« fragte Gloria mich kürzlich, und ich sagte »Was glaubst du denn?« – »Ich glaub', meistens ja, vor allem weil sie so schön sind und Flügel haben«.

Diese Ansätze, mit der christlichen Tradition positiv und bestärkend für die Mädchen umzugehen, entbindet aber nicht von der notwendigen Auseinandersetzung mit der Entfremdungs- und Verletzungsgeschichte, die Mädchen genauso wie Frauen schon oft im frühen Alter erfahren. Schon die Unterrichtsmaterialien für die Arbeit mit Konfirmandinnen lassen ein differenziertes Bild vermissen. Da ist die Rede von den zehn Geboten, und besonders dem 4. Gebot, der Elternehre, wird nach wie vor ein wesentlicher Platz eingeräumt. Was aber ist mit den Müttern, den doppelt belasteten, denen oft die Ehre weniger zuteil wird als sie ihnen allemal zustehen würde?

Zugleich habe ich in der Vorbereitung auf die Arbeit mit Konfirmandinnen fast nirgends etwas über die vielschichtige, teilweise auch gewaltvolle Lebenswirklichkeit der Mädchen gelesen. Wäre das nicht in der theologischen Arbeit mit Mädchen unbedingt zu thematisieren und in den Blick zu nehmen? Dass mindestens jedes vierte Mädchen sexuelle Gewalterfahrungen erleidet, und was das dann zum Beispiel in Bezug auf die Elternehre heißt, wenn man schon weiß, wie tief der Mechanismus des Schweigegebots bei den Mädchen sitzt.

Und wie gehen wir mit den Geschichten aus der Bibel um, in denen Mädchen/Töchter vergewaltigt und ausgebeutet werden? Auf der einen Seite ist es ja immerhin insofern gut, dass es diese Zeugnisse gibt, weil wir uns erinnern können, dass es die strukturelle Ungerechtigkeit und die sexuelle Gewalt von Männern gegen Frauen und Mädchen schon so lange wie das Patriarchat gibt, auf der anderen Seite aber müssen wir Wege finden, um mit diesen ungeheuerlichen Geschichten umzugehen, zu leben! Wie können wir Wege finden, unseren Konfirmandinnen über die Mädchen in der Bibel zu erzählen? Wege, die nichts mehr verschleiern und zudecken, sondern die Augen öffnen, Tabus aufdecken und die Dinge (auch Strukturen) beim Namen nennen?

Es gibt sicher keine leichten Lösungsmöglichkeiten, keine einfachen Wege, denn das Gestrüpp der patriarchalen Tradition ist dicht und wild gewachsen, aber dennoch gibt es Hoffnungsschimmer, Lichtstrahlen, die uns als Theologinnen und Seelsorgerinnen Orientierung auf dem oft undurchsichtigen Weg sein können.

Zunächst einmal ist es jedoch wichtig, die Hauptstränge der christlichen Tradition, die Frauen und Mädchen in ihrer Entwertungshaltung immer wieder Nahrung geben, als frauenfeindlich und revisionsbedürftig zu entlarven. Es handelt sich hier besonders um die drei Komplexe von Schuld, Sünde und Vergebung, die in der kirchlichen Tradition eine wesentliche Rolle dabei spielen, Frauen die Auseinandersetzung mit tiefgreifenden Entfremdungserfahrungen und Verletzungen wie erfahrener Gewalt zu verunmöglichen oder zumindest zu erschweren.

Rituale

Julia Strecker

Rituale sind geordnete Abläufe symbolischer Handlungen. Sie finden im kirchlichen Raum statt, auch in Kasualien und Seelsorgegesprächen taucht die rituelle Dimension immer wieder auf. M. E. hat die Bedeutung von Ritualen, gerade in bezug auf die Einbeziehung vom Umgang mit Übergängen und Abschieden in den letzten 10 Jahren in Seelsorgekontexten zugenommen (vgl. Wagner-Rau, 2000). Ich habe die Arbeit mit Ritualen seit vielen Jahren in meine seelsorgerliche Praxis integriert, und ich erlebe immer wieder die heilsame und kathartische Wirkung ebendieser (vgl. Strecker, 2009). Schon lange beschäftigt mich die Frage, wie ich das, was mich in Theologie und Seelsorge immer schon berührte und faszinierte, in die Praxis meiner Arbeit als systemische Therapeutin übertragen und integrieren kann. Rituale können dazu beitragen, Kräfte und

Ressourcen zu mobilisieren, heilende und lösende Wege zu entdecken und diese auch zu gehen. Die Kirchen halten seit jeher rituelle Strukturen bereit, um in Zeiten existenzieller Unsicherheit und Not Übergänge besser zu meistern.

Zeitgemäß und unbedingt erforderlich ist aber, dass Seelsorge alle Themen, die in ihrem Spektrum auftauchen, unter gesellschaftstheoretischen und kritischen Bedingungen in den Blick nimmt. Das bedeutet für alle intrapsychischen Prozesse, die sich in den einzelnen von uns dargestellten Fallgeschichten widerspiegeln, dass diese auf ihre gesellschaftliche Struktur und Semantik hin befragt werden sollten.

Gerade weil die feministische Seelsorge die individualistische Engführung überwinden will, können Rituale helfen, individuelle Selbstdeutungsmuster als sozial hervorgebracht zu identifizieren. Indem Rituale nämlich die Frage nach dem Woher und nach dem Wohin stellen, ist die Klientin noch einmal ganz anders herausgefordert, ihren eigenen Deutungszusammenhang zu überprüfen. Außerdem können Rituale an »den Grenzen« des Lebens eine religiöse Dimension aufscheinen lassen. Seelsorge als Ritual übernimmt in diesem Fall die Rolle der »Störung« (Karle, 1996, 214), das heißt: die alltäglichen Wahrnehmungsmuster und Zuschreibungen werden hinterfragt und/oder in einem neuen Licht gesehen.

Ein Beispiel: Eine bulimische Frau, die immer isst, wenn sie auch nur Gelegenheit dazu findet, bittet mich, ihr bei der Neugestaltung ihres Morgenrituals zu helfen. Auf meine Frage, was denn ihr jetziges Ritual sei, sagt sie: »Bei offenem Kühlschrank fernsehen«. In vielen Gesprächen kommt sie ihren Verwundungen und Verletzungen auf die Spur. Sie spürt selbst, wie viel Wut und unaufgearbeitete Aggressionen sie in sich trägt. Ich ermutige sie, Töne und Namen für die Wut zu finden, und sie entdeckt, dass sie beim Tönen sehr viel Spannung loswerden kann. Eines Tages kommt sie zur Beratung und erzählt mir, sie habe ihr eigenes Ritual gefunden. Es sah folgendermaßen aus: Sie stellte sich in Gebetshaltung, mit offenen Armen, mit dem Rücken zu ihrem Kühlschrank, öffnete sich für Gottes Geist, wie sie sagte, und dann machte sie einfach Töne in Schattierungen und Klangfarben, wie es ihr am besten gefiel. Wenn sie fertig war, machte sie eine Yogaübung, verbeugte sich und sang ein Morgenlied.

Ebenso wichtig erscheint mir die Funktion des Rituals für das Verhältnis zwischen Seelsorgerin und Klientin. Am Vollzug des Rituals exemplifiziert sich, was wir zu unseren Grundvoraussetzungen feministischer Seelsorge erklärt haben: Die Seelsorgerin sieht sich nicht als allwissende Autorität, sondern als Begleiterin, die zur Umwelt des ganzen Systems dazugehört. Indem sie die Klientin anleitet, das eigene Ritual für sich zu entwickeln und durchzuführen, vertraut sie ihr und weiß sich angewiesen auf deren eigene Kompetenz und

Integrität. Die Klientin selbst setzt die Maßstäbe: ob sie das Ritual allein oder mit Freundinnen durchführen will, ob es sich über einen längeren Zeitraum erstrecken soll oder eine einmalige Erfahrung sein wird, welche Gestalt es haben soll.

Konstitutiv für ein christlich fundiertes Ritual ist, dass etwas von dem aufleuchten kann und meistens auch aufleuchtet, was in apologetischen Abhandlungen über die Seelsorge das Proprium schlechthin genannt wird. Damit meine ich nicht nur, dass an entsprechenden Stellen vielleicht Bibelstellen oder Gebete mit hineingenommen werden, sondern auch, dass während des Rituals die Gemeindefunktion und damit auch der kirchliche Rahmen von Seelsorge wesentlich herausgehoben werden. Rituale entstehen ja nie im luftleeren Raum, sondern im Kontext der Kirche, in der die Seelsorge stattfindet. Die Kirche bietet ihre Räume und Rituale an, die Gottesdienste und Amtshandlungen, auch Lieder und Gebete, evtl. noch besondere Feste zu besonderen Anlässen des Jahres. Und so können wir uns als Seelsorgerinnen an der Aufwertung bestimmter kirchlicher Rituale beteiligen, wenn wir sie nicht gänzlich ablehnen, sondern zu unseren eigenen machen. Bedeutet dann nicht die Selbstaneignung eine logische Veränderung der bestehenden Rituale?

Ich denke da an so manchen Wiedereintritt der einen oder anderen Frau, die in meinen Gruppen waren oder einfach zu mir in die Beratung kamen. Im Gottesdienst sind diese Frauen feierlich und begleitet von der Gemeinde und von Freundinnen und Freunden aufgenommen worden. Es gab Altes und Neues, es gab eigene Texte und alte Gesangbuchslieder. Und vor allem gab es die Erfahrung, dass das Verweilen im Übergang, das Innehalten und das sich dabei Zeit nehmen (Luther, 1992, 254) wesentlich für den seelsorgerlich-spirituellen Prozess ist.

Letzten Endes wird sich Kirche an den Grenzen und Schwellen unseres Lebens intensiver und zuverlässiger als Advokatin für die Erfahrungen, die dort aufschimmern, beweisen müssen, wenn sie überhaupt überleben will. Die Erfahrungen aus der feministischen Seelsorge zeigen, dass zu den alten Ritualen wie Konfirmation, Taufe, Hochzeit, Beerdigung etc. neue hinzukommen müssen, wenn die Erfahrungen und Anliegen der Frauen und Mädchen ernst genommen werden.

Mein letztes Ritual, das ich vor zwei Wochen mit einer 45jährigen Frau, ich nenne sie Britta, durchführte, enthielt viel Dynamik. Ich habe während der Durchführung des Rituals gemerkt, dass ich selbst eine Schwelle erreicht habe. Liegt das daran, dass ich nun schon lange nicht mehr zu der Jugend dazugehöre, mich aber erst in den letzten zwei, drei Jahren offen zu meiner herangereiften »Mittelalterphase« bekenne, oder liegt es an meiner professionell diversifizierten Ausrichtung, mit der ich mich inzwischen selbstbewusst als Therapeutin und

Seelsorgerin durch das Leben bewege, die mir aber auch die Ambivalenzen viel deutlicher vor Augen hält.

Der Fall Britta und die Hormone

Britta wollte eine Beratung, weil sie seit zwei, drei Jahren unter Stimmungsschwankungen leidet. Von der Frauenärztin bekam sie Hormone verschrieben, die sie aber nicht nehmen wollte. Sie beschrieb ihre Lebenssituation als »im Umbruch«, aber nicht ohne gute Aussichten.

Auf meine Frage, was sie denn für sich als gute Aussichten beschreiben würde, und woran sie in einem halben Jahr merken würde, dass ihre Entwicklung einen guten Verlauf genommen habe, sagte sie: wieder durchschlafen, keinen Druck mehr auf den Schultern spüren, wieder Lust auf Sex haben und wieder »normale Stimmungen haben, die nicht so extrem rauf und runter gehen«.

Wir trafen uns in Abständen von zwei Wochen und sie entwickelte innerhalb einiger Wochen ein hohes Potential an Selbstdifferenzierung, bis hin zu einer veränderten Wahrnehmung ihrer Stimmungen. Sie konnte genau benennen, in welchen Situationen die Stimmung runter und meistens auch wann sie wieder hoch ging. Sie beschrieb ihre langjährige Partnerschaft als durchaus gute Basis für ein Leben mit guten Aussichten, allerdings gebe es eine Problemstelle, die Sexualität. Als ich sie darauf hinwies, dass auch diese Problemstelle eine Bedeutung und Relevanz für ihre Beziehung und wahrscheinlich auch für ihren eigenen Umbruch, ihre persönliche Wandlung habe, war sie zunächst etwas verunsichert, dann aber durchaus zustimmend und bereit, an dieser Umdeutung weiter zu arbeiten.

In verschiedenen Schritten bewegen wir uns auf dünnem Eis ihrer Lebensgeschichte und sie erkennt die Biografie ihrer Muter in ihrem eigenen Lebensskript. Ihre Mutter war sehr schwermütig und nahm von ihrem 45. Lebensjahr an Medikamente, Diese Information hatte sie vorher schon, die Parallele zu ihrer eigenen Biografie hatte sie jedoch völlig ausgeblendet. Nach einer Skulpturarbeit, in der ihr diese Parallele wie Schuppen von den Augen fällt, beschreibt sie sich als gelöster und »aufgeräumter«. Ihre Schlafstörungen nehmen ab, sie empfindet auch ihre Stimmungen als wieder normaler, allerdings hat sie überhaupt keine Lust mehr auf Sex mit ihrem Mann.

Auf meine Frage, was denn die letzte Situation sei, in der sie sich sexuell entspannt und gelöst gefühlt habe, beschreibt sie eine Situation, die ca. ein Jahr zurückliegt, als sich der Sex wie zufällig im Urlaub nach einem schönen langen Strandspaziergang einstellte.

Meine nächste Intervention ist, dass ich ihr verschreibe, solche entspannten Situationen im Zusammensein mit ihrem Mann innerlich festzuhalten, mit einem kleinen symbolischen Geschenk oder einer liebevollen Geste zu belohnen, aber auf keinen Fall mit Sex. Das nächste Mal kommt sie und erzählt von drei Situationen, wo ihr das gelungen sei und spricht von dem Sexverbot, das sie kolossal beschäftigt habe, weil es sie auf ganz andere Gedanken gebracht habe. Auf meine Frage, welche Gedanken das waren, lacht sie und meint, es müsse ja wohl auch Geheimnisse vor der Therapeutin geben.

In einer vorletzten Sitzung machen wir ein Ritual, wir gehen dazu auf ihren Wunsch hin in einen kleinen Park. Britta hat kleine Zettel vorbereitet und übergibt diese dem Wind. Sie verabschiedet sich von der Idee, dass sie das Leben ihrer Mutter wiederholen müsse, sie liest alle Zettel vor, alles ist noch mal laut und schmerzhaft. Ich begleite diese Phase mit einer Rassel.

Sie betritt die Schwelle des Neulands, indem sie sich flach auf die Erde liegt und mit dem Gesicht zum Himmel um Begleitung und Beistand bittet: »Maranatha, komm herbei, maranatha«. Sie ruft und fleht und steht dann auf und tanzt in wilder Ekstase um einen Vogelbeerenstrauch, der dort gerade steht. Ich feuere sie an, mache Trommelmusik und singe zu ihren Bewegungen, sie ist in Trance, ganz abgetaucht und doch ganz geerdet. Irgendwann sinkt sie völlig erschöpft auf der Wiese in sich zusammen und atmet leise, laut, leise, in ihrem eigenen Rhythmus.

Die dritte Phase ist für mich ein großes Geschenk und eine Überraschung: sie bittet mich, sie zu segnen. Dabei hat sie mir in einer der vorhergehenden Stunden noch erzählt, dass sie nicht religiös sei. Ich frage in dieser Situation nicht, was denn da plötzlich über sie gekommen sei, ich segne sie einfach. So wie sie jetzt da ist, in ihrem So-Sein, mitten im Leben, im Wechsel, im Wandel, begleitet von der Freundin Gott, und von der Geisteskraft, die sie sich immer wieder herbeirufen kann.

Sie weint. Sind es Tränen der Rührung? Ich weiß es nicht, aber ich weiß wieder warum ich meine(n) Beruf(ung) so liebe, gerade diesen gemeinsamen Tanz von Theologie und systemischer Therapie, und dass ich niemals die Wandlungsfähigkeit vergessen will, meine eigene und die der Menschen, die mich als ihre Begleiterin aussuchen.

Auch die Frauen und Mädchen, die Gewalterfahrungen hinter sich haben und mit diesen in die Öffentlichkeit gehen wollen, sind im Kontext von Kirche gerade beim Thema »Rituale« gut aufgehoben. Kirche kann und sollte hier die wichtige Funktion übernehmen, ihre Räume zu öffnen und Frauen bei dieser Enttabuisierung und Sichtbarmachung zu unterstützen.

Dann all die Frauen, die sich für eine andere Lebensform als die kirchlich tradierte und erwartete entschieden haben: Wo sind die Lesben und die Frauen, die sich nicht in das klassische Kleinfamilien-Modell zwängen lassen, wenn in Köln in der Antoniterkirche alle drei Monate Gottesdienst der HUK (Homosexuelle und Kirche) und LUK (Lesben und Kirche) gefeiert wird? Die Kirche ist meistens zu 80-90% von Männern besucht, ein sonst ja eher ungewöhnliches Bild. Ich glaube aber, dass die Frauen sich ihre eigenen Rituale wünschen und in diesen männer-dominierten Settings nicht zu Hause sind.

In den letzten Jahren gibt es Veröffentlichungen zu Scheidungspredigten (Korenhof, 1996; Merlan, 1995). Wo aber finden Menschen Anregungen für Abschiedsrituale, die sich nicht auf das klassische Gottesdienst- und Predigtmuster reduzieren lassen wollen?

Und die Mädchen. Es müsste Übergangsrituale für Mädchen geben, die auch in der Kirche einen selbstverständlichen Platz haben. Eine Frau, die lange zu mir in die Beratung kam, hatte drei Töchter und betrauerte in der gesamten Zeit unseres Kontakts, dass die Kirche ihr keinerlei Hilfestellungen für die Übergänge ihrer Mädchen angeboten hätte. »Warum kreieren wir nicht Rituale für das Feiern der ersten Menstruation, wie für den Auszug von zu Hause, die erste Liebe und auch ein Ritual für Liebeskummer und Trennung sollte es geben«, sagte sie.

In einer Mädchengruppe habe ich die Mädchen gefragt, ob sie sich vorstellen könnten, mit einem Mädchen, das für mehrere Monate in eine Klinik eingewiesen wurde (Diagnose: Magersucht), ein Abschiedsritual durchzuführen. Ich habe selten etwas so Bewegendes in dieser Gruppe erlebt wie dieses Ritual. Alle waren dabei, engagierten sich bei den Vorüberlegungen und Planungen. Zuerst hatte ein Mädchen vorgeschlagen, sie in einem Familiengottesdienst zu verabschieden, aber die Mädchen hatten Bedenken und wollten ihr einen geschützten Raum anbieten, durchaus die Kirche in das Ritual mit einbeziehen, aber nicht die gesamte Gemeinde mit dabeihaben.

Es gab mehrere Treffen, in denen die Mädchen selbst ihre Verantwortlichkeiten absprachen. Mir wiesen sie die Rolle der Begrüßung und des Segens zu, alles andere gestalteten sie: eine Art »Abschiedslitanei«, Musik, Trommeln und Tanz, einen Teil, in dem das zu verabschiedende Mädchen ihren Raum abschreiten konnte und alles dalassen, was ihr nicht gut tut, was sie loslassen will, dann gab es einen Part mit Wünschen und am Schluss den Segen. Nach dem Ritual, das wir mit ca. 20 Mädchen und einigen Frauen, die von den Mädchen persönlich eingeladen worden waren, gefeiert hatten, fragte mich die Gruppe, warum es so etwas nicht für jedes Mädchen gibt: »Da hätte ich mehr von gehabt als von meiner langweiligen Konfirmation«.

Wir brauchen Rituale, wenn wir glaubhaft Seelsorge betreiben. Und in jedem Ritual wird auch wieder die existenzielle Frage nach der spirituellen Heimat von Frauen in der Kirche neu aufgeworfen. Schließlich macht sich an der Rituallosigkeit, an der für die meisten Frauen und Mädchen mangelnden Fähigkeit, sich im kirchlichen Gefüge zu beheimaten, wieder Elementares und Wesentliches des eigentlichen Dilemmas, der Heimatlosigkeit, fest.

Zugleich aber gibt es die Erfahrung, dass positiv erlebte und selbstausgefüllte Rituale im Kontext von Kirche Türen öffnen und neue Dimensionen von Spiritualität und Glauben ermöglichen.

Denn im Ritual kann ich mich dem Geist und der Verbindung zu Gott unmittelbar aussetzen. Ich brauche nichts mehr zu erklären, wenn ich gute Vorarbeit geleistet habe. Die allerdings ist wesentlich, damit es nicht zu unreflektierten, emotionalen »Highlights« kommt, die weder im seelsorgerlichen Prozess, noch im kirchlich-sozialen Gefüge verankert sind.

Rituale und Seelsorge gehören zusammen, der systemische Ansatz ermöglicht auf den verschiedenen Ebenen die Verknüpfung des Unbewussten mit dem Realitätsbewusstsein. Die eigentliche Durchführung des Rituals in der systemischen Seelsorge wirkt über unser Alltagsbewusstsein hinaus und zugleich genau in dieses hinein. Das Ritual katalysiert und stabilisiert vor allem auf der seelischen Ebene wertvolle Aspekte und Dynamiken und gibt den Teilnehmenden die Möglichkeit, etwas über sich selbst Hinausweisendes zu erfahren. In dieser Transzendenzerfahrung begreifen sie sich als wandelbar.

Systemisch arbeiten: Veränderungen in Seelsorge und Gemeindearbeit

Julia Strecker

Die Systemtheorie, in den 1930er Jahren von dem Philosophen und Biologen Ludwig von Bertalanffy in Abgrenzung von der Forschungspraxis der klassischen Naturwissenschaften begründet, hatte wesentlichen Einfluss auf das systemische Denken in der Praxis von Beratung und Therapie. Einen ebenso wichtigen Einfluss hatte der Konstruktivismus, unter anderem von dem Physiker Heinz von Foerster entwickelt und auf soziale Systeme übertragen. Die Welt des Konstruktivismus, die den neueren Beschreibungen systemischer Praxis zugrunde liegt, geht davon aus: Alles, was wir wahrnehmen, ist in der Gestalt, wie wir es wahrnehmen durch unser Gehirn konstruiert. Das heißt also, auch Systeme und unsere Wahrnehmungen von Systemen sind Konstruktionen, denn wir können die Realität als Ganze nicht aufnehmen und benötigen deshalb Selektionen und Reduktionen der Wirklichkeit, die in jedem Menschen unterschiedlich vorgenommen werden.

Neuere systemische Praxis versteht ihre eigene Sicht der Dinge als konstruiert und ebenso die Perspektive der KlientInnen. Das Entlastende daran: Es geht nicht darum, »richtige Beschreibungen« zu finden, sondern mit Sicht- und Erlebnisweisen zu experimentieren, sie zu verwandeln, zu erweitern, zu ersetzen.

Für mich als feministische Theologin war die Entdeckung des Konstruktivismus eine Öffnung hin zum Spielerischen und zu mehr Leichtigkeit, auch im theoretischen Diskurs. Keine der vorgetragenen oder möglichen Sichtweisen muss die wahre sein. Stattdessen ist ein spielerischer variabler Umgang mit den Dingen hilfreich und horizonterweiternd.

Schon im Studium hatte mich das Buch von Georges Casalis (1980) »Die richtigen Ideen fallen nicht vom Himmel« fasziniert, weil »Objektivität« grundsätzlich als hinterfragbar formuliert wurde. So brachten neue unterschiedliche Beobachtungsweisen befreiende Impulse für Theorie und Praxis in der Theologie, die sich auch auf die feministischen Suchbewegungen positiv auswirkten.

Was macht also in der systemischen Beratung und dann auch Seelsorge den Unterschied aus, der einen Unterschied macht? – Die Unterscheidung entsteht in der Kommunikation über Wahrnehmungen, die das Erleben von Wirklichkeiten unterschiedlich äußern.

Wenn ich zum Beispiel einen Konflikt mit einem Konfirmanden habe, der auf einer Freizeit durch auffälliges Verhalten die Gruppe zu polarisieren scheint, so kann ich die übliche Warum-Frage verändern und stattdessen erfragen, wer im Umfeld dieses Konfirmanden wesentliche Erkentnisse und Hypothesen zu seinem Verhalten beizutragen hat. Das können Familienmitglieder, aber auch MitschülerInnen, LehrerInnen und evtl. auch die Kinderärztin sein.

Der Junge, an den ich denke, ich nenne ihn Marcel, ist dreizehn Jahre alt und verbalisiert und kommuniziert in vielen Interaktionen: »Ich bin zu kurz gekommen, sieh mich bitte an, ich will gesehen werden.« Als systemische Seelsorgerin suche ich nach den Ressourcen, die diesem jungen Menschen auswegreiche Möglichkeiten für sein Leben, auch für seinen Part in dieser Konfirmationsgruppe, bereitstellen.

Wer oder was hat ihm in der Vergangenheit geholfen, aus einem Vakuum der Ressourcen in eine positive wertschätzende Haltung zu kommen? Was sind mögliche Ankerpunkte für ihn? Wer sind seine Vorbilder?

Bei einem Gespräch mit den Eltern und Marcel erfahre ich, dass Marcel seinen Stiefvater, mit dem er zusammenlebt, ablehnt und auch seine Mutter nicht als Autorität akzeptiert.

Auf meine Frage, ob es ein positives Modell für ihn gebe, benennt er seinen Vater, den er zweimal im Jahr sieht und der sich seit seinem dritten Lebensjahr nur noch in den Sommer- und Weihnachtsferien um ihn kümmert.

In einem Gespräch, das ich nur mit den Eltern führe, erfahre ich von den drei jüngeren Halbgeschwistern, die die gesamte Energie der Mutter auf sich ziehen. Der Stiefvater ist wenig und unregelmäßig zuhause, da er im Schichtdienst arbeitet und vertritt die Auffassung, Marcel sei nun mal der Älteste, müsse Verantwortung für die Kleinen übernehmen und solle sich nicht immer so wichtigtuerisch aufspielen. Vor zwei Jahren waren sie bereits mit ihm in einer evangelischen Beratungsstelle, da es in der Schule wiederholt zu störendem Verhalten im Unterricht kam. Danach war es etwas besser und auch seine schulischen Leistungen waren deutlich angestiegen. Als ich frage, wer das zuerst bemerkt habe, sagt die Mutter: »Unsere Kinderärztin´.»

Das macht mich neugierig, und ich erfahre, dass die Kinderärztin regelmäßig zur Familie kommt und besonders auf Marcel ein Auge geworfen hat, da er jahrelang Bettnässer war, was jedoch nach der besagten Beratung aufhörte. Ich frage, ob die Familie einverstanden sei, wenn ich mit der Ärztin spreche, was bejaht wird. Im Gespräch mit der Ärztin wird mir deutlich, wieviel komplexer das System sich gestaltet, als ich es erst wahrgenommen hatte. Marcel steht seit seinem viertem Lebensjahr in starker Konkurrenz zu seinem Stiefbruder Dennis, der genauso alt ist wie er und bei der Exfrau des Stiefvaters lebt.

Während Marcel seinen eigenen Vater nur sehr selten sieht, unternimmt der Stiefvater jedes zweite Wochenende etwas mit Dennis, seinem leiblichen Sohn. Das Familiensystem wird dann immer erweitert, und Marcel »kann gucken, wo er bleibt». Komplexer wird die Situation noch dadurch, dass Marcels Vater mit seiner neuen Frau auch einen Sohn hat, mit dem er zusammenlebt, und den er auch zu diversen Ferienaktivitäten mitnimmt. Marcel kämpft also an jeder Stelle um seinen Platz.

Als systemische Seelsorgerin sehe ich hier zwei Aufgaben für mich. Erstens: die Ressourcen und Ankerungsmöglichkeiten dieses Jungen zu aktivieren und für ihn zugänglich zu machen und dabei auch nach spirituellen Anknüpfungspunkten zu suchen. Zweitens: die Genderfrage zu thematisieren, indem ich den Blick auf männliche und weibliche Rollenvorbilder, Autorität und Respekt wende. Dabei bleibe ich bei der Grundannahme, dass der Selbstwert von Jugendlichen wesentlich durch die positive Bezogenheit ihret erwachsenen Bezugspersonen gestärkt wird. Welche Frauen dienen Marcel als positives Gegenüber in seiner Mannwerdung? Welche Männer sind echte Begleiter, die Marcel das Gefühl geben können: Ich sehe dich, so wie du bist, mit all deinen Ängsten und Bedürfnissen?

Das primäre Ziel einer feministischen Seelsorge liegt darin, die Leiden an kulturell zugewiesenen und übernommenen Geschlechter-Stereotypen abbauen zu helfen, zugunsten einer zunehmenden Stärkung der individuellen Potentiale und Quellen von Kraft im Verbund mit Ressourcen kleinerer und größerer

Systeme. Dazu zählt auch eine Vermittlung von Werten wie Freiheit, Gleichheit und Gerechtigkeit, die nicht nur über Stärkung individueller Ressourcen erreichbar ist, sondern auch über Vernetzung und das Fördern von Gemeinschaft.

Dazu gehört es auch, durch Stereotype schwach definierte Rollenfelder und Potentiale auszuloten und Frauen als Frauen und Männer als Männer in ihrer je eigenen Persönlichkeit zu bestärken.

Für die Arbeit mit den KonfirmandInnen bedeutet das eine immer wieder sinnvolle Aufteilung in Mädchen- und Jungengruppen und das Vermitteln des Wertes, dass Jungen sich gegenseitig unterstützen können, so wie Mädchen auch. Als ich auf der besagten KonfirmandInnenfreizeit eine längere Arbeitseinheit zum Thema «Gottesbilder» machte, ließ ich die Jungen ihre Vorstellungen von Gott in Form eines gemeinsamen Musikstückes entwickeln. Sie schrieben als Achtergruppe einen «Wer ist Gott für mich-Rap», den sie dann mit viel Spaß in verteilten Rollen und mit einem gemeinsamen Chorus aufführten.

Die Mädchen machten auch einen Song, der als Gruppe gemeinsam vorgetragen wurde. Ich legte Wert darauf, dass die Mädchen sich vor ihrer Präsentation dazu äußerten, wie der gemeinsame Kreationsprozess war und dass bei aller Gemeinsamkeit auch die individuellen Unterschiede herauskamen.

Praktisch muß sich eine gender-offene Seelsorge von vorhandenen materiellen, sozialen und subjektiven (psychischen) Ressourcen bei der Erschließung neuer Lebensräume und der Wahrnehmung von Grenzen leiten lassen. Dabei bilden diese Ressourcen kein statisches Gebilde, sondern können sich mit verändertem situativem Kontext neu verändern. Eine gender-sensible systemische Seelsorge bleibt kritisch gegenüber möglichem Druck gesellschaftlicher Utopien und übt auch Gelassenheit und Achtsamkeit, ohne ihre Visionen aufzugeben.

Im beschriebenen Beispiel habe ich als Seelsorgerin die verschiedenen Bezugssysteme Marcels kennengelernt und nach und nach die verschiedenen Mosaiksteinchen zusammengeführt. Dabei war der Wechsel zu bekömmlicheren und für sein Leben angemesseneren Ideen ein wertvoller Anker, anstatt nach «richtigen Bechreibungen» zu suchen.

Systemische Seelsorge sucht verstärkt nach Ressourcen, anstatt den Fokus auf Defizite und pathologisches Verhalten zu setzen. Sie spielt mit Ideen und Hypothesen, in der Überzeugung, alles könnte auch ganz anders sein.

Das ist besonders für die Genderperspektive interessant. Klassische Rollenzuschreibungen greifen nicht mehr. Ich denke, dass es wirklich einen Unterschied macht, wie Frauen und Männer Wirklichkeiten konstruieren und vor allem, wie sie diese leben. Der Alltag von Frauen und Männern ist nach wie vor sehr unterschiedlich. Diese Unterschiede fließen ein, in meine Art, als Frau und Seelsorgerin Gespräche zu führen, in meine Art zu fragen. Und ich glaube sogar, daß eine systemisch-konstruktivistische Seelsorge gender-sensitiv sein muß, weil sie sonst nicht konstruktivistisch ist. Sie würde sonst etwas ausblenden, was zu den ganz vitalen Wirklichkeitskonstruktionen der Beteiligten gehört.

Ein Beispiel: Ich arbeite als Supervisorin im Kirchenkreis mit einem Arbeitskreis zum Thema «Zukunft der Kindertagesstättenarbeit und Familienzentren», mit haupt- und nebenamtlichen Mitarbeitenden und finde dort einen Superintendenten, einige Pfarrer und Pfarrerinnen, eine Psychologin, viele Frauen aus Kindertageststätten und anderen kirchlichen Einrichtungen und einige Frauen aus der Verwaltung.

Ich erkenne gleich einiges über die Geschlechterverteilung, über Berufsgruppen und Hierarchien in der Institution Kirche. Mit der institutionellen Hierarchie und den verschiedenen Berufsgruppen sind oft bestimmte Verhaltensregeln gekoppelt, z.B. eine eingeschränkte Redeerlaubnis, eine begrenzte Erlaubnis laut zu denken, Meinungen zu äußern, Vorschläge zu machen. Wenn ich das einfach ausblende, kann ich sehr schnell Mitspielerin in einem System sein, in dem tatsächlich Gender sehr viel Macht und Einfluss hat. Mir ist es aber besonders wichtig, gerade von denen, die häufig wegen ihres Geschlechts oder wegen ihrer Berufsgruppe stumm sind, Ideen zu hören. Ich bin überzeugt davon, daß Genderbewusstsein eine Ressource für Frauen und für Männer ist. Die Frage stellt sich für jede und jeden: «Wie kann ich diese Ressource entwickeln oder weiterentwickeln? Wie kann ich meine eigene Geschlechtszugehörigkeit wertschätzen? Und wie kann ich daran Vergnügen haben?»

Erotik und Wissen – die spirituelle Macht der Lebenskraft

Ursula Riedel-Pfäfflin

Da wir in unseren Begegnungen mit Frauen immer wieder auf das Erleben von Missbrauch gestoßen sind und auch in unseren theoretischen Überlegungen sehr oft Sexualität in Verbindung mit Traumatisierungen und Gewalt auftaucht, ist es uns wichtig, auch andere, anregende, spirituelle Flüge in das Reich der Sexualität und Erotik zu unternehmen.

Erotik und Macht sind in unserer Kultur oft mit negativen Assoziationen verbunden. Erotik ist in den Bereich der Eros-Center und Pornofilme geraten, Macht in das Territorium der schmutzigen Geschäfte und Kriege, des Regierens von oben nach unten. Auch in der Kirche ist der Begriff Macht für viele mit Allmachtsvorstellungen von Gott und dem Allmachtsgebaren von

Kirchenleitungen und Bischöfen oder anderen Amtsträgern verknüpft. Die meisten Frauen wollen mit Macht nichts zu tun haben, weil sie Macht bisher nur als unterdrückende, einseitige Formen der Durchsetzung erfahren haben.

Im kirchlichen Raum über Sexualität, Körpererfahrungen, Sinnlichkeit oder Erotik zu sprechen, können sich die meisten Frauen kaum vorstellen. Hier haben sie von Sexualität und Lust meist im Zusammenhang mit Sünde und Schuld, mit Reinheit und Beschränkung auf Ehe gehört. Erotik und Glaube? Sexualität und das Heilige? Sinnlichkeit und Körper, Homosexualität, Freundschaft und Liebe zwischen Frauen als Themen der Theologie? Theologinnen wie Carter Heyward, Mary Hunt, Karen Lebacqz, Mary Pellauer, Elga Sorge, Elisabeth Moltmann-Wendel und andere haben alte Tabus gebrochen und den Zusammenhang von Sexualität, Erotik und Spiritualität reflektiert. Pastoralpsychologen wie James B. Nelson und James Poling erarbeiten neue Sichtweisen der Macht und der Männlichkeit, der Homosexualität und der Religiosität (Nelson/Longfellow, 1994; Poling, 1991).

Im Folgenden möchte ich Deutungen der Erotik und Macht darstellen, die ein anderes Wissen mitteilen, ein Wissen aus der Tiefe der eigenen Erfahrung, der intensiven Analyse der dominanten Kultur und des Erinnerns der eigenen Geschichte. Eine dieser Wissenden ist die afrikanisch-amerikanische Schriftstellerin Audre Lorde, die in ihrem Artikel »Vom Nutzen der Erotik« Erotik als Macht interpretiert. Ihre Gedanken gehören für mich zu dem Schönsten, was über Erotik geschrieben worden ist, und ich möchte im Gespräch mit ihr eine ungewohnte, spirituelle Sicht des Erotischen beschreiben (Lorde/Rich, 1983).

Erotik als Macht der Lebendigkeit

»Es gibt viele Arten von Macht, genutzte und ungenutzte, erkannte und unerkannte Macht. Erotik ist ein Potential, ein »Lebens-Mittel« in uns allen, das einer zutiefst weiblichen und spirituellen Ebene angehört und fest in der Macht unserer unausgesprochenen Gefühle wurzelt« (Lorde/Rich, 1983). In diesem Verständnis von Macht wird ein ganz anderer Gesichtspunkt als der der Repression, der Durchsetzung von Hierarchie, der einseitigen und von Gewalt abgesicherten Einflussnahme von oben nach unten deutlich: Macht als Möglichkeit, als Potential, als Quelle der Kraft von innen und in Beziehung zu anderen, und zwar einer Kraft zum Leben.

Diese Lebendigkeit, die zutiefst in dem Potential der Frauen verankert ist, Leben schöpferisch weiterzugeben, nennt Audre Lorde spirituell. Spirituell ist hier nicht im Sinne dualistischer Aufteilungen gemeint, wie sie sich in der europäischen Philosophie und Theologie durchgesetzt haben. Dort wird der

Bereich des Körperlichen, Sinnlichen, Sexuellen, Materie-Gebundenen und Weltverfangenen mit dem Weiblichen, Subjektiven verknüpft. Diesem Bereich des »Niederen« steht das »Höhere« entgegen, das Reich des Geistes, des Nicht-Sinnlichen, des A-Sexuellen, des Göttlichen (Männlichen, Objektiven). Spiritualität ist in dieser Tradition als Geistlichkeit verstanden, die vom konkreten, sinnesbezogenen Leben abgegrenzt wird. Audre Lorde dagegen verbindet »spirituell« mit der Macht unserer »unausgesprochenen Gefühle«, die aus unserem »tiefsten, nicht-rationalen Wissen« entspringt (Lorde/Rich, 1983, 187).

Nicht nur wird Macht also neu definiert, sondern Erotik und Spiritualität werden anders verstanden. Erotik, Macht und Spiritualität gewinnen eine neue Bedeutung, indem sie miteinander und mit dem Wissens- und Wahrnehmungsbegriff verbunden werden. Erotik ist »eine Quelle erfüllender und provozierender Macht für diejenige Frau, die ihre Offenbarung nicht fürchtet und auch nicht dem Glauben erliegt, mit dem Gefühl der Erregung sei es getan. Erotik ist ein Maß der beginnenden Wahrnehmung unserer selbst im Chaos unserer stärksten Gefühle (...) Sie ist eine Frage nach der Stärke und Intensität unseres Fühlens bei unserem Tun« (ebd., 188). Macht können wir also als Stärke und Intensität der Lebendigkeit im Fühlen und Handeln ansehen, die nicht beherrscht, sondern als Prozess in ihrer Diversität und Fülle erlebt und wahrgenommen werden kann und in unsere Arbeit einfließt. Ziel dieses Handelns und Wissens ist es, »unsere Leben und das Leben unserer Kinder lebenswerter und reicher zu gestalten« (ebd., 188). Wir können also Macht als einen Prozess der Einflussnahme von innen und als mit anderen geteilte Kraft verstehen, in welchem die Wahrnehmung unserer tiefsten und stärksten eigenen Gefühle beim Handeln einfließt.

Diese Macht fließt so in unser Handeln und in gesellschaftliche Arbeit ein, dass sie das eigene Leben und das der anderen lebenswerter und reicher werden lässt. Erotik wird von Lorde und von anderen feministischen Theologinnen viel weiter gefasst als im traditionellen Verständnis des Begehrens und der Selbstsucht oder des Vorspieles, das zu einer Befriedigung der eigenen sexuellen oder gewalttätigen Interessen dient. Erotik ist schöpferische Gestaltungskraft, die aus der Wahrnehmung der tiefsten Emotionen fließt und sich für geteilten Reichtum des Lebens einsetzt. Sie ist zugleich spirituell im Sinne von Spiritus als Atem, als Kraft der Lebendigkeit im biblischen Sinn von Geist, Lebensodem. »Wenn ich daher von Erotik spreche, dann im Sinne einer Bestätigung der weiblichen Lebenskraft – dieser machtvollen schöpferischen Energie, die wir uns nun zu unserer Erkenntnis und zu unserem Nutzen in unserer Sprache, unserer Geschichte, unseren Tänzen, unserer Liebe, unserer Arbeit und in unserem Leben zurückgewinnen« (ebd., 189).

Wissen als Macht der Wahrnehmung und der Erkenntnis unserer Potentiale

Für Frauen ist eine der problematischsten Folgen des in unserer Kultur dominierenden Wissens, dass es einerseits wichtige Dinge voneinander trennt, z. B. Spiritualität (das Psychische und Emotionale) vom Politischen, Erotik von Wissen und von Macht. Andererseits vermischt das dominante Wissen Erotik und Pornographie und leitet durch Erziehung Mädchen und Frauen an, ihrer eigenen erotischen Kraft mit Verdacht und Verdrängung zu begegnen. »Wir wurden gelehrt, diesem in unserer westlichen Gesellschaft missachteten, Missbrauchten und seines Werts beraubten Potential zu misstrauen. Einerseits wurde oberflächliche Erotik als Zeichen weiblicher Minderwertigkeit gefördert und andererseits hat man die Frauen dazu gebracht, unter der Erotik zu leiden und sich ihretwegen selbst zu verachten und zu misstrauen. Von da aus ist es nur ein kurzer Schritt zu dem Irrglauben, allein die Verdrängung der Erotik aus unserem Leben und Bewusstsein mache uns Frauen wirklich stark. Aber diese Stärke ist eine Illusion, denn sie entsteht in einem Kontext männlicher Machtmodelle« (ebd., 187).

Ein wesentlicher Schritt der Frauenbewegung und feministischer Wissenschaft war und ist es, traditionelle Modelle von Macht und Wissen in allen Disziplinen und Gesellschaftsbereichen zu analysieren und nach ihrem Kontext zu differenzieren. Ein Beispiel für eine unterschiedliche Analyse ist die Einschätzung der sogenannten sexuellen Revolution. Wenn also vielerorts argumentiert wird, dass europäische und nordamerikanische Frauen nach den sechziger Jahren emanzipiert seien und keiner sexuellen oder erotischen Einschränkung mehr ausgesetzt sind, dass sie die Pille benutzen können und sich sexuelle Freiheiten erlauben, dann geht das an einem tieferen Verstehen vorbei. Zwar haben weiße westliche Frauen gegenüber Frauen aus anderen Kontinenten und Systemen viele Privilegien und viel mehr Wahlmöglichkeiten, jedoch haben sie das dominante Wissen um ihre Minderwertigkeit als sexuelles Wesen durch unsichtbare Techniken der sozialen Kontrolle jahrhundertelang gründlich verinnerlicht. Die meisten Frauen haben den dazugehörigen Selbsthass so erfolgreich gelernt,

dass heute wenige Mädchen und Frauen sich trauen, die Mächtigkeit und Fülle ihrer erotischen und sexuellen Kraft in allen Bereichen des Lebens, auch dem des Wissens und der Arbeit, zur Wirkung kommen zu lassen. Ich kenne kaum eine Frau, die von sich uneingeschränkt sagen würde, dass sie sich schön findet oder dass sie sich und ihren Körper liebt; hier war die Arbeit feministischer Theologinnen bahnbrechend, die neben wissenschaftlichen Analysen auch einfache Slogans formten wie »Ich bin gut, ich bin ganz, ich bin schön«

(Moltmann-Wendel) und den Mut hatten, lesbische Beziehungen als Thema in die kirchliche und theologische Diskussion einzubringen (Mary Hunt, Hertha Leistner, Ute Knie).

Ein weiterer Schritt in der Wahrnehmung durch Theologinnen war es, Unterschiede zwischen Frauen genauer zu sehen und zu respektieren. »Die Frau« ist genauso eine künstliche Vereinheitlichung wie der Begriff »Weiblichkeit«. Wie weibliche Lebensenergie, Macht und Erotik sich äußern, ist sehr unterschiedlich und trotz vieler Gemeinsamkeiten nicht zu vereinheitlichen. Schwarze Theologinnen aus den USA nennen sich »Womanists«, hispanische Frauen »Mujerista«, um ihre eigenen Erfahrungen und Erinnerungen zu Gehör zu bringen. Um die eigene Stimme anderer Frauen zu achten, ist es wichtig, sie nicht einfach zu vereinnahmen. Aus diesem Grund möchte ich die Stimme Audre Lordes so viel wie möglich als ihre eigene hören, denn als weiße Frauen nehmen wir die machtvollen Energien der farbigen Frauen oft nur in Abhängigkeitsverhältnissen und Dienstleistungen für uns in Anspruch. Audre Lordes Wunsch ist es, aus ihrer eigenen Erfahrung mitzuteilen, wie diese andere Mächtigkeit in uns, die Kraft der Erotik, unser Leben und unser Zusammenleben verwandeln kann. »Eine andere wichtige Funktion erotischen Bezogenseins ist die offene, furchtlose Betonung meiner Fähigkeit zur Freude. Genauso wie mein Körper sich nach einer Musik streckt und sich im Hören auf ihre innersten Rhythmen zu einer Antwort öffnet, öffnet sich jede Ebene meines Fühlens der erotisch befriedigenden Erfahrung – ob ich tanze oder ein Bücherregal baue, ein Gedicht schreibe oder einer Idee nachgehe« (ebd., 191).

Hier wird noch einmal deutlich, was Lorde mit Spiritualität meint und warum sie Spiritualität und Politik nicht trennt. Wenn Spiritualität die schöpferische Intensität der inneren Kräfte meint, die im Teilen mit anderen entsteht, also eine Beziehungsmacht ist, dann gehört sie mit Politik zusammen, weil es im politischen Bereich um die Strukturierung von Beziehungen zwischen Systemen geht. »Die verbindende Brücke zwischen beiden ist nämlich die Erotik – die Sinnlichkeit, das Teilen/Mitteilen des physischen, emotionalen und psychischen Ausdrucks für das, was unser aller tiefstes, stärkstes und reichstes Potential ist: die Leidenschaft des Hebens – des Hebens in seiner tiefsten Bedeutung« (ebd., 190). Die Anerkennung der Macht der Erotik in unserem Leben kann die nötige Energie geben, um auf Veränderung unserer Welt hinzuzielen, und insofern hängt sie eng mit politischem Handeln zusammen.

Innere Macht, Verbindungsfähigkeit und Wissen in theologischer und biblischer Sicht

In der hebräischen Bibel gibt es ein Wort, das auch von den innersten, tiefsten Gefühlen einer Person spricht: rachamim. Üblicherweise wird rachamim mit Erbarmen übersetzt, Mitleid, Barmherzigkeit. Jedoch weist Jürgen Kegler zurecht darauf hin, dass damit der Ort dieser Gefühle in der deutschen Übersetzung ins Herz verlegt wird, während rachamim im Hebräischen mit rechem zusammenhängt: Mutterleib, Uterus. Er weist darauf hin, wie stark sich physische und psychische Dimensionen im hebräischen Denken durchdringen und wie sehr vitale Bedürfnisse in einer komplexen Beziehung zum menschlichen Körper stehen. Nefesch z. B. ist als Kehle, Schlund und Rachen zugleich der Ort der Gier und Begierde und gleichzeitig der Begriff für »Leben« oder »Person« (Kegler, 1992, 28). Die komplexe Verbundenheit von Körper, Seele und Bedeutung für das Ganze des Lebens gilt auch für den Ort tiefster Gefühle: rechem. »Das besondere an ›diesem Körperteil‹ ist zunächst dies, dass nur Frauen es besitzen. Es ist das zentrale Organ, in dem (neues Leben) entsteht: der Mutterleib oder -schoß (...). Der Mutterleib ist ein geschützter Raum und ein schützender Raum« (ebd., 31). Welche Gefühle verbinden sich also mit diesem Organ? Kegler gibt hier die Unmöglichkeit zu, als Mann die Bedeutungsbreite der Gefühle, die hier erlebt werden, zu erfassen. Seine Vermutung ist, dass es um »Behütenwollen, Schutz gewähren, Freude am Werden des Lebens, Leben fördern, Leben lieben« geht. »Im Reichsaramäischen und im biblischen Aramäischen hat das Wort rhmjn die Bedeutungen: Zuneigung, Liebe, Erbarmen. Wichtig ist dabei die starke Affinität zur Liebe« (ebd., 31f.).

Die Verbindung zwischen Liebe zum Leben, Erotik, Spiritualität und Macht sind für das israelitische Menschen- und Gottesbild nicht provozierend, sondern naheliegend. In Jeremia 31,20 wird Ephraim als Kind des Vergnügens, der Lust Gottes bezeichnet. An vielen Stellen, an denen Luther mit Erbarmen übersetzt hat, würde das Wort lieben nach Keglers Interpretation besser passen. Wenn von »Gottes rachamim« gesprochen wird, dann geht es um die Fähigkeit der Mütterlichkeit, Leben durch Liebe zu geben, zu schützen und zu fördern (ebd., 32). So, wie Lorde Erotik als Beziehungsmacht interpretiert, meint auch rachamim die Liebe, die aus der engsten Verbundenheit zwischen zwei Menschen, Mutter und Kind, entsteht und zur intensiven Lebendigkeit beider führt. Vom biblischen Gottes- und Menschenbild her kommt die Interpretation hinzu: dort, wo in enger Beziehung Liebe auch Erbarmen einschließt, kann Leben weitergehen und immer wieder Lebendigkeit entstehen. Die tiefsten Gefühle schließen nicht nur die der Freude, sondern auch die der Verzweiflung, des Zornes, der Trauer ein. Aus der Bejahung ihrer Intensität (dem intensiven

Mitfühlen, compassion, rachamim) entsteht auch wieder Offenheit, neue Nähe, neue Lust an sich, an anderen, am Leben.

In einem weiteren hebräischen Begriff wird der Zusammenhang von Liebe und Erkennen angesprochen: עדי (jadah) bedeutet merken, sich kümmern um, kennen lernen, aber auch sexuell erkennen, sexuell verkehren, etwas verstehen, wissen, erkannt haben. Während in unserem Sprachraum verstehen, wissen, erkennen dem Kopf, dem Gehirn zugeordnet werden, wird hier im Hebräischen das Sexuelle mit dem Wissen verknüpft. Geschlechtlich miteinander sein bedeutet nicht nur zeugen oder empfangen, sondern Erkennen in der Begegnung, vertraut werden miteinander, sich ganz und gar kennen (ebd., 39f.).

In feministisch theologischer Arbeit ist auf die Wichtigkeit des ganzheitlichen Menschen-, Welt- und Gottesbildes von Anfang an hingewiesen und die Trennung von Natur und Geist, Körper und Seele, Sinnlichkeit und Spiritualität, Erotik, Sexualität und Agape in ihren verheerenden Folgen aufgedeckt worden. Die Theologin Catherine Keller macht in ihrer Analyse des abendländischen Selbst deutlich, dass dieses Selbst auf dem Errichten eines Dualismus beruht, in welchem auf der einen Seite das trennende Selbst des Helden propagiert wird, der sich im Gegensatz und in der Bekämpfung Anderer definiert.

Auf der anderen Seite wird das sich auflösende, hingebende passive Selbst (der Frau) konstruiert, deren Lebenssinn es ist, das »Andere« darzustellen. Damit macht sich das trennende Selbst jedoch ironischerweise vom Anderen abhängig. »Dieses Andere«, meint sie, »besonders in der Gestalt der Frau, wird dann verständlicherweise abwechselnd zum Gegenstand der Anbetung und des Abscheus: Sie symbolisiert zugleich, was ihm fehlt und was er fürchtet« (Keller, 1989, 40). Wie andere Theologinnen hält Keller die alten Dichotomien für destruktiv, weil sie Gewalttätigkeit als Strukturelement einschließen. Sie hält ausschließliche Gegensätzlichkeiten auch für überflüssig, denn die Forderung nach einem Paradigma der Verbundenheit in der feministischen Theologie heißt nicht, dass Unterscheidungen und Abgrenzungen nicht notwendig wären oder aufgehoben werden sollen. Unterscheidung und Verbundenheit schließen sich nicht aus. Das bindungsfähige Selbst wird als eines verstanden, das eine tiefe Affinität zu allen Wesen hat. »Ein Selbst ist ein Knotenpunkt im Netzwerk der Welten, und in jedem Selbst beseelt ein Eros die Welt. Die Welt hat Herz – dort umfangen wir ein verdichtetes, personifiziertes, in einzelnen sich darstellendes Universum, dem wir in jenen Metaphern des Heiligen begegnen, die uns inspirieren. Wenn wir Gott in uns begegnen, dann treffen wir Sie im heißflüssigen Kern des Verlangens unseres Herzens an, wo Sie unserem Mut und unserer Suche immer wieder neue Energie zuführt« (ebd., 283).

Dieses Verständnis von Gott, Mensch und Universum aus der immer neu entstehenden wechselseitigen Beziehung ist in einer Theologie entwickelt worden, die von der Prozessphilosophie Alfred North Whiteheads inspiriert wurde und sich Prozesstheologie nennt (Cobb/Griffin, 1976). Prozesstheologie und feministische Theologie berühren sich in vielen Punkten, unter anderem auch darin, dass Gott selbst als Prozess und in Beziehung sich verändernd verstanden wird. Jedoch ist es durch Frauen wie Catherine Keller oder Carter Heyward, Elga Sorge, Christa Mulack oder Gerda Weiler gewagt worden, eine Beziehung zwischen Gott, schöpferischer Macht und Erotik herzustellen, die auch biblisch begründet wird.

Das schönste Zeugnis von der Macht des Erotischen ist im »Hohen Lied der Liebe« in der Bibel selbst anzutreffen. In der Auslegung dieser Texte ist am besten zu erkennen, wie sehr das Wort spirituell von einer dualistischen Tradition vereinnahmt wurde. In der christlichen theologischen Tradition wurde das Hohe Lied nämlich später nicht mehr als Ausdruck intensiver, auch körperlicher, leidenschaftlicher Sehnsucht und Liebe verstanden, sondern nur noch »vergeistigt« ausgelegt und auf das Verhältnis von Seele und Christus interpretiert. Feministische Theologinnen haben hier neue Interpretationen gewagt, dass nämlich hier und an anderen Stellen der Bibel in Resten und Bruchstücken ein Verständnis der Beziehungen zwischen Frauen und Männern rekonstruierbar ist, das von der Schwester-Bruder-Verbundenheit ausgeht. Wichtig ist die Beziehung zwischen Bruder und Schwester, da sie von der gleichen Mutter geboren sind und sich ein Leben lang gegenseitig bei den schwierigen Aufgaben des Überlebens helfen.

Noch heute gibt es Gesellschaften, z. B. bei den Khasi in Nordindien, in denen solche Traditionen gelebt werden. Auch von der matriarchalen Struktur der Stammessysteme finden sich noch Anklänge im Hohen Lied. Braut und Bräutigam bezeichnen sich wiederholt gegenseitig als Bruder und Schwester: »Du hast mir das Herz genommen, meine Schwester, liebe Braut, mit deiner Augen einem und deiner Halskette einer. Wie schön ist deine Liebe, meine Schwester, liebe Braut, Deine Liebe ist lieblicher denn Wein, und der Geruch deiner Salben übertrifft alle Würze. (...) Ich bin gekommen, meine Schwester, liebe Braut in meinen Garten. Ich habe meine Myrrhe samt meinen Würzen abgebrochen. (...) Esset, meine Lieben, und trinket, meine Freunde, und werdet trunken« (Hohes Lied 4,10-5,1) und die Braut antwortet: »Oh, dass du mir gleich einem Bruder wärst, der meiner Mutter Brüste gesogen. Fände ich dich draußen, so wollte ich dich küssen, und niemand dürfte dich höhnen! Ich wollte dich führen und in meiner Mutter Haus bringen, da du mich lehren solltest. Da wollte ich dich tränken mit gewürztem Wein und mit dem Most meiner Granatäpfel« (Hohes Lied 8,1-2).

Die Macht der Beziehung, welche die gegenseitige tiefste Berührung zwischen Frauen und Männern, Körper und Geist, Natur und Kosmos feiert, wurde symbolisch in der heiligen Hochzeit zwischen Priesterin und König zum Ausdruck gebracht. Nach Ansicht einiger Theologinnen und Religionswissenschaftlerinnen besteht das hohe Lied aus Fragmenten, in denen diese Feier sich widerspiegelt. Die heilige Hochzeit ist auch in anderen Texten der Tradition erhalten, so in der Tradition der Hochzeit zwischen der Göttin Inanna und ihrem Geliebten Tammuz. »Mein Geliebter, der mit Üppigkeit angetan, der mit Üppigkeit angetan, deine Reize sind süß. Mein Granatapfel, der mit Üppigkeit angetan, deine Reize sind süß, mein Granatapfel, der reiche Früchte trägt, deine Reize sind süß. (...) Heute steht mein Herz nach Freudenfeier und Musik« (Schmökel, 1956).

Von der Feier der heiligen Hochzeit über die hebräischen Texte der Bibel zur heutigen Auslegung verschiedener Frauen und Männer und der Entwicklung neuer Interpretation von Erotik, Macht und Wissen sind wir den verschiedensten Kontexten, Kulturen und politischen Systemen begegnet. Es ist wichtig, hier nicht Übereinstimmungen zu konstruieren, die die gravierenden Unterschiede überdecken. Was in vorpatriarchalen Gesellschaften als Erotik gefeiert wurde, ist für uns heute nicht mehr nachvollziehbar. Trotzdem ist es wichtig, vorbiblische und biblische Traditionen der Erotik und der Macht zu erinnern, weil sie Möglichkeiten bezeugen, die in einer technisierten Welt schon für undenkbar gehalten werden. Lorde hält es für diejenigen schwer, die erotische Spannung zu teilen, die weiterhin einer ausschließlich weißen, europäisch-amerikanischen Tradition unterstehen. Sie unterscheidet zwischen kontext-gebundenen Erfahrungen und solchen Bedürfnissen, die sie als allgemein menschlich bezeichnet: das Bedürfnis, tiefe Empfindungen zu teilen.

Erotik, Macht und Wissen in Beratung und Seelsorge

Beratung und Seelsorge sind Bereiche, in denen das Bedürfnis, tiefe Empfindungen zu teilen, einen besonderen Raum bekommen: den Raum des Erzählens, den Raum emotionaler und non-verbaler Begegnung und den Raum geistiger und geistlicher Suche. Hier spielt die Lebendigkeit, das Miteinander-Können eine große Rolle. Durch die Offenheit und das Anvertrauen von Dingen, die vielleicht niemand anderem erzählt werden, entsteht Nähe und manchmal über Jahre hinweg eine tiefe Verbundenheit, die intensiver sein kann als Familienbeziehungen. Indem sich Frauen einer Beraterin oder Seelsorgerin anvertrauen, entsteht auf Zeit auch ein asymmetrisches Machtverhältnis, dessen sich alle Beteiligten bewusst sein sollten, auch wenn sie Macht als innere und geteilte Macht verstehen. Zu viel Missbrauch ist auch in Frauenbeziehungen passiert. Wie schwierig es ist, wohltuende Beziehungsmacht und Missbrauch von

Macht zu unterscheiden, hat Carter Heyward in der Darstellung ihrer eigenen Therapie deutlich gemacht: sie hat von ihrer Therapeutin nach einiger Zeit des Miteinanderarbeitens erwartet, dass sie zu ihrer Freundin wird und sie damit erst wirklich in ihrer Heilung begleitet. Die Therapeutin hat sich dem verschlossen und Carter Heyward stellt diese Weigerung der Grenzüberschreitung nun als einen Bruch dar, ja, sogar als Missbrauch ihrer selbst, in ihrer Situation. Grenzen sind für sie dann missbrauchend, wenn sie den Prozess einer Entwicklung von Therapie zu Freundschaft hindern (Heyward, 1993). Damit bricht sie natürlich für alle beraterisch Ausgebildeten ein Tabu, denn es gibt so viele Fälle von destruktiven Grenzüberschreitungen in Beratungs- und Seelsorgebeziehungen, dass es wichtig ist, nicht die Machtprobleme zu verwischen. Mir haben die Aussagen Lordes geholfen, auch in Arbeitsbeziehungen die Macht der Lebendigkeit als erotische Kraft zu bejahen und gleichzeitig respektvoll mit Grenzen umzugehen und Übertragungsphänomene deutlich zu machen.

Für die Seelsorge und Beratung möchte ich folgende Punkte festhalten:

Wenn wir von Macht sprechen, ist es wichtig, genau zu kennzeichnen, welche Art von Macht wir meinen. In der Literatur über psychischen und sexuellen Missbrauch wird durchgängig deutlich gemacht, dass es sich hier nicht um Lustgewinn, Befriedigung erotischer oder sexueller Wünsche handelt, sondern um Erniedrigung, um das Durchsetzen von Geltungswünschen, Bestätigungs- und Herrschaftsinteressen, welche letztendlich weder das Opfer noch die Täter befriedigen. Es geht um Macht über andere und auf Kosten von anderen, nicht um die Mächtigkeit des Teilens von tiefer Freude und Lebendigkeit. In der Arbeit mit Familien, mit Partnerschaften, Gruppen und Organisationen könnte eine Neuinterpretation der Macht und der Erotik als Lebenskraft neue Ausgangspunkte für Beziehungsqualität und Glaube sein.

Das viele Reden von sexueller Gewalt, von Prostitution, vom Mädchenhandel, von Vergewaltigung als Kriegswaffe, von Ausbeutung in Eros-Centern, Sexskandalen in der Politik wird nach außen als Kampagne gegen Machtausübung im Sinne von Brutalität und Ausbeutung verkauft. Mit Michel Foucault wäre jedoch zu fragen, ob nicht die Durchgängigkeit, mit der allerorten Sexualität, Erotik und Gewalt zusammen diskutiert werden, gerade das Gegenteil etablieren hilft: eine allgemeine Gewöhnung daran, dass Gewalt, Grausamkeit, Missbrauch von Vertrauen, Objektivierung anderer und Ausbeutung für die eigenen Interessen im Bereich intimster Beziehungen selbstverständlich sind. Es wird damit ein dominantes Wissen erzeugt und verbreitet, welches den Zusammenhang von Erotik, Macht und Gewalt als normal voraussetzt. Damit wird das Wissen noch mehr an den Rand gedrängt, dass alle Menschen sich nach liebevollen, achtungsvollen, anregenden Beziehungen in Familie, Arbeit, Politik und Kirche sehnen und solche Begegnungen bevorzugen, in denen Lebendigkeit, Intensität des Wahrnehmens der Gefühle und gegenseitige Wertschätzung Raum haben, aber nicht gewalttätig sind.

Für die beraterische und therapeutische Arbeit mit Tätern werden neue Ansätze entwickelt, die den Rahmen der »Strafverfolgung« verändern in einen Rahmen der »Einladung zur Verantwortlichkeit«. Der Täter oder die Täterin werden eingeladen, zwischen dem dominanten Wissen über »Mannsein«, »Frausein«, »männliche/weibliche Sexualität« und den eigenen, tiefen Wünschen nach guten Beziehungen zu unterscheiden. Der so entstehende Zwischenraum des Wissens, das zwischen den vorherrschenden Konstrukten und den eigenen tiefen Wünschen und Möglichkeiten unterscheiden kann, wird dann zum Ausgangspunkt einer verantwortlichen Handlungsorientierung: das bisher privilegierte, andere missbrauchende Verhalten wird beschreibbar gemacht und veränderbar, das bisher nicht privilegierte eigene Wissen um den Wunsch nach gegenseitigen guten Beziehungen wird verstärkt und gestützt, bis befriedigende Beziehungen allmählich stärker erlebbar und gestaltbar werden (Jenkins, 1994; Poling, 1991; Mirkin, 1990).

In der Ausbildung zur Seelsorge und Beratung können Teilnehmerinnen ihre Stärken wahrnehmen und einsetzen lernen, wenn sie die Macht der Erotik im Sinne feministischer und womanistischer Interpretation selbst erleben, eine Macht, die in der Verbindung des Wissens um unsere tiefsten Gefühle und des Wissens um Unterscheidungen der Geister entsteht, in einem Prozess, den Frauenforscherinnen »verbundenes Lernen« genannt haben. In diesem Lernen werden eigene Gefühle, Erfahrungen, das Lernen von Fakten und Analysen, die selbstständige Bewertung von Traditionen und das eigene kreative Verstehen und Entwerfen neuer Verbindungen miteinander verknüpft. Erotik und Wissensvermittlung schließen sich in diesem Verständnis nicht aus, sondern bedingen sich gegenseitig. Auch Theologie, Theorie der Seelsorge und Praxis werden in der Ausbildung und Supervision nicht funktionalisiert, sondern in allen notwendigen Funktionen bleibt ein Leitinteresse wichtig: »das Teilen/Mitteilen des physischen, emotionalen und psychischen Ausdrucks für das, was unser aller tiefstes, stärkstes und reichstes Potential ist: die Leidenschaft des Lieben – des Liebens in seiner tiefsten Bedeutung, die Erotik« (Lorde/Rich, 1983, 190). Das ernst zu nehmen würde eine umgreifende Umwandlung bisheriger theologischer Ausbildung voraussetzen und das Wissenschaftsverständnis der Theologie grundlegend verändern, gleichzeitig jedoch auch dem Sinn uralter biblischer Zeugnisse näher bringen.

Teil 2

Biographien und Methoden

Maren und Jonas

Thematischer Aspekt: Spirituelle Präsenz und die Linien der Frauen

Julia Strecker

Eine befreundete Psychologin, die mit Paaren und Familien in einer Beratungsstelle arbeitet, schickte Maren zu mir. Der Grund für Marens Kontaktaufnahme: Unzufriedenheit in ihrer Paarbeziehung, Unzufriedenheit im Beruf, das Empfinden, dass ihr Leben ein ständiger Balanceakt zwischen Job und Familie sei, innere Leere und Suche nach Sinnstiftung. Der Anlass für die Übermittlung durch die Kollegin wurde von ihr folgendermaßen benannt: »Ich habe mit dieser Frau ein Erstgespräch geführt und den Eindruck gewonnen, da ginge es irgendwie um so etwas wie Spiritualität und Religion. Ich fühle mich da nicht kompetent. Da bist du vielleicht die richtige Begleitperson.«

Als Maren das erste Mal kommt, nach einem kurzen telefonischen Erstkontakt, bin ich überrascht. Von ihrer Telefonstimme her hatte ich sie älter eingeschätzt, sie ist knapp 40 Jahre alt, groß und eine eher extrovertierte, durchaus energetisch präsente Frau. Ich spüre von Anfang an eine positive, zugewandte Energie zwischen uns. In einem kurzen Anfangsjoining einigen wir uns aufgrund ihrer Initiative auf die Anrede per Du (»Ich fühle mich sonst so alt.«). Sie kommt in diesem ersten Gespräch relativ schnell zu ihren Anliegen, nachdem ich sie gefragt habe, was denn ein gutes Ergebnis dieser ersten Stunde für sie sein könnte. Sie benennt den Wunsch, in ihrer Beziehung etwas zu verändern; sie möchte sich anschauen, ob sie in ihrem Beruf bleibt, ob sie rausgeht oder ob es noch eine Alternative gibt (sie arbeitet als Sachbearbeiterin in einem mittelgroßen Textilunternehmen). Und sie wünscht sich eine spirituelle Verankerung, einen Platz, der für sie ein Ort der Ruhe und der Kraft, aber auch der Zentrierung sein kann. Als ich sie frage, welcher dieser drei genannten Bereiche denn für sie der wichtigste sei, weiß sie lange keine Antwort. Daraufhin schlage ich eine Positionierung im Raum vor, indem sie die drei Themen auf je eine Karte schreibt, diese mit Hilfe von Wachsmalfarben mit verschiedenen Farben versieht und sie anschließend im Raum an unterschiedlichen Stellen auslegt.

Nach einer kurzen von mir angeleiteten Atemübung beginnt sie. Sie erledigt die vereinbarte Aufgabe mit viel Konzentration, in relativ schnellem Tempo; dabei beobachte ich, dass sie ganz bei der Sache ist. Ich vermute, dass es für sie scheinbar ohne Mühe und mit einer inneren Fokussierung möglich sei, die erforderlichen Schritte vorzunehmen. Sie legt die beiden ersten Karten jeweils in eine Ecke des Raumes und die dritte in seine Mitte. Schon von der Farbgebung her lassen die Karten sehr unterschiedliche Gewichtungen erkennen. Die Beziehungskarte ist in gelblich-grauen und die Berufskarte ist grün-schwarz-blassen Tönen gehalten. Dagegen leuchtet die Spiritualitätskarte in rot-orangenen Farben mit einem blauen Zentrum.

Nachdem Maren die Karten im Raum ausgelegt hat, bitte ich sie, sich an die einzelnen Stellen im Raum zu begeben und zu spüren, was sie dort wahrnimmt und wie sich die verschiedenen Themen nun anfühlen. Sie folgt dieser Bitte, verweilt an jedem Ort ca. zwei Minuten und kommt dann zu mir, die ich vom Rand aus den Prozess verfolgt habe. Ich frage sie, ob sie jetzt eine Antwort auf meine Frage wisse und sie sagt spontan: »Das war schon klar, als ich die Farben benutzt habe; ich spüre, dass die Frage nach der Spiritualität seit ca. einem halben Jahr mein Herzensthema ist.«

»Und was würdest du tun, wenn du dich jetzt einfach mal nur mit diesem Thema beschäftigen könntest?«

»Ich würde aufhören zu arbeiten, mich auf die Suche nach meinen spirituellen Wurzeln begeben und mehr Zeit mit meinem Partner und den Kindern verbringen, aber ohne dieses Korsett, in dem wir uns Tag für Tag bewegen und das irgendwie krank macht.«

»Und was würdest du tun, wenn du einen Tag in der Woche hättest, an dem du nur deinem Herzensthema folgen würdest?«

Sie zögert, sagt dann aber beherzt: »Alles, was Spaß macht und nicht mit Zwang und Müssen verbunden ist: Singen, meditieren, rausgehen, Obst essen, Purzelbäume schlagen, in der Hängematte liegen, in den Himmel schauen, die Wolken beobachten, keinen Haushalt und keine Hausaufgabenbetreung.«

»Was machtest du denn anstelle von Haushalt und Hausaufgabenbetreuung?«

»Ja eben Dinge, die nicht mit Arbeit und äußeren Notwendigkeiten verbunden sind.«

»Also Dinge, die Leichtigkeit und Spaß und Freude bei dir auslösen?«

»Mhmm, ja genau, vor allem die Leichtigkeit, ja genau, das ist der Schlüssel zu allem, die ist mir so abhanden gekommen.«

Am Ende der ersten Stunde vereinbaren wir zunächst einmal fünf weitere Beratungs-Stunden mit dem Ziel, Marens spirituelle Wurzeln sowie ihre Leichtigkeit anzuschauen, zu vertiefen und mögliche Annäherungswege für sie zu entdecken. Die Option, dass sie ihren Partner mitbringen könne, wird gleichfalls erörtert. Ich biete ihr zum Schluss eine Übung an, in der sie sich fünf Minuten lang auf ihren Atem, ihre Füße und ihren Stand konzentriert. In dieser Übung fokussiere ich auf das Stehen als Stehen, ohne es zu bewerten; einfach nur Stehen und Atmen.

In der zweiten Stunde kommt Maren fröhlich und berichtet mir von den vielen inneren Bewegungen, die die letzte Stunde bei ihr ausgelöst habe. Sie habe sich mehrmals quasi neben sich gestellt, sich selbst beobachtet und dabei gespürt, dass sie ganz schnell zu Bewertungen komme, die ihr nicht gefielen. Was sie denn genau bei sich beobachtet habe, frage ich sie, und sie sagt daraufhin: »Das Gefühl, einfach mal nicht zu müssen, nicht funktionieren zu müssen, das werte ich ständig ab, und dabei ist das doch gerade mein größter Wunsch.«

Nachdem wir noch eine Weile über die verschiedenen Situationen, in denen das Funktionieren durchaus eine hilfreiche Ressource sein kann, geredet haben, frage ich sie nach ihrer Herkunftsfamilie. Sie erzählt von ihren Eltern und zwei jüngeren Brüdern und von ihrer Großmutter väterlicherseits, die für sie eine ganz wichtige Rolle in ihrer Kindheit übernahm. »Meine Großmutter hatte etwas von Liebe und Weisheit und Lebensspenderin für mich, sie hat mir immer so gut getan, sie war einfach da und manchmal hat sie mit mir gebetet oder mir Geschichten erzählt.«

»In welchen Situationen war das denn?«, frage ich sie.

»Zum Beispiel, wenn ich mal wieder auf meine kleinen Brüder aufpassen sollte und einfach nach draußen verschwunden bin und mich dann nicht mehr so richtig nach Hause getraut habe. Dann bin ich mit dem Fahrrad zur Omi geradelt und habe mich bei ihr vor den Kachelofen gesetzt, manchmal hat sie mir einen warmen Apfelstrudel serviert oder einen Apfelsaft und dann saßen wir zusammen und sie hat mich angeschaut und gesagt: ›Na, Marele, hast du heute eine besondere Geschichte für die Omi?‹ – ›Nein Omi, erzähl du mir etwas.‹ Und dann erzählte sie von dem Land, in dem die Menschen alle genug zu essen und zu trinken haben, in dem alle in großen Häusern zusammenleben und von ihren Gemeinschaftsgärten und wie sie die gemeinsamen Kühe, Ziegen und Schafe versorgen, wo es Seen zum Trinken und Baden und Bötchenfahren gibt, wo die Bäume soviel Obst tragen und trotzdem noch Menschen auf ihnen Platz haben. Oder sie erzählte von dem kleinen Mädchen, das von einem fremden Stern kam und sich auf der Erde nicht zurechtfand bis sie eines Tages ihren Begleiter, einen kleinen Mondstein fand. Der half ihr endlich sich zurechtzufinden, ihre Aufgabe auf der Erde zu entdecken und sich vor allem immer wieder zu trösten. Sie war nämlich oft sehr traurig, weil sie sich so allein fühlte und sich gar nicht vorstellen konnte, dass sie ganz früher mal bei ihrer Mutter und ihrem Vater gelebt hatte. Wenn sie den Mondstein in die Hand nahm, spürte sie meistens, was für sie in diesem Moment wichtig war, manchmal nur das einfache stille Da-sitzen, so wie ich es von meiner Großmutter auch gelernt habe.«

Während Maren erzählt, kommt eine unglaubliche Stille und Ruhe im Raum auf.

Ich sehe die Linien der Mütter und Großmütter vor mir, denn beim Erzählen fällt mir auf, dass sich schon Marens Großmutter ihrer eigenen Großmutter erinnerte und plötzlich habe ich die Idee, alle Frauen aus der Familiengeschichte Marens in den Raum zu holen. Maren schaut mich daraufhin etwas verwundert an, stimmt jedoch nach kurzem Zögern zu. »Aber das wird gar nicht so einfach sein, denn auf der Seite meiner Mutter gab's auch schlimme Sachen.«

»Das können wir uns dann ja gleich mal anschauen«, erwidere ich. Ich bitte Maren, zunächst einmal alle Frauen aus ihrer Herkunftsfamilie zu benennen, bis zurück in die Großmuttergeneration, und während sie das tut, Symbole für sie zu suchen. Sie benennt als erstes ihre Mutter, für die sie ein graues Tuch wählt. Ihre mütterliche Großmutter bekommt ein Taschenmesser als Symbol. Für ihre väterliche Großmutter wählt sie einen Bergkristall aus. Auf meine Frage, ob es noch weitere wichtige Frauen gegeben habe, an die sie sich erinnere, schüttelt sie erst den Kopf und sagt dann: »Ach doch, meine Patentante, die Schwester meines Vaters, sie war Pfarrerin und hatte großen Einfluss auf mich. Und ihre Zwillingsschwester, die auch speziell war.« Für die Patentante wählt sie eine blaue Schüssel, die seitdem während der Sitzungen häufig in der Mitte meines Praxisraumes, gefüllt mit Wasser, steht. Für die andere Tante eine Kerze.

Ich bitte sie, die Symbole im Raum so zu verorten, wie es jetzt in diesem Moment stimmig für sie ist. Nach Beendigung sieht die Skulptur, die sie gebaut hat, aus wie ein Kreuz. Ihre väterliche Großmutter, von der sie anfangs erzählt hat, bildet das Zentrum, links von ihr befindet sich die Patentante, rechts davon die andere Tante; in der oberen Achse liegt das Taschenmesser und als untere Achse das graue Tuch.

Als sie fertig ist und mit etwas Abstand auf die Symbole schaut, fängt sie an zu weinen, zunächst ganz leise, dann aber auf meine Nachfrage hin »Was sagen deine Tränen?«, schluchzender. Bevor sie etwas sagen kann, spüre ich, dass es um Existenzielles geht und frage mich, wie wir jetzt, in der zweiten Stunde, so schnell zu einem wesentlichen Punkt gekommen sind. »Ich weiß einfach nicht, wo mein Platz ist. Ich spüre Wut auf meine Mutter und ihre Mutter, weil sie mir so wenig Vorbild waren.«

»Was hätten sie denn machen können, um dir Vorbild zu sein?«

»Na ja, selbstbewusster leben, auch mal nein sagen, sich wehren und vor allem präsenter sein.«

»Präsenter für dich?«

»Ja, für mich.«

»Was glaubst du, wie sich das angefühlt hätte?« Maren zögert einen Moment lang. »Ich weiß nicht, wärmer, aufgehoben, geborgen, eben all diese Dinge, die es zuhause nicht gab.«

Ich bitte sie, für sich selbst ein Symbol auszusuchen. Sie nimmt einen orangen Flummi und ich empfehle ihr, ihn an den Ort zu legen, an dem sie sich jetzt sieht. Spontan platziert sie ihren Ball direkt links neben den Bergkristall, also zwischen ihre Omi und ihre Patentante. »Und, was siehst du jetzt?«

»Ja, ich sehe es so, wie ich es auch gefühlt habe. Ich hatte keine Verbindung zu meiner Mutter und erst recht nicht zu ihrer Mutter, die nämlich bei den Nazis war und niemals Verantwortung übernommen hat; sie hat damals sogar dafür gesorgt, dass jüdische Mitbewohner aus dem Nachbarhaus denunziert wurden und sie war so richtig auf Linie.«»Habt Ihr darüber gesprochen?«

»Ja, einmal habe ich sie direkt gefragt, wie sie denn zu Hitler gestanden habe und sie antwortete, lange gedacht zu haben, dass Hitler dem Volk endlich helfen würde. Schon allein, diese Formulierung. Naja, und sie sehe auch nach wie vor, dass er viele gute Ideen gehabt habe. Das musst du dir mal vorstellen, ich war da ungefähr 13 oder 14, hatte mich gerade im Geschichtsunterricht intensiv mit diesem Thema beschäftigt und dann so etwas in meiner Familie. Wir haben uns dann ein bisschen gestritten, aber so richtig ging das nicht. Meine Mutter war auch nicht viel besser, nur nicht so extrem, und eben im Krieg gerade mal zehn.«

»Hast du denn mit deiner Mutter auch mal darüber gesprochen?«

»Ja, ich habe es mehrmals versucht, aber es war schwierig, mit ihr konnte ich eigentlich nie besonders gut reden. Sie war so bemüht darum, dass alles immer gut funktioniert, das Haus, die drei Kinder, alles musste laufen, weißt du? Und ich sollte mitlaufen!«

»Aber manchmal bist du ja erfolgreich ausgestiegen, jedenfalls manchmal.« Sie grinst wie ein freches Mädchen und sagt: »Ja, besonders wenn ich meine kleinen Brüder beaufsichtigen sollte, dann war meine Omi ein Hafen, ein sicherer Ort der Ruhe und Geborgenheit.«

Da die Beratungsstunde zu Ende geht, schlage ich Maren an dieser Stelle einen Doppelpunkt vor und bitte sie, sich zum Schluss noch mal in die Skulptur neben die Symbole ihrer Großmutter und Tante zu stellen und einfach nur zu atmen. Sie entspannt sich und ich empfehle ihr, dieses Gefühl in ihrem Körper zu verankern, damit sie es in anderen Situationen zu sich zurückholen kann.

Zur dritten Stunde kommt sie etwas atemlos und berichtet von einem Konflikt mit Jonas, ihrem Partner. Die beiden sind nicht verheiratet, leben aber seit zehn Jahren mit ihren beiden Söhnen, sieben und zehn Jahre alt, zusammen. Jonas ist Lehrer an einer Gesamtschule und in der ersten Sitzung hatte Maren kurz anklingen lassen, dass die Beziehung zwischen ihnen hinsichtlich des »allgemeinen Zusammengefühls« relativ eingeschlafen sei. Der Konflikt, von dem sie taufrisch noch berührt ist, sei ausgelöst worden durch ihre Beratungsstunden bei mir. Sie habe sich heute direkt nach dem Mittagessen aus der Küche verabschiedet und er fand es unmöglich, dass sie nicht mal eine Erklärung dazu abgab. Daraufhin entfachte sich ein längerer Streit, bis sie dann ziemlich überstürzt den Raum verlassen habe. Wir reden eine Zeitlang über die potentiellen Dynamiken ihrer Paarbeziehung, über Symmetrie und/oder Komplementarität und dann irgendwann bricht es aus ihr heraus: »Am schlimmsten finde ich, dass Jonas an nichts glaubt, Atheist ist und auf all meine Versuche, den Kindern die Religion und so etwas wie Glauben und Spiritualität zu vermitteln, immer nur abwehrend und ablehnend reagiert.«

»Und was ist mit deiner eigenen Spiritualität?« Sie fängt an in sich zusammen zu sinken und kämpft sichtlich mit den Tränen. »Das ist es ja eben. Was auch immer ich da von meiner Omi gelernt habe, ich kann es nicht halten. Es kommt mir vor wie eine Nebelwand, die sich dann zwischen uns legt.«

»Welchen Zeitpunkt meinst du mit dann?«

»Wenn ich diese Konflikte mit Jonas habe oder wenn mich Max (der ältere Sohn) fragt, warum ich abends mit ihnen beten will. Ich kann diese Energie, die ich eigentlich als wertvoll empfinde, nicht halten.«

»Ach, und darum auch der Flummi, der wegrollt und nicht ohne weiteres an dem Platz bleibt, wo du ihn haben willst?« Sie schaut mich etwas verwundert an und nickt dann zustimmend.

Wir reden noch mal über ihre beiden Großmütter, die mütterliche und die väterliche Linie und sie bemerkt, dass es ihr noch nie so stark aufgefallen sei, mit der väterlichen Frauenlinie sehr viel inniger und positiver verbunden zu sein als mit der mütterlichen. Alles über Religion, über spirituelle Präsenz und auch über Meditation habe sie von ihrem Vater, ihrer Omi und ihrer Patentante gelernt, aber seitdem sie mit Jonas zusammen sei, würden diese Dinge immer mehr in den Hintergrund treten. »Was glaubst du, würde Jonas sagen, wenn er jetzt hier säße?«

»Du bist viel zu wenig im Hier und Jetzt, immer wenn du mit diesem religiösen Kram anfängst, verschwindest du fast ins Nirwana. Ich finde es viel wichtiger, dass wir unseren Kindern eine gute Bildung vermitteln und dass wir zusammen essen und manchmal vielleicht auch einen schönen Film zusammen schauen, der Laden muss doch laufen.« Sie ist sichtlich erregt und hört mitten im Satz auf zu sprechen. »Wer spricht da noch zu dir, Maren?«

Sie fängt bitterlich an zu weinen und ich frage sie, ob ich sie in den Arm nehmen darf. So sitzen wir eine Weile mit ihren Tränen, die einfach nur fließen. »Das ist ja das schlimme, ich höre meine Mutter und noch extremer ihre Mutter, vor beiden bin ich seit meinem achten oder neunten Lebensjahr immer weggelaufen und dann habe ich mir einen Lebenspartner gesucht, der ganz ähnliche Sätze spricht. Kein Wunder, dass mir oft nach Weglaufen ist und auch kein

Wunder, dass er mich als so abwesend und nicht-präsent empfindet, wenn ich das Thema Religion ins Spiel bringe.« Ich frage Maren, ob sie Jonas vielleicht beim nächsten oder übernächsten Mal mitbringen wolle. Sie ist zuerst unschlüssig und sagt, darüber erst mal nachdenken zu müssen.

Für die letzten 15 Minuten der Beratungsstunde rege ich eine Übung an, in der sie sich selbst spüren kann und sich zunächst mit ihrer Omi und dann – wie durch einen unsichtbaren Faden – mit dem Göttlichen verbindet. Ich lasse sie einen Platz ihrer Wahl im Raum aufsuchen, an dem sie sich hinsetzt und, von mir angeleitet, sich anschließend innerlich leert und das Göttliche empfängt. Ich sage nur wenige Sätze, die sie in ihre eigene Mitte kehren lassen, und hole sie nach 15 Minuten zurück.

Die nächste Stunde beginnt mit einer Überraschung. Maren fragt mich unmittelbar nach unserer Begrüßung, ob ich ihr heute ein paar Tipps zum Thema Abgrenzung und Selbstsorge geben könne, sie habe in unserem Buch (»Flügel trotz allem«) darüber gelesen und dabei bemerkt, dass es für sie genau um dieses Thema ginge. Ich frage konkret nach, wodurch sie das in der letzten Stunde besonders festgestellt habe und sie erzählt, dass sie mit Jonas in grundsätzlichen Verstrickungen gefangen sei und dies besonders spüre, seitdem sie zu mir komme. Je mehr sie sich mit dem Leerwerden für das Göttliche und ihre eigene spirituelle Suche öffne, desto mehr brechen die Konflikte zwischen ihnen auf. Sie spüre immer deutlicher, dass sie sich mit der Wendung gegen Jonas auch gegen ihre mütterliche Linie wende und dies noch sehr mit dem Unversöhntsein gegenüber ihrer Mutter und besonders gegenüber ihrer Großmutter mütterlicherseits zu tun habe.

»Wie wäre denn deiner Meinung nach Versöhnung zwischen dir und deiner Mutter und dir und deiner Großmutter möglich?« Sie überlegt längere Zeit und sagt dann, dass sie sich das nicht vorstellen könne, weil die Dinge nun mal so waren, wie sie waren, und ihre Mutter und auch Großmutter niemals bereit gewesen wären, für ihre Schuld Verantwortung zu übernehmen. »Hast du denn eine Idee, mit wem du dich versöhnen willst?«

»Ja, es geht um Jonas und mich; ich wünsche mir so sehr, dass wir miteinander sprechen und uns gegenseitig respektieren und nicht abwerten .«

»Gäbe es vielleicht die Möglichkeit, dass ihr beide mal zusammen zu mir kommt?« »Ja, auf jeden Fall und deshalb wollte ich auch heute mit dir über Abgrenzung und Selbstsorge reden, damit ich dann für das Gespräch mit Jonas gewappnet bin.«

»Das klingt ja nach Kampf. Was könnte denn allerschlimmstens passieren?

»Meine größte Sorge ist, dass wir die ganzen heiklen Themen immer mehr ausklammern und uns auf so einer seichten Ebene begegnen, weißt du, wo wir uns gar nicht mehr trauen, das zu teilen, was eigentlich zählt.«

An dieser Stelle bemerke ich, dass ich mich auf heiklem Terrain bewege. Wenn die beiden als Paar zu mir kommen, habe ich mit Maren sehr viel Vorarbeit geleistet und sie hat im Vorfeld gut für sich gesorgt. Ich weiß aber nicht, wie es Jonas geht und wie und ob es überhaupt für ihn möglich sein wird, direkt in solch ein von uns vorbereitetes und abgestecktes Setting einzusteigen. Ich äußere diese Bedenken Maren gegenüber, doch sie ist sehr zuversichtlich, dass Jonas schon mit der Situation klar kommen wird, aber falls er da Sorge habe, so sagt sie, könne er ja auch vorher einmal zu mir kommen.

»Lass uns noch mal deine mütterliche Line anschauen. Was bräuchtest du, um versöhnter auf diese beiden Frauen blicken zu können? Was oder wer könnte dir dabei helfen?« Sie ist ein paar Augenblicke lang still und antwortet dann: »Ich sagte ja schon zu Anfang, dass ich mehr Abgrenzung und Selbstsorge bräuchte. Ich sehe nicht, dass oder wie ich mich mit meiner Mutter versöhnen könnte.«

»Und wenn ich deine Mutter fragen würde?«

»Sie würde sagen, ich habe eben immer schon meinen eigenen Kopf gehabt und sie glaube nicht, dass sich das irgendwann mal ändern würde. Vielleicht wäre sie auch erstaunt, wenn das Wort Versöhnung überhaupt auf's Tapet käme, da ein Konflikt zwischen uns nie ausgetragen wurde, es ging immer nur um ›funktionieren oder nicht funktionieren‹. Das Reizwort Spiritualität würde meine Mutter allerdings galant umschiffen, sie spräche darauf nie so an wie Jonas.«

Ich bemerke an dieser Stelle, eigentlich einen anderen Verfahrensvorschlag für Maren und ihren weiteren Prozess zu besitzen, nämlich dass zu ihrer Selbststärkung eine Annäherung an ihre Mutter und Großmutter sehr sinnvoll wäre. Zugleich spüre ich aber, dass es ihr im Moment mehr um konkrete Hilfestellungen für ihren Alltag geht. Also bemühe ich mich eine Mischform zu finden, indem ich ihr eine Übung anbiete, die sie sowohl Ressourcen aus der Kindheit auffinden läßt, die aber zugleich auch den von ihr gewünschten Selbstsorge- und Abgrenzungsaspekt beinhaltet.

Ich gebe Maren für diese Übung die folgenden Hinweise:

Suche dir einen Platz, an dem du gut und entspannt sitzen oder liegen kannst.

Konzentriere dich auf das Hier und Jetzt. Schau, dass du bequem sitzt und konzentriere dich auf deinen Atem. Ein und Aus. Schließe deine Augen. Denke an dein Zuhause. Schildere mir, wo in deiner Wohnung Bereiche sind, die nur dir gehören und zu denen selbst dein Partner keinen Zugang hat oder haben soll. Spüre in dich hinein, wie sich das anfühlt.

Schildere, welche Zeiten im Lauf einer Woche nur dir gehören – und seien sie noch so klein, z. B. die fünf Minuten im Badezimmer oder die zehn Minuten, die du dir für deine tägliche Meditation gönnst.

Denke an Themen, die nur deinem Herzen gehören. Damit sind nicht

Verletzungen oder Geheimnisse, sondern alle Herzensangelegenheiten gemeint, die du wie einen kostbaren Schatz in deinem Herzen bewahrst und nur mitteilst, wenn du wirklich von diesen Dingen erzählen willst. Es kann sein, dass das ein besonderes Erlebnis mit deiner Omi ist oder ein Ort in der Natur, der für dich heilig ist, ohne dass du das mit irgendjemandem teilen musst.

Und verabschiede dich langsam von diesem Ort, aber nimm etwas Kleines mit, das dich ganz einfach an diesen Ort erinnert. Komm wieder zurück, öffne die Augen und schau dich um, bleib bei dir, atme, spüre, was jetzt ist.

Als ich Maren anschaue, sehe ich ihre entspannte Haltung. Sie sagt, das sei ja eine ganz einfache Übung, die sie zuhause auch noch mal wiederholen könne. Sie sei sehr froh, dass sie sich jetzt mehr auf die positiven Dinge konzentriere, und dass das auch klappt, seitdem sie den Prozess mit mir begonnen habe. »Und hast du etwas Kleines gefunden, das du mitnehmen konntest?«, frage ich nach. »Ja, aber was, verrate ich dir nicht.«

In der fünften Stunde kommen Maren und Jonas zusammen. Ich hatte mit Maren ausgemacht, dass sie mich vorher noch mal über das Setting informiert, wusste also Bescheid. Jonas ist kleiner als Maren, etwas älter, hat einen freundlichen Blick als wir uns begrüßen und viele Lachfalten. Auf meine Frage, wo sie denn Platz nehmen wollen, setzen sich die beiden auf das Sofa und schauen mich erwartungsvoll an. Ich erkundige mich bei Jonas nach der von ihm gewünschten Anredeform und führe ein kurzes Joining durch.

Anschließend frage ich beide: »Angenommen, ihr hättet wirklich nur diese eine Sitzung mit mir, um Eure Fragen und Themen miteinander zu klären, welche Fragen wolltet ihr vorrangig besprechen?« Maren schaut mich direkt an und legt los: »Für mich ist die entscheidende Frage, wie wir spirituelle Präsenz in unseren Alltag einbeziehen können. Schaffen wir es, daraus ein gemeinsames Anliegen zu machen?« Jonas schnauft etwas, schnappt nach Luft. »Also, das ist gar nicht mein Thema. Ich möchte mehr Zeit miteinander als Familie haben. Bei Maren bekomme ich immer das Gefühl, dass sie nur halb anwesend ist und das wird durch dieses ganze spirituelle Zeugs eher noch verstärkt.«

»Das stimmt doch gar nicht, das sind doch immer nur deine Interpretationen. Wenn ich mal fünf Minuten in meinem Zimmer verschwinde, um zu meditieren, oder wenn ich mit Max und Jonathan ein Gebet spreche oder ihre Fragen zu Gott und den Engeln, und was sie schon alles so wissen wollten, versuche zu beantworten, hast du gleich das Gefühl, ich ziehe mich zurück.«

Es entsteht ein längeres Zwiegespräch zwischen den beiden, ich höre eine Weile zu und unterbreche an dem Punkt, an dem ich den Eindruck habe, sie verhaken sich immer mehr. »Wenn ich Eure beiden Jungs zu diesem Problem befragen würde, was würden die euch raten?« Jonas lacht und sagt: »Macht doch jeder Euer eigenes Ding, es gibt doch genug Gemeinsamkeiten und seid nicht so streng miteinander. Es reicht schon, wenn ihr streng mit uns seid.« Maren überlegt eine Weile und antwortet dann: »Streiten ist nicht schön, aber die Uneinigkeiten unter der Oberfläche brodeln zu lassen, ist auch nicht schön. Ich glaube, Max würde sagen, ›Unternehmt doch endlich mal etwas zusammen, was euch richtig Spaß macht‹ und Jonathan hätte vielleicht eher so eine Haltung, wie Jonas es eben gesagt hat, dass wir uns mehr mit unseren Unterschieden so lassen sollen und die Gemeinsamkeiten, wenn es denn welche gibt, mehr würdigen sollten.«

Ich sehe auf einmal das Bild einer Skulptur vor mir, in dem die Gemeinsamkeiten der beiden sichtbar werden, und denke, dass der Weg dorthin über das Benennen der eigenen Bereiche führen könnte. Ich sage zu ihnen: »Also, ich habe einen Vorschlag für euch. Ihr habt jetzt 15-20 Minuten Zeit eine gemeinsame Skulptur zu bauen, wozu ihr alles benutzen könnt, was euch hier im Raum als geeignet erscheint. Das Thema für eure Skulptur lautet: »Was sind unsere verbindenden Elemente, was trägt uns?« Ihr könnt auch auf die Terrasse gehen und dortige Symbole nutzen. Für diese Übung gibt es allerdings zwei Bedingungen: Es soll eure gemeinsame Skulptur werden und während der Arbeit sollte nicht miteinander gesprochen, auf keinen Fall diskutiert werden. Wie klingt das für euch?« Beide nicken zustimmend und beginnen kurze Zeit darauf mit der Arbeit. Ich besitze in meiner Praxis eine Kiste mit verschiedenen Symbolen – eine Schale mit Steinen, Fotos, Postkarten, Kuscheltieren – und auf der Terasse gibt es weitere Dinge aus der Natur.

Ich sitze und beobachte die beiden, die in ihrem unterschiedlichen Tempo ihre Symbole zusammensuchen. Jonas geht zunächst nach draußen, kommt mit Rosenblättern und einer großen Sonnenblume zurück, Maren baut um sich herum einen Kreis mit den verschiedenen Dingen, die sie sich in Windeseile ausgesucht hat. Jonas stellt die Sonnenblume in die Mitte und es entsteht ein buntes Arrangement mit mindestens 15 verschiedenen Symbolen; die Stimmung ist leicht und luftig. Ich spüre die Energie zwischen den beiden, die relativ zugewandt und bezogen ist. Während sie ihre Symbole anordnen, gibt es liebevolle Blicke, manchmal ein Lachen, viel Vertrautheit und vor allem eine vermittelnde Grundhaltung. Zweimal legt sie ihr Symbol um, nachdem er etwas an einen Platz gelegt hat, es ist ein wunderbarer Prozess von Aufeinander-zu-Bewegung und Miteinander-Tun. Irgendwann, nach etwa 15 Minuten, schauen mich beide im selben Augenblick an und sagen: »Fertig!«

Ich schaue zunächst intensiv auf das geschaffene Kunstwerk, es sieht aus wie eine Schlange, die sich bewegt und häutet. Dann frage ich die beiden nach dem Prozess des Erschaffens ihrer Skulptur. Beide betonen, wie gut und leicht es war, dass es Spaß gemacht hat und sehr wohltuend war nicht zu sprechen und sich dabei trotzdem so gut zu verstehen. »Ja, wir haben uns ganz oft angeschaut und ich hatte so ein gutes Gefühl zu Jonas, besonders als er erstmal nach draußen ging und die Natur reinholte.«

»Und mir hat es so gut getan, meine Maren so zentriert zu erleben, einfach da sitzend und unsere gemeinsamen Dinge zu sammeln, zu horten, zu verteilen und ich wusste bei einigen ganz genau, was du dir gedacht hast, bei anderen bin ich neugierig.«

»Bevor ihr euch jetzt erzählt, was ihr da alles in eurem Werk an Kostbarkeiten gesammelt habt, bedankt euch für diese Aufmerksamkeit, die ihr euch zuteil werden lassen habt und findet einen Namen für eure Skulptur.« Jonas sagt: »Ich finde sie hat etwas von dem spanischen Künstler Joan Miró, den mögen wir beide gern, sollen wir sie nicht so nennen?« Maren daraufhin: »Ja, aber nicht nur, vielleicht in Verbindung mit Kürzeln für unsere Namen. Wie findest du Miròjoma?«

»Ja, warum nicht? Das hat was Klangvolles.«

In der folgenden Sequenz lasse ich die beiden jeweils raten, was die/der andere mit den Symbolen verbindet. Es beginnt ein lustiger, spannender Dialog, viele Themen überschneiden sich, manche hat nur Jonas, andere nur Maren benannt. Es gibt noch einmal eine heikle Phase, als Jonas die von Maren ausgewählte Kerze als Zeichen ihrer gemeinsamen Sexualität vermutet, sie jedoch damit die Fähigkeit verbindet, es sich zuhause aus gemeinsamem Bedürfnis heraus gemütlich zu machen und auch etwas dafür zu tun. Das Symbol für Sex ist bei ihr ein großes rotes Seidentuch, das er wiederum als Zeichen für Gemütlichkeit und Ambiente interpretiert. Heikel ist diese Sequenz insofern, als dass Maren mit der Kerze durchaus auch den Bereich der Spiritualität im Blick hat, was sie aber erst auf meine Nachfrage hin bejaht. »Ja, und da sind wir wieder bei meinem besonderen Thema. Mir ist der gesamte Bereich, für den die Kerze steht, sehr wichtig. Ich will ihn nicht auf Ambiente und Gemütlichkeit reduzieren, auch wenn das natürlich dazu gehört, aber Spiritualität ist leider nichts Gemeinsames.«

»Okay, ich habe jetzt von euch viele Dinge gehört und gesehen, die ihr als verbindend und gemeinsam anseht, ihr habt euch mit viel Hingabe und Zuwendung eurer Skulptur gewidmet. Ist es nicht völlig in Ordnung, wenn ihr bei soviel Überschneidung auch etwas Eigenes besitzt? Was wäre das Eigene für Jonas, deiner Meinung nach, Maren?«

»Vor allem Fußball und alles, was mit Leistungssport zusammenhängt.«

»Und was wäre das für Maren, Jonas?«

»Der ganze religiöse Bimbam, das ganze Spiri-, Gebets-, Energiezeugs.«

Ich interveniere hier noch mal bezüglich gegenseitiger Wertschätzung und dass es wichtig sei, sich gerade im Anderssein zu schätzen, insbesondere, wenn wir uns selbst weiterentwickeln wollen, und bitte sie, sich zum Schluss noch mal vor Mirójoma zu stellen und eine für sie stimmige Haltung dazu einzunehmen. Maren stellt sich mit nach außen geöffneten Armen davor, Jonas versucht eine etwas schlangenähnliche Körperhaltung einzunehmen, ich nehme ein Foto für die beiden auf.

Anschließend frage ich sie, wie sie sich in Bezug auf ihre anfangs gestellte Frage jetzt fühlen. Maren sagt, dass sie das Gefühl habe, es ginge darum das zu leben, was sie sowieso schon wusste, sich nämlich nicht beirren zu lassen im Eigenen und mutig den Weg, den die Omi ihr schon gezeigt hat, weiterzugehen. Jonas äußert: »Ich bin ganz überrascht und finde es wirklich total verrückt, dass wir hier in so einer kurzen Zeit so viele Gemeinsamkeiten gefunden haben. Ich bin auch stolz auf uns und auf diese zehn Jahre, die wir mit unseren beiden tollen Jungs schon zusammen hingekriegt haben; das vergesse ich manchmal, vor allem wenn ich mich über Maren ärgere .« Daraufhin frage ich: »Was könnte denn dein nächster Schritt sein, Jonas?«

»Ja, ich weiß nicht, ob ich das hinbekomme, aber ich würde gerne wertschätzender sein, gerade gegenüber Maren, öfter sehen, wie viele tolle Ideen sie hat und mich nicht mehr zu ärgern, sie mehr zu lassen.«

»Und was wäre dann für dich, Maren, der nächste Schritt?«

»Meine Sehnsucht nach der spirituellen Reise nicht aufzugeben, dran zu bleiben und mich nicht immer danach zu sehnen, alles mit Jonas teilen zu müssen. Es ist doch eigentlich genug Gemeinsames da und wenn er mich mehr lässt, sollte ich auch nicht immer gleich aus dem Kontakt gehen, ja, die Wertschätzung gegenüber Jonas könnte ich auch noch besser lernen.«

Am Schluss gebe ich den beiden ein ausführliches Abschlussfeedback, fasse noch mal zusammen, was ich wahrgenommen und erlebt habe, und dass ich sie für ein Paar mit aussichtsreichen Möglichkeiten halte. Ich schlage ihnen vor, in ihrer Küche oder im Badezimmer ein Plakat aufzuhängen, in dessen Mitte das Foto von Mirójoma zu kleben und rundherum genügend Raum zu lassen für Gedanken der gegenseitigen Wertschätzung und Affirmationen – jeden Tag ein oder zwei – und ihren gemeinsamen Schatz gut zu hüten.

Maren ruft mich drei Tage später noch mal an und teilt mir mit, dass ihre Besuche zwischen Jonas und ihr wirklich etwas verändert hätten und erstaunlicherweise auch in Bezug auf den ihr wichtigen Aspekt der Spiritualität. So wisse sie jetzt viel genauer, was spirituelle Präsenz bedeute, sie habe dies vorher ja nur geahnt, inzwischen aber ein besseres Gefühl dafür bekommen. Sie wolle an dem Thema weiterarbeiten und sich bei Bedarf wieder melden.

Der geschilderte Beratungsprozess mit Maren und Jonas liegt jetzt fünf Monate zurück. Ich habe seitdem nichts mehr von ihnen gehört.

Methodischer Aspekt: Symbolarbeit, Skulpturen, zirkuläre Fragen

Die Suche nach einem spirituellen Ort, die Sehnsucht, in dieser spirituellen Suchbewegung nicht allein zu sein, begleitet viele Frauen und auch Männer, vor allem wenn sie das Alter von 40 Jahren, die magische »Mitte des Lebens«, überschritten haben. Es ist oft eine Verdichtung ungelöster Fragen, unter anderem taucht häufig in dieser Zeit die verstärkte Erkundung nach der eigenen Berufung, nach dem Platz in der Welt und nach dem spirituellen Beheimatetsein auf. Wenn Frauen wie Maren so explizit mit diesem Anliegen an mich herantreten, ist es angemessen, darauf mit Interventionen und vor allem einer Haltung zu reagieren, die diese Erwartungen aufnimmt, so dass sich der Beratungsraum für die göttliche Kraft öffnen kann.

Schon in der ersten Beratungssequenz mit Maren erfahre ich durch eine angeleitete Prioritätensetzung – Karten mit verschiedenen Schwerpunkten – dass sie der Frage nach Spiritualität den größten Raum unter ihren Anliegen einräumen möchte. Mit Hilfe von Ich-stärkenden Interventionen, die vor allem die Fähigkeit zur Selbstbeobachtung unterstützen sollen, fokussiere ich in dieser Stunde mit Maren direkt und unmittelbar auf die Handlungs- und Körperebene. Indem sie sich auf ihren Atem, ihre Füße und ihren Stand konzentriert, leite ich sie dabei an, sich auf das Stehen als Stehen zu zentrieren, ohne es zu bewerten. Und indem sie einfach nur steht und atmet, erfährt sie die Erleichterung, die sich einstellt, wenn sie quasi neben sich steht, sich selbst beobachtet und dabei spürt, dass es in Ordnung ist, einfach nur zu stehen und zu atmen, ohne etwas zu müssen. Diese Übung in der Kunst der Achtsamkeit, in der bewussten Unterbrechung des Alltags, ist eine spirituelle Herausforderung und zugleich eine Chance, denn sie ermöglicht den Zugang zur eigenen Seele, zu diesem Ort in uns selbst, von dem viele Menschen gar nicht wissen, ob er vorhanden ist oder von dem nur sie nur vage Vorstellungen besitzen.

Die Erfahrung, nur zu sein, einfach mal nichts zu müssen, nicht funktionieren zu müssen, ist ein großes, häufig aber »verschüttetes« Bedürfnis, besonders bei vielen Frauen, die zwischen Job und Familie versuchen, ihre Balance zu halten. Wenn in solchen Achtsamkeitsübungen auf das Wahrnehmen von Körperreaktionen fokussiert wird, lässt sich im Kontakt mit der Klientin herausarbeiten, dass es heilsam und wohltuend ist, im Hier und Jetzt zu sein und in diesem Augenblick Sicherheit und Geborgenheit zu spüren. Indem die Aufmerksamkeit zuerst auf äußere Dinge gelenkt wird, etabliert sich ein Gefühl äußerer Sicherheit bei der Klientin, das sie nicht nur zentriert, sondern auch die Bereitschaft bei ihr auslöst, innere Bewegungen zu vollziehen, die sie in unerforschtes, für sie mit Neugier und Wissensdurst belegtes Terrain führen. So ist schon in der zweiten Sitzung mit Maren spürbar, dass sie genug Offenheit besitzt, mir von ihrer Familie zu erzählen. Gerade in einer solchen Situation ist es wichtig, dass ich als Seelsorgerin respektvoll mit der Lebenserfahrung der Klientin umgehe.

Die Kunst des Zuhörens besteht darin, ein geschärftes Auge und Ohr zu haben und sich gleichzeitig auf die Klientin und deren Geschichte, auf das, was sie sagt und auf das, was sie von ihren Gefühlen und Emotionen durchscheinen lässt, einzulassen. Auf einer anderen Bewussteinsebene steigen eigene Assoziationen in mir hoch, das heißt, ich nehme eigene Gedanken und Empfindungen über die Klientin wahr und suche nach treffenden Hypothesen und Fragestellungen, die weitere Türen öffnen und die Klientin anregen können, ihre Empfindungen auszudrücken. Während Maren erzählt, registriere ich, wie sie den Raum einnimmt, welche Gesten sie in Bezug auf ihre Worte findet, dass ich ihren Körper eher offen als geschlossen wahrnehme und dass ihre ganze Haltung aufmerksam und sehr gespannt ist. Dazu gehört auch die Wahrnehmung ihrer Kleidung, der bunten Farben, die sie trägt, des Schmucks und ihres gesamten Ausdrucks.

Parallel zu Marens Erzählung von ihrer Familie zeichne ich auf einem Blatt ein Genogramm, also einen Stammbaum ihrer Familie. In dieses Genogramm lasse ich auch wichtige Lebensereignisse einfließen, also z. B. Hochzeiten, Scheidungen, Geburten, Auszug der Kinder, Umzüge, Todesfälle, Trennungen oder Neuanfänge. Das Wichtige in diesem Prozess ist, die Klientin aufmerksam und wertschätzend auf ihrem eigenen Weg zu begleiten und zu unterstützen. Bei Marens Erzählung fällt ins Auge, dass ihr Lebensweg und ihre Prägung in ihrer eigenen Wahrnehmung sehr von den Frauen in ihrer Familie bestimmt wurden. Während ich Maren zuhöre, sehe ich förmlich die Linien der Mütter und Großmütter vor mir. Es verdichtet sich die Idee, alle Frauen aus der Familiengeschichte Marens symbolisch in den Raum zu holen. Ich arbeite in solchen Momenten mit meiner eigenen Intuition, die sich aber aus dem speist, was ich von der Klientin aufgenommen habe.

Der rote Faden der Assoziationen zu Maren wird von mir aufgenommen und in eine Symbolaufstellungsarbeit integriert. In der Aufstellung mit Symbolen eröffnen sich neue Räume, die mit den unterschiedlichen Sinneskanälen wahrgenommen werden und damit das eigentliche Anliegen der Klientin, die Frage nach ihrer spirituellen Verortung, aufgreifen und vertiefen. Innerhalb kürzester Zeit ist Maren nahe bei ihren Verletzungen und Wutgefühlen; sie benennt diese Gefühle zunächst in Form von Gedanken, indem sie sich fragt, wo denn ihr Platz sei. Dann artikuliert sie die Wut auf ihre Mutter und Großmutter, da sie ihr nicht als Vorbild zur Verfügung standen. Die vermisste Präsenz, die sie als gefüllte inhaltliche Vorbildfunktion benennt, ist für sie verbunden mit Wärme und Geborgenheit, die sie in ihrer Herkunftsfamilie häufig vermisst hat.

Als Maren für sich selbst ein Symbol aussucht und sich an den Ort ihrer Wahl setzt, ist sie zunächst in der Lage zu beschreiben, was ihr Mangel war. In der weiteren Arbeit mit ihr ist mir wichtig, dass sie den Schmerz und die uneingelösten Sehnsüchte besser verstehen und einordnen kann, ohne von ihnen vereinnahmt zu werden. Es ist gerade bei symbolischen Aufstellungsübungen wichtig, immer die Perspektive der Ressourcen mit im Blick zu haben. Wenn sie von der Klientin nicht benannt wird, sollte die Therapeutin danach fragen. Darum schließe ich diese gefühlsmäßig dichte Arbeit mit einer Verortung an dem Platz ab, an dem sie sich gerade befindet und den sie sich immer wieder herbeiholen kann. Dies geschieht wie in anderen Achtsamkeitsübungen zuerst mit der Wahrnehmung des Atmens und einer geschärften Konzentration der Körperempfindungen. Die Körperwahrnehmungen in der Selbstwahrnehmung zu verankern, damit sie in anderen Situationen zurückzuholen sind, ist wertvoll und wegweisend.

Da Maren in der folgenden Sitzung von sich aus anspricht, dass ihr Selbstsorge und Abgrenzung als Thema am Herzen liegen, empfiehlt sich hierzu eine Imagination vorzunehmen. Bei Imaginationen arbeite ich mit den Bildern, die die Klientin mir anbietet. Ich suche sie so zu integrieren, dass die Klientin mit ihnen spielerisch und gedanklich umgehen kann und dabei eigene Vergewisserung und Verdichtung möglich wird.

Wichtig ist bei diesen Prozessen, immer in der anbietenden, nicht verordnenden Form zu sprechen. Z. B. anstatt »Du betrittst nun eine Landschaft, die dir vertraut ist.« eher zu sagen: »Vielleicht machst du dich auf den Weg und dann schau mal, in welche Landschaft du kommst.« Meine Hypothese ist, dass Maren sich nach dieser Übung so bestärkt und in ihrem Selbstwert angesprochen fühlte, dass für sie eine gute Basis geschaffen ist, ihren Partner mitzubringen. Es ist in Paarbeziehungen häufig so, dass eine/r von beiden im Selbstwert so viele Defizite spürt, dass sich dieses Ungleichgewicht auf die gesamte Dynamik zwischen den beiden Partnern auswirkt. Bei Maren und Jonas stelle ich dagegen ein gesundes ausgewogenes Verhältnis fest; bei ihrem Problem scheint es sich in erster Linie um einen Interessenskonflikt zu handeln. Darum ist die Intervention, mit dem Bauen einer gemeinsamen Skulptur den Fokus auf ihre Gemeinsamkeiten zu legen, eine gute Möglichkeit, sich bisher Unausgesprochenem zu nähern und den beiden einen Blick auf ihre Übereinstimmungen zu ermöglichen.

Als sehr hilfreich erweist sich dabei die nonverbale Methode der symbolischen Anordnung. In der Rolle der Beobachterin kann ich z. B. liebevolle Blicke, manchmal ein Lachen, viel Vertrautheit und vor allem eine wertschätzende Grundhaltung wahrnehmen. Besonders aufmerksam registriere ich

Situationen, in denen Maren ihre Symbole umlegt, nachdem Jonas etwas an einen Ort platziert hat, aber auch Momente, in denen Jonas sie voller Zuneigung und Wertschätzung beobachtet.

In diesem Kontext ist es für eine Paartherapeutin wichtig, beide Aspekte einer Paarbeziehung, also sowohl die symmetrischen als auch die komplementären Dynamiken, im Blick zu haben und diese auch zu benennen. Eine Paarbeziehung lebt von der wahrgenommenen und ausgelebten Spannung zwischen Autonomie und Bindung. Auch wenn es so scheint, als sei diese Dichotomie ein nicht aufzulösender Gegensatz, so ist es für Paare häufig ein erlösender und wohltuender Moment, wenn sie die Erfahrung machen, dass sie beides brauchen, und auch für beide Bedürfnisse eine angemessene Ausdrucksform finden können.

Wichtig ist in diesem Fall, das Primärbedürfnis von Maren ernst zu nehmen, nämlich mit ihrer Sehnsucht nach Spiritualität gesehen und wertgeschätzt zu werden. Und wichtig ist zugleich, dass Maren versteht, ihr Bedürfnis nicht auf ihren Partner als Forderung zu übertragen, sondern sich vielmehr darin zu üben, ihre eigenen Räume zu suchen und zu finden, ohne zu erwarten, dass diese Räume gemeinsame sein müssen. In dieser Unabhängigkeit ereignet sich etwas von dem, was sich Maren und auch Jonas für ihre Beziehung wünschen, ein Stück Freiheit und gelebte Wertschätzung für das Gegenüber und für sich selbst.

Die Aufgabe der Seelsorgerin in solch einer Situation ist es, kreativ und verantwortungsvoll mit der Fülle des Informationsmaterials umzugehen, auch Komplexität zu reduzieren. Die Kunst besteht darin, nichts Neues in die Paardynamik einzuführen, sondern vielmehr anzuregen, in einer neuen und selbst überraschenden Weise mit der Beraterin zu kommunizieren. Gleichzeitig versucht die Seelsorgerin den Balanceakt zwischen Bekanntem und Neuem, nimmt also das bekannte Terrain des Paares ernst und würdigt es. Dieser Balanceakt gelingt unter anderem durch eine zirkuläre Befragung, dann aber auch durch die Skulpturaufstellung mit Symbolen, die dem Paar die Möglichkeit eröffnet, den verbalen Kommunikationsprozess um nonverbale Ausdrucksformen zu erweitern.

Die spirituelle Verortung Marens gelingt durch das Bewusst- und Sichtbarmachen der Verankerung in ihrer mütterlichen, großmütterlichen Linie. Sie geschieht durch Ich-stärkende Interventionen, durch Bewusstwerdung des Atems und einfache Körperwahrnehmungsübungen. Die systemische Perspektive und Interventionen in der Paarberatung, die vor allem auf Verselbständigung und Verbindung angelegt sind, unterstützen Maren auf der Suche nach ihrem spirituellen Ort, der dort ist, wo sie sich und ihre eigenen Bedürfnisse ernst nimmt, ohne ihre Verbindung zu den Menschen in ihrem Familiensystem abzuschneiden.

Die Holzwurmzauberfee

Ursula Riedel-Pfäfflin

Thematischer Aspekt: Frauen in Mehrgenerationen-Haushalten und deutsche Geschichte

»Hoch fliegt das kleine Mädchen auf der Schaukel durch die Lüfte. Die Fußspitzen berühren die Baumwipfel der auf den steilen Abhang wachsenden Ebereschen. Kraftvoll holen die Beine Schwung und im Bauch flattert ein Bussard, der kreischend nach Freiheit ruft. ›Ich fliege, fliege mit den Wolken‹, schreit es aus ihrem Bauch. Selbstvergessen ziehen die Wolken dahin. Wie die Wolken, ziehen auch die Gedanken dahin. Erst ganz klar und deutlich, verlieren sie später ihre Konturen, um sich ihrer unvermeidlichen Verwandlung hinzugeben. ›Warum nicht das eigene Leben verwandeln? Meines ist doch nicht so schön‹ denkt das Kind traurig und holt vollen Schwung, um ihrer Frage Nachdruck zu geben.« – Mit diesen Sätzen beginnt Lisa ein Märchen, das sie mit »Die Holzwurmzauberfee oder Abschied von Katerchen« überschrieb. Sie gab es mir im September 2006. Die Jahre davor hatte ich mit Lisa über zwei Jahre lang regelmäßig wöchentliche Termine. »Gut, also nehmen wir einmal an, meine Eltern wären tot. Sie hockten irgendwo auf einem fremden, schönen Planeten herum und es ginge ihnen gut. Dann hätte ich allen Grund dazu, mich einsam zu fühlen. Wie es jetzt ist, verstehe ich meine Einsamkeit sowieso nicht‹, meint das Kind, das sie Mädchen nennt. ›Natürlich ist sie ein Junge, aber sie hat keinen Namen und so werde ich sie ›Mädchen‹ nennen« (Lisa, S. 1).

Mir ging es auch so. Ich verstand Lisas Einsamkeit auch anfänglich nicht. Ich lernte Lisa über eine ehemalige Studierende an der Fachhochschule kennen, an der ich lehrte. In einem Seminar zu Narrativer Seelsorge fragte diese Studentin mich, ob sie über ihre Arbeit mit Lisa schreiben und ihre Geschichte vorstellen könne. Lisa war damals sechzehn und hatte suizidale Tendenzen, war in psychologischer Behandlung und fühlte sich gar nicht wohl in ihrem Leben. Meine Studentin, die als Diakonin und Religionspädagogin in einer Landgemeinde arbeitete und berufsbegleitend Sozialpädagogik studierte, bat mich, mit ihr eine Sitzung durchzuführen und mit Lisa zu sprechen. Lisa kam mir sehr scheu und vorsichtig vor, voller Angst. Wir bekamen den ersten Draht zueinander. Ihre Einsamkeit verstehen – das fiel mir jedoch schwer.

Über zwei Jahre lang hörte ich ab und zu von Lisa aus dem Erzählen und der Diplomarbeit meiner Studentin. Dann bekam ich eines Tages einen Anruf von ihr aus einer psychiatrischen Klinik. »Bei mir ist eine seltene Krankheit festgestellt worden, die nicht grundlegend verändert werden oder geheilt werden kann. Ich muss damit leben lernen, möchte aber nicht in der Klinik bleiben. Kann ich einmal die Woche zu Dir in Beratung kommen?« Ich war nicht sicher, ob ich diese konstante Begleitung gerade bei einer solchen Erkrankung neben und inmitten meiner ganzen Hochschulverpflichtungen leisten konnte und besprach mich mit KollegInnen. Dann traf ich mich mit ihr und wir vereinbarten, es gemeinsam zu erproben und dann auszuwerten.

Die ersten Sitzungen waren schwierig. Manchmal erzählte Lisa etwas, aber dann schwieg sie lange, zeigte Unsicherheit und oft auch Ärger über etwas, das ich gefragt oder gesagt hat. Ich selbst fühlte mich oft unsicher, schwankend zwischen Zuneigung zu ihrem offensichtlichen Ringen mit sich und anderen, zum Teil verwirrt und auch hilflos. Zum Teil auch gescholten, wie ein kleines Kind.

Dann erzählte sie, dass sie inzwischen die Schule abgeschlossen habe und in einem Büro gearbeitet habe. Sie wollte eigentlich noch studieren, aber plötzlich seien dann die Symptome der Krankheit gekommen. Bis herausgefunden wurde, was es war, sei ziemlich viel Zeit vergangen. Lisa wirkte blass, wie ein kleiner Junge, und sah mich oft mit großen fragenden Augen an. Ich spürte, dass sie Nähe suchte, jedoch gleichzeitig davor zurückschreckte.

Wir fanden schließlich einen Weg der Kommunikation, indem Lisas Freund Maximilian auf ihren Wunsch mit in die Beratung einbezogen wurde. Er wurde für sie zum Dolmetscher und Abgesandten. Das, was sie mir nicht sagen konnte und wollte, teilte sie ihm mit, und er wiederum erzählte es mir. Dieses Herantasten dauerte einige Male und stellte mich manchmal vor große Geduldproben. Manchmal wunderte ich mich selbst über meine Einfälle, denn so etwas hatte ich noch nie in einer Beratung erlebt. Aber etwas in Lisas Ausstrahlung von »kleinem Kind« hinter der Fassade rief eine große Zartheit und Bereitschaft zum Halten bei mir aus. Außerdem beeindruckte mich die liebevolle Hingabe ihres Partners, der auch dieses Wechselbad aushalten musste.

Um weiter zu kommen, lud ich beide ein, an einer Familienskulptur teilzunehmen. Es war deutlich, dass sich Lisas Verhalten auf Erfahrungen und Geschichte ihrer Familie bezogen. Ihr selbst war auch nicht deutlich, wieso sie – aufgewachsen in behüteter Großfamilie mit Vater, Mutter, Vaters Schwester und älterem Bruder solche Ängste empfand, zu Zeiten Todesängste, und warum sie sich so einsam fühlte. In einem späteren Brief an mich beschreibt Lisa einen Traum, der ihre tiefen Ängste widerspiegelt:

»Ich wollte mich um meine kleine Lisa kümmern. Sie in Sicherheit bringen. Da schien es mir, als nagten Würmer in ihr und ich wich im ersten Augenblick entsetzt zurück. Diese unbenennbaren seltsamen Gefühle sind blöd. Da ist nichts Fassbares, Wirrwarr und ich scheine weit weg von mir zu sein. Ich komme nicht an mich heran, kann mich gar nicht trösten und beschützen und mich auch von Maximilian nicht richtig schützen lassen. Ich habe keine Macht mehr, bin bedroht und völlig allein. Das Licht scheint sich zu verdunkeln, meine Muskeln verkrampfen sich, so dass ich etwas wanke. Mein Schritt ist sehr unsicher. Ich bin in totaler Alarmbereitschaft.«

In der Genogrammarbeit und Familienskulptur wurden einige Aspekte deutlicher. Aber richtig verstehen konnte ich Lisas Ängste immer noch nicht, auch nicht ihre so starke Abwertung der eigenen Mutter und ihre Einsamkeit und ihre Scham.

Die entscheidende Wende kam, als ich mich zusammen mit meiner Kollegin, der Familientherapeutin Gesa Jürgens, auf den Weg machte und die Familie in ihrem eigenen Lebenskontext aufsuchte, um ein Interview mit den Eltern und der Tante durchzuführen. So fuhren wir aufs Land, und es kam uns vor, als führen wir zu Schneewitchen hinter den sieben Bergen, bei den sieben Zwergen – so idyllisch und abgeschieden lag das Haus in einem Tal, an einem kleinen Fluss, am Ende aller Häuser.

Wir sprachen erst mit Lisas Eltern, die unten im Haus wohnten, und dann mit Lisas Tante, die das obere Stockwerk bewohnte, dort, wo auch Lisa und Maximilian ihre Räume hatten.

Wir hörten, dass das Haus ererbt war und nach dem Krieg von der Tante und dem Vater Lisas bezogen wurde. Lisas Mutter kam aus einer kleinen Stadt und hatte mehrere Geschwister; sie hatte dort eine gute Jugendzeit erlebt und viele Freundschaften und Verbindungen. Als sie heiratete und aufs Land in dieses Haus zog, wohnte und regierte die Schwester des Mannes schon dort und Lisas Mutter musste sich in das Gefüge Bruder und ältere Schwester einpassen. Entsprechend wirkte sie auch auf uns, sehr liebevoll bemüht, gastfreundlich, angepasst, fast scheu. Dagegen wirkte Lisas Tante, die im oberen Stock auf gleicher Ebene mit Lisa wohnte, wie ein energischer Mittelpunkt des Hauses. Besonders wirkten auf mich die starken Augen, der forschende, eindringliche Blick, ihre setzende, wertende Art.

Von Lisa wusste ich, dass sie in der Zeit des Nationalsozialismus BDM-Führerin einer Großstadt war und anschließend im Krieg als Krankenschwester arbeitete. Noch heute seien die Werte der damaligen Zeit für sie wichtig, erzählt sie selbst: Stärke, Entschiedenheit, Kraft. »Für mich gibt es nichts, wo ich sage, das kann ich nicht«. Nachdem ich ihre eindringlichen, forschen und fordernden Blicke erlebte, konnte ich mehr von Lisas Ängsten verstehen. Als Kind war Lisa oft, auch zusammen mit ihrem etwas älteren Bruder, bei der Tante, die gut kochte und alles im Griff hatte, auch ihren Vater. Lisas Mutter spielte eine untergeordnete Rolle in dem Haus, die Hauptbeziehung hatte Lisa zum Vater, und dominierend waren die Werte der Tante.

So konnte Lisa ihre Mutter nicht achten und fühlte sich von ihr emotional und geistig nicht gesehen, gehört und gehalten. Vor der Tante jedoch, die sie als starke haltende Kraft erlebte, hatte sie auch Angst, Angst, in ihren Augen nicht zu bestehen.

Nach diesem Besuch sprachen wir weiter über die Geschichte der Familie und Lisa machte sich selbst an die Arbeit, mehr über die Großeltern und die Geschichte auch des ersten Weltkrieges und seiner Folgen herauszufinden.

Manches Mal dachte ich: Warum ziehen Lisa und Maximilian nicht einfach aus, bauen sich ihr eigenes Leben auf, gehen mal in eine ganz andere Umgebung und machen Erfahrungen in einem neuen Kontext, bauen eine eigene Familie auf, so wie ihr Bruder?

Aber Lisa liebt die Landschaft, den Fluss, die Ruhe – auch fühlte sie sich aufgrund der Krankheit nicht mehr in der Lage, auszuziehen. Sie hatte zudem die Möglichkeit, in ihrem Job eine geringe Stundenzahl zu arbeiten und sich und den studierenden Freund einigermaßen zu ernähren. Ein starkes Band schien sie zu halten, obwohl auch eine Art Verwünschung oder Gift in dem Haus zu wirken schien, eine Todeskraft. In dem Traum heißt es weiter: »Der Schein der Nacht fiel auf den Spiegel und ich erwartete den unfassbaren flüchtigen Schatten der dunklen Gestalt – glaubte die Umrisse vorbeihuschen zu sehen. Da war er wieder. Überall im Raum – um mich herum, denn ich konnte seine bedrohliche Macht spüren. Er will mich unter Kontrolle haben und absolute Macht. So blicke ich wirr um mich in die Dunkelheit. Ich darf nicht schlafen, nie zur Ruhe kommen, sonst erwischt er mich und ich bin machtlos ausgeliefert«.

Ein weiterer Durchbruch geschieht, als Lisa sich eines Familiengeheimnisses bewusst wird. Wir arbeiten an der Geschichte der Großeltern und plötzlich sagte sie: »Ich habe erfahren, dass meine Tante gar nicht die leibliche Schwester meines Vaters ist.« – Sie ist das Kind eines Bruders des Großvaters. Als der Großvater im Krieg war, hatte die Mutter wohl eine Affäre mit diesem Bruder, der ein Lebemann war. Von ihm wurde dann dieses Haus gekauft und das wurde dann der Tante vererbt, weil sie seine Tochter war, was aber niemand wissen sollte.

Auch auf der anderen Seite der Familie, bei den Eltern der Mutter, wurden neue Sichtweisen eröffnet. Der Vater der Mutter sei sehr seltsam gewesen, er habe kaum gesprochen und sei im Alter noch schwieriger geworden. Auch eine der Schwestern der Mutter sei im Heim. Auf die Frage, was er habe, konnte keiner eine klare Antwort geben. Lisa forschte etwas weiter und schließlich wurde deutlich, dass er eine Depression oder andere Beeinträchtigungen hatte, die es den Angehörigen sehr schwer machte, mit ihm zu kommunizieren. Er sprach einfach nicht. Schließlich kam mir ein Bild: wenn er während des

Dritten Reiches als Fall in der Psychiatrie gelandet wäre, wäre er nach den Werten der Zeit lebensunwert gewesen und hätte eventuell sein Leben verloren! Die Tante verkörperte diese Werte in ihrer Erziehung und verkörpert sie heute noch im Hause. Die Mutter musste sich als Eingeheiratete anpassen und hatte in ihrer Ursprungsfamilie nichts vorzuweisen. Eher musste sie das »Kranke« verstecken. Und nun war auch Lisa an einer seltsamen Krankheit erkrankt. Ihre Ängste, die zum Teil bis zur Todesangst reichten, konnte ich nun besser verstehen.

Ich lud Lisa ein, ihre Bilder, die sie zuhause malte, mitzubringen und auch in unseren Sitzungen malte sie ihre Gefühle. Oft malte sie schwarze, bedrohliche Bilder. Dies wurde zum Ausgangspunkt neuer Schritte. Lisa begann, ihre inneren Stimmen wichtig zu nehmen und sich selbst als eigene schöpferische Kraft zu erleben.

Gleichzeitig behielt ich Kontakt zu den Eltern und der Tante. Ich lud die Mutter ein, mit Lisa zu einigen Sitzungen zu kommen, um die ursprüngliche Beziehung der Mutter zur Tochter und umgekehrt zu stärken. Diese Gespräche waren zunächst etwas gehemmt und verhalten. Ich konnte Lisa verstehen, die ihre Mutter oft als da, aber innerlich abwesend gefühlt hatte. Es war, als sei auch die Mutter von Ängsten besetzt. Aber zunehmend gelang es Lisa, ihre Mutter genauer wahrzunehmen, auch in ihren Stärken. Und die Mutter ging mehr aus sich heraus, zeigte sich mit ihren eigenen Wünschen und Gefühlen, ließ sich darauf ein, Lisa auch mal zu sagen: »Ich sehe Dich. Ich mag Dich, wie Du bist.«

Lisa und ich kamen uns in dieser Zeit sehr nahe. Eine tiefe Veränderung begann. Eine nochmalige Herausforderung empfand ich, als Lisa begann, von mir mehr Ausdruck des Vertrauens, des Spürens von Nähe, auch körperliche Nähe als mütterliche Präsenz zu erwarten. Sie empfand sehr stark, was ihr als Kind gefehlt hatte: leibliche Zuneigung und Zärtlichkeit zu spüren, Gehaltensein und Nähe. Das Geben dieser Nähe war für mich nicht schwer. Jedoch die Unsicherheit auszuhalten, die Lisa selbst dabei empfand. Wollte sie oder nicht, sollte sie oder nicht, durfte sie mich umarmen und wenn ja, wie lange. War es lange genug oder doch nur immer ein Betrug, ein Verrat, weil sie danach wieder allein war und gehen musste? Wut und Ärger kam hoch und wurde auch geäußert.

Ganz allmählich jedoch wuchs etwas Neues in ihr: eine Wahrnehmung des kleinen Mädchens in ihr, eine Wahrnehmung auch von etwas Mütterlichem, einer Fee in ihr selbst, die dieses kleine zarte Mädchen lieb hatte, auf es achtete und es in die Arme nahm und geleitete auf seinem Weg in die Welt. In Lisas Märchen geht es um ein Mädchen, dessen Eltern sterben und die nun allein in ihrem Haus leben möchte, ohne von Jugendamt und Polizisten in ein Heim gebracht zu werden. Zwar ist es ihr unheimlich alleine. »Trotzdem, so war dem

Mädchen, werde ich lieber zwischen unbegreifbaren Geistern leben – die es offenbar gut mit mir meinen – als mit diesen feige verlogenen Menschen mitzugehen. ›Kleines Mädchen‹, ertönte eine milde Stimme am Ohr des Mädchens, ›habe keine Angst vor mir. Ich bin eine Zauberin. Schon vor Jahrhunderten bin ich hier als Holzwurm in die Balken eingezogen, weil das Haus so schön im Wald steht und mir die Umgebung gefällt. Dich kenne ich schon seit Deiner Geburt und habe Dich sehr lieb. Ich kenne auch Dein Schicksal und behüte Dich. Und wenn Du willst, bleib ich immer bei Dir«.

Einerseits war mir klar, dass ich die Bedeutung einer mütterlichen Kraft für Lisa bekommen hatte, so dass sie noch einmal ganz klein sein konnte und neu aufwachsen. Andererseits wuchs auch in ihr selbst nun die Gegenwart einer haltenden, leitenden Kraft, so dass sie nicht mehr nur auf meine Gegenwart angewiesen war. Ihre eigene innere Holzwurmzauberfee.

Irgendwann spürten wir beide, dass es Zeit war, die Beratung, Begleitung zu verändern und abzuschließen. Lisa wollte mich als Freundin haben, nicht mehr als Beraterin. Sie fühlte sich langsam »erwachsen« genug, mit mir auf Augenhöhe zu sein. Wir erprobten das Los-lösen, die Umwandlung in neue Weisen der Begegnung Schritt für Schritt. Auch das war nicht ganz einfach und ich fühlte mich oft unsicher. Fand hier eine Vermischung statt? Handelte ich angemessen?

Aus Sicht der Objekt-Beziehungs-Theorie verstand ich, wie wichtig es war, dass nun Lisa die mütterliche Gegenwart in sich selbst (Objekt-Repäsentanz) hatte aufwachsen lassen und ich damit mehr als eigene Person, als Gegenüber wahrgenommen wurde.

Nach Virginia Satirs Wachstumsmodell könnte ich sagen: ich wurde die freundliche Tante der Familie, die sich immer mal wieder um ihr Wohlergehen sorgt, sich erkundigt und auch ab und zu Besuche macht, jedoch nicht regelmäßig »gebraucht« wird.

Im Märchen erzählt Lisa von vielen Abenteuern im Haus und auch in fernen Ländern, ja in der Wüste, von dem kleinen Mädchen und seinem Begleiter, dem Kater. Sie erleben viele Gefahren. Am Schluß droht eine Märchenfigur, die kleine Mücke zu sterben. – »Aber die Zauberfee kommt und sagt: ›Es ist noch nicht an der Zeit für Dich zu sterben, meine liebe Mücke‹. Mücke träumte, es löse sich etwas aus ihrer Seele heraus. Etwas, das genauso aussah, wie sie selbst. Diesem wuchsen Flügel. Weit breitete es die Schwingen aus und betrachtete sie lange. Es verwandelte sich.

Nach und nach wurde dieser Menschenkörper zum Vogelkörper. Der Bussard, der ihrem Körper entstiegen war, wusste, dass er geboren wurde, um Hilfe zu holen«. – Der Bussard fliegt zu dem Ausgangsort, dem alten Haus, und holt den kleinen Jungen, der eigentlich ein Mädchen ist. Nachdem das Kind die Reise in fremde Welten genossen hat, hat es einen Traum von der todkranken Mücke, die genauso aussieht wie es und will die Verbindungslosigkeit zu ihr überwinden. Es bemerkt im Laufe der Erlebnisse im Urwald, dass es sich langsam verändert und zunächst ein Mädchen und dann zur jungen Frau wird. »Hier war es egal, ob sie ein Mädchen oder Junge war. Sie war, wie sie war und durfte sein, wie sie ist. So wurde sie zur jungen Frau und sah das wohlwollende Erstaunen darüber in den fröhlichen Augen der Affen«. Die junge Frau wird von der Zauberin eingeladen, für Mücke einen Traum der Befreiung und Heilung zu träumen, und diesen Traum erzählt der Schluß des Märchens, Lisas eigene Geschichte ihrer Heilung. »Dort wachten sie gemeinsam auf. Gemeinsam in einem Körper in dem sie sich zu Hause fühlten. Gemeinsam als eine junge Frau, zu der das einst kleine traurige Mädchen auf der Schaukel inzwischen herangewachsen war. Ja, ich bin am Leben«.

Viele Überraschungen, und eine ganz besondere hatten Lisa und ihr treuer und liebevoller Freund für alle bereit: Ihre Krankheitssymptome wurden weniger. Sie bekam eine EU-Rente und musste sich nicht überfordern. Sie ließ ihre Haare wachsen und Locken traten hervor. Und Lisa, die es immer abgelehnt hatte, eine Familie zu gründen, wurde schwanger. Sie bat mich, bei der Geburt dabei zu sein. Ein gesundes Mädchen wurde geboren, um das sich beide Eltern, vor allem der Vater, liebevoll kümmern. Die Großfamilie ist immer noch zusammen. Jedoch Lisa und ihr Partner haben sich mit dem Kind in ihr als eigenständige Gemeinschaft eingerichtet und fühlen sich wohl in ihrem Zuhause.

Methodischer Aspekt: Mehrgenerationale Familienbegleitung und narrative Ansätze

Luce Irigaray und die italienischen Feministinnen haben wie viele Theologinnen darauf hingewiesen, dass es für Mädchen und Frauen in den westlichen, von Kapitalismus und patriarchalen Werten geprägten Gesellschaften sehr schwer ist, ihre eigenen Kräfte und Potentiale zu spüren, zu erleben und zu leben. In den vielen Jahren meiner Tätigkeit als Pastorin, Seelsorgerin und Hochschullehrerin wurde mir in der Begegnung mit Mädchen und Frauen unterschiedlichster Kontexte immer wieder bewusst, wie stark die Beziehung der Frauen zu sich selbst, zu der eigenen Mutter in sich, zu ihren eigenen Müttern und zu jahrhundertealten Frauentraditionen blockiert, deformiert, zerstört und zugeschüttet ist. Viele Frauen machen sich klein, fühlen sich mit sich selbst unstimmig, haben belastende oder schlimme Erfahrungen mit ihren Müttern und sehen andere Frauen als Bedrohung; oder sie überfordern andere Frauen, indem sie von ihnen als Freundinnen und Partnerinnen eine Erlösung von ihren Übeln erwarten, die gar nicht zu leisten ist. Daran zerbrechen auch viele lesbische Beziehungen.

Ich finde es für Seelsorgerinnen und Beraterinnen sehr wichtig, zu verstehen, dass die tiefen Wünsche und Sehnsüchte, die in einer Begleitung entstehen können und auch auf die Beraterin gerichtet werden, nicht bedrohlich sein müssen, wenn sie verstanden werden. Die tiefe Sehnsucht nach Mutter-Bindung, nach Gesehen- , Gespürt- und Gehaltenwerden kann dann als tiefes inneres Wissen verstanden werden und dieses Wissen kann sich durch den Aufbau einer vertrauensvollen Zusammenarbeit zwischen Klientin und Begleiterin zu einer Mütterlichkeit von Frauen sich selbst gegenüber verwandeln. Die Geschichte von Lisa ist für mich ein Zeugnis solch einer tief greifenden Verwandlung, für die allerdings viel Zeit notwendig ist und die Bereitschaft, sich selbst auch einzulassen. Parallel zu dieser inneren Veränderung durch die Vertrauensbeziehung zwischen uns habe ich bewusst auch die Frauenbeziehungen im mehrgenerationalen Haushalt der Familie bearbeitet. So wurden Einzelgespräche mit Mutter und Tante geführt, Gespräche mit dem Dreieck: Mutter, Vater und seine Schwester; die Familie wurde eingeladen, die Geschichten beider Linien zu erforschen und Geheimnisse offen zu legen; und ich habe mehrfach Lisa und ihre Mutter zu Gesprächen nur zu zweit eingeladen, um ihre Mutter-Tochter-Beziehung zu stärken und es zu ermöglichen, ihren eigenen Gefühlen und Wünschen in der Kommunikation direkten Ausdruck zu verleihen.

Die narrativen Ansätze systemischer Arbeit sind auf mehreren Ebenen zur Wirkung gekommen. Lisa wurde eingeladen, ihre Gefühle zu malen und sie damit auch zu externalisieren und für sich und uns anschaulich zu machen. Sie wurde damit zur Malerin, die als Schöpferin gestalten kann und nicht nur überwältigt und vor Angst gelähmt wird. Jedoch viel wirksamer war es, dass Lisa selbst zur Feder griff und 2004 anfing, mir sehr tiefgehende, aufwühlende Briefe zu schreiben. Solche Briefe hatte ich noch nie in meinem ganzen Leben erhalten und Lisa hat damit auch als Suchende, Wissende und Schriftstellerin mein Fühlen, Denken und Leben berührt und verändert. Wir haben daher gemeinsam beschlossen, diese Prozesse der Verwandlung von Tochter und Mutter in Lisa selbst, mit mir und mit ihrem Kontext nicht in einer Analyse, sondern in den eigenen Worten Lisas zum Ausdruck kommen zu lassen. Sie ist die Autorin ihrer eigenen Geschichte geworden und ich bin tief beeindruckt von ihrer Kraft und Liebe.

Textauszüge aus Lisas Briefen mit Kommentaren

02.02.2004
»Liebe Ursula,
Ich habe Dir schon mal beschrieben, wie verletzend, entmutigend es für mich als Kind war, als meine Mutter es ablehnte, sich neben mich ins Bett zu legen. Ich hatte danach noch mehr das Gefühl von Scham und dass ich irgendetwas ganz unmöglich Schlimmes und Perverses damit von ihr verlangt hätte. Ich habe noch so im Ohr, dass das nicht geht und fühle die Scham und Ablehnung. Meinen Gefühlen und Wünschen habe ich nach und nach mehr misstraut. Gerade als Kind hätte ich viel Nähe in meiner Angst gebraucht und auch am Beginn der Pubertät. Meine Wünsche nach Nähe haben mich bedroht, weil sie anormal waren. Ich erwartete auch Strafe für meine Gefühle, Wünsche und Gedanken. Sie durften nie mitgeteilt werden, weil ich dann verloren gewesen wäre. Gott hätte mich gestraft, wenn ER gewusst hätte, wie schlecht ich bin. Es war schwer meine Wünsche und Gefühle, mich selbst wegzupacken und abzutöten, denn ich gab einfach keine Ruhe. Immer wenn – gerade – eine Frau mir näher kam, war Alles wieder da und ich begann zu leben.«

Lisas Kommentar: Da Du mich in meinem Vertrauen unterstützt hast, konnte ich mich auf Dich einlassen und meine kleine Lisa mit ihren Wünschen auch.

Ursulas Kommentar: Hier beginnt im Prozess der Begleitung das Entstehen eines mütterlichen Bildes in Lisa selbst durch ihr wachsendes Vertrauen in die Seelsorgerin.

23.05.2004
»Liebe Ursula,
ich als Erwachsene fühle mich schwer, so dass mein Kopf hängt und gleichzeitig leicht, als könnte ich mit ausgebreiteten Armen fliegen. Ich bin so traurig, schmerzbeladen und wütend, dass ich der Sonne mein Leid klage und sie es zu Asche verbrennt. Ich habe Angst, welche mich in tiefer, stickiger, verwirrender Dunkelheit einengt und meine Wahrnehmung leugnet. Meine Wünsche sind schwer, weil es so viele sind. Alle wollen auf einmal aus mir heraus und endlich gestillt werden. Sie drängen sich in mir; mischen sich mit meiner Angst, meiner Wut und meinem Schmerz. Es ist ein totales Chaos. Was soll ich tun? Da sind Gedanken; sind es Gedanken? – nein es ist viel tiefer: Ich will mich öffnen und es kommen lassen, was da ist. Ich will nicht mehr zurückhalten, was leben will, was gesehen und erfahren werden will. Meine Wünsche, Gefühle und Gedanken wollen aus mir heraus. Ich will berührt sein. Und ich will mich von meiner – mich viele Jahre schützenden – Angst verabschieden, denn sie hindert mich daran, mich zu öffnen und berührt zu sein.«

Lisas Kommentar: Ich begriff, dass innere Freiheit nur durch durchlebte Abhängigkeit zu einer Mutterfigur entstehen kann.

Ursulas Kommentar: In der Objekt-Beziehungs-Theorie wird dieser Prozess als positive Übertragung gedeutet, die zu einer Veränderung des eigenen inneren Bildes der Mutter führen kann und damit auch zur Entstehung einer Selbstdifferenzierung, in welcher Abspaltungen aufgelöst werden können.

07.10.2004
»Liebe Ursula,
Du hast gesagt, dass ich genau hinsehen soll, was ich und meine kleine Lisa brauchen, um leben zu können. Ich brauche, dass ich mich auf Dich verlassen kann. Maximilian reicht nicht. Er ist zwar sehr fürsorglich und gibt mir den meisten Halt, aber ich empfinde ihn nicht als Mutter und so löst sich das Problem nicht. ... Einfacher gesagt braucht meine kleine Lisa nur eine Mutter, die bereit ist, sie zu »adoptieren«. Ich möchte gern wissen, ob Du bereit bist, mir so viel zu geben bzw. was Du geben kannst.«

26.10.2004
»Liebe Ursula,
der Brief ist mir sehr wichtig. Aber ich bin mir nicht sicher, an wen ich ihn senden soll; ob es überhaupt einen Adressaten gibt. Vielleicht erst mal am ehesten an Dich. Lisa

Liebe Mutter,
ich weiß nicht, wie es mit mir weitergehen soll. Nichts bewegt sich; weder vor noch zurück. Eine schwere Geburt. Kein Wissen, was da kommt – wohin ich komme. Mir bleibt nur abzuwarten. Jeder Tag, der ungelebt vergeht, ist ein Tag Sterben mehr. Verhindern geht nicht; keine Macht. Wenn ich mir eine Mama wünsche, so ist es immer seltener Ursula. Es ist niemand mehr von dieser Welt. Ein Bild in mir. Wandelbar. Einigermaßen verfügbar. Nicht nur ein Bild – eine sanfte, warme Empfindung.«

Kommentar Lisa: Ich empfand es als großartige Möglichkeit, meine Gefühle direkt ansprechen, sie liebevoll anzunehmen zu können, mit ihnen zu verhandeln und ihnen Grenzen setzen zu können.
Kommentar Ursula: Hier wird der Übergang sichtbar, in welchem Lisa zur Autorin ihrer eigenen Geschichte wird: Sie empfindet sich selbst als Akteurin, als mütterliches Selbst. Sie ist die Handelnde.

06.05.2005
»Liebe Ursula,
Wenn ich an die Umarmung denke, sehe ich ein erstaunliches Bild vor mir. Erst angstvoll Schutz und verzweifelt Nähe suchend, dann intensiv. Ich fühle die plötzlich glühende überspringende Wärme des Bauches, das Pulsieren des Herzens und wie es den gesamten Körper durchströmt, und die kleine Lisa einer erstaunten, starken Frau weicht. Meine neuen Augen sehen und meine kräftig gewordenen Arme halten eine sehr zarte schöne Frau. Fast schmerzvoller Widerhall im gesamten Körper, weil ich beginne, Dich zu erkennen und darin gespiegelt auch mich.«

Kommentar Lisa: Mein Erwachen als Frau

Kommentar Ursula: Hier wurde für mich erlebbar, was Winnicott meint, wenn er sagt, dass Kind erlebt den Glanz im Auge der Mutter und kommt in dieser Erfahrung zwischen Ich und Du zur Lebendigkeit. Oder wenn Martin Buber sagt, das Ich entsteht in der Erfahrung des Du.

Rosies Geschichte

Julia Strecker

Thematischer Aspekt: Arbeit und Geld

Als sie das erste Mal in meine Sprechstunde kam, war sie beinahe wortlos. Sie hatte lange gewartet, bis sie mit mir sprechen konnte, denn es war einer der Vormittage, an denen Frauen ohne Termin, unangemeldet, zu mir kommen können. Sie saß mir gegenüber, hager und ausgemergelt, mit wunderschönen blau-türkisfarbenen Augen und einem Gesicht, das schon viel Trauer und Aufregung gesehen hat. Vielleicht auch viel anderes, das ich ebenso nur erahnen konnte, als ich sie zum ersten Mal sah.

»Darf ich rauchen?« fragte sie etwas verhalten, und als ich das verneinte, war erstmal fünf weitere Minuten Schweigen.

»Wundern Sie sich nicht, dass ich nichts sage?«, fragte Rosie mich. »Nein, ich denke, dass Sie Ihre Gründe haben. Außerdem ist es gut, manchmal ganz langsam und behutsam anzukommen, sich Zeit zu lassen, um spüren zu können, was im Moment am wichtigsten ist.«

»Oh, da brauch' ich nicht lange zu spüren, das weiß ich auch so. Ich spüre es in meiner Kehle, die fühlt sich nämlich wie zugeschnürt an.«

»Wer oder was schnürt Ihnen denn die Kehle zu?«

»Ich habe das Gefühl, dass es von außen kommt. Es ist ein riesiger Druck, der von außen auf mich zukommt und mich einengt. Alle möglichen Leute machen mir Vorwürfe und ich selbst mir auch.«

Im Verlauf dieses Erstgesprächs klärte ich dann mit Rosie in der noch bleibenden Zeit ihre Bedürfnisse und mögliche Perspektiven für eine Fortführung unseres Kontaktes. Rosie formulierte als Hauptbedürfnis, eine Gesprächspartnerin in mir haben zu wollen. Sie kam zu mir in einer Funktion als Pastorin und legte in der ganzen Zeit Wert darauf, mit mir selbstverständlich und ohne Scheu auch religiöse Fragen berühren zu können. Ich erklärte ihr die Gegebenheiten des äußeren Rahmens, sagte ihr, dass die Gespräche mit mir für sie eine erste Klärung ihrer Situation bringen könnten, dass sie aber kein Ersatz für eine therapeutische Begleitung seien.

Deutlich wurde, dass es bei Rosie um ein gesellschaftliches Thema geht, da sie als Alleinerziehende großen strukturellen Problemen und Ungerechtigkeiten ausgesetzt ist. Sie arbeitet seit ihrem 16. Lebensjahr, ist jetzt 29, hat ihr erstes Kind mit 19, ihr zweites mit 24 bekommen. Die Kinder haben unterschiedliche Väter, von denen Rosie aber nichts wissen will und auch nie einen Pfennig Geld gesehen hat. Sie ist zu mir gekommen, weil sie auf dem Weg zum Sozialamt an der Kirche vorbeiging, an die mein Büro angeschlossen ist. Sie sagt: »Als ich an der Kirche vorbeikam, dachte ich plötzlich, dass ich gern eine Kerze anzünden würde. Wissen Sie, ich bin katholisch groß geworden, und als ich klein war, bin ich oft mit meiner Großmutter zu ›Madonna in den Trümmern‹ [sehr schöne Kapelle im Kölner Zentrum, die auf den Trümmern einer im Krieg völlig zerstörten Kirche aufgebaut wurde; J.S.] gegangen. Da haben wir jedes Mal eine Kerze angezündet, und meine Großmutter war immer ganz andächtig, und ich habe gespürt, dass hier etwas Wichtiges passiert, dass ihr das eine Menge bedeutet.

Heute habe ich mit der Kirche nicht viel zu tun, obwohl, die Frau beim Allgemeinen Sozialen Dienst, die sagt jedes Mal zu mir, dass ich ein religiöser Mensch sei, und dass ich da mehr mit machen solle. Schließlich sei das etwas Schönes, das viele Menschen gar nicht so haben. Jedenfalls bin ich heute zu Ihnen gekommen, weil ich das mit Gott und dem Ganzen, Sie wissen schon, auch gern mal klarkriegen würde.« Ich sagte zu Rosie, dass ich nicht sicher sei, ob sich das mit »Gott und dem Ganzen« so einfach klären ließe, aber dass ich ihr anbieten könne, in den nächsten fünf Sitzungen, die es zunächst als Angebot von mir aus gab, auch das Thema ihrer Religiosität zu beleuchten.

Für mich kristallisierten sich drei Schwerpunkte für unseren weiteren Kontakt heraus, die ich aber in dieser Sitzung nicht mehr mit ihr besprach, zumal die Zeit schon erheblich fortgeschritten war.

1. Ihre berufliche Situation.
2. Ihre Rolle als Mutter im Kontext ihrer gesamten sozialen Situation.
3. Ihre Religiosität bzw. ihre Schwierigkeiten, diese zu leben.

Wir verabredeten uns für die kommende Woche. Ich stellte ihr gegenüber deutlich heraus, dass ich ihr keine längerfristige Therapie anbieten könne, sondern stattdessen ganz klar ein- und abgegrenzt mit ihr arbeiten wolle. Sie akzeptierte das. Ich spürte jedoch, dass Rosie durch ihre Art bestimmte Reaktionen in mir hervorrief, die mich in Berührung mit meiner eigenen Schwierigkeit brachten, Grenzen aufzubauen und einzuhalten.

Das zweite Mal, als sie kam, wirkte sie etwas entspannter und gelöster als beim ersten Mal. Sie fing auch gleich an zu sprechen, im Gegensatz zum ersten Besuch, wo es sehr viele Situationen des Schweigens gegeben hatte. Ich bat sie nach einem ca. fünfminütigen »Check-in«, in dem sie ihre augenblickliche emotionale Verfassung kurz schilderte, ein Panorama ihrer beruflichen Identität aufzumalen. Zuerst wollte sie nicht, da sie nicht zeichnen könne. Als ich ihr jedoch versicherte, es käme nicht auf die Qualität des Zeichnens an, sondern sie könne wild herumexperimentieren, mit Farben, Strichen, Symbolen, der Phantasie seien keine Grenzen gesetzt, nahm sie Papier und Wachsmalstifte, setzte sich auf den Teppich in meinem Büro und fing sehr konzentriert, beinahe in sich versunken, an zu malen. Irgendwann stand sie auf, schmiss mir das Bild vor die Füße und sagte: »Da.«

»Ist es Absicht, dass Sie mit ihrem eigenen Bild so lieblos umgehen?«

»Nein, das hat nichts mit Absicht zu tun, ich kann nicht anders. Ich kann mir das Bild kaum anschauen. So viele abgeschnittene Fäden und kaum ein Lichtblick. Ich möchte das Bild am liebsten zerreißen.«

»Was hält Sie ab davon, es zu tun?«

»Ich weiß nicht (scheuer Blick zu mir). Vielleicht Sie, dass Sie mit mir schimpfen könnten, so wie meine Mutter mich auch immer fertig gemacht hat, wenn etwas nicht so lief, wie sie das gerne wollte.«

»Es ist Ihr Bild, und Sie haben die Freiheit damit zu tun, was Sie wollen.«

Nach langem Zögern und Blicken der Unsicherheit: »Gut, dann würd ich es gern mit Ihnen zusammen zerreißen.«

Ich zögere und denke, dass ich auf jeden Fall die Chance haben will, mit dem Bild zu arbeiten, also sage ich es ihr: »Ich würde aber gern vorher mit Ihnen zusammen das Bild anschauen.« Nach einem langen Schweigen: »Ich weiß zwar nicht, was Sie damit bezwecken, aber von mir aus. Aber danach zerreißen wir es gemeinsam.« Das gemeinsame Betrachten des Bildes mit Rosie eröffnet mir neue Perspektiven. Ich frage wenig nach, die vielen abgeschnittenen Fäden sprechen für sich. In der Mitte ist ein riesig großer, leuchtend roter Feuerball gezeichnet, umrandet von einem schwarzen Flor, beinahe wie ein Trauerrand.

Während wir gemeinsam vor dem Bild sitzen, erzählt Rosie ihren beruflichen Werdegang: die abgebrochene Schulbiographie, die abgebrochene Lehre zur Kauffrau, dann das erste Mal richtig gut »Kohle verdienen« als Kellnerin in einem Spielsalon, dann die Geburt ihres ersten Kindes, große Identitätskrise, Erschütterungen, Aufenthalt in einer Klinik mit dem kleinen Kind. »Dort traf ich eine junge Pfarrerin, die hat mir das Leben gerettet. Die hat mich verstanden, die war ganz für mich da. Ich hab' ihr erzählt, dass ich immer schon Werbegrafikerin werden wollte, aber dass ich nun keine Power mehr hätte. Da hat sie mich an die Hand genommen, und ich dachte, jedenfalls für eine Weile, alles ist möglich, wenn man nur fest genug dran glaubt.«

»Und dann?«

»Als ich aus der Klinik draußen war, habe ich mich sofort bemüht, mein Leben zu verändern. Ich hab', als der L. erst ein Jahr alt war, nebenbei mein Fachabitur nachgemacht, damit ich auf die Schule für Werbegrafik in D. gehen kann. Das war eine ganz anstrengende Zeit. Nachts habe ich noch gekellnert. Sonst hätte es mit der Kohle einfach nicht hingehauen. Aber ich war immer am Anschlag, total erledigt, und manchmal, wenn ich die Mütter ihre Kinderwagen Richtung Spielplatz schieben sah, überkam mich die blanke Wut.«

Hatten Sie denn auch eine Freundin?« – Rosie schaut mich nachdenklich an. – »Nö, eigentlich nicht. Doch, eine, als L. noch nicht geboren war, verstand ich mich gut mit ihr, aber dann, als ich in der Klinik war, ist der Kontakt schon ziemlich eingeschlafen, und später hat sie mich sogar beschuldigt, dass ich keine gute Mutter sei und ich sei, so egoistisch und. Ach, es war ganz schrecklich, ich fühlte mich immer richtig schlecht, wenn ich mit ihr zusammen war.«

»Es hört sich so an, als ob Ihre Freundin gar kein Verständnis für Sie hatte.«

»Ja, das war so. Aber ich hab damals immer alles auf mich bezogen, und gar nicht kapiert, dass sie alles Mögliche auf mich abwälzt, was eigentlich gar nicht mein Fehler oder Versagen war. Aber ich denke ja heute noch, dass ich keine gute Mutter bin.« (fängt an zu weinen)

An dieser Stelle gab es einen längeren Wortwechsel über das Bild der »guten Mutter« vs. der »bösen Mutter« zwischen uns. Die Stunde endete mit einer Übung aus der Gestalttherapie. Ich schlug Rosie vor, zwei Stühle in die Mitte des Raumes zu stellen und einen mit der guten und den anderen mit der bösen Mutter zu besetzen.

Abwechselnd setzte sie sich auf die beiden Stühle und identifizierte sich mal mit der einen Rolle, mal mit der anderen. Mir fiel dabei auf, dass sie beide Rollen einnehmen konnte, dass es nach außen gar nicht wie eine Spaltung wirkte, die ich die ganze Zeit bei ihr vermutete. Vielmehr war sie von ihrer Persönlichkeit in der Lage, mit den unterschiedlichen Facetten ihrer selbst jonglieren zu können, was ich ihr am Ende der Stunde so sagte.

»So, und was machen wir jetzt mit dem Bild?«

Sie schmunzelte: »Ich glaube, ich will es doch noch behalten, jedenfalls ein bisschen.« Als Rosie das nächste Mal kam, wirkte sie sehr erschöpft und übermüdet. Auf meine erste Frage, wie es ihr denn seit unserer letzten Begegnung ergangen sei, stürzte es aus Rosie heraus, als ob sie tagelang mit niemandem geredet hätte und nur darauf gewartet habe, dass jemand den Hahn aufdrehe. Sie erzählte mit ausholenden Bewegungen und fast ohne Kommastrich von ihren Kindern, den langen Tagen und kurzen Nächten, von ihrer Sehnsucht nach »Normalsein« und von dem Schmerz, der letzte Woche immer wieder aufgetaucht sei, wenn sie an ihr Bild gedacht habe.

»Lassen Sie uns mal einen Moment bei dem Schmerz bleiben. Schauen Sie sich noch einmal Ihr Bild an und beschreiben Sie mir, wo Sie den Schmerz fühlen.«

Ich hatte das Bild vor ihr ausgebreitet, und es vergingen mindestens drei bis fünf Minuten, in denen sie nichts sagte und völlig regungs- und bewegungslos vor ihrem Werk saß.

»Wo sind Sie gerade mit Ihren Gefühlen?«

Nach einer längeren Seufz- und Schweigepause: »Bei dem schwarzen Rand, der um den roten Ball kreist. Das macht mich ganz fertig, das ist so stark, da kann ich gar nicht gegen an.«

»Und es tut weh.«

»Ja, in meinem ganzen Unterleib spüre ich es.«

»Immer oder nur jetzt?«

»Eigentlich sehr oft. Es ist wie eine Faust, die sich bei mir eingegraben hat.«

»Wann hat sich die Faust eingegraben?«

Nach langem Schweigen und unruhigem Hin- und Herrutschen auf ihrem Stuhl.

»Ich war ganz klein. Meine Mutter war schon alt, meine zwei Brüder und ich waren dann allein. Meine Mutter oft weg. Anschaffen. Dann kam sie morgens oder mittags wieder, und jedes Mal habe ich Angst gehabt. Sie war immer ganz schlecht gelaunt, wenn sie kam, und sie ging meistens sofort in ihr Bett, wollte niemanden mehr sehen.«

An dieser Stelle krümmt Rosie sich, als ob sie Schmerzen habe.

»Und da hat sich die Faust schon eingeschlichen?«

»Ich weiß nicht. Ich hab sie vielleicht schon früher gespürt, als mein großer Bruder und ich das erste Mal meine Mutter gepflegt haben. Da war ich drei oder vier, und mein Bruder ein Jahr älter. Da ist meine Mutter fast abgekratzt. Sie hatte irgendwas mit der Lunge, und sie hat immer geschrieen im Traum und war ganz dünn und bleich, und mein Bruder hat mir gezeigt, wie man diesen komischen Brei kocht, den sie immer essen sollte. Aber ich konnte noch gar nicht an den Herd ran reichen, dann hab ich mir immer den Hocker aus dem Schlafzimmer geholt, und meine Mutter dachte, ich wollte zu ihr. Aber ich hatte Angst vor meiner Mutter. Sie war gar nicht berechenbar, und sie hat immer nur an sich gedacht und vielleicht noch an meine Brüder, aber jedenfalls nicht an mich.«

»Das hört sich ja nach mehreren Fäusten zugleich an, und so, als ob Sie sich gar nicht gesehen gefühlt haben.«

Rosie guckt mich etwas erstaunt an.

»Gesehen? Ich weiß nicht, ob Sie sich eine Vorstellung machen können, wie das bei uns war. Es ging doch nur ums Überleben. Ich habe als kleines Kind oft gedacht, dass meine Mutter stirbt, und dass wir dann alle sterben, weil dann ja kein Geld mehr da ist und sonst auch niemand. Und das hat meine Mutter uns schon ganz früh gesagt, dass wir ohne Arbeit nichts zu essen haben, und dass wir nur leben können, weil sie immer anschaffen geht«.

»Und das war dann auch wieder eine Faust?«

»Ja, wenn nicht ein ganzes Dutzend. Meine Mutter hat mir eigentlich immer sehr zugesetzt. Sie wollte ein ganz anderes Leben führen, aber es hat alles nicht geklappt und später hat sie dann an uns immer schön abgegeben, so nach dem Motto, ich hab's zwar nicht geschafft, aber wenn Ihr Euch nur anstrengt, dann werdet Ihr es mal zu mehr bringen, und schließlich wollt Ihr ja nicht so enden wie ich.«

»Sie hat Ihnen mit ihrem eigenen Tod gedroht?«

»Was meinen Sie denn? Von ganz klein auf, ich hab doch nicht umsonst gedacht, dass sie immer stirbt.«

Ich merke, dass Rosie sehr wütend und erregt ist und biete ihr an, alles was sie gerade spürt, was in ihr rumort und herumwühlt, nach außen zu bringen oder auch in Bewegung umzusetzen. Sie ist sofort begeistert und steigt ein. Bevor sie in die Körperarbeit einsteigt, stecke ich mit ihr die Grenzen im Raum ab, erkläre ihr, dass nur der Teppich und die Sofaecke ihr Bereich ist, und dass sie die Schreibtischregion des Büros als Tabuzone betrachten soll. Ebenso ist das Verlassen des Büros während der Körperarbeit nicht sinnvoll. Dann biete ich ihr eine Puppe als fiktives Gegenüber für ihre Mutter an und frage sie, ob sie mit der Mutter allein im Raum ist. Rosie schaut mich konsterniert an.

»Was ist das denn für eine Frage? Ich hätte mich niemals getraut, meine Mutter anzuschreien oder gar vor ihr in wütende Gefühlsausbrüche zu verfallen, und wenn, dann nur, wenn jemand wie meine Tante dabei gewesen wäre.«

»Sonst hätten Sie Angst vor Ihrer Mutter gehabt?«

»Nicht sonst, ich hatte einfach Angst, basta. Sie verstehen das irgendwie nicht, Sie können das gar nicht verstehen.«

Rosie schreit und brüllt und wirft sich mit den Knien auf den Boden, trommelt mit den Händen auf den Boden und ist für einige Minuten wie in Trance. Ich setze mich neben sie auf den Boden, versuche während dieser harten Arbeit bei ihr zu sein. Sie kommt nach einer ganzen Weile wieder zu sich und sagt:»Jetzt brauche ich gar keine Puppe oder sonst irgendwelche Gegenstände mehr. Ich hab mich gerade genauso gefühlt wie damals, als ich klein war, und meine Mutter hat im Bett gelegen.«

»Sie hat aber nicht mitbekommen, wie es Ihnen damals ging.«

»Nö, sie hat gar nichts mitbekommen, sie war dazu nicht fähig.«

»Und wie war das jetzt gerade, als Sie so wütend waren und auf den Knien rutschend herum getrommelt haben?«

Rosie schaut mich nachdenklich an. Sie sagt lange nichts. Ich stelle bei einem Seitenblick auf die Uhr fest, dass unsere Zeit schon abgelaufen ist.

»Wenn Sie mir das heute nicht mehr sagen wollen, können wir ja nächstes Mal damit anfangen. Die Zeit ist nämlich für heute vorbei.«

»Oh, wirklich? Na gut, ich weiß aber noch nicht, ob ich Ihnen Ihre Fragen beantworten werde. Sie fragen manchmal ziemlich komisch und indiskret, so als ob Sie einfach ganz schön neugierig sind. Aber eins kann ich Ihnen ja schon sagen: Als ich eben aufgehört habe zu toben, da hab ich gemerkt, dass Sie da sind, und das hat sich schon anders angefühlt als früher.«

Ich rede noch ein paar Minuten mit Rosie über ihre Gefühle. Sie sagt, dass sie sich selbst sehr wundert, so aus sich herausgegangen zu sein, und dass sie spürt, wie viele Gefühle in ihr stecken, die sofort da sind, wenn jemand sie nur antippt. Gleichzeitig wisse sie aber nie, ob sie diese Gefühle dann auch wirklich zulassen dürfe, zumal sie eigentlich noch niemals vorher so offen darüber gesprochen habe. Wir verabschieden uns freundlich voneinander.

Als Rosie weg ist, notiere ich mir, dass ich beim nächsten Mal an dieser Schnittstelle, nämlich der Erfahrung, schon als kleine Rosie nie ernst genommen oder gesehen zu werden, einsetzen werde. Ich habe die Vermutung, dass Rosie bestimmte Primärerfahrungen (Erfahrungen, die sie in ihren ersten Lebensjahren vor allem mit ihrer Mutter gemacht hat), auf den Kontakt zu mir überträgt, und ich nehme mir vor, diese Mechanismen transparent für sie zu machen und sie damit zu konfrontieren.

Außerdem stelle ich bei mir eine gewisse Neigung zur Gegenübertragung fest, und ich will künftig noch genauer darauf achten, was in den einzelnen Interaktionen mit Rosie bei mir passiert. Z. B. möchte ich ihr gern das Gefühl vermitteln, sie wahrzunehmen und zu sehen, und es fällt mir dann schwer, mit ihren Abgrenzungsmechanismen wertfrei umzugehen. Ich weiß aber, dass ich in der Seelsorgesituation mit Rosie auf das angewiesen bin, was in der jeweiligen Situation zwischen uns geschieht, und dass ich ihre Schutz- und Vorsichtsbedürfnisse als solche eben auch stehen lassen und akzeptieren muss.

Rosie kommt zu spät, ich habe schon nicht mehr mit ihr gerechnet, als sie doch noch hereingeschneit kommt.

»Hallo, tut mir Leid, aber meine Tochter ist krank, und ich wollte sie erst nicht allein lassen. Dann hab' ich's mir doch noch anders überlegt, mhm.«

»Das finde ich gut, dass Sie doch noch gekommen sind. Wie geht's Ihnen denn?«

»Ach, irgendwie ziemlich beschissen, das mit der Kohle stimmt halt nicht, vorne und hinten und überhaupt nicht, und die Kinder sind im Moment sehr nervig, wollen tausend Dinge, und ich weiß ja nicht mal, wie ich die Miete und das Nötigste bezahlen soll.«

»Lassen Sie uns später mal über Ihre berufliche Situation sprechen, aber vorher möchte ich noch mal da anknüpfen, wo wir letztes Mal aufgehört haben. Erinnern Sie sich?«

Rosie schweigt, stützt ihren Kopf in ihre Hände und sinkt völlig in sich zusammen.

»Was ist es, das Ihnen den Kopf so schwer macht?«

Rosie fängt an zu schluchzen, erst leise, dann immer lauter.

»Alles, meine Mutter, die ja schon lange tot ist, meine ganze ausweglose Situation, und das Gefühl, dass Sie mich halt auch nicht so verstehen. Sie wollen immer alles Mögliche wissen, sagen dann was dazu, aber ich bin dann ja doch wieder ganz allein mit meiner Situation.«

»Was kann ich denn für Sie tun, was würde sich denn besser anfühlen?«

Rosie schweigt, schaut mich kurz an und sagt: »Sie könnten mir einen Job als Werbegrafikerin besorgen, einen Ganztagsplatz für die Kinder und eine größere Wohnung.«

Ich muss lächeln und verberge das auch nicht vor Rosie. Dann fängt sie auch an zu lachen, erst etwas verhalten, dann immer stärker.

»Wissen Sie, warum ich gerade lachen musste?«

Sie nickt und schaut mich etwas verlegen aus ihren blau-türkisfarbenen Augen an.

»Vielleicht können wir ja gemeinsam überlegen, wie das mit dem Job klappen könnte, ja?«

Sie sinkt wieder in sich zusammen und reagiert nicht.

»Was macht es so schwierig für Sie, mit mir darüber zu sprechen?«

»Sie wissen doch, dass ich nicht einfach einen Job als Grafikerin finde, ich hab' die Schule damals nach einem Jahr wieder abgebrochen, und das ist jetzt auch schon wieder ein paar Jahre her, und ich hab' auch große Angst, dass ich es wieder nicht schaffen würde.«

In dem Moment realisiere ich, dass ich davon ausgegangen war, dass sie die Ausbildung, von deren Beginn sie mir erzählt hatte, auch beendet hatte. Außerdem wird mir die Wiederholung der Geschichte ihrer Mutter sehr offensichtlich.

»Ja, ich verstehe, dass das ganz ganz schwer für Sie ist, und ich hatte auch ehrlich gesagt gar nicht kapiert, dass Sie die Ausbildung zur Werbegrafikerin nicht abgeschlossen hatten.«

»Ach so, na ja, sehen Sie, wie unmöglich das alles ist?«

»Nein, unmöglich ist es nicht. Ich bin überzeugt davon, dass Sie den Abschluss immer noch machen können. Die Frage ist nur, ob Sie es wollen.«

»Meinen Sie?«

Für den Rest der Stunde, die sowieso verkürzt war, biete ich ihr eine Entspannungsübung an, in der sie mit ihren Potentialen und Kräften in Verbindung kommt. Sie ist sofort einverstanden, und ich führe sie nach kurzen Atem-Entspannungsübungen durch ihren Körper zu den Stellen, an denen sie sich geborgen und aufgehoben fühlt, zu der inneren Mitte ihres Körpers. Während ich sie immer wieder an das tiefe, gleichmäßige Atmen erinnere, lasse ich sie selbst gedanklich und phantasievoll zu dem Ort der Geborgenheit in ihrem eigenen Körper wandern. Ich begleite sie bei Fragen wie: Wie kann ich meine eigene Stärke fühlen? Wo sind meine Kraftquellen? Und am Schluss dieser Übung gehe ich bestimmte Affirmationen mit ihr durch, die sie aber selbst für sich formuliert, z. B.: Ich will im nächsten Jahr nicht mehr von Sozialhilfe leben. Ich will meinen Kindern und mir selbst ein anderes Lebensgefühl vermitteln, als ich das von meiner Mutter mit auf den Weg bekommen habe. Als Rosie geht, bedankt sie sich bei mir und sagt: »Sie sind echt in Ordnung, auch wenn ich mich manchmal über Sie aufrege. Ich glaube schon, dass Sie den Draht nach oben haben und für mich herstellen können. Das tut verdammt gut, wissen Sie.«

Mir wurde nach dieser Sitzung mit Rosie bewusst, dass ich das Eingehen auf die Wut und all die heftigen Gefühle, die in der Sitzung davor aufgekommen sind, nicht verfolgt habe. Es wurde mir im Kontakt mit Rosie nicht erst während dieser Sitzung deutlich, dass es nicht möglich war, auf einer Tiefungsebene all das aufzuarbeiten, was an offenen Fragen und unerlösten Gefühlen im Raum stand. So war für mich noch klarer als nach dem Erstkontakt mit Rosie, dass ich ihr eine anschließende Therapie empfehlen wollte. Für die nächste (und vorletzte) Stunde nehme ich mir vor, das Thema der Religion mit ihr näher zu beleuchten, denn schließlich ist das ihr äußerer Anlass gewesen, zu mir zu kommen.

Rosie kommt pünktlich und scheint recht gut gelaunt, als sie mein Büro betritt. Bevor ich etwas sagen kann, fängt sie sofort an: »Sie werden es nicht glauben, ich hab' letzte Woche, als ich bei Ihnen weggegangen war, bei der Schule für Werbegrafik angerufen, und ich könnte im nächsten Ausbildungsjahr wieder anfangen, und das eine Jahr würden sie mir anerkennen.«

»Das ist ja toll, dann müssen Sie ja nur noch eine Lösung für Ihre Kinder finden.«

»Stimmt. Das wird gar nicht so leicht sein, vor allem mit L., da hab' ich echt Schiss.«

»Wovor haben Sie Angst?«

»Na, das der genauso ´ne Scheiße erlebt wie ich damals mit meiner Mutter. Und dass ich mich dann auch gar nicht mehr um die Kinder kümmern kann, weil ich so viele andere Sachen im Kopf habe .«

»Aber glauben Sie denn auch, dass sich das von Ihnen aus steuern und beeinflussen lässt, oder meinen Sie, das passiert einfach, und Sie sind dann hilflos ausgeliefert?«

Rosie schaut mich etwa 30 Sekunden lang an, und dann sagt sie wohlüberlegt:

»Das kennen Sie wohl gar nicht, das ist Ihnen ein Fremdwort, Sie als Pfarrerin sind immer aus dem Schneider, und wenn Sie nicht mehr weiter wissen, dann reden Sie mal eben mit dem Chef, und der richtet es dann schon wieder so ein, dass es passt. Super, echt toll.«

Ich denke, dass Rosie jetzt von sich aus das Thema angeschnitten hat, und dass ich versuchen will, sie ernst zunehmen und ihr zugleich deutlich zu machen, dass mein Gottesbild ein anderes ist, als sie das augenscheinlich bei mir vermutet.

»Ich würde Ihnen gern eine Geschichte erzählen. Haben Sie Lust, sie zu hören?«

Rosie nickt.

»Vor vielen Jahren, als die Welt noch überschaubarer und kleiner wirkte, lebten in einem kleinen Dorf mehrere Familien. Sie ernährten sich vom Ackerbau und hielten sich ein paar Kühe und Hühner, und manchmal, zu einem besonderen Anlass, wurde eins der Tiere geschlachtet, und dann gab es ein großes Fest. Die Menschen waren alle sehr fromm. Sie wussten, dass Gott ihnen alles Nötige zum Leben gab, und sie beteten regelmäßig, gingen in die Kirche und versuchten, als fromme Christenmenschen ihr Leben zu gestalten. In dem Dorf lebten nur Christen und Christinnen, bis auf zwei Familien, die aber zu den Wichtigsten gehörten, die des Lehrers und die des Bürgermeisters. Diese beiden waren jüdisch, und sie hatten mit den frommen Übungen der anderen Dorfbewohner nichts zu tun. Eines Tages kam der Erlass, dass die Juden und Jüdinnen separat leben sollten, dass sie auch nicht mehr in der normalen Dorfstruktur integriert sein sollten. Der Bürgermeister hatte eine Dorfversammlung einberufen, aber die frommen Christenmenschen waren überfordert mit diesen Erlassen und sagten, dass sie Gott entscheiden lassen wollten.

So gingen sie in die Kirche und beteten und hörten, dass der Pfarrer sich nicht eindeutig äußerte, aber von der Grundbotschaft her eher zu der Durchführung der Erlasse tendierte. Es kam, wie in so vielen Dörfern und Städten zu dieser Zeit: die jüdischen Familien wurden gemieden, irgendwann wurde die Familie des Bürgermeisters in einer Nacht- und Nebelaktion von Männern der Gestapo abgeschleppt, die Familie des Lehrers war schon vorher verschwunden. Die frommen Dorfmenschen hatten das so zur Kenntnis genommen, aber sich auch nicht weiter darüber aufgeregt.

Ein paar Jahre später begann der Krieg, das ganze Dorf war in Unruhe und Aufruhr, manche gingen weg, manche versteckten sich tage- und wochenlang. Nach dem Krieg, als die entsetzliche Geschichte der Judenvernichtungen offiziell ans Licht kam, stand der Pfarrer, der sich damals uneindeutig geäußert hatte, vor seiner Gemeinde und sagte: »Gott ist in Auschwitz mit unserem Bürgermeister gestorben, es gibt unseren Gott nicht mehr. Lasst uns die Kirche zumachen!«

Rosie hat mir die ganze Zeit gebannt zugehört. Sie hängt auch bei dem letzten Satz noch an meinen Lippen.

»Das verstehe ich nicht. Gott ist gestorben, was soll denn das? Dann könnten Sie ja Ihren Job auch an den Nagel hängen.«

»Moment mal, ganz so einfach ist das nicht. Ich habe Ihnen die Geschichte erzählt, weil ich Ihnen deutlich machen wollte, dass das mit dem ›Draht nach oben‹ wie Sie das nennen, so eine Sache ist.«

Rosie schaut nachdenklich zu mir herüber, dann sagt sie verhalten: »Na ja, aber beten tun Sie doch, und Kerzen anzünden für die Kranken und die Einsamen und die, die nichts zu beißen haben, auch. Und Sie predigen doch auch, dass Gott allmächtig ist und alles sieht und weiß und immer da ist, auch wenn ich mal grad nicht dran denke.«

»Nein, solche Dinge predige ich nicht, und wenn ich bete, so hat das oft etwas damit zu tun, dass ich um Kraft bitte, mich eben nicht so ohnmächtig zu fühlen oder in meiner Ohnmacht gesehen und verstanden.«

»In meiner Ohnmacht gesehen und verstanden. Ja, das wünsche ich mir auch. Aber Gott ist für mich nie ohne Macht, niemals so verloren und ahnungslos und am Ende wie ich.«

»Und wenn er es wäre? Wenn Gott eine Frau ist, die, so wie Sie und ich auch, manchmal ganz viel Kraft hat und manchmal völlig am Ende, ohne Hoffnung sich nach einem Halt sehnt? Und wenn das genau Gott ist, dass in den Momenten der Hoffnungslosigkeit eine Stimme ertönt, in die ich einstimmen kann?«

Rosie ist sehr bewegt, ich sehe in ihren wachen Augen den Geist der Rührung und des Erstaunens. Sie steht auf und geht im Zimmer auf und ab.

»Ich finde das alles ganz schön, was Sie da sagen, aber wenn ich mal wieder nur den schwarzen Rand sehe auf meinem Bild und gar nicht mehr den Feuerball, dann höre ich doch nicht Gottes Stimme.«

»Aber vielleicht schaffen Sie es dann, Ihrer Stimme Gehör zu verleihen, sich auszudrücken.«

»Ja. Und? Selbst wenn ich das schaffe? Was hat denn das mit Gott zu tun?«

»In dem Moment, wo Sie das schaffen, ist Gott bei Ihnen, mit Ihnen, vielleicht können Sie ihn oder sie sogar in sich spüren.«

Rosie setzt sich wieder hin, schaut immer zwischen mir und einem Bild, das hinter mir hängt, hin und her.

»Komisch, was Sie da so alles sagen. Gott als Frau. Das ist mir noch nie in den Sinn gekommen, obwohl, wenn ich bei ›Madonna in den Trümmern‹ war, dann hab ich mir immer Maria vorgestellt, irgendwie anders als eine normale Frau, und irgendwie doch viel näher für mich als Gott. Aber so, wie Sie von Gott reden, ist er irgendwie viel näher. Ich weiß nur nicht, ob das dann noch etwas mit Gott zu tun hat. Zu so einem Gott könnte ich niemals beten.«

Ich fühle einen ganz starken Wunsch in mir, mit Rosie zu beten, denke aber, dass es von ihr aus kommen müsste.

»Wieso, was fehlt denn?«

Rosie schüttelt sich ein bisschen: »Also, das mit Gott, das ist in meinem Kopf irgendwie alles viel heiliger als bei Ihnen. Ich kann es Ihnen auch nicht so genau erklären.«

»Und wenn ich jetzt und hier mit Ihnen beten würde?«

Rosie blinzelt etwas mit ihren Augen und nickt dann zustimmend.

»Ja, warum eigentlich nicht. Ich würde nur gern noch eine Kerze anzünden. Und dann auch noch den Stuhl wechseln, vielleicht sogar auf Ihrem Teppich dabei knien.«

»Ja, das ist eine gute Idee.«

»Und wie fänden Sie es, wenn wir zusammen das Gebet sprechen? Jede immer das, was ihr gerade am Herzen liegt. Und wenn zwischendurch Stille ist, so ist das Teil unseres Gebets.«

Die nächsten fünf Minuten vergehen in ruhiger Geschäftigkeit. Wir zünden eine Kerze an, räumen die Sessel ein wenig zur Seite, Rosie breitet noch einen Schal auf dem Boden aus. Am Schluss knien wir nebeneinander auf dem Boden, die Kerze brennt, es ist eine sehr entspannte, konzentrierte Atmosphäre, und ich schließe meine Augen.

»Gott, du meine Schwester und meine Vertraute, sieh uns beide hier sitzen, schau uns an, sieh unsere offenen Fragen, unsere Sehnsüchte und die vielen ungelösten Probleme. Lass uns spüren, dass du jetzt hier bist, hier in diesem Raum, und dass du unser Reden und Fragen begleitest.«

Für einen Moment lang hätte man eine Stecknadel fallen hören können. Dann räuspert Rosie sich:

»Gott, für mich bist du immer noch weit weg, aber beten zu dir, das kann ich doch auch nur, weil du so in der Ferne und so allwissend bist. Und trotzdem, ein paar Fragen hätte ich schon an dich, zum Beispiel, warum du nicht mehr in diese Welt eingreifst, und warum so vieles so ungerecht ist, und warum sich viele so quälen müssen und manchen alles hinterher geschmissen wird.«

Ich warte einen Augenblick, aber Rosie ist in völlige Stille verfallen.

»Und, Gott, was ist eigentlich los, wenn ich mich oft so kraftlos fühle? Ich wünsche mir, dass ich deine Gegenwart dann auch spüren kann, und dass ich gerade in solchen Situationen weiß, dass ich nicht ganz allein bin, und dass du gerade auch meine Schwachheit und meine Verzweiflung siehst. Und eigentlich wünsche ich mir dann, dass ich von dir gestärkt werde.« Rosie seufzt und fährt dann fort:

»Und eines möchte ich dir noch sagen, Gott, dass ich manchmal schon ganz schön an dir verzweifelt bin, ja, ich hab‹ dann immer ganz doll daran gezweifelt, ob es dich überhaupt gibt. Und letzten Endes gibt es ja auch keinen Beweis, und auch wenn ich jetzt hier mit der Pfarrerin mit dir spreche, ist das überhaupt kein Beweis.«

»Ja, Gott, zeig dein Angesicht. Lass uns deine Wärme spüren und das Licht und die Kraft, die jede noch für sich selbst entdecken kann. Amen.«

»Amen.«

Die Zeit war schon überschritten, als wir unser Gebet beendet hatten. Rosie stand wortlos auf, rückte den Stuhl wieder an seinen Platz, blies die Kerze aus, und wir sagten uns, dass das ein sehr spezieller Moment für uns beide war.

»Bis zum nächsten Mal.«

»Ja. Sie wissen, dass das unsere letzte Sitzung ist?«

Rosie schaut mich völlig entsetzt an.

»Das sagen Sie aber ziemlich spät. Find' ich ziemlich blöd von Ihnen. Und dann so ganz zum Schluss. Na ja.«

Ohne sich noch einmal mir zuzuwenden, verlässt sie den Raum, sogar noch mit so einem Impuls, die Tür zuzuschlagen, wovon ich sie gerade noch abhalten kann. Ich überlege, ob ich ihr die Terminierung eher hätte in Erinnerung rufen sollen, beschließe dann aber, dass sie es ja gewusst hat, und es fühlt sich insgesamt stimmig an, dass Rosie erstmal in den Protest geht, was den bevorstehenden Abschied angeht.

Rosie kommt zu spät, wirkt zerstreut und hektisch und ein bisschen ungeduldig.

»Hallo, Sie wirken so abgehetzt.«

»Ja, so kann man das nennen. War mal wieder alles ziemlich viel mit den Kindern, und außerdem wollte ich heute sowieso nicht kommen.«

»Weil es unsere letzte Stunde ist?«

Rosie nickt, etwas traurig wirkend.

»Ich hasse Abschiede und ich finde es auch nicht fair, dass ich nicht mehr zu Ihnen kommen kann. Schließlich hab' ich Ihnen viel von mir erzählt, und ich weiß gar nicht so richtig wozu, wenn das jetzt vorbei ist.«

»Ja, ich verstehe Sie. Ich glaube allerdings, dass es eine große Chance war, dass Sie mir so viel von sich erzählt haben. Denn auch wenn Sie nicht mehr weiter zu mir kommen, können wir doch gemeinsam schauen, auf welchen Schienen ihr Lebenszug weiterrollen wird. Die Weichen können wir hier gemeinsam stellen.«

Rosie winkt etwas verächtlich ab.

»Sie sind so eine richtige Pfarrerin, haben immer tolle Worte und Bilder. Aber was hilft mir das? Ich hab' immer noch keinen Job, meine Kinder sind nach wie vor da und brauchen mich, ich lebe allein mit ihnen und muss mich um alles kümmern. Was soll ich da schon für Weichen stellen?«

»Ich glaube, ein paar Weichen haben Sie schon in den letzten Wochen gestellt.«

Längere Pause, Rosie ist absolut still, aber ich merke ihre darunter schwelende Unruhe.

»Ich weiß nicht, was Sie meinen.«

Ich hole das Bild, das sie in der zweiten Stunde gemalt hat, und gemeinsam schauen wir es uns fünf Minuten an. Dann seufzt Rosie:

»Das mit dem schwarzen Rand macht mir gleich wieder Angst.«

»Spüren Sie auch wieder die Faust?«

Rosie nickt.

»Sehen Sie, und ich glaube, da haben Sie schon eine Weiche gestellt, nämlich dass es darum geht, sich die Angst anzugucken, nicht die Augen zu verschließen.«

»Ja, toll, aber jetzt kann ich das ja mit Ihnen nicht mehr tun.«

»Aber ich könnte Ihnen eine Therapeutin empfehlen, bei der sie längerfristig auf diesem Weg weitergehen könnten.«

»Therapie? Und wer soll das bezahlen?«

»Ich kann Ihnen Adressen von Therapeutinnen geben, die über die Krankenkasse abrechnen können.«

Rosie sagt nichts, guckt ziemlich unbeteiligt.

»Ich bin aber nicht zu Ihnen gekommen, weil ich Therapie machen wollte.«

»Sondern?«

»Weil Sie Pfarrerin sind, und ich mit Ihnen über alles sprechen kann, und weil Sie auch an Gott glauben, und weil ich Ihnen einfach erzählen kann, dass ich bei ›Madonna in den Trümmern‹ eine Kerze anzünde und weil ich …« Rosie unterbricht ihren eigenen Satz und verfällt in Schweigen.

»Aber da haben Sie doch gerade schon eine zweite wichtige Weiche benannt.«

»Ja, das mit Gott und so, das hat sich mit Ihnen schon ganz gut angefühlt. Und an letztes Mal und unser Beten zusammen und so, da hab' ich noch oft dran gedacht.«

»Können Sie sich denn vorstellen, dass Sie etwas davon mitnehmen?«

»Wie, mitnehmen?«

»Zum Beispiel, dass Sie zuhause auch beten, oder sich einen Ort in ihrer Wohnung suchen, der ihr heiliger Ort ist.«

»Ja, in gewisser Weise schon, aber das ist trotzdem etwas anderes als wenn ich hierhin komme.«

Plötzlich wurde mir klar, dass Rosie mit mir um eine Verlängerung der gemeinsamen Zeit buhlte, und dass ich bereit war, einen gewissen Deal mit ihr einzugehen.

»Was halten Sie von dem Vorschlag, dass wir uns noch anschauen, welche Weiche noch gestellt wurde, und wie dann der Zug weiterfährt.«

»Ja, auf jeden Fall werde ich das mit der Ausbildung weitermachen, da bin ich auch froh drüber, dass Sie mir noch mal Mut gemacht haben. Hat mich in dem Moment auch ein bisschen an die Pfarrerin in der Klinik erinnert, die hat ja auch immer gesagt, wenn man etwas ganz fest will, dann geht es auch. Ich muss halt nur noch gucken, wie ich das mit den Kindern mache, aber vielleicht finde ich ja eine Ganztagsschule.«

»Ich habe den Eindruck, dass Sie in den letzten Wochen eine Menge für sich geklärt haben, und Sie wissen auch schon wie die nächsten Schritte aussehen, oder?«

»Kommt drauf an, wie ich Ihnen schon sagte, manche Sachen gehen halt nicht mit 'ner Therapeutin, und außerdem kenne ich sonst keine Pfarrerinnen, zu Pfarrern hab ich überhaupt kein Vertrauen.«

»Vielleicht können wir ja eine Vereinbarung treffen. Sie kümmern sich um die nächsten Schritte, und in regelmäßigen Abständen kommen Sie zu mir. Ich erkläre mich bereit, die spirituelle Begleitung für Sie zu übernehmen. Jedenfalls für das kommende Jahr.«

Rosie schaut mich ungläubig an.

»Aber dann muss ich ja ganz schön oft kommen. Vielleicht genauso oft wie jetzt. Dann ändert sich ja gar nichts.«

»Doch, es wird sich eine Menge ändern. Sie werden regelmäßig zu Ihrer Therapeutin gehen, Sie werden durch die Schule sehr eingespannt sein, und ab und zu, vielleicht alle vier bis sechs Wochen, kommen Sie dann mal zu mir.«

»Und wenn bei mir der spirituelle Notstand ausbricht?« Ich muss lachen, weil Rosie immer noch mit mir ringt.

»Zunächst können Sie ja alles mit der Therapeutin besprechen, und Sie werden auch merken, dass das, was Ihnen die Frau vom ASD mal gesagt hat, nämlich dass Sie ein religiöser Mensch sind, Ihnen viel Kraft gibt, wenn Sie sich das immer wieder bewusst machen. Und wie gesagt, für den absoluten Notfall bin ich da.«

Rosie strahlt mich an.

»Gut, dann brauch' ich mich ja heute gar nicht von Ihnen zu verabschieden.«

»Doch, ich möchte, dass wir uns voneinander verabschieden. Manchmal ist es wichtig, sich voneinander zu verabschieden, um sich dann neu begegnen zu können.«

»Puh, Sie haben immer so tolle Worte.«

»Zum Abschied möchte ich ein kleines Ritual mit Ihnen machen. Wir können es hier in meinem Büro machen, oder wir können zum Rhein [fünf Minuten entfernt; J.S.] gehen.«

»Oh ja, ein Ritual am Rhein, das hört sich gut an.«

Der Abschied von Rosie war sehr dicht und intensiv. Wir haben uns Steine genommen, die in ihrer Größe und Form für das standen, was wir miteinander erlebt haben. Dann haben wir sie ins Wasser geschmissen, jeweils mit der Vorgabe, dass es ums Loslassen geht, ums Loslassen der schönen Erlebnisse, ums Loslassen der schwierigen Interaktionen. Rosie sagte zu jedem Stein, was er für sie bedeutet, von Dankbarkeit über Verständnis bis hin zu Wegschickenwollen und Nicht-gehen-wollen war alles dabei. Ich sagte, dass es mir auch nicht leicht falle, sie gehen zu lassen, aber dass ich ein gutes Gefühl für ihren weiteren Weg habe, und dass ich sehr gespannt sei, wie ihr Leben wohl in ein paar Jahren aussähe.

Rosie hat mich in regelmäßigen, circa vier- bis sechswöchigen Abständen in meiner Sprechstunde aufgesucht. Sie fand eine Gestalttherapeutin, mit der sie sehr zufrieden war, und sie machte ihre Ausbildung zu Ende. Ab und zu kam sie sogar mit ihren Kindern in meinen Gottesdienst. Kürzlich rief sie mich an, um mir zu erzählen, dass sie eine Teilzeitstelle als Grafikerin in einer kleinen Agentur gefunden habe und dass sie sich verliebt habe. Ich war ganz erstaunt, dass sie meine neue Arbeitsstelle ausfindig gemacht hatte.

»Sie wissen doch, wenn man etwas ganz doll will, dann klappt es«, war ihre Antwort.

Methodischer Aspekt: Die Bedeutung der Vereinbarungen im seelsorgerlichen Prozess

Von Anfang an war die Beziehungsebene zwischen Rosie und mir konstitutiv und grundlegend für den Beratungsprozess. Rosie kam zu mir, um mich in meiner Rolle als Pastorin in Anspruch zu nehmen. Schon in unserem ersten Gespräch wurden Weichen gestellt, Grenzen abgesteckt und, soweit möglich, methodische Entscheidungen im Vorfeld abgeklärt.

Meine diagnostische Kompetenz als Seelsorgerin war wie in jeder seelsorgerlichen Beziehung sehr stark gefragt. Im ersten Gespräch wurde mir deutlich, dass Rosie mit einer großen Erwartungshaltung gekommen war. Ich selbst hatte ein starkes Bedürfnis nach Struktur, was zum einen mit der starken Bedürftigkeit, die ich spürte, zusammenhing. Zum anderen, mindestens genauso, wenn nicht noch wichtiger, nahm ich wahr, dass sie mit verschiedenen Themen gekommen war. So versuchte ich innerhalb der ersten Stunde wesentliche Kernpunkte bzgl. ihrer Biographie, ihrer beruflichen Situation und ihrer Spiritualität zu sondieren. Ich entschied mich vom ersten Kontakt an, keine intensivere therapeutische Begleitung anzubieten. Das lag zum einen daran, dass ich zu der Zeit sehr viele feste Klientinnen hatte, zum anderen spürte ich deutlich meine »Zuständigkeit« für den spirituellen Bereich. Deshalb haben wir schon am Ende der ersten Stunde klare Vereinbarungen getroffen: Zunächst einmal die zeitliche Begrenzung, nämlich dass sie fünf weitere Sitzungen mit mir haben könnte. Zweitens die thematische Fokussierung: dass wir in dieser Zeit schwerpunktartig auf die drei Themen, die nach dem Erstgespräch im Raum standen, eingehen könnten. Drittens stellten wir die Notwendigkeit fest, gerade aufgrund der zeitlichen Befristung weitere Perspektiven zu klären. Dies hieß auch zu schauen, ob sie längerfristig eine Therapie bei einer Therapeutin machen werde. Wie sich am Schluss herausstellte, war es wichtig, die Vereinbarungen einzuhalten. Hier sei jedoch noch betont, dass es für die seelsorgerliche Arbeit verschiedene Möglichkeiten gibt, Vereinbarungen zu treffen:

Die Zeitfrage: Ich kann als Seelsorgerin nach einem Erstkontakt der Meinung sein, diese Person für eine längere, zunächst unbefristete Zeit begleiten zu wollen. Häufiger jedoch ist es sinnvoll, klare Absprachen zu treffen. Gerade wenn ich als Seelsorgerin meine Grenzen spüre, sollte ich diese auch äußerlich sichtbar machen. Auch in Kontakten, wo ich gern als empathische und vertrauenswürdige Seelsorgerin präsent sein möchte, ist es hilfreich, klare Zeitabsprachen zu treffen. Ein fester Gesprächstermin einmal die Woche oder alle zwei Wochen ist m. E. besser als kontinuierliche spontane Besuche. Zeitliche Perspektiven abzuklären schafft Erleichterung für Klientin und Seelsorgerin, z. B.: Erstmal schauen wir die nächsten drei Monate, dann nehmen wir noch mal eine Bestandsaufnahme und neue Standortbestimmung vor.

Eine thematische Fokussierung ist als diagnostisches Handwerkszeug absolut notwendig. Hier eignen sich z. B. die fünf Säulen aus der Integrativen Therapie (Rahm u.a., 1993, 155), die von der feministischen Sozialtherapie um eine sechste erweitert wird:

1. Leiblichkeit. – Wie ist der körperliche Zustand der Klientin? Welches Körperbild hat die Klientin? Wie lebt sie ihre Sexualität?
2. Beziehungen und soziales Netz. – Wie waren/sind die Beziehungen in der früheren/heutigen familiären Situation? Wie ist das soziale Netz der Klientin? Wer war/ist besonders wichtig?
3. Arbeit und Leistung. – Welche Ausbildung/welchen Beruf hat die Klientin? Wie zufrieden ist die Klientin mit ihrer jetzigen Tätigkeit? Welche Perspektiven hat sie für sich?
4. Materielle Situation. – Fühlt sich die Klientin finanziell abgesichert? Wie

sieht der Vergleich mit anderen Familienmitgliedern und dem sozialen Umfeld aus? Welche Perspektiven gibt es?

5. Werte und Normen. – Welchen Werten fühlt sich die Klientin verbunden? Wie lebt sie ihre Spiritualität? Wie weit entsprechen ihre religiösen und sozialen Werte denen ihres sozialen Umfeldes und denen ihrer Primärfamilie?
6. Gewalt. – Wie ist die Klientin mit Gewalt konfrontiert worden? Welche Umgangsmechanismen hat sie entwickelt? Welche schlimmen Ereignisse hat die Klientin relativ heil überstanden?

Bei allen sechs Säulen der Identität sollte die Therapeutin unbedingt auf die Ressourcen und Kraftquellen der Klientin achten. Drittens ist die Klärung möglicher Perspektiven wesentliches Element einer gelungenen Seelsorgebeziehung. So kann es passieren, dass eine Klientin in einer gegenwärtig so stark belasteten Situation zur Seelsorgerin kommt, dass diese entscheiden muss, ob die Klientin aufgrund der Krise oder einer Suizidalität gefährdet ist. Falls eine akute Gefährdung vorliegt, sollte die Seelsorgerin mögliche Schritte unternehmen, also die Einweisung in eine Klinik veranlassen oder zumindest die soziale Situation der Klientin abklären. Wenn die Seelsorgerin sich vorstellen kann, für eine Weile als Begleitperson zur Verfügung zu stehen, sollte sie deutlich machen, wie weit ihre therapeutischen Kompetenzen gehen, oder an welchem Punkt sie die Klientin an eine Therapeutin oder andere Person weiterverweisen will.

Dass ich mich im Kontakt mit Rosie nach der fünften Stunde trotz der klaren Absprachen dennoch für eine gewisse Kontinuität entschied, hing vor allem mit der Beziehungsebene zusammen, die sich zwischen Rosie und mir entwickelt hatte. Ich nahm sie wahr als eine Frau, zu der ich sofort eine Verbindung hatte. In ihrer Direktheit ist sie mir vielleicht ähnlich, auf jeden Fall kommunizierten wir vom ersten Moment an sehr offen und unkompliziert miteinander. Zugleich hatte ich aber die große Befürchtung, meine eigenen Grenzen nicht früh und deutlich genug zu spüren.

Übertragung und Gegenübertragung waren Bestandteil meiner Arbeit mit Rosie. Mit Übertragung meine ich, dass die Klientin eine frühere Person oder Szene aus ihrem Leben in der gegenwärtigen Beziehung zur Seelsorgerin/Therapeutin wieder erkennt. In der Übertragungssituation verhält die Klientin sich so, als ob ihr Gegenüber ihre Mutter, ihr Vater oder eine andere wichtige Person aus der Biographie ist. Besonders in kürzeren Begleitungen kann es passieren, dass die Therapeutin dies nicht sofort mitbekommt, was dann wiederum dazu führen kann, dass die Klientin die Therapeutin dazu bringt, ihr »Spiel« mitzuspielen.

Gegenübertragung meint zunächst eine »bewusstseinsfähige Resonanz« (Rahm u.a., 1993, 361) der Therapeutin auf das, was ihr die Klientin entgegenbringt und kann unterschiedliche Auswirkungen haben. Entweder ich fühle als

Seelsorgerin empathisch mit, z. B. wie Rosie, deren Mutter im Bett liegt, während sie sich einsam und verloren fühlt. Oder ich gehe in die Rolle der anderen Person, in diesem Fall der Mutter und fühle dann bestimmte Dinge, die die Klientin auf mich überträgt.

Rosie übertrug auf mich nicht nur ihre Muttergeschichten, sondern auch Allmachtsphantasien (die Pfarrerin mit dem direkten Draht zu Gott, Gottes Allmacht überträgt sich auf die Pfarrerin etc.). Meine (Gegen-)Übertragungen auf sie wurden mir vor allem in den Situationen bewusst, in denen sie in den Widerstand ging oder einfach nicht meinen Interventionen entsprechen wollte bzw. mir etwas Klares und Eindeutiges entgegensetzte. Ich erlebte in ihrem Agieren dann Teile meiner eigenen Persönlichkeit, machte mir das in den jeweiligen Situationen, die mich dementsprechend aufwühlten, bewusst (z. B. in der dritten Stunde, oder auch in der fünften Stunde, als es um den bevorstehenden Abschied ging).

Am Punkt des Abschieds, auf den ich bestehen musste, wurde mir deutlich, dass ich zwar keine therapeutische Verantwortung für Rosie übernommen hatte, jedoch eine seelsorgerlich-spirituelle in dem Sinn, dass ich sie auf den Weg des Gebets geführt hatte, viele neue Impulse, Gedanken zum Gottesbild, zu ihrer persönlichen Gottesbeziehung etc. vermittelt hatte, und dass ich sie damit nicht im Regen stehen lassen wollte.

Die gesellschaftliche Dimension von Rosies Geschichte war von Anfang an im Blickfeld meiner Interventionen, was aber nicht heißt, dass ich sie ständig thematisiert habe. Wichtig für die Interaktionen war vielmehr, dass ich als Seelsorgerin den Überblick habe und ihr als Klientin an entscheidenden Punkten Hinweise auf die gesellschaftliche Bedingtheit bestimmter Problemfelder aufzeige (siehe z. B. in der zweiten Stunde beim Anschauen des Bildes und der Übung mit der guten und der bösen Mutter, in der dritten Stunde beim genauen Nachfragen und Zuhören in Bezug auf ihre eigene Muttergeschichte).

Das Gebet als Quelle von Kraft und Veränderung

In meiner seelsorgerlichen Kompetenz ist das Beten ein wesentliches Element. Ich bete selbst, wenn es mir um Klärung und/oder Vergewisserung geht. Ich laufe durch den Wald und schreie zu Gott, flehe sie an, wenn ich es nicht mehr aushalte. Das Leben in seiner Komplexität und Vielschichtigkeit ist einfach sehr häufig eine Überforderung, ein absolutes Vabanquespiel und Zuviel. Das Gebet kann klären, beruhigen, eigene Standortüberprüfung leisten, es kann mich immer wieder zum Wesentlichen, zu dem wirklich Wichtigen, zum Kern meiner selbst und des Daseins als solchem führen. Ebenso bedeutet es, dass ich mich neben mich stelle. Beten relativiert meine eigene Begrenztheit, macht mir bewusst, dass ich in einem Sinnzusammenhang stehe. Beten öffnet mein Herz, und in manchen besonderen Situationen schenkt es mir sogar Flügel.

In der seelsorgerlichen Beziehung entwickelt sich über kurz oder lang eigentlich fast immer eine spirituelle Dimension, eventuell ist sie auch von Anfang an vorhanden. Denn die Klientin kommt zu mir als Pastorin mit einer bestimmten Erwartungshaltung. Sie erwartet nicht nur, dass ich gut zuhören kann, ein offenes Ohr und Herz für ihre Situation habe, sondern sie erwartet auch, dass ich als religiöse Expertin bestimmte Fragen für sie beantworten kann bzw. im Kontakt mit Gott selbstverständliche Antennen eingebaut habe. An der Begegnung mit Rosie lässt sich gut zeigen, dass Religion und Gottesbeziehung für sie von Anfang an Thema im Gespräch mit mir waren. Gleich in der ersten Stunde war es ihr ein Anliegen, ihre katholische religiöse Sozialisation, ihre eigene Spiritualität und ihre Erwartungshaltung an mich hinsichtlich meiner religiösen Autorität in den Raum zu werfen. Aufgrund ihres Wunsches, »das mit Gott und dem Ganzen mal klarzukriegen« bot sich das Gebet als Möglichkeit der Klärung an. Gebet bedeutet ja, ich setze mich in Beziehung zu Gott; und in der seelsorgerlichen Beziehung bedeutet es auch, wir öffnen unsere Dyade auf eine Triade hin, wenden uns gemeinsam zu Gott und einer Kraft, die vieles relativiert und in ein anderes Licht stellt.

In der gemeinsamen Hinwendung mit Rosie zu Gott erfuhr ich die Kraft und Bedeutung dieser Ebene, gerade im Vergleich zu der, wenn auch nicht unbedeutenden Erzählebene der Geschichte, die ich erzählt hatte. Im Gebet mit Rosie tat sich die Dimension der Klärung, die Rosie sich vorher so gewünscht hatte, wie von selbst auf. Wie selbstverständlich haderte sie mit Gott, was sie aber nicht davon abhielt, in der letzten Stunde in mehrfacher Hinsicht ihre religiöse Affinität zu betonen und von daher auch eine gewisse Legitimation zu beanspruchen, weiter zu mir kommen zu dürfen.

Beten bedeutet eben im Sinne des guten alten Wortes religio nicht nur Rückbindung, sondern auch Bindung. Eine andere Kommunikationsebene öffnet sich, eine Verbindung und Tiefe der Gegenseitigkeit wird spürbar, die sich rein verbal nicht erschließen, nicht begreifen lässt.

In dieser Anbindung öffnet das Gebet den Weg zu den eigenen Quellen, den eigenen Ressourcen der Kraft, wie es auch in Situationen der Ausweglosigkeit Trost und Beistand herstellen kann. Gerade solche Menschen wie Rosie, die in fast jeder Lebenssituation in das Agieren gehen, können vom Gebet eine neue Haltung für sich entdecken. Sie können lernen, dass Flügel wachsen, wenn sie sich völlig kraftlos fühlen, und dass sie gar nichts dafür tun müssen, außer vielleicht in das schwerste aller Lebenswagnisse einzuwilligen: sich zu öffnen für das große Geheimnis, welches ich Gott nenne.

Eine Häutung

Julia Strecker

Thematischer Aspekt: Lebensformen

Sie war sehr konzentriert und wirkte relativ positiv gestimmt, als sie das erste Mal in mein Büro kam. Vorher hatten wir schon mehrmals telefoniert. Ich kannte nicht nur ihren Namen (Karin), sondern auch wesentliche Eckdaten ihrer augenblicklichen Lebenssituation. Sie war am Telefon immer sehr schnell und lebendig, fast ein bisschen überdreht. Sie war mir sympathisch und zugleich konnte ich ihr eigentliches Dilemma noch nicht begreifen.

In der ersten Stunde erzählte sie mir so viel aus ihrem Leben, dass ich Mühe hatte, alles zu bündeln und den Blick auf das Wesentliche zu richten. Ich entdeckte eine Unzahl von losen Enden, an die ich hätte anknüpfen können, während ich ihren Verstrickungen zuhörte. Jedoch entschied ich mich in den ersten paar Sitzungen mit ihr, ihrem Erzählstrom freien Lauf zu lassen und nur an wesentlichen Schnittpunkten und Stellen, an denen ich Verständigungsschwierigkeiten hatte, nachzuhaken.

Sie erzählte, dass sie seit Wochen akute Schlafstörungen habe und tagsüber so müde sei, dass sie es kaum schaffe, ihre täglichen Aufgaben zu verrichten. Das war aber zunächst auch die einzige Information, die sie mir von ihren Schwierigkeiten mitteilte, und diese Mitteilung geschah, wie auch andere gebrochene und ambivalente Erfahrungen, durchaus mit einer gewissen Verschönung oder Relativierung. Sie war 35 Jahre alt, kam aus einer »intakten« Familie (damit meinte sie ihre Ursprungsfamilie), wie sie selbst immer wieder betonte. Seit 12 Jahren ist sie verheiratet, hat zwei Söhne, 10 und 6 Jahre alt. Ihr Mann ist Lehrer in einem kleinen Dorf.

Damals, als sie ihn kennen lernte, studierte er Theologie und Musik, und sie arbeitete auf einer vollen Stelle mit Schichtdiensten etc. als Krankenschwester. Bis zur Geburt des zweiten Sohnes arbeitete sie für den Erwerb der ganzen Familie, während ihr Mann in Examensvorbereitungen, Prüfungen, ständigen Stress- und Höchstspannungssituationen steckte.

Eigentlich wollte sie immer Ärztin werden, aber ihre Eltern hatten ihr das als Mädchen schon ausgeredet. Immerhin wolle sie ja auch bald Geld verdienen, und so ein Studium dauere einfach sehr lange und schlussendlich sei so ein Beruf wie Krankenschwester doch für Frauen besser geeignet, gerade wenn sie später einmal Beruf und Familie miteinander verbinden wolle. Sie hatte das für sich irgendwann akzeptiert und auch für gut befunden. In der zweiten Stunde sagte sie zu mir: »Im Nachhinein war ich meinen Eltern eigentlich immer sehr dankbar. Sie haben es ja sowieso immer sehr gut mit mir gemeint, und sie wussten besser, was richtig für mich ist. Ein Studium und zwei Kinder hätte ich nebeneinander nicht geschafft, zumal Stefan (ihr Mann) ja auch keinen Pfennig Geld nach Hause gebracht hat.«

Im Kontakt zu Karin fiel mir auf, dass sie ein großes Bedürfnis nach Harmonie und positiver Grundstimmung ausstrahlte. Alles, was sie erzählte, war eigentlich positiv oder zumindest »nachvollziehbar«, und erst im Lauf der Geschichte, im Lauf der Beziehung, die sich zwischen uns entwickelte, erkannte ich, dass sie mir immer wieder kleine Hinweise auf die Schwierigkeiten und Probleme, in denen sie steckte, gab. Allerdings konnte sie diese selbst gar nicht oder nur sehr schwer als solche erkennen.

So hatte sie z. B. ein akutes Hautproblem, rote juckende Stellen an empfindlichen Zonen ihres Körpers. Dies erwähnte sie auch mal in einem Nebensatz, machte dann aber zugleich wieder deutlich, dass sie das ja schon immer als Problem gehabt habe, und in Phasen, wo sie besonders belastet sei, trete diese Neurodermitis (so bezeichnete sie sie selbst) eben auf. Sie müsse dann darauf achten, dass sie genug Schlaf bekomme und genug Ruhe finde, und das gelinge ihr im Moment nur sehr sporadisch.

Ebenso erwähnte sie, dass sie vor einiger Zeit mit Bauchtanz begonnen habe, dass aber in letzter Zeit an dem Abend, der eigentlich dafür reserviert sei, immer etwas anderes dazwischen komme, und sie fände das zwar nicht so gut, hoffe aber, dass bald wieder andere Zeiten kommen und sie sich auch ihren Hobbies etwas intensiver widmen könne.

Dann sagte sie einmal, dass sie ihre Freundin, die sie vor einem guten Jahr über einen Tanzworkshop kennen gelernt habe, schon so lange nicht mehr gesehen habe. Als ich nachhaken wollte, lenkte sie schnell wieder auf ein anderes Thema und relativierte die Gefühle, die offensichtlich auch mit Entbehrungen und Verlust zu tun hatten.

Ich entschloss mich, an diesem Punkt einzuhaken. Es war vielleicht die dritte oder vierte Sitzung, in der sie zu mir kam. Ich hatte bestimmte Informationen. Sie hatte als Grund ihres Kommens ihre Suche nach eigener »frauenorientierter Spiritualität« genannt. Anders als ich das häufig in Beratungssituationen erlebe, war Karin nie mit einem spezifischen Problem gekommen, sondern vermittelte eben das Bild der positiv gestimmten Sonnenfrau, die mich als Gesprächspartnerin aufsucht, nicht weil sie in der Krise ist oder gewisse Dinge in ihrem Leben verändern will, sondern weil sie auf ihrer Suche nach feministischer Spiritualität Gleichgesinnte, Bündnispartnerinnen sucht. Dies faszinierte mich im Kontakt mit ihr. Ja, ich fand es bestechend, da es meiner eigenen Sehnsucht nach positiver Anbindung und ressourcenorientierter Arbeit eben nahe kam. Zugleich hatte ich aber im Arbeiten mit ihr immer einen starken hermeneutischen Verdacht, nämlich dass unter dem Gesicht der strahlenden Sonnenfrau ein anderes steckte, das auch angeschaut und gesehen werden will.

Im Folgenden versuche ich darzustellen, wie ich mit diesem Verdacht, der ja zugleich auch mit Ahnungen anderer Geheimnisse und anderer Wissensschätze verbunden war oder ist, gearbeitet habe.

»Ich kann es auch nicht ändern. Irgendwie macht es mich schon traurig, dass ich meine Freundin so lange nicht gesehen habe. Aber ich hab ja auch immer so viel um die Ohren, und die Kinder sind jetzt in einem Alter, wo sie ganz viel Aufmerksamkeit brauchen. Und ich hab meinem Mann in letzter Zeit auch öfters in den Vorbereitungen für die Schule geholfen, alles geht eben nicht.«

»Die Traurigkeit über den Abstand zu ihrer Freundin wollen Sie mir aber lieber nicht zeigen?«

Karin schaut etwas trotzig, lächelt dann verlegen.

»Was wollen Sie denn von mir sehen? Was soll ich Ihnen denn zeigen? Ich hab eigentlich das Gefühl, dass ich schon meine ganzen Gefühle und Gedanken und und und vor Ihnen ausgebreitet habe.«

»Ich meine die Traurigkeit. Ganz konkret. Wo spüren Sie die?«

Karin schaut nachdenklich, dann abwehrend.

»Es ist nicht so massiv, dass ich da jetzt drunter leiden würde. Ich hab auch keine Migräne oder Verstopfung, falls Sie so was meinen. Ich meine, Sie bewerten das jetzt über. «

»Aber Sie haben doch in letzter Zeit auch körperliche Symptome gehabt, die Ihnen zu schaffen machten?«

»Sie meinen, die Neurodermitis? Hatte ich Ihnen das erzählt?«

Ich nicke zustimmend und zuhörend.

»Aber die hatte ich doch schon als Kind. Das ist halt auch wetter- und phasenbedingt. Und es geht auch meistens, wie es gekommen ist.«

»Und seit wann ist es mit den Flecken jetzt schlimmer geworden?«

Karin guckt mich etwas konsterniert an, sagt längere Zeit nichts und dann:

»Ich glaube, es fing so vor sechs Wochen an, ungefähr.«

»Können Sie sich erinnern, was da geschah?«

Karin ist nachdenklich, schaut auf den Boden, sagt nichts. Ich lasse sie eine ganze Weile so, obwohl ich ahne, dass es in ihr ganz anders aussieht als sie mir das vermittelt.

»Wenn Sie wollen, können Sie es mir sagen.«

»Ich will aber nicht!«

»Was wollen Sie denn?«

Karin sieht mir in die Augen und sagt längere Zeit nichts.

»Ich muss die ganze Zeit an ein Bild denken, das ich in einem Traum gehabt habe. Dieses Bild verfolgt mich, aber ich finde keine Worte dafür. Es ist eben ein Bild.«

»Haben Sie denn eine Idee, wie Sie es ausdrücken könnten?«

Karin nickt.

»Geht das jetzt und hier?«

Karin schaut wieder sehr nachdenklich. Sie bewegt sich lange Zeit gar nicht. »Was macht es so schwer für Sie?«

»Ach, wenn Sie wüssten. Das mit dem Hier und Jetzt ist doch genau das Problem. Es ist ja nur mein Traum. Ich hatte ihn schon ein paar Mal. Er taucht immer mal wieder in meinen Tagträumen auf, aber eben auch nachts.«

»Wie wäre es, wenn Sie mir den Traum in Form eines kleinen Rollenspiels präsentieren?«

Karin schüttelt zuerst den Kopf, streicht sich unruhig durch die Haare.

»Ich glaube, das ist zu schwierig. Ich brauchte zwei Frauen. Eine davon bin ich.«

»Und die andere?«

»Die ist eben nicht hier.«

»Ja, darum das Rollenspiel. Da ist es doch auch so, dass Menschen dargestellt werden, die real woanders sind, gar nicht mehr leben oder sonst wo stecken.«

»Also gut, ich versuche es mal. Ich brauchte aber noch ein paar Requisiten.«

»Was denn?«

»Samt- und Seidenstoffe, einen Sandkasten und rundherum Wasser.«

»Gut, das besorge ich zum nächsten Mal.«

Karin ist sichtlich verwundert.

»Das wollen Sie wirklich machen? Das finde ich klasse von Ihnen. Ehrlich.«

In der Woche, die zwischen dieser Stunde und der nächsten Sitzung verstrich, organisierte ich mehrere Bahnen Stoffreste (Samt und Seide), außerdem (symbolisch) eine große Holzkiste, gefüllt mit Sand und eine Yves-Klein-blaue Schale mit Wasser. Ich gestaltete außerdem das Büro komplett um, d.h. alle überflüssigen Gegenstände und störenden Möbel wurden hinausbefördert. Zugleich machte ich mir viele Gedanken über Karins Geschichte und hatte auch den Eindruck, dass das Psychodrama sie noch mal mit anderen Schichten ihres Bewusstseins in Berührung bringen könnte.

Am Tag, als sie kommen sollte, hatte ich vorher eine Stunde Zeit, um mich auf die Arbeit mit ihr einzustellen. Der Raum sah komplett umgestaltet aus, und ich erwartete sie mit Neugier und Vorfreude. Fünf Minuten vor der Stunde rief sie mich an, um abzusagen. Sie klang ziemlich kurz angebunden, und ich machte einen neuen Termin mit ihr aus.

Die Woche darauf wiederholte sich das Ganze. Sie sagte, ihre Haut habe sich verschlimmert, und sie müsse zum Hautarzt.

Als ich ihr anbot, sie ein paar Stunden später noch sehen zu können, lehnte sie ab, weil sie sich um ihre Kinder kümmern müsse.

Wochenlang hörte ich gar nichts mehr von ihr. Die Stoffe, Kiste und Schüssel standen jedoch in meinem Schrank und warteten auf Karin.

Die ganze Situation beunruhigte mich sehr. Ich hatte immer wieder den Gedanken, sie anzurufen und machte mir Sorgen, ob sie vielleicht in solche Schwierigkeiten gekommen sei, dass sie sich gar nicht mehr zu mir traute. Denn ein Thema in unserer Interaktion war ja immer, dass sie eine bestimmte Seite von ihr, nämlich die Strahlende und positiv Gestimmte, sehr viel mehr in den Blick stellte. Ich entschied mich dann aber, sie nicht anzurufen, sondern ihr selbst den Prozess zu überlassen.

Eines Tages stand sie in der Tür, unangemeldet, in meiner offenen Sprechstunde. Es waren viele Frauen da, und sie musste längere Zeit warten. Als sie an der Reihe war, holte ich die Requisiten schon vor ihrem Betreten meines Büros hervor, allerdings nicht so sorgfältig drapiert wie in der geplanten Sitzung.

»Oh, was haben Sie denn alles vorbereitet? Ich weiß nicht, ob Sie mich richtig verstanden haben. Ich sagte Ihnen doch, dass es um Träume, besonders um einen Traum geht, aber den habe ich jetzt auch schon lange nicht mehr geträumt. Ich glaube, weil er so unreal ist.«

»Ja genau, weil er so unreal ist, darum hatte ich Ihnen doch vorgeschlagen, dass Sie ihn in ein Theaterstück umsetzen. Dann wird er realer.«

Karin schweigt, dann sagt sie:

»Ich will aber nicht. Es ist gar nicht möglich. Und wenn ich die schönen Stoffe sehe und die schöne Schale, dann fange ich sofort an, sie in ein Gespräch zu verwickeln.«

»Und was sagen Sie zu ihnen?«

»Zu dem Samt sage ich. Hey, du bist doch viel zu schön für mich. Warum hast du die ganze Zeit auf mich gewartet?«

Ich entscheide mich spontan, die Rolle des Samtes zu übernehmen und sage, während ich ihn mir überhänge:

»Weil ich dich schmücken will, dich und die andere Frau, die leider nicht hier ist.«

»Wieso sagst du leider?«

»Weil ich merke, dass sie dir fehlt, und dass du sie vermisst.«

»Ja, das stimmt, aber woher weißt du das?«

Ich zucke wissend mit den Schultern, Karin lächelt.

»Die andere Frau heißt Martina und ist in Norddeutschland. Ich habe sie vor über einem Jahr kennen gelernt. Wir haben immer miteinander telefoniert, uns geschrieben. Es war ganz anders mit ihr als mit anderen Freundinnen. Aber als mein Mann mitbekommen hat, dass wir uns zärtliche Briefe schreiben und immer aneinander denken, hat er mir verboten, den Kontakt mit ihr weiterzuführen. Seitdem habe ich nur ein paar Mal heimlich mit ihr telefoniert, und der Traum ist weniger geworden.«

»Der Traum von Ihnen beiden, in Samt und Seide gehüllt?«

»Ja, und das Wichtigste daran ist, nur wir beide, geborgen in einer Sandmulde, umgeben vom Meer.«

An diesem Punkt entschied ich mich, die Szene doch noch psychodramatisch mit Karin auszufüllen. Im Lauf dieser Sitzung nahm sie die verschiedenen Rollen ein, den Samt, den Sand, das Wasser, die Freundin, sich selbst. Später ging ich dann mit ihr in die Rolle des Mannes hinein, der skeptische und abwertende Bemerkungen machte, ja sogar mit Liebesentzug und Scheidung drohte. Es stellte sich heraus, dass sie, schon als sie das erste Mal zu mir kam, in einer tiefen Krise steckte, die aber im Lauf der Wochen noch eskalierte. Sie spürte plötzlich ihre verborgenen Wünsche und sie begann, ihren Konflikt körperlich auszuagieren. Schließlich erreichte sie einen Punkt, an dem sie nicht mehr zu mir kommen wollte.

Was sie dann doch bewog, die Hemmschwelle zu überwinden, konnte sie nicht benennen, außer es mit einem diffusen Gefühl zu versehen. Mit dem Psychodrama jedoch gelang es ihr, Träume und Wünsche sichtbar zu machen, ihnen Gefühle und Namen zu geben und diese laut auszusprechen. In dieser Sequenz erfuhr ich auch, dass ihr Mann für sie eben schon lange nicht mehr der liebevolle Partner war, den sie sich wünschte, sondern dass sexuell und emotional eine völlige Blockade auf beiden Seiten eingetreten war. Eine gemeinsame Paartherapie, die beide vor über einem Jahr begonnen hatten, hatte er nach fünf Sitzungen abgebrochen, »weil es ja sowieso nichts bringt«.

In den Wochen danach kam sie regelmäßig und wir redeten über all das, was vorher nicht Thema gewesen war. In einem langwierigen und teilweise sehr anstrengenden Prozess gelangten wir zu ihren Schattenseiten und zugleich zu den kühnsten und wildesten Träumen, die sie nie zuvor ausgesprochen hatte.

In einer Stunde ließ ich sie nur auf den Samt- und Seidenstoffen liegen und begleitete sie auf eine Traumreise zu ihren tiefsten Sehnsüchten und Geheimnissen. Ich regte sie an, ihren eigenen Bildern und Phantasien zu folgen. So sagte ich zum Beispiel: »Lassen Sie sich innerlich ganz los, so als ob Sie in einer warmen, für Sie ausgebreiteten Hand liegen. Sie schmiegen sich an, wie es für sie am bequemsten ist und um es so richtig schön zu haben, brauchen Sie gar nichts zu tun oder zu leisten oder gar für jemand zu sorgen. Sie sind einfach nur, in diesem Augenblick.«

Sie fing in dieser Sequenz an zu weinen und schluchzte irgendwann so sehr, dass ich mir ernsthaft Sorgen machte, ich hätte sie zu einer traumatischen Erfahrung geführt, die sie ins Bodenlose führe. Sie jedoch schluchzte einfach eine lange Weile und hörte irgendwann wieder auf. Als ich die Traumreise später mit ihr auswertete, sagte sie, sie habe sich einem paradiesischen Zustand so nahe gefühlt, dass sie nur noch weinen konnte. Ich sah ihr an, dass sie sehr entspannt und ruhig geworden war. Als ich dann dem Weinen noch mal nachging, kamen wir ihrem eigentlichen Drama endlich auf die Spur. Sie begann, ihre Ursprungsfamilie zu rekonstruieren, und auf einmal war es eben nicht mehr die »intakte, glückliche« Familie, sondern eine im Patriarchat geformte und mit den üblichen Beschädigungen und Strapazen versehene. Vor allem ihre Mutter, über die ich vorher immer nur andeutungsweise erzählt bekommen hatte, erschien in neuem und durchaus gebrochenem Licht.

Ihr Erbe an die Tochter war, dass sie selbst nie studiert hatte und dieses Privileg ihrer Tochter nicht gönnen wollte. Seitdem Karin ein kleines Mädchen war, durfte sie nicht größer als die Mutter werden, sondern wurde mit verschiedenen Methoden angehalten, ihre Identität in der aufopfernden, zugewandten, dem Mann zuarbeitenden Rolle zu finden. Jahrelang hatte diese Sozialisation funktioniert, sie hatte Karin ein klares und eindeutiges Rollenmodell vorgegeben, mit dem sie sich identifizieren konnte. Aber an dem Punkt, als sie in einem ganz anderen Kontext andere Begegnungen und andere, auch für sie mögliche Lebensmodelle entdeckte, begann das Kartenhaus zu kippen. Sie fühlte sich mit ihrem Mann, der weder auf die Bedürfnisse ihrer Kinder, noch auf ihre eigenen eingehen konnte/ wollte, nicht mehr wohl, und sie merkte, dass die Ehe auch nur funktioniert hatte, solange sie bereit war, ihre Rolle als fürsorgliche Mutter, Ehefrau uneingeschränkt zu übernehmen. Vor allem entdeckten wir gemeinsam, dass ihre Neurodermitis schon als Kind immer mit Erfahrungen von Einengungen und Grenzen besonders durch die Mutter zusammenhing.

In einer Stunde ließ ich sie psychodramatisch mit ihrem eigenen Bild von der kleinen Karin spielen. Dabei stellte sie selbst fest, dass sie für die »typisch weiblichen« Verhaltensmuster belohnt wurde, während alles, was mit dem Entwickeln ihrer eigenen Wünsche verbunden war, schon in ihrer frühen Kindheit sanktioniert wurde. In der Inszenierung tauchte immer nur die Mutter auf, manchmal die kleinere Schwester, der Vater war als Geschäftsmann in ihrer Erinnerung kaum präsent. Letzten Endes zeigt sich hier das typische Drama einer Mädchensozialisation in der kapitalistischen, westlichen Gesellschaft. Als Frauen und Mütter sind wir selbst so sehr in die Dynamik verstrickt, dass ein scharfer und stechender Blick notwendig ist, um die eigentlichen Fallstricke zu entlarven.

In den ersten Wochen/Monaten hatte ich selbst nur eine Ahnung von dem eigentlichen Drama Karins. Sie hatte es so perfekt internalisiert, dass ich erst in der psychodramatischen Inszenierung den Zugang zu ihrem Dilemma, verknüpft mit ihren kühnsten Träumen und Wünschen, bekam. Karin kam insgesamt über zwei Jahre zu mir, sie trennte sich in dieser Zeit von ihrem Mann, organisierte sich eine neue Halbtagsstelle, suchte sich eine neue Wohnung und intensivierte die Beziehung zu ihrer Freundin. Ihre Neurodermitis verschwand fast vollständig, allerdings wusste ich bis zum Schluss nie so ganz, wie sehr sie sich selbst kontrollierte und dementsprechend auch immer wieder ihren eigenen Täuschungen unterlag. Es war jedoch nach einer Weile wesentlich leichter, im Kontakt mit ihr ihren eigenen Tricks und Taktiken auf die Spur zu kommen. Zum Beispiel war eine häufige Interaktion zwischen uns, dass Karin mir auf die Frage nach ihrer Befindlichkeit antwortete, alles sei bestens, und sie habe doch eigentlich die Sonnenseite erwischt. Manchmal genügte meine Rückfrage »Eigentlich?«, um sie an die verborgenen, von ihr zunächst nicht so gern gesehenen Seiten zu führen und mir diese auch zu zeigen.

In einer der letzten Stunden wies ich sie darauf hin, dass sie ihr eigentliches Anliegen, nämlich der feministischen Spiritualität näher zu kommen, von der zweiten oder dritten Stunde an nicht mehr zum Thema gemacht habe.

»Ja, das stimmt. Aber in gewisser Weise waren wir doch beide die ganze Zeit dem Thema sehr nahe und spätestens, als Sie mir die Samt- und Seidenstoffe in meinen Lieblingsfarben besorgt hatten, fühlte ich mich Ihnen sehr verbunden, irgendwie anders als vorher, eben spirituell, oder klingt das blöd?«

»Außerdem haben Sie sich ja im Lauf der letzten zwei Jahre gehäutet, mindestens einmal, und das empfinde ich auch als einen spirituellen Vorgang.«

»Gehäutet? Ja, das ist ein gutes Bild für mich. Ich habe durch die Neurodermitis ein Stück meiner alten Haut abgeworfen, bin weicher und stärker zugleich geworden, habe nicht mehr die Schere im Kopf, nur als treusorgende Ehefrau ein Recht auf Liebe zu haben, ja.«

»Und Sie sind tatsächlich durch die Häutung ein Stück näher an Ihren Kern, Ihr Innerstes und auch an Ihre Träume gekommen.«

»Darüber bin ich wirklich sehr froh. Sie haben mir geholfen, im realen Leben etwas zu verändern, konkrete Schritte zu tun und zu sehen und zu spüren, dass es geht. Der Samt und die Seide waren wichtig dafür, für meine innere Haut, wissen Sie?«

Methodischer Aspekt: Zur Arbeit mit kreativen Methoden in feministischer Seelsorge

Ich habe Karins Biographie die Geschichte einer Häutung genannt, weil in diesem Fall körperlich sicht- und spürbar wurde, dass eine Haut von ihr abfallen wollte, dies aber nicht ohne Schmerzen, Irritationen und grundlegende Veränderungen möglich war. Von der ersten Begegnung mit ihr wusste ich, dass es unter dem Gesicht der strahlenden und positiv gestimmten Karin eine zweite gab, die danach dürstete, gesehen und gehört zu werden. Zugleich war und ist mir in jeder beraterisch-seelsorgerlichen Situation bewusst, dass ich mich als feministische Theologin auf dem schmalen Grat zwischen gesellschaftlicher Realität und einer visionären Nische bewege.

Als sie am Anfang mehrmals betonte, dass ich als feministische Theologin sicherlich wisse, was sie meine, wenn sie von der Suche nach einer frauenorientierten Spiritualität spreche, wusste ich zwar, dass es sich hier um eine recht vielschichtige, komplexe Angelegenheit handelt, theologische Fragestellungen in bezug auf frauenorientierte Spiritualität haben ja immer auch mit Fragen von Beziehungen und des Lebensstils zu tun. Genaueres aber konnte ich mir nicht vorstellen. Als ich nachfragte und mehrmals betonte, dass ich das eben so allgemein nicht wisse, und dass sie schon etwas konkreter benennen könnte, worum es ihr eigentlich geht, kamen in den ersten Stunden nur vage Andeutungen und zugleich eine etwas verklärte Sicht von ihrer eigenen Biographie sowie ihrer jetzigen Situation.

In der Arbeit mit ihr entschied ich mich, zunächst wenig zu intervenieren, stattdessen ihrer Geschichte zuzuhören und sie kennen zu lernen. Die entscheidende Weichenstellung für unseren veränderten, intensiveren Kontakt, geschah in dem Moment, als ich ihr vermittelte, dass sie bestimmte Gefühle als solche zwar benenne, diese aber nicht ausdrücke. Nachdem sie zunächst abwehrend auf meine Nachfrage reagierte, war sie letzten Endes doch sehr bereit, mehr von sich zu zeigen. Am Beispiel der Arbeit mit ihr lässt sich die Verwendung gewisser kreativer Methoden näher aufzeigen, da diese wesentlich zur Intensivierung und Verdichtung der Beziehungsarbeit mit Karin beitrugen.

Alle Methoden und Interventionen sind Hilfsmittel im Prozess der Beziehungs- und Begegnungsarbeit zwischen Klientin und Seelsorgerin. Sie können unterstützend im Bewusstseins- und Bewusstwerdungsprozess der Klientin wirken. Kreative Methoden können die Klientin befähigen, vom inneren »Unaussprechlichen« zum Ausdruck, vom Ausdruck zum Verstehen, vom Verstehen zum Erschließen neuer Möglichkeiten und Spielräume zu gelangen. Es ist jedoch wichtig zu berücksichtigen, dass die Seelsorgerin genau darauf achtet, inwieweit die jeweils angewandten Methoden für den gesamten Prozess der Klientin sinnvoll sind. Hierzu muss sie einschätzen können, wie ein bestimmtes Setting sich in das gesamte Procedere einfügt. Für alle Methoden, gerade auch die nonverbalen, gilt, dass sie die Klientin sehr viel schneller mit den unbewussten Schichten ihres Selbst konfrontieren kann. Diese können sie auch mit den Teilen ihres Selbst in Verbindung bringen, die sie vielleicht über Jahre hinweg verdrängt hat, manchmal können auch unangenehme Schattenseiten auftauchen, die die Seelsorgerin dann wahrnehmen und je nach Situation beschützend begleiten sollte. Überhaupt muss die Begleiterin sich in der Beziehung zu ihrer Klientin immer wieder der Rolle des Schutz- und Sicherheit-Gebens bewusst sein und sich dafür öffnen, diese Rolle auch auszufüllen. Bevor das eigentliche Rollenspiel begann, entwickelte sich aus dem Gesprächsverlauf heraus die Gegenstandsarbeit.

Gegenstandsarbeit

Der Gegenstand wird zum Gegenüber oder zum Selbst, je nach Grenzziehung. Ich habe diese Arbeit von Polina Hilsenbeck (Hilsenbeck, 1992, 121ff.) gelernt. Sie hat vor allem in der Arbeit mit Psychotikerinnen und Borderline-Frauen auf der spirituellen Ebene damit sehr viel erreicht. Die Arbeit mit den Gegenständen ermöglicht eine gewisse Distanzierung, zugleich aber eine starke Identifizierung. So ist es auf der spielerischen Ebene möglich, zwischen den Welten tänzerisch hin und her zu wandeln. Die Welten, das können sein, die reale, angstbesetzte, schwierig-komplizierte und die fantasierte, lustbetonte, freie, beschwingte. Oder auch eine magische Welt, die im Spiel mit dem Gegenstand genau den gleichen Stellenwert wie die real-physische hat.

Wichtig im Spiel mit Karin war ja, dass sie durch die Kontaktaufnahme mit dem Samt fast mühelos über das mit mir sprechen konnte, was vorher nur in Andeutungen und zwischen den Zeilen Platz gehabt hatte. Diese Methode eignet sich besonders für Frauen, die sich in einer Welt der Bilder, Tagträume und Phantasien mühelos zurechtfinden und bewegen können. In der Interaktion mit Karin hatte ich sehr rasch den Eindruck, dass sie mit Bildern lebt, die ihr auch bei der Bewältigung diverser Gefühle und ungelebter Emotionen helfen. Zugleich spürte ich ihren Widerstand, bestimmte Dinge zu benennen. Die Gegenstandsarbeit erschien mir als ein gutes Mittel, auch auf spielerischen Ebenen nicht beim Verbalen stehen zu bleiben.

Das Rollenspiel als Inszenierung verschütteter oder zugedeckter Gedanken und Gefühle

Eine sehr geeignete Methode, um verborgene Gefühle ans Tageslicht zu bringen, ist das Rollenspiel oder das dialogische Ausagieren bestimmter Situationen aus der Erinnerung. Ebenso die Arbeit mit dem leeren Stuhl (vgl. hierzu die Arbeit mit Rosie). Auch alle Psychodrama-Techniken gehören hierzu. Zunächst einmal ist das Setting wesentlicher Bestandteil einer jeden Inszenierung.

Welche Personen sollen auftauchen, wer sitzt/steht wo, welche Rolle(n) übernimmt die Klientin, wer bestimmt das Ende der Sequenz, wie ist der Schutz der Klientin gewährleistet, gibt es eine Möglichkeit auszusteigen oder Stop zu sagen.

In der Arbeit mit Karin inszenierte die Klientin das Rollenspiel fast von selbst, da Karin von sich aus eine spielerische Haltung einnahm. Ich ging darauf ein, weil ich spürte, dass sie eine große Bereitschaft hatte, auf diese Ebene einzusteigen, und weil ich genau an dem Punkt, als sie von ihrer Lust sprach, mit den Gegenständen in ein Gespräch zu treten, herausspürte, dass die Requisiten bereits das Setting für das Spiel gesetzt hatten.

Bei Klientinnen mit einer größeren Hemmschwelle ist eine längere Vorbereitung und Einstimmung auf das Rollenspiel unbedingt erforderlich. So habe ich mit manchen Frauen schon einige Stunden mit Lockerungs-, Einstimmungs- und Vorbereitungsübungen verbracht, bevor sie sich dann, manchmal fast wie von selbst, in die jeweilige Rolle hineinbegaben. Es kommt aber auch vor, dass die Klientin solche Hemmungen hat, die tieferliegenden Gefühle auszuagieren, dass es bei den Vorbereitungen bleibt. Meistens jedoch bietet das Rollenspiel eine gute Möglichkeit, auch verbal gehemmten Menschen über die Distanzierung im Spiel, Selbsterkenntnis und vor allem auch eine humorvolle Vogelperspektive zu eröffnen.

Während des Rollenspiels ist es wichtig, die Hinführung zur Rolle exakt zu begleiten und auch bei Rollenwechseln auf gute Separierung zu achten. Als Karin in die Inszenierung der einzelnen Gegenstände und Personen hineinging, leitete ich sie bei jedem Übergang an, die alte Rolle zu verabschieden und sich Zeit zu nehmen, in die neue Rolle hineinzugehen.

Am Ende der Inszenierung ist es ganz bedeutsam für den Rollentausch, Karin als Karin wahrzunehmen und anzusprechen. Als solche reflektierte sie dann rückblickend, wie sie sich in den unterschiedlichen Rollen fühlte. Wesentlich im Rollenspiel mit ihr war, dass sie durch das Ausagieren der verschiedenen Stimmen plötzlich die ganze Bandbreite der Gefühle, den Jetzt-Zustand vor uns ausgebreitet hatte. Im Identifikationsspiel mit dem Samt und der Seide tauchte z. B. schon mehrmals die Mutter auf. Während Karin mit ihr sprach, war sie sichtlich so aufgebracht, dass ich hier einen Schlüssel zu ihrem Gesamtthema sah, ohne dass sie es an dieser Stelle thematisierte.

Die Arbeit mit den Gegenständen kann auf vielfältige Art und Weise in die Rollenspielarbeit integriert werden. So arbeitete ich mit einer älteren Frau zur Rekonstruktion ihrer Ursprungsfamilie mit Gegenständen, die sie sich selbst auswählte. In dem Moment, als sie begann, die Gegenstände auszusuchen, setzte der Erinnerungsprozess ein, der vorher völlig zugeschüttet gewesen war. So erinnerte sie sich plötzlich an ganz konkrete Auseinandersetzungen mit ihrem heim-tückischen ältesten Bruder, als sie für ihre sechs Brüder Steine auswählte und für den ältesten einfach nicht den passenden, genügend eckigen und kantigen fand.

Körperarbeit

Grundsätzlich gilt für jede Intervention auf der Körperebene, dass sie als gesondertes, tiefgehendes Verfahren einer Körpertherapieausbildung bedarf. Selbst dann ist die Wahrung der Grenzen und des Schutzes allerwichtigste Bedingung für einen verantwortungsvollen Umgang mit diversen Techniken aus der Körperarbeit. Die von mir am häufigsten eingesetzte Methode ist die Phantasiereise, die ich auch mit Karin anwendete. Oft haben Phantasiereisen in meiner Arbeit Vertiefungsfunktion. Sie unterstützen Prozesse des Bewusstmachens, sie ermöglichen das Öffnen neuer Fenster zum Unbewussten, Verdrängten, aber auch zu der spirituellen Ebene.

In der Arbeit mit Karin hatte die Fantasiereise aber primär die Funktion, ihr Entspannung und Geborgenheit zu vermitteln. Meistens entscheide ich intuitiv, wann die Intervention für eine Körperarbeit stimmig und für den Prozess der Klientin hilfreich ist. Ich hatte in der Arbeit mit Karin z. B. irgendwann das Gefühl, dass sie zwar nahe bei ihren Tränen und der Traurigkeit angelangt war, aber eine Wegbereitung für ihre Tränen unbedingt brauchte. Es kommt auch vor, dass Klientinnen im Gespräch mit mir so verspannt und müde wirken, dass eine kurze Entspannungsübung die ganze Atmosphäre und letztendlich auch das dann folgende Gespräch verändert. Eine Frau, die nach dem Tod ihres Lebensgefährten in eine tiefe Depression gerutscht war, kam über Wochen zu mir, ohne dass sie sich öffnen konnte. Als ich ihr einmal, aufgrund meines eigenen Unwohlseins anbot, die Sitzordnung zu verändern, so dass sie sich bei umgedrehtem Sessel, mit von mir abgewandtem Gesicht, an mich anlehnen konnte, veränderte sich sofort die Stimmung im Raum. Ich verbrachte dann mehrere Sitzungen mit ihr, in denen ich ihren Rücken stärkte und ihr einen Halt bot. Die Haltung dieser Frau änderte sich durch einen Halt, den sie körperlich erfuhr und dann, ganz langsam, auch auf andere Situationen übertragen konnte.

Wenn ich in meinen »Fallgeschichten« beschreibe, dass ich die Klientin zu ihren schönsten Bildern begleitete, so öffne ich verbal nur den Raum dafür, lasse sie entspannt atmen, führe sie gedanklich aus dem realen Raum heraus, lasse sie phantasieren, wo sie gern sein möchte, wie es sich anfühlt, was sie sieht, wen sie trifft, was in ihr geschieht.

Im Grunde genommen rege ich mit meinen Worten nur ihre eigene Sinnestätigkeit und Phantasie an.

Eine andere körpertherapeutische Intervention, die ich häufig anwende, ist die »verstärkende« Interaktion. So nahm ich z. B. zu Karins Hautproblemen

Stellung und konfrontierte sie auch mit ihren Gefühlen dazu. Oder eine andere Klientin, die in schwierigen Situationen immer den Kopf wegdrehte, ließ ich in das Gefühl während des Wegdrehens hineingehen, so dass sie mit alten Situationen aus ihrer Kindheit, wo es um Nähehabenwollen und Erfahrungen des Weggestoßenwerdens ging, konfrontiert wurde.

Mit Hilfe der Phantasiereise und des Rollenspiels gelang es Karin, den entscheidenden Schritt zu gehen. Nämlich, sich aus der Dominanzgeschichte ihrer Ursprungsfamilie zu lösen und sich ihren echten Bedürfnissen und Gefühlen anzuvertrauen. Erst als sie sich entschieden hatte, dass es hier um etwas Wesentliches und Geheimnisvolles geht, konnte sie auch darum kämpfen, dass das ihr Weg sein könnte.

Sicher war es kein Zufall, dass Karin sich im Vorfeld des Rollenspiels Samt und Seide, zwei Stoffe, die etwas mit Kostbarkeit, Geheimnis und Verlockung zu tun haben, aussuchte. Sicher war es auch kein Zufall, dass es dann noch mal wochenlang dauerte, bis sie endlich ihren Platz im ganzen Szenario fanden. Und ich betrachte es im Nachhinein auch als stimmig, dass Karin zunächst mit ihnen haderte und sie auf ihre eigentliche Bedeutung hin befragte. In dem Moment aber, als sie sich auf das Rollenspiel einließ, entdeckte sie etwas von ihren tiefsten und geheimsten Sehnsüchten. Sie stellte fest, dass sie in der Beziehung zu ihrer Freundin etwas an Intensität, an Verstehen und Verstandenwerden entdeckte, das sie vorher nie erlebt hatte. Sie entdeckte, dass sie Zeit ihres Lebens immer an ihren eigentlichen Bedürfnissen und Wünschen vorbeigelebt hatte. Und sie entschied sich für die gesellschaftlich schwierigere, viel weniger legitimierte Lösung, die aber letztendlich für sie ungleich zufriedenstellender war.

Und wie war das mit dem Thema, das Karin eigentlich zu mir gebracht hatte?

Im Rückblick waren Spiritualität und Religion insofern ständiges Thema, als Karin mich als Pastorin bewusst als Gesprächspartnerin gewählt hatte und immer wieder selbst auf ihre Ahnungen zu sprechen kam. So sagte sie einmal zu Beginn unserer Gespräche zu mir, dass sie im Zusammensein mit ihrer Freundin geahnt habe, dass ihr Leben auch ganz anders hätte verlaufen können. Als ich nachfragte, dementierte sie jedoch, dass dies ein ernstzunehmender Wunsch sei, denn eigentlich könne sie sich ja nicht beklagen.

Durch mein stetiges Insistieren, an den entscheidenden Stellen nicht locker zu lassen und durch mein Angebot, kreativ mit dem Potential der Traumbilder und Phantasien umzugehen, konnte Karin sich auf den Weg ihrer Häutung machen.

»Leben heißt langsam geboren werden«, steht auf der Karte, die Karin mir zum Abschied schenkte. Oder ich könnte auch sagen »Leben heißt, Flügel wachsen zu lassen und das Fliegen zu lernen«.

Traumflügel

Ursula Riedel-Pfäfflin

Thematischer Aspekt: Raum für Mädchen

Von Judith erfuhr ich zunächst durch einen Kollegen, mit dem ich gemeinsam Seelsorgeseminare durchführe, und der mir manchmal Beratungen überweist. Er erzählte mir, dass er sehr viel Arbeit habe und zurzeit mit einer Situation beschäftigt sei, in welcher zwei junge vierzehnjährige Mädchen verschwunden waren. Tagelang hätten die Eltern nicht gewusst, wo sie seien und sie suchen lassen. Dann seien sie von der Polizei in einer westdeutschen Großstadt aufgegriffen worden. Jetzt sei das Problem, wer mit den Mädchen sprechen könne. Er habe die Beratung der Eltern übernommen.

Ich sage ihm, dass ich für eines der Mädchen Zeit habe und bekomme wenig später den Anruf ihres Bruders, der sehr besorgt um seine Schwester ist. Ich vereinbare einen Termin und beide kommen. Judith wirkt zunächst sehr schüchtern. Ihr Bruder spricht zuerst die Situation an. Auf jeden Fall mochte Judith nicht, dass die Eltern in den Prozess miteinbezogen werden oder darüber wissen. Im Gespräch wird deutlich, dass beide Jugendlichen (Judith ist 15, ihr Bruder 17) seit Jahren ein Zimmer teilen und dass Judith schon seit Jahren darunter leidet, dass sie keinen eigenen Raum hat und sich nicht in der Weise entfalten kann, wie sie möchte. Sie erzählt von häufigen Situationen, in denen sie etwas machen möchte (Radio hören, malen, sich unterhalten), jedoch keine Zeit und keinen Raum findet, indem sie ungestört und laut sein kann.

Sie passt sich dann den Bedürfnissen des Bruders an, der sowieso der Ältere, Aktivere, Erfolgreichere ist. Auch in der Schule hat sie Schwierigkeiten, Freunde und Freundinnen zu finden. Schon als Kind sei sie eine Einzelgängerin gewesen, und habe sich sehr gegen die Einschulung gewehrt. Mit dreizehn hatte sie eine Freundin gefunden, der sie vertraute. Diese schrieb ihr Briefe und Judith ging in ihren Antwortbriefen sehr auf sie ein. Später fand sie heraus, dass die Freundin diese Briefe anderen zum Lesen gegeben hatte. Sie fühlte sich in ihrem Vertrauen total hintergangen und zog sich noch mehr aus der Klasse zurück. Um aus dieser Situation zu entkommen, hätte sie sich durch Bekannte mit einer Freundin zusammengetan, der es ähnlich ging. Sie hätten durch Bekannte von einer Gruppe im Westen gehört, und wollten dorthin, um etwas anderes zu sehen, zu hören, nur weg.

Ich bin beeindruckt von der Nähe, die zwischen den Geschwistern zu bestehen scheint, und der Aufmerksamkeit, mit der der Bruder das Treffen vereinbart hat und sich mit hineinbegibt. Im Fragen nach seinem Erleben der Geschichte wird jedoch deutlich, dass er als Älterer es ganz anders sieht und nicht gemerkt hat, dass seine Schwester überhaupt Probleme hat. Die ganze Familie war völlig überrascht von ihrem Verhalten. Jetzt sehe er es anders, aber er habe mit dem Teilen des Zimmers und dem Wohnen zu Hause nicht solche Probleme. Er fühle sich noch nicht soweit, auszuziehen.

Ich kann Judiths Situation gut verstehen, da ich seit Jahren über die Bedeutung von Raum nachdenke und dazu arbeite, inwiefern sich dieses Thema für Frauen und Männer unterschiedlich darstellt, und auch dazu, welche Formen von Macht sich darin äußern: Macht, den eigenen äußeren Raum zu gestalten und auch zu nutzen, Macht, im eigenen inneren Raum »zu Hause« zu sein, Erleben von Ausschließlichkeit, sich nicht trauen, Raum in Anspruch zu nehmen, den Wunsch nach Ausbruch, die Suche nach eigenen Räumen als Jüngste in einem festen System, der Wunsch, abzuhauen und die Welt allein zu erkunden.

Judith macht deutlich, dass sie große Probleme hat, weiterhin zu Hause zu wohnen oder in die gleiche Lage zurückzugehen, in der sie vorher war. Sie hat von den Eltern Zustimmung bekommen, zunächst bei einer Freundin zu wohnen, und möchte ein eigenes Zimmer suchen. Ich biete ihr an, dass sie zu Gesprächen zu mir kommen kann. Sie macht deutlich, dass keine Informationen über die Eltern laufen sollen. Das ist insofern nicht leicht, als sie für Terminänderungen kaum zu erreichen ist und ich ihren Vater ab und zu in einer Ausbildungsfunktion treffe.

Zu den nächsten Treffen kommt Judith alleine. Sie spricht zunächst stockend und langsam und wirkt schüchtern, verhalten. Zugleich beschreibt sie sehr genau und reflektiert, was in ihr und um sie herum vorgeht. Sie erzählt von der Fahrt mit ihrer Freundin und wie sie die ganze Zeit auf ihr inneres Gefühl vertraut hat, während sie in verschiedene ungeschützte Situationen kamen, während sie Übernachtungsgelegenheiten suchten und Menschen kennen lernten. Sie habe sich nicht unsicher gefühlt und es sei ja auch alles gut gegangen. Sie habe jetzt Probleme, weil ihre Eltern so besorgt seien und ihr Vater immer mit ihr reden wolle. Sie brauche jetzt eigenen Raum und wisse nicht wohin. Ihr Bruder sei zwar offener und aufmerksamer als vorher, aber sie wolle von zu Hause weg. Ihre Mutter habe gemeint, sie könne eventuell auch ein Zimmer bei einer Bekannten bewohnen. Dann wäre es gut, dass sie auch einmal die Gastgeberin sein könnte, die ihre Familie zu Besuch einladen könnte. Es nerve sie sehr, dass sie nicht mal in Ruhe lesen oder weinen könne, ohne dass die anderen es mitkriegten. Zu Hause wird sie auch mehr zu Hausarbeiten herangezogen als ihr Bruder.

Judiths Wunsch, sich auch innerlich von den Eltern, vor allem von ihrem

Vater, abzugrenzen, wird sehr deutlich. Die Einengung auch durch Sorge und Mädchenpflichten kann ich gut nachvollziehen. Für mich ist es beeindruckend, wie in Judiths Erzählen die verschiedenen Ebenen einer Geschichte zum Ausdruck kommen: einmal das reale Erleben physischen Raumes, der aufgrund gesellschaftlicher Bedingungen in Ostdeutschland noch heute zu knapp und einengend für heranwachsende Jugendliche ist. Dies betrifft Mädchen besonders, weil sie sich nicht so frei im öffentlichen Raum bewegen können wie junge Männer (Judiths Bruder arbeitet z. B. in einer Rundfunkanstalt mit und hat vielfältige soziale Beziehungen). Der Ausbruch und das heimliche Abhauen von zu Hause, aus dem Osten in den Westen, hat daher eine ganz reale Ebene des Erlebens von Raumerweiterung, Erkundung neuer Territorien, anderer Städte, anderer Menschen. Dazu kommt die symbolische Ebene, die auch die innere Konstruktion des Mädchenseins zum Ausdruck bringt: die Neigung, wenig Raum einzunehmen, sich nach außen eher zu verstecken, besonders die eigenen Probleme und tiefen Gefühle. Das Schwanken zwischen Zurückhaltung und Ausbruch, zwischen Kleinmachen und Abwehr, das Erleben von Ausschluss, sind mir von vielen anderen Gesprächen mit Mädchen und Frauen und auch von mir selbst vertraut.

Judith erzählt, dass sie in der Waldorfschule ist und sehr darunter leidet, dass sie in ihrer Klasse kaum Anschluss hat. Sie lässt sich sehr intensiv auf Freundschaften ein und ist dann enttäuscht, wenn ihr nicht das gleiche Interesse entgegengebracht wird. Durch den Missbrauch ihres Vertrauens habe sie die Freundin in der Klasse verloren und diese sei nun sehr feindselig und mache sie schlecht. Sie fühle sich isoliert und allein. Sie möchte gerne Freunde haben. Auch als Kind habe sie kaum mit anderen gespielt und sich total gegen die Einschulung gesträubt. »Ich mache mir sehr viele Gedanken über meine Freundinnen. Ich höre ihnen lange zu und gehe auf sie ein, aber wenn ich dann mal ein Problem habe, dann ist es anders. Dann kommt bei ihnen etwas dazwischen oder sie fertigen mich kurz ab. Dann bin ich enttäuscht. Ich hab große Schwierigkeiten, mir wieder eine Freundin zu suchen oder einen Freund. Obwohl ich da einen kennen gelernt habe, der gefällt mir gut. Aber wie komme ich näher an ihn heran? Er scheint auch Drogenprobleme zu haben. Also, das versteh ich nicht, das heißt, ich versteh schon, aber ich selbst habe damit kein Problem, aber so viele andere um mich herum, und dann hör ich denen lange zu und lass mich sehr auf sie ein, aber ich selbst bin gar nicht glücklich. Meine Eltern haben jetzt eine Wohnung in Aussicht, aber ich weiß gar nicht, ob ich da mitziehen will. Es dauert auch noch so lange, bis nächstes Jahr. Also, ich will erst mal nach Weihnachten raus in das Zimmer von der Bekannten«.

Ich freue mich auf meine Treffen mit Judith, sie ist verlässlich, sie hält ihre

Verabredungen ein, sie sagt Bescheid und entschuldigt sich, wenn sie absagen muss, sie ist besorgt, dass die Beziehung zwischen uns gut läuft, sie kümmert sich mit Gefühlen und Gedanken darum, wie es anderen geht, sie kann ihre eigenen Gedanken und Gefühle sehr gut beschreiben, sie bemüht sich, eine gute Schülerin zu sein und trotzdem Spaß zu haben; sie wertet ihre Erlebnisse aus und versucht, Neues auszuprobieren, sie sieht nie nur eine Seite, sondern auch immer die anderer Beteiligter. Manchmal ertappe ich mich bei dem Gedanken, dass es schön sein müsste, eine solche Tochter zu haben und wie froh ich wäre, wenn einer meiner Söhne so beziehungsbesorgt und zugewandt wäre! Judith ist zwar in vielem wie andere Jugendliche dabei auszubrechen, sie trinkt ab und zu und raucht bisweilen, aber sie ist gleichzeitig sehr verantwortlich, liefert sich nicht destruktiven Situationen aus, ist künstlerisch interessiert und liebevoll. Nach außen erscheint sie »unproblematisch«. Fast stellt sich die Frage, wo hier ein Problem sein soll.

Alle pubertierenden Jugendlichen gehen einmal durch eine Krise. Das gibt sich von selbst. Ich denke, dass genau dieses »gut erscheinen« der Schlüssel zu Judiths Problemen ist. Sie verkörpert eigentlich ein Frauenideal in unserer Gesellschaft und Religion: die, die alle für problemlos halten, bis sie eines Tages einen Ausbruch versucht oder krank wird, am ehesten depressiv. Nach unseren Gesprächen geht Judith eigentlich oft erleichtert und zuversichtlicher weg, sie wird zunehmend sicherer. Ich vertraue daher ziemlich auf ihre eigene Schnelligkeit und gehe mit dem mit, was Judith einbringt und an Wünschen äußert.

Da es Judith in den folgenden Stunden immer mehr um das konkrete Anliegen des eigenen Wohnens geht, telefoniere ich mit einigen Initiativen darüber, wo eine Möglichkeit bestehen könnte. Nachdem sich unsere Beziehung gefestigt hat, und konkrete Schritte abzusehen sind, schlage ich doch einen gemeinsamen Termin mit den Eltern vor, um die Verabredungen für die Situation zu besprechen. Darauf geht Judith nach einiger Zeit positiv ein. Wir bereiten die Sitzung gemeinsam vor, indem Judith sich klar macht, was sie besprechen und für sich klären möchte. Die ganze Familie kommt, Mutter, Vater und Judiths Bruder. Wir besprechen, wie alle Beteiligten die Situation erleben und was Judith im Moment braucht. Die Eltern zeigen sich sehr bereit, ihr einen Freiraum zu schaffen. Es geht ihnen darum, Judith zu unterstützen. Sie möchten jedoch genügend Informationen von ihr bekommen, um zu wissen, wie es ihr geht, wenn sie auszieht. Judiths Vater vor allem ist sehr bewegt, er weint, was mich überrascht, mir aber auch noch einmal deutlich macht, dass es nicht ein Mangel an Zuwendung oder Nähe ist, der Judith bedrückt, sondern eher, dass sie sich für die Gefühle und das Befinden ihrer Eltern auch noch verantwortlich fühlt.

Ich war schon zuvor bei einigen Beratungsgesprächen mit Familien in den neuen Bundesländern beeindruckt, wie stark die Familienmitglieder aufeinander bezogen sind, und wie viel sie an Fürsorge und Verlässlichkeit füreinander investieren. Auch die Bereitschaft der Eltern, etwas an ihrem Verhalten zu ändern und für die Jugendlichen etwas auszuprobieren, hat mich schon in drei verschiedenen Familien überrascht und gefreut. Ich habe ein gutes Gefühl, dass Judith ihren Weg gehen kann.

In den folgenden Wochen wird unser Kontakt etwas loser. Judith zieht nach Weihnachten kurz aus, richtet sich aber im Ganzen auf den Umzug der Familie in eine größere Wohnung ein. Sie erlebt eine intensive Liebesbeziehung mit einem Jugendlichen, die sie aber nach einiger Zeit von sich aus zum Abschluss bringt. Ich höre eine Weile nichts von ihr, da sie ein Praktikum in einer anderen Stadt macht. Kurz vor Weihnachten des folgenden Jahres ruft sie wieder an und möchte ein Gespräch. Als sie kommt, erzählt sie, dass es in der neuen Wohnung mit dem eigenen Zimmer besser ist. Sie nimmt seit einiger Zeit Gesangsunterricht und fühlt sich dabei total gut. Das ist der Ort, wo sie ihre Kraft spürt und auch herauslassen kann. Aber sie hat verstärkt das Gefühl, ihrem Bruder unterlegen zu sein und in seinem Schatten zu stehen. »Ich habe mir gerade einen Freundeskreis aufgebaut und jetzt funkt er mir da rein, obwohl er total viele Freunde hat. Er hat eine Freundin von mir zu seinem Geburtstag eingeladen, das finde ich total beschissen. Ich komme neben ihm nicht zum Zug und fühle mich in allem schlechter als er«. Auch ihre Freundin hat jetzt einen Freund und es glückt ihr alles. Sie ist total beliebt bei allen und hat Erfolg in der Schule. Ihr Körper krümmt sich, sie senkt den Kopf, wenn sie davon erzählt. Sie merkt selbst, wie sie sich mit ihm und anderen vergleicht und sich damit runterzieht. Ich sage zu ihr: »Es kommt mir so vor, dass auf Dir drauf, also Dir im Nacken, etwas sitzt, das Dich herunterdrückt. Wenn Du Dir das, was Dich herunterzieht, als Gestalt oder Person vorstellst, wie würdest Du sie nennen?«

Ich möchte Judith von dem dauernden Reflektieren und Selbstzweifeln auf konkrete Beobachtungen lenken, die eine Veränderung ermöglichen.

Zu meiner Überraschung antwortet sie prompt und ohne Zögern: »Salieri«. »Salieri?« »Ja, Salieri!« »Der Schuft, der Mozart so fertig gemacht hat?« »Ja, genau der. Er ist gemein und bucklig und sucht auf alle Weise, Mozart klein zu machen. Er verfolgt ihn überall und zwar verdeckt. Und dann ist da noch eine Gestalt, eine weibliche, die sich so hingibt. Die hört immer zu, wenn andere Probleme haben, sie begibt sich genau in sie hinein und krümmt sich.« Wir sprechen noch etwas mehr über diese Gestalten. Da Judith so prompt die Bilder brachte, beende ich die Sitzung mit der Frage, »Hast Du nicht Lust, diese Gestalten mal zu zeichnen oder zu malen zum nächsten Mal?«

Zum nächsten Mal bringt Judith mehrere Bleistiftzeichnungen von Salieri mit. »Er ist eine schwarze Gestalt, das Bedrückende, das auf mir hockt: eine alte, bucklige Gestalt, fies, hat Warzen, ist unfreundlich, gemein, dunkel, hat keine Farben«. Die Zeichnungen schauen wir uns gemeinsam an. Fünf verschiedene Figuren von Salieri, gekrümmt, kohlefarben, eckig, mit viel Gepäck oder Buckel auf dem Rücken, fast wie ein Raubtier. Auf einer der beiden Seiten hat Judith noch die andere Gestalt gemalt, eine bunte: eine dienende, zuhörende, die sie ist, wenn sie anderen zuhört, gelb und rot, »zu schwach«. »Ihre Schönheit kommt nicht zum Zug, sie hat nichts Kräftiges, ein Engel«. Wir sprechen noch mehr über die Figuren, die sie gezeichnet hat. Dann sagt Judith zwischendrin plötzlich: »Wenn mir Salieri gefallen würde, dann wäre er anders: grün und blau, mit rotem Umhang, schwarzen Haaren«.

Da ich gerade eine große Tasche voller Malmaterialien von einem Seminar im Raum habe, frage ich Judith: »Willst Du das nicht gleich mal malen?« Sie nickt und fängt ziemlich engagiert an, die Farben auszuwählen. Ich merke, dass es ihr Spaß macht, nicht nur zu reden. Ich setze mich ruhig auf den Boden neben ihr und schaue ihr zu, nehme mein Notizbuch und schreibe Sätze auf, die sie dabei sagt. Sie malt jetzt große Figuren, zwei von Salieri, wie er ihr gefallen würde und eine von der Frauengestalt. »Er erinnert mich an Jesus, der den Sturm stillt, mit seiner Geste der Hände: Kraftvoll, er hat ein großes grünes wachsames Auge, seine Wachheit ist mir wichtig«. Salieris Arme hängen links herunter, sie sind im Bild ohne Hände. Der rechte Arm ist erhoben, auch ohne Hände. »Er ist kräftig und wach, er kann etwas erreichen, er hat schwarze Haare, Zöpfe, er hat auch Wut«.

»Die andere Gestalt hat ein rotes Auge, das sehr wach ist, ein gelbes Gesicht, knallrote Haare, einen blauen Körper, sie ist weiblich und hat ein blaues Gewand. Ihr Gesicht ist ganz gelb und ihre Haare sind sehr rot. Sie hat einen lächelnden Mund. Ihre Schönheit, das Lächeln, ist ein inneres Lächeln, ihre Augen zeigen Leben, Freude. Sie ist schön, stehend«.

Judiths Spontaneität gefällt mir sehr. Ihre Kraft, die ich schon von Anfang an gespürt habe, kommt beim Malen viel besser zum Ausdruck als beim Reden. Sie malt sehr entschlossen und intensiv und spricht dann zu den Gestalten. Ich bin froh, dass wir einen Weg gefunden haben, einen Zwischenraum zwischen ihr als Person und dem, wodurch sie sich bedrückt fühlt, zu eröffnen, der ihr einen Spielraum zum Kreativen öffnet. Sie malt, sie gestaltet, sie verändert die Figuren, sie beginnt, ihre Visionen konkret zu schaffen und zu beschreiben und sie damit wirklich werden zu lassen, ihnen einen Ort und Entfaltungsraum zu geben. Was bedeuten die fehlenden Hände? Und wer in ihrem Leben ist Salieri oder die Hingebungsvolle, die ihre Schönheit und Kraft nicht entfaltet?

Dieses Mal nimmt Judith ihre Bilder mit und geht in ziemlich munterer Stimmung. Sie hat ihren 16. Geburtstag vor sich. Sie möchte am liebsten ein Konzert in der Schule geben und singen, damit ihre Kraft auch mal deutlich wird.

Das nächste Mal beginnt die Stunde mit einem langen Schweigen. Nach etlicher Zeit meint Judith, dass sie sich wieder dauernd mit Stimmen klein macht. Sie hat sich verliebt, in einen Jungen aus ihrer Klasse. Aber sie traut sich nicht, etwas zu unternehmen. Sie hört dauernd in sich: das hat doch sowieso keinen Zweck, Du wirst doch nur wieder enttäuscht, Lass es lieber gar nicht an Dich heran, Lass Dir keine Gefühle anmerken. Und sie fühlt sich unentschlossen, unsicher.

Da ich gemerkt habe, dass direkte, gestalterische Arbeit für Judith hilfreich ist, schlage ich vor, dass sie die verschiedenen Stimmen in sich im Raum entstehen lässt und sich dabei, je nach Botschaft der Stimme, auf verschiedene Stühle setzt. Ich setze fünf Stühle nebeneinander und wir besprechen, welche Stimmen auf welchen Stuhl kommen. Judith beginnt mit der kleinen, verzagten Stimme und antwortet mit der scheltenden, abwertenden. Die verzagte Stimme gibt der kritischen Recht, und dabei könnte es im Hin und Her bleiben, meint Judith. Ich lade sie ein, sich auch auf die anderen Stühle zu setzen und die verliebte Stimme zu sein, der eine aufmunternde Freundin Mut macht und der eine wohlmeinende Tante oder Onkel gut zuspricht. Am Ende ist Judith nach langem Zögern bereit, der Zweifelstimme die Meinung zu sagen, sie schließlich energisch vor die Tür zu setzen und sie dann zuzuknallen.

Nach einigen weiteren Sitzungen beschließt Judith, dem Hin und Her ihrer Hoffnungen und Ängste ein Ende zu bereiten. Sie hatte Praktikumswoche und hatte ihren Schwarm oft gesehen, aber er hatte nichts unternommen, um mit ihr etwas zu unternehmen. Schließlich schrieb sie ihm einen Brief und an den folgenden Tagen in der Schule fand keine Reaktion statt. »Ich versteh das nicht, er könnte doch wenigstens ein Wort sagen oder einen Brief zurückschreiben. Das ist doch das mindeste.«

Ich merke, dass bei mir Wut hochsteigt. Wie oft habe ich Frauen erlebt, die vor dem Telefon auf und ab tigern und auf den Anruf eines Mannes warten. Sie selbst wollen nicht noch einmal anrufen oder nachfragen, denn sonst befürchten sie, als lästig und zudringlich betrachtet zu werden und fühlen sich deshalb zum Warten verpflichtet. Sie wollen ihm doch seine Autonomie nicht wegnehmen. Auf der anderen Seite warten sie sehnsuchtsvoll auf ein Zeichen, weil das Spüren einer Verbindung zum anderen für sie ganz normal und lebenswichtig ist. Damit sitzen sie aber in einer Falle zwischen eigenen Wünschen und dem, was sie elementar gelernt haben: auf andere zu achten und deren Wohlergehen in den Mittelpunkt zu stellen. Mir selbst geht es genauso, dass es für mich wichtig ist zu wissen, was mit dem anderen los ist, und mich das Schweigen des anderen nervt.

Ich müsste nach psychoanalytischer Methodik jetzt aufpassen, dass ich nicht meine eigenen Erfahrungen, Ängste und Wut auf Judith übertrage und sie stellvertretend für mich zu etwas anrege, was ich gern getan hätte. Aus meiner feministischen Sicht ist es mir zwar wichtig, diese Unterscheidung zwischen Judiths Situation und meinen eigenen Erfahrungen deutlich zu machen. Gleichzeitig bin ich jedoch als ältere, erfahrenere Frau auch verantwortlich, meine Erfahrungen und mein Wissen weiterzugeben, damit andere und jüngere Frauen die Gelegenheit haben, nicht immer wieder in die gleichen Fallen der Immobilisierung und Selbstzerstörung hineinzugeraten.

Judith sucht nach einem Weg, ihre Wut auszudrücken und sich gleichzeitig in ihrem Wunsch nach Kontakt zu diesem jungen Mann zu respektieren. Es fällt ihr so schwer, ihre Stimme in der Schule hörbar zu machen. Sie hat tausend »wenn und aber«. Ich ermutige sie, sich eine Situation zu phantasieren und sich vorzustellen, wie sie mit ihm direkt spricht und dies dann auch zu tun. Ich lade sie ein, mich danach anzurufen und mir zu erzählen, was sie an sich beobachtet habe und wie es gelaufen sei. Ich biete ihr an, dass ich mit ihr Eis essen gehe, wenn sie den Schritt geschafft hat. Judiths Anruf kommt am nächsten Tag. Sie hat ihn zur Rede gestellt und ein Nein erhalten. Sie fühlt sich trotzdem erleichtert. Sie spürt, dass sie ihre Energie jetzt wieder auf andere Dinge und Kontakte richten kann, die ihr wichtig sind. Sie fühlte sich sehr gut bei der Konfrontation. Und auf ihn, meint sie, hat es auch Eindruck gemacht. Wir machen einen Termin ab und treffen uns in einem der schönsten Cafés der Stadt zum Eisessen.

Das Gute am Älterwerden ist, dass es mir immer weniger wichtig wird, was andere sagen oder denken, und ich immer sicherer spüre, was für mich und die Menschen, mit denen ich arbeite, wichtig ist; die Qualität einer Beziehung ist entscheidend, das habe ich in der Arbeit mit Judith immer wieder gemerkt. Ich hatte den Eindruck, sie braucht unbedingt mal action und das gemeinsame Eisessen ist ein bewusstes Durchbrechen des Beratungsraumes in eine Feier.

In den folgenden Sitzungen sprechen wir über Judiths Schulsituation, ihre Probleme mit speziellen Leistungen und ihre Berufswünsche. Auch hier wird deutlich, dass sie es sich sehr schwer macht und sich ständig mit anderen vergleicht. Ihre Eltern empfindet sie in dieser Hinsicht als hilfreich, weil sie ihr keinen Druck machen und sie nicht abwerten. Ansonsten freut sie sich auf die Ferien, in denen sie ohne Familie mit einer Freundin nach Spanien fährt. Ich erzähle Judith, dass ich ihre Geschichte in einem Seelsorgebuch veröffentlichen möchte und frage sie, ob sie das Geschriebene lesen möchte. Sie stimmt zu und bringt ihre Kommentare zum nächsten Mal mit. Sie korrigiert einiges in meiner

Darstellung, im Großen und Ganzen findet sie es zutreffend und freut sich, dass sie dabei sein kann. Sie findet die Überschrift noch nicht gut und bringt zur nächsten Stunde ein Gedicht mit, dass sie SONETT überschrieben hat. Aus diesem Gedicht haben wir das Bild der Traumflügel entnommen: Hast Du jemals Flügel besessen?

Methodischer Aspekt: Arbeit mit Jugendlichen im Konflikt mit ihrem sozialen Umfeld

Judiths Geschichte zeigt viele Momente einer Sozialisation der Mädchen, die ihre starken Energien, Potentiale und Bedürfnisse in einer Nische verschwinden lassen. In diesem inneren und äußeren Versteck finden fürchterliche Kämpfe statt, die sich gegen die eigene Stärke richten, und nach außen nur selten hinter einer »normalen« Entwicklung als nettes, liebevolles, künstlerisch ausgerichtetes Mädchen in Gestalt von Ausbrüchen, Abgrenzung oder Niedergeschlagenheit sichtbar werden. Die versteckten Energien sind aber jederzeit spürbar und auch für Judith selbst benennbar, darin liegt ihr Vorteil gegenüber anderen jungen Mädchen, die nur in selbstzerstörerischem Handeln ihre Stimme hörbar machen können.

Besonders bemerkenswert finde ich, dass Judith selbst auf die Idee kommt, Gesangsunterricht zu nehmen und sich einen privaten Raum zu schaffen, in dem ihre eigene Stimme in Schönheit erklingen kann. Mangel an eigenem physischen Raum in der elterlichen Wohnung wird in dieser Geschichte zum Symbol für das, was vielen Mädchen und Frauen in androzentrischen Strukturen die Kraft einschränkt, verschüttet, umlenkt, ablenkt und gegen sich selbst lenkt. Sie haben viel power und können diese auch entfalten, wenn ihnen dafür ein Raum der Bestätigung, der Ermutigung und der eigenen Initiative offen steht. In den Bildern drückt Judith aus, was ihre Flügel sind: Bilder von starken, schönen Gestalten, die auf andere bezogen sind und dennoch ihre eigenen Kräfte und Energien spüren und leben.

In der Arbeit mit Jugendlichen ist es wichtig, einerseits ihren Prozess zunehmender Selbstständigkeit und Abgrenzung zu unterstützen, während gleichzeitig ihre Wünsche nach einem sicheren Nest, nach Liebe und Anerkennung anerkannt werden. Wie in Judiths Situation entstehen dabei viele Fragen: Wie gehe ich damit um, dass Judith nicht möchte, dass ihre Eltern überhaupt von der Beratung wissen, wenn ich andererseits Vereinbarungen mit ihr treffen muss und sie nicht erreichbar ist? Wie kann ich sie verständigen, falls ich eine Sitzung absagen muss? Wie gehe ich damit um, dass ich ihren Vater in meiner anderen

Funktion als Hochschullehrerin bisweilen als Studenten erlebe?

Aus der Sicht systemischer Familientherapie und Seelsorge ist es nicht notwendig, dass immer alle Mitglieder einer Familie zusammen sind, um diese Therapie systemisch durchführen zu können.

Wenn eine Jugendliche oder ein Jugendlicher von sich aus zur Beratung oder zum Seelsorgegespräch kommt, ist es wichtig, sie oder ihn als Einzelperson mit ihren Abgrenzungswünschen zu respektieren und mit Familienangehörigen nur zu sprechen, wenn vorher eine Erlaubnis eingeholt wurde. In diesem Fall rief mich der Bruder an und kam auch zur ersten Sitzung mit, so dass ich mit einem Subsystem arbeiten konnte: die Geschwister. Allerdings wurde auch hier sofort sichtbar, dass es für Judith wichtig war, alleine zu kommen, denn mit dem Bruder hatte sie schon lange Jahre einen Raum geteilt und sich dabei als Jüngere und als Mädchen meistens schweigend an ihn angepasst.

Wie in ihrer eigenen Familie brauchte Judith auch in der Beratung einen eigenen Raum, um überhaupt herausfinden zu können, wer sie war und sein wollte. Ich habe ihren Wunsch nach Differenzierung von den Eltern und vom Bruder respektiert. Ihrem Vater, der einmal nach ihr fragte, sagte ich, dass ich darüber nicht mit ihm sprechen wolle, und dass er seine Fragen mit Judith selbst besprechen könne. Trotzdem habe ich eine gemeinsame Familiensitzung vorgeschlagen, als Judith darauf drängte, von zu Hause auszuziehen, da ich es wichtig fand, alle Beteiligten zu einem gemeinsamen Gespräch zu treffen. Danach trat dann auch tatsächlich eine Phase der Entspannung und der Klärung ein, in der Judith viele neue Schritte tat.

Ich kann auch systemisch arbeiten, wenn nur eine Person der Familie im Raum ist. Allerdings habe ich dabei immer die verschiedenen Systeme im Blick, die hier eine Rolle spielen: einmal das Beratungssystem selbst, in dem Judith und ich zusammen sind. Dann Judiths Familie, die als Kernfamilie die Mutter, den Vater und den Bruder umfasst. Als erweiterte Familie gehören die Großeltern, Tanten und Onkel sowie andere dazu, von denen ich noch nicht so viel weiß. Hier wäre noch weitere Arbeit nötig, um herauszufinden: welches sind die Muster, die in dieser Familie eine Rolle spielen? Gibt es eine Geschichte der Depression und Angepasstheit, gerade in der Linie der Frauen? Gibt es weitere Beispiele für das Verschwinden der Mädchen, der Schwestern hinter ihren Brüdern? Wo gibt es Quellen der Kraft in der erweiterten Familie, die Judith bei der Erinnerung an ihre Flügel und dem Entfalten ihrer Flügel helfen können? Darüber hinaus spielen Kindergärten, Schule, Kirche und Gesellschaft eine Rolle: welche Bilder des Mädchen- und Frauseins hat Judith übermittelt bekommen? Welches dominante Wissen über Geschlechterbeziehungen, über ihre Fähigkeiten und Möglichkeiten ist in ihr wirksam?

Welches Wissen hat sie außerdem noch? In ihrem Sonett kommen ganz klar beide Seiten zur Sprache: die kalten, grauen Mauern, die Wände, an denen Blut und Demut lauern, das Gefühl, keinen Halt zu haben, die Einsamkeit, das stickige Loch der Verzweiflung, der Hass der anderen. Auf der anderen Seite spricht Judith vom Platz zum Atmen, von den Flügeln.

»Freiheit, Leben, Träume – und du hast sie doch!« klingt wie die Erinnerung an ein beiseite gedrängtes Wissen. Traumflügel geben die Möglichkeit zu schweben, Freiheit zu empfinden. Das Bild der Flügel ist wichtig, weil es die eigenen Potentiale zum Ausdruck bringt, aus dem überwiegend Einengenden, Bedrohlichen herauszukommen. Diese Flügel zu stärken gelingt dann, wenn verstanden wird, worin eigentlich die Wände bestehen, »wo nacktes Blut und Demut lauern« und wie der Flug aussieht, der wichtig für Judith ist. Viele traumatisierte Kinder und Jugendliche lernen ja, ihre Lebensumstände zu überleben, indem sie sich gedanklich von ihrem Körper trennen. Sie dissoziieren, sie gehen in eine Phantasiewelt.

Für schwierige Zeiten ist das Dissoziieren eine Überlebenshilfe, gerade für Mädchen und Jungen, die missbraucht werden. Dies war jedoch bei Judith nicht der Fall. Eher hat sie gelernt, durch viel liebevolle Fürsorge der Familie, die Kleine zu sein, die einfach da ist, aber nicht sonderlich bemerkt wird. Für die Gestaltung von Beziehungen ist das »Fliegen in Träume« nicht ausreichend oder sogar hinderlich, denn die Kommunikation findet nur noch im eigenen Kopf statt. Ich möchte nicht unterstützen, dass Judith sich nur im »Traum« frei fühlt und aktiv werden kann. Für sie ist es wichtig, ihre Flügel im konkreten alltäglichen Kommunizieren zu spüren und zu stärken. Deshalb habe ich mich entschieden, Judith neben dem Zuhören auch zu konkretem Handeln zu ermutigen und dieses gemeinsam mit ihr auszuwerten.

Die Konflikte des sozialen Umfeldes sind nicht nur äußerlich präsent, sondern auch in uns. Oft haben wir Muster aus Familie und Frauenbild so verinnerlicht, dass sie gar nicht mehr als solche sichtbar werden. Aus diesem Grund finde ich die Arbeit mittels Externalisierung, die in der narrativen Therapie so benannt wurde, sehr hilfreich für die Seelsorge mit Mädchen.

Judith erlebt dies in den Sitzungen, in denen sie malt: während sie den Druck schildert, der auf ihr lastet, lade ich sie ein, diesem einen Namen zu geben. Indem sie sofort »Salieri« sagt, entsteht ein neuer Raum der Freiheit, nämlich zwischen ihr als Person und dem, was sie herunterdrückt: Salieri ist nun benannt und kann beobachtet werden. Wann ist Salieri da und wie stellt er es an, sie zu knechten? Wann ist er weg, und sie kann frei atmen und ihr Leben genießen? Wie kann sie ihn überlisten, sich nicht auf sie zu hocken? Wann gelingt ihr das? Mit Hilfe wovon? Sobald ein Raum zwischen dem Problem und der Person entsteht, ist auch viel mehr Spielraum da, etwas Neues auszuprobieren, und zwar in spielerischer Weise, die gerade für Kinder und Jugendliche ansprechend ist.

Ziel ist es, dass eine neue Geschichte geschrieben werden kann, so wie Judith es tat, als sie Salieri und die hingebungsvolle Frau »umdichtete«, ihnen neue Züge verlieh, andere Farben, Haltungen, andere Kräfte.

Als weitere Herausforderung in der Arbeit mit Jugendlichen finde ich es wichtig, Konfliktgestaltung zu lernen. Konflikte mit dem sozialen Umfeld sind gerade für Mädchen schwierig auszutragen, weil noch immer das Bild der aggressiven, ausfälligen, dominanten Frau als Abschreckung gezeichnet wird. Die Erziehung in der ehemaligen DDR und in einer Waldorfschule kommen hier für Judith als sehr verschiedenartige Traditionen zusammen. Um Konflikte konstruktiv auszutragen, bedarf es der Übung und auch diese kann im geschützten Raum der Beratung stattfinden: gesetzt, die Seelsorgerin ist in der Lage, auch Kritik oder Ärger von Seiten der Jugendlichen so aufzunehmen, dass diese Mut und Übung bekommen, auch in anderen Bereichen Konflikte anzugehen. Rollenspiele sind auch eine gute Möglichkeit, faires Streiten einzuüben. Am besten halte ich hierfür jedoch gleichgeschlechtliche Gruppen geeignet, die auch entsprechende Räumlichkeiten haben wie z. B. der Mädchentreff »Dolle Deerns« in Hamburg-Wilhelmsburg oder das Mädchenhaus »Walburka« (heute integriert im »Plauener Bahnhof«) in Dresden. Auch an dieser Stelle zeigt sich die Bedeutung des Moments der Öffentlichkeit für die Theorie feministischer Seelsorge.

Über Grenzen hinweg

Julia Strecker

Thematischer Aspekt: Migrantinnen

Ich traf Fatimah in der Semestereinführungsveranstaltung. Ich hatte im großen Hörsaal der Medizinstudentinnen vor ca. 500 Studierenden die ESG vorgestellt und auf unsere Programme hingewiesen. Anschließend verteilte ich mit unserem Zivildienstleistenden unsere Semesterprogramme an der Tür. Sie stand auf einmal vor mir, ganz in schwarz gekleidet, mit dunklen Haaren und tiefbraunen Augen und fragte mich, ob sie auch als Nichtchristin ein Programm haben könne.

Ich erzählte ihr von der ESG, dass wir offen für Studierende aller Konfessionen seien, und dass es sogar Angebote gebe, die dezidiert mit Internationalismusfragen beschäftigt seien. Wir unterhielten uns eine Weile, obwohl ich Mühe hatte, mich auf das Gespräch mit ihr zu konzentrieren, da um uns herum eine große Unruhe und Bewegtheit herrschte. Ich merkte ihr Interesse an einem Gespräch und lud sie ein, in meine Sprechstunde zu kommen. Eine Woche später kam sie.

Etwas schüchtern, aber mit ganz gespannter Aufmerksamkeit saß sie mir gegenüber. Ich spürte sofort, dass sie eine große Traurigkeit mitbrachte. Sobald sie mir gegenübersaß, fühlte ich eine Schwere und große Erwartungen an mich. Ich fragte mich, ob sie wohl aus dem Iran komme. Wir hatten erst ein paar Sätze ausgetauscht, und ziemlich zu Beginn unseres Kontaktes merkte ich, dass sie nicht einfach nur zum Quatschen gekommen war.

»Wissen Sie, dass ich noch nie bei einer Pfarrerin war? Ich war auch noch nie in der Kirche. Ich bin nämlich Muslima. Davon verstehen Sie aber auch etwas, wenn Sie hier internationale Kreise und so anbieten, oder?«

Nickend mache ich ihr deutlich, dass ich auf jeden Fall jetzt bei ihr bin und auch versuche, sie zu verstehen. Meine Frage, ob sie aus dem Iran komme, bejaht sie.

»Als Sie da so locker im Uni-Hörsaal standen, da habe ich Sie bewundert. Für mich wäre das undenkbar, nicht nur, weil ich nicht so gut Deutsch kann, sondern auch, weil ich mich niemals trauen würde, vor so vielen Menschen einfach so frei zu sprechen. Und dann, was Sie gesagt haben, über Gemeinschaft und Sinnsuche und so, das hat mich sehr angesprochen. Ich bin auch so eine, die sucht, ja.«

»So auf der Suche zu sein, das ist manchmal ganz schön anstrengend, nicht wahr?«

Ihre Augen geben mir zu verstehen, dass sie sich verstanden fühlt.

»Ja, ich weiß gar nicht mehr, wie das Leben ist, wenn ich mich nicht angestrengt fühle.«

»Sind Sie deshalb zu mir gekommen?«

Sie schaut mich etwas erstaunt, aber positiv gestimmt an.

»Ja, wenn Sie so wollen, schon. Ich hatte gleich das Gefühl, dass ich mit Ihnen gut reden könnte, und dass Sie mich nicht mit Ihrer Religion vereinnahmen wollen. Außerdem weiß ich, dass Sie lange Zeit im Ausland waren, da können Sie auch besser nachvollziehen, was ich so durchmache«. Sie schaut mich an, als wäre zwischen uns ein Schleier. Obwohl sie offen mit mir redet, spüre ich eine unsäglich große Distanz zwischen uns, so als ob eine Mauer zwischen uns stünde.

»Können Sie fühlen, ob ich Sie verstehe und nachvollziehe, was Sie so durchmachen?«

Fatimah zuckt mit den Schultern.

Innerhalb kürzester Zeit hat sie drei Dinge benannt, die für meine anschließende Reflektion des Erstgesprächs entscheidend sind. Sie erhofft sich Verständnis, sie möchte in ihrer Religion ernst genommen werden und sie empfindet sich als Ausländerin in einer schwierigen Position. Wir reden eine ganze Weile über das Leben als Iranerin in Deutschland. Sie erzählt, dass sie seit zwei Jahren in Deutschland ist, zunächst die Sprache gelernt hat und anschließend mit dem Medizinstudium begann. Sie redet sehr gefühlvoll, wenn ihr auch manchmal die richtigen Worte fehlen. Während sie erzählt, spüre ich eine Verbundenheit und Sympathie für sie, und dass ich mich gern als kontinuierliche Gesprächspartnerin anbieten würde.

»Mir scheint, dass Sie eine ganze Menge auf dem Herzen haben. Möchten Sie gern für eine Weile regelmäßig zu Gesprächen zu mir kommen?«

»Wenn das geht, sehr gern. Ich weiß allerdings nicht, ob ich Ihnen alles erzählen kann. Bei manchen Sachen ist es schwer zu reden, wissen Sie?«

»Ja, ich weiß. Ich schlage vor, dass Sie die nächsten drei Monate einmal pro Woche zu mir kommen, und dann schauen wir weiter.«

»Drei Monate sind allerdings eine lange Zeit. Könnte sein, dass ich dann schon wieder im Iran bin.«

Ich erkläre ihr, dass diese Vereinbarung gilt, solange sie hier ist und mit bestimmten Themen/Problemen zu mir kommen will.

»Wenn Sie nicht mehr kommen wollen, reden wir darüber.«

Als wir an der Tür stehen, um uns zu verabschieden, sagt Fatimah: »Ich weiß nicht, ob sie das gemerkt haben. Ich habe immer eine Mauer vor meinem inneren Auge. Die geht nie ganz weg«.

Ich sage ihr, dass ich das tatsächlich gemerkt habe und gern beim nächsten Mal genauer hingucken möchte, was das denn für eine Mauer sei. Fatimah nickt erleichtert, nachdenklich, und geht.

Sie kommt pünktlich und bringt Blumen mit. Ich freue mich, sie wiederzusehen und bin gespannt auf das Gespräch mit ihr.

»Ich hab mich schon darauf gefreut, wieder zu Ihnen zu kommen. Es hat mir so gut getan, letzte Woche mit Ihnen zu sprechen. Vor allem, dass Sie mich nicht ausgelacht haben, als ich Ihnen das mit der Mauer sagte.«

»Hatten Sie das befürchtet?«

Fatimah nickt und erzählt dann von einer traumatischen Erfahrung mit einer Frau auf dem Ausländeramt, als sie gerade nach Deutschland gekommen war. Sie musste wegen verschiedener Formalia mehrmals zu ihr hin und erhoffte sich auch, mit ihr über bestimmte Gefühle und Regungen sprechen zu können, aber es gab wohl jedes Mal heftige Missverständnisse.

»Einmal habe ich ihr erzählt, dass ich Angst habe, die Sprache nicht so zu lernen, dass ich mich einigermaßen verständigen kann. Sie wehrte das nur ab und sagte, das hätten andere vor mir auch schon gelernt, und wenn ich soviel Angst habe, dann sei das gar nicht gut. Ich solle mich im Studienkolleg einfach auf den Hosenboden setzen, und dann ginge das schon. Das mit dem Hosenboden habe ich dann gleich wörtlich verstanden und mich gefragt, ob ich jetzt keine Röcke mehr anziehen solle.«

»In dem Moment, war da auch eine große Mauer spürbar?«

Fatimah nickt.

»Die Mauer ist immer da, ich spüre sie in jedem Gespräch, in jedem Moment seitdem ich in Deutschland bin.«

»Und im Iran. Wie war das da?«

»Manchmal gibt es da auch Mauern, zum Beispiel mit meinen Eltern, aber die sind nicht so groß und schwer und hässlich, und ich kann immer noch drüber gucken.«

»Und hier, jetzt?«

Fatimah schweigt, nachdenklich, dann lächelt sie zaghaft.

»Lassen Sie mich drüber gucken?«

Ich schaue sie lange an und frage sie, was sie denn von mir braucht, und ob das an mir liegt, ob sie drüber gucken kann.

»Ja, das liegt an Ihnen. Ich brauche das Gefühl, dass Sie meine Herkunft nicht leugnen, dass Sie mich nicht zu einer deutschen Studentin machen wollen, und ich brauche das Gefühl, dass Sie meine Religion achten.«

Fatimah schweigt, aber ich spüre, dass sie noch nicht fertig ist.

»Und, was noch?«

»Woher wissen Sie, dass noch etwas fehlt?«

»Das spüre ich, weil die Mauer ja schließlich zwischen uns ist.«

Fatimah schaut mich zustimmend an.

»Ja, die Mauer ist zwischen uns. Aber sie ist auch in mir. Und ich glaube, das ist auch der Grund, warum ich hier bin. Ich leide, seitdem ich in Deutschland bin, aber ich kann nicht mehr unterscheiden, was jetzt an meinem Hiersein liegt und was eigentlich ganz andere, viel tiefer liegende Ursachen hat.«

»Und brauchen Sie von mir die Bereitschaft, mit Ihnen da genauer hinzugucken?«

Fatimah nickt.

»Ich kann mir gut vorstellen, zusammen mit Ihnen die Mauern genauer anzugucken, zu schauen und zu spüren, ob es eine oder mehrere sind und wie Sie mit ihnen leben können. Können Sie sich vorstellen, ein Bild zu malen?«

Sie reagiert zögerlich, dann forsch.

»Sie meinen, ich soll die Mauer malen. Aber was bringt das denn?«

»Ich meine nicht, sie sollen die Mauer malen. Ich kann mir nur vorstellen, dass sie ganz neue Aspekte entdecken und auch klarer für sich spüren, wie die Mauer beschaffen ist, ob sie und wann sie ein Hindernis ist, ob sie auch andere Funktionen haben kann.«

»Aber dann muss ich ja mehrere malen.«

»Sie malen das, was Sie spüren und in sich wahrnehmen. Es gibt kein richtig und kein falsch.«

»Na gut, ich versuch es mal.«

Ich gebe Fatimah Papier und Aquarellkreide und schlage ihr vor, ihren Ort und ihre Farben zum Malen zu suchen. Sie setzt sich an die rechte Wand des Zimmers und fängt sofort an zu malen. Es ist sehr schön, ihren geschmeidigen, sicheren Bewegungen zu folgen. Sie malt fast ohne nachzudenken, so scheint es jedenfalls.

Zuerst entsteht an der rechten Bildoberhälfte ein Garten, in dem viele Menschen sitzen, stehen, tanzen. Dann malt sie in die Mitte eine Frau mit dunklen Haaren und einem schwarzen Sommerkleid, in die linke Bildunterhälfte malt sie eine Stadt, Autos, Leuchtreklame, Menschengewühl. Dann hält sie inne, und eine Weile lang weiß ich nicht, ob sie aufhören will, oder ob sie einfach nur dasitzt und mit sich selbst im Gespräch ist. Ich weiß, dass ich sie in diesem Prozess nicht stören darf, und dass ich sie sich selbst überlassen muss. Schließlich, zehn oder fünfzehn Minuten später, malt sie verschiedene Raster und Schraffierungen über das gesamte Bild. Allerdings wirkt es so, als haben die Linien nichts mehr mit dem Bild zu tun. Als sie die Kreide weglegt, wirkt sie erschöpft und traurig.

»Wie geht es Ihnen jetzt?«

Fatimah zuckt mit den Schultern, was ich bei ihr als Zeichen des Unwohlseins deute.

»Ich weiß nicht genau. Irgendwie bin ich traurig geworden. Es hat mich auf einmal eingeholt.« »Was hat Sie eingeholt?«

»Na ja, die ganze Spaltung. Das Getrenntsein von meiner Familie und die Nähe zu meinem Bruder, die doch keine ist.«

Im ersten Gespräch hatte ich bereits erfahren, dass sie sechs Geschwister hat, wovon noch ein Bruder in Köln lebt, der auch studiert.

»Die Spaltung bezieht sich also nicht nur auf Ihr Hiersein und das Heimweh?«

»Na ja, schwer zu sagen. Ich bin traurig über meine Familie, dass sie so weit weg ist, dass es so schwer ist, sich zu sehen, und ich bin traurig über meinen Bruder, weil er so krank ist.«

Ich erfahre von Fatimah nach längerem Hin und Her und einer Phase, in der sie sich total windet, dass ihr Bruder Aids hat und seit zwei Monaten immer wieder in die Uniklinik eingeliefert wurde. Sie erzählt unter Tränen, dass sie es zuerst nicht wahrhaben wollte und dass sie immer noch große Mühe hat, zu akzeptieren, dass er »diese schreckliche Krankheit« bekommen hat und dass sie am Anfang gar keinen Kontakt mehr mit ihm haben wollte, sich dann aber doch noch mal eines anderen besann.

»Ich spüre, dass Sie ganz schön schwer zu tragen haben. Wenn man solche großen Mauern vor sich hat, ist es sehr gut und wichtig, sich Unterstützung zu holen. Ich bin froh, dass Sie zu mir gekommen sind.«

Während der letzten fünf Minuten wurden wir schon mehrmals durch Klopfen an der Tür unterbrochen. Ich merke, dass eine Stunde vorbei ist. Fatimah braucht mehr Ruhe, um diese Dinge mit mir zu besprechen.

In der nächsten Woche kommt sie und ist gleich mittendrin. Sie erzählt mir, dass sich die gesundheitliche Lage ihres Bruders komplett verschlechtert hat, und dass sie nicht weiß, ob irgendwelche Transporte überhaupt noch möglich sind. Sie macht sich vor allem große Sorgen, weil sie nicht weiß, wie sie ihren Eltern Bescheid sagen soll. Sie hat große Probleme, sich ins Studium einzufinden und möchte am liebsten alles hinschmeißen, weiß aber, dass das auch nicht ihre Lösung wäre.

»Lassen Sie uns noch mal das Bild betrachten. Mich interessiert der Garten und überhaupt die ganze rechte obere Bildhälfte. Obwohl die gerasterten und gestrichelten Linien ja sehr massiv sind, kann ich die Schönheit des Gartens gut erkennen.«

»Ja. Das ist meine Familie. Meine Eltern, meine Großmutter, meine Brüder, wir alle im Garten bei meiner Großmutter. Da waren wir oft.«

Fatimah erzählt von ihrer Heimat und ihrer Familie, und je länger sie erzählt, umso entspannter und gelöster wird sie. Sie erzählt von ihrem Entschluss, Medizin zu studieren, wie schwer sie sich damit getan hat, ihrer Familie diese Entscheidung mitzuteilen. Sie erzählt von ihren Brüdern, die fast alle wie der Vater ein Handwerk gelernt haben, und von ihrem Vater, der eben als Handwerker niemals auf die Idee gekommen wäre, sie zur Universität zu schicken.

»Eigentlich hatte er nur einen Gedanken. Und das fing schon an meinem 18. Geburtstag an. Er wünschte sich, dass ich bald heirate und möglichst viele Kinder kriege. Können Sie sich vorstellen, dass das eine mittlere Katastrophe war, als ich meiner ganzen Familie mitteilte, dass ich studieren wolle und nicht nur das, sondern ich wollte auch ins Ausland.« Ich erfahre, dass ihr Bruder S. schon fünf Jahre vorher nach D. gegangen war und auch, dass sie schon Medizin studieren wollte, als ihre Mutter das erste Mal krank war. Auf meine Nachfrage bezüglich ihrer Mutter wird Fatimah ganz still und sagt dann:

»Ich kann das schlecht beschreiben. Ich glaube, meine Mutter und ich, wir sind wie siamesische Zwillinge. Ich kann eigentlich gar nicht ohne sie sein.«

Fatimah ist sichtbar traurig. Ich sage ihr, dass ich das Gefühl habe, dass die Mauer, die sie noch so wenig beschreiben kann, auch etwas mit der Entfernung zur Mutter zu tun hat.

»Ja, das mag sein, aber wissen Sie, diese Raster, die ich da über den Garten gemalt habe, die waren schon da, bevor ich nach Deutschland ging.«

»Wissen Sie, wann die aufgetaucht sind? Was war los in der Zeit?«

Fatimah bewegt sich ein bisschen unruhig auf ihrem Stuhl hin und her und sagt dann:

»Es hat angefangen, als S. nach Deutschland ging.«

»Ist S. ihr Lieblingsbruder?«

Fatimah nickt. »Er war immer Vorbild für mich. Ich habe ihn abgöttisch geliebt, und meine Mutter war eifersüchtig. Sie ist heute noch eifersüchtig, weil ich von ihr weg und zu S. gegangen bin.«

»Lassen Sie uns noch mal auf das Bild schauen. Es sieht so aus, als haben sich die Stäbe wie ein unaufhaltsames Raster über den Garten gelegt.«

»Genau, das haben Sie super ausgedrückt. So komme ich mir manchmal vor, wenn ich an unseren kleinen Garten und unsere schöne Gemeinschaft denke. Irgendwie hat sich unmerklich etwas auf die Schönheit und die Gemeinschaft gelegt, wie ein Raster. Ich vermisse die unbeschwerten Zeiten mit meiner Familie«. Und wieder erzählt sie, von ihrem Land und den schönen Zeiten, von der Gemeinschaft, die für sie ein hoher, sehr geschätzter Wert ist.

Ich bin berührt von der Lebendigkeit und Klarheit, die Fatimah ausstrahlt, wenn sie von ihrer Heimat erzählt. Ich nehme wahr, dass der Schleier, den ich oft spüre, wenn wir miteinander reden, fast ganz verschwunden ist. Ich interessiere mich für Fatimahs Geschichte und ihren Hintergrund, und ich glaube, dass es gut für sie ist, wenn sie mehr Platz und Raum für ihre Geschichte bekommt. Am Schluss sage ich ihr das, und sie lächelt mich an:

»Ich fühle mich ganz anders als vor dieser Stunde. Irgendwie ist es jedes Mal so, als ob etwas von mir abfällt, als ob ich nicht mehr so schwer zu tragen habe.«

Ich freue mich, dass Fatimah genau das zum Ausdruck bringt, was ich auch gespürt habe. Ich sage ihr das. Sie ist relativ entspannt, als sie geht.

Während der nächsten zwei Stunden lasse ich mir von ihrem Leben im Iran erzählen. Es ist sehr spannend, über ihre Vorstellungen bezüglich der klassischen Rollenaufteilung oder bezüglich gewisser religiöser Gewohnheiten zu erfahren. Sie findet es nicht wichtig, bestimmte muslimische Gesetze einzuhalten, findet es aber absolut notwendig, den Koran gut zu kennen. Sie glaubt, dass die traditionelle Rollenaufteilung viel sinnvoller als alle anderen modernen Versuche ist. Auf meine Frage, ob sie sich denn auch wünsche, als Ärztin zu arbeiten, sagt sie:

»Das ist ein heikler Punkt. Ich weiß nicht, ob ich es mir zutraue, und ob ich das Studium durchhalte. Sie können sich nicht vorstellen, wie groß der Druck von meinem Vater ist.«

»Wo spüren Sie den Druck?«

»Er sitzt in mir und auf mir. Ich werde ihn nicht los, jedenfalls nicht, wenn ich hier bin.«

»Ist es denn besser, wenn Sie im Iran sind?«

Fatimah zuckt mit den Schultern, so, als ob sie es wirklich nicht wisse.

»Vielleicht ist es besser, wenn ich in den Iran zurückgehe, aber dann werde ich bestimmt keine Ärztin.«

Sie erzählt von dem moralischen Einfluss, den ihr Vater auf sie hat, und dass sie sich hin- und hergerissen fühlt.

Ich realisiere, dass Fatimah sich, obwohl sie jetzt schon seit zwei Jahren in D. lebt, die Sprache gut beherrscht und gewisse Voraussetzungen (Stipendium) für ein gesichertes Leben gegeben sind, ganz existenziell mit der Frage beschäftigt, ob sie hier überhaupt bleiben kann. Ich denke, dass es meine Aufgabe ist, mit Fatimah an diesen Konflikt heranzugehen. Ich sage ihr, dass wir beim nächsten Mal noch mal die rechte obere Bildhälfte mit der linken unteren vergleichen werden, weil ich das mit den Rastern und gestrichelten Linien über dem Bild noch besser verstehen möchte.

Das nächste Mal kommt Fatimah völlig aufgelöst in mein Büro. Als ich sie begrüßt habe, fängt sie auf meine Frage, was denn los sei, sofort an zu weinen.

Ihr Bruder sei so schwach, und sie habe die letzten zwei Nächte an seinem Krankenbett gewacht. Sie habe kein Auge zugetan und wisse nicht, wie sie mit der ganzen Situation umgehen solle. Ich erfahre, was ich bis dahin noch nicht wusste, dass es außer ihr noch eine Frau aus der Familie gibt, ihre Cousine, die sich auch um den Bruder kümmert. Ich höre fast eine Stunde zu, stelle nur ein paar Rückfragen, lasse sie weinen und biete ihr am Schluss eine Wahrnehmungsübung an.

Da ich gemerkt habe, dass ein innerer Konflikt von Fatimah durch die Tatsache, dass ihr Bruder Aids hat, ausgelöst wird, entschließe ich mich, auf einer nonverbalen Ebene dieses Thema anzugehen. Ich frage Fatimah, ob sie lieber sitzen oder liegen will. Sie bleibt sitzen. Ich führe sie durch ihren Körper, lasse sie tief atmen und sage dann:

»Es ist nicht die Schuld deines Bruders, dass er an Aids erkrankt ist. Lass deinen Bruder in Gedanken vor deinem inneren Auge auftauchen und sage ihm alles, was du ihm sagen willst.«

Fatimah atmet schwer, sie ist innerlich im Gespräch mit ihrem Bruder. Ich lasse ein paar Minuten verstreichen, die mir wie eine kleine Ewigkeit vorkommen, da eine große Spannung im Raum ist.

»Jetzt frag ihn, ob er dir noch etwas sagen will.«

Wieder spüre ich die tiefe Konzentration. Nach ein paar Minuten bereite ich sie auf den Abschied von ihrem Bruder vor. Fatima schluchzt leise vor sich hin. Ich sage ihr, dass S. jetzt sicher auch noch etwas zum Abschied zu ihr sagt. Und dann bitte ich sie, ganz langsam und in ihrem Tempo die Augen wieder zu öffnen.

Sie öffnet die Augen. Sie ist traurig, aber sehr klar. Ich frage sie, ob sie noch etwas sagen will.

»Nein, das lässt sich nicht einfach so sagen. Ich habe etwas sehr Wertvolles erlebt. Und ich glaube, ich kann noch viel lernen. Danke.«

In der nächsten Woche ruft sie mich mehrmals an, weil ihr Bruder im Sterben liegt und sie zwischendurch große Ängste durchlebt. Sie meldet sich für die nächste Stunde ab. Ich biete ihr meine Unterstützung an, wenn sie mich braucht. Zwei Tage später klingelt das Telefon abends spät. Ich bin noch in der ESG, weil ich dort einen Vortrag moderiert habe. Sie weint, sagt gar nichts.

Ich weiß, dass ihr Bruder gestorben ist. Irgendwann nach langem, fast ununterbrochenem Schluchzen sagt sie:

»Er ist tot.«

Ich sage ihr, dass ich bei ihr bin, und dass ich ihren Schmerz durch das Telefon spüre. Sie fragt mich, ob sie am nächsten Morgen zu mir in die ESG kommen könne. Wir verabreden uns.

Bevor sie kommt, bin ich ziemlich unruhig. Ich habe die Befürchtung, dass ich Fatimah nicht genug Trost bieten kann, ich fürchte auch, dass die verschiedenen Ebenen und Welten (Iran und Deutschland, Islam und Christentum, ihre Familie im Iran und ihr Kontext in Köln) so durcheinander purzeln, dass ich selbst keinen Überblick mehr habe. Aber in dem Moment, als sie kommt, spüre ich die Verbindung zu ihr und weiß, was ich tun muss.

Ich umarme Fatimah, als sie kommt. Sie weint lange. Dann erzählt sie, dass ihr Bruder zu Hause gestorben sei, so wie er es sich gewünscht habe. Sie hatte nach den zwei Nächten, die sie im Krankenhaus wachend an seinem Bett verbrachte, mit den Ärzten ausgehandelt, dass er für einige Tage nach Hause könne. So kam es dazu, dass sie und ihre Cousine an seinem Bett standen und sich ganz bewusst verabschieden konnten.

»Natürlich war es schlimm. Aber nicht so, wie man es sich vorher vorstellt. Es war sogar so, dass bestimmte Dinge, die ich ihm letzte Woche in Gedanken sagte, als ich hier bei Ihnen war, in der Phantasie viel schlimmer als in der Wirklichkeit waren.«

»Das ist oft so. Ich kenne das auch, dass ich mir manchmal etwas ausmale, und wenn dann die reale Situation da ist, kommt alles ganz anders.«

Wir reden über das Sterben, und dass es schwer ist.

»Aber das Schwerste kommt noch.«

»Sie meinen, dass Sie Ihren Eltern erzählen müssen, dass ihr Bruder gestorben ist?«

»Ja.« Fatimah schaut sehr nachdenklich vor sich hin. »Was ist denn das Schwierige für Sie?«

»Dass ich meinen Eltern sagen muss, dass S. Aids hatte. Ich finde das ja selbst so schlimm.«

»Für Sie ist es schlimm, weil Aids schlimm ist?«

»Ja, und vor allem weil ich mir ausmale, dass er sich die Krankheit auf irgendeine unanständige Art und Weise zugezogen hat.«

»Sie denken also, dass er selbst schuld ist?«

Fatimah ist verlegen.

»Eigentlich denke ich das. Ja. Obwohl ich letzte Woche, als Sie gesagt haben, dass es nicht seine Schuld ist, irgendwie aufgeatmet habe und auch dachte, dass das eigentlich stimmt. Dass es für mich so schwierig ist, Aids als eine Krankheit wie andere Krankheiten zu sehen, hat auch etwas mit meiner Familie zu tun.«

Wir reden über das Tabu, Aids überhaupt zu benennen und über die Angst. Sie erzählt mir, dass sie im Iran nie mit Aids konfrontiert wurde und dass sie vermutet, dass ihr Bruder schon infiziert war, bevor er nach Deutschland kam. Als ich sie frage, was denn ihre Vermutung sei, wie er sich infiziert habe, sagt sie: »Er war nicht schwul, aber wahrscheinlich hat er Sex mit Männern gehabt.«

Sie sagt dies in einem so souveränen Tonfall, dass ich, auch angesichts der Zeit, beschließe, hier nicht einzusteigen. Mir ist allerdings deutlich, dass es hier um verschiedene Themen geht, einmal um die Scham wegen der Infizierung, dann aber auch um die Trauer. Nicht zuletzt ist für meinen Kontakt zu Fatimah entscheidend, dass sie durch ihren Bruder noch eine Brücke zu ihrem Land hatte. Wie aber wird es sein, wenn sie nun ganz ohne familiäre Wurzeln über Mauern springen muss? Beim Abschied sage ich ihr, dass sie mich tagsüber ruhig in der ESG anrufen kann. Sie ruft an, einen Tag später und danach auch. Sie weint, sie erzählt, dass sie es immer noch nicht glauben kann. Sie weiß nicht, wie sie abends einschlafen soll, und morgens fürchtet sie sich vorm Aufstehen. Sie muss viel organisieren wegen der Überführung des Leichnams in den Iran. Die Beisetzung soll in ihrem Heimatland stattfinden. Ich höre zu, schlage ihr vor, ihre Gefühle und Gedanken aufzuschreiben. Als sie das nächste Mal kommt, ist sie relativ gefasst.

»Das mit dem Schreiben war eine Superidee. Ich habe eine Ode für S. geschrieben, natürlich auf persisch, aber wenn Sie wollen, kann ich Ihnen mal Teile daraus übersetzen.«

»Gerne, wenn das für Sie okay ist.«

»Ja.« Fatimah sieht sehr weich und auch etwas erschöpft aus.

Du, mein Geliebter, in Tiefen bist du abgetaucht,
in Höhen bist du entschwunden.
Du hast Flügel,
du kannst fliegen und all das, was uns quält,
kannst du von oben anschauen.
Ich danke dir für deine Geduld
und ganz besonders für deine Sanftmut.
Deine weiche Seele ist bei mir und wacht über mich.
So kann ich ruhig schlafen.

Ich sage Fatimah, dass ich das Gedicht sehr schön finde und dass ich bedauere, kein persisch zu sprechen, geschweige denn zu lesen. Sie hat verschiedene Blätter mit Zeichnungen und geschwungenen persischen Buchstaben mitgebracht.

»Haben Sie beim Schreiben etwas Ruhe gefunden?«

»Ja, aber nicht nur das. Ich habe etwas von meinen Bruder verstanden, was ich vorher nicht verstand. Bevor er gestorben ist, sagte er, dass ich eine Aufgabe zu erfüllen habe.«

»Wissen Sie, welche Aufgabe er meinte?«

Fatimah zögert, sagt lange Zeit nichts, dann leise:

»Ich glaube, es geht um meine Mauern, dass ich die mir auch selbst denken oder wegdenken kann. Ich habe da früher oft mit S. drüber gesprochen, als wir noch in unserer Heimat waren, aber ganz viel, als ich vor zwei Jahren nach Köln gekommen war. Ich habe ihm damals nicht richtig zugestimmt. Ich fand das alles zu einfach, aber ich denke jetzt, dass er vielleicht doch damit recht hatte, dass es wichtig ist, die Mauern zu erkennen und auch die Möglichkeit, sie zu überspringen.«

»Meinen Sie, dass es für Sie eine Möglichkeit gibt?«

Fatimah seufzt, fängt an, mit ihren Haaren zu spielen und zuckt mit den Schultern.

»Ich wollte Sie etwas fragen. Vielleicht passt das dazu, es ist allerdings ziemlich außergewöhnlich, und ich weiß nicht, ob Sie sich das als christliche Pfarrerin vorstellen können.«

Ich schaue ermunternd zu Fatimah, aber sie redet nicht weiter. Sie schaut auf den Boden und ist irgendwann völlig in sich zusammengesunken.

»Hey, Fatimah, was ist los?«

»Ach, ich muss einfach zwischendurch an S. denken, dass er nicht mehr da ist und dass er mir so fehlt, dass ich nicht weiß, ob ich es schaffe, hier ohne ihn weiterzuleben.«

Sie macht auf mich den Eindruck, als habe sie sich selbst unterbrochen.

»Und?«

Nach langem Schweigen: »Und dass ich ihm Unrecht getan habe, weil ich ihn die ganze Zeit, als er krank war, verurteilt habe.« Sie schluchzt, erst leise, dann, nachdem ich meinen Arm für ihren Kopf angeboten habe, mehr und mehr. Ich habe den Eindruck, dass ganze Tränenmeere sich in Bewegung setzen. Ich ermutige Fatimah, sich nicht zu bremsen, sondern der Trauer und all den Gefühlen, die jetzt da sind, freien Lauf zu lassen. Irgendwann nimmt sie meinen Arm in ihre Hand und sagt: »Können Sie vielleicht eine Trauerfeier hier in der ESG-Kapelle für mich und meine Cousine und die Freunde aus Köln machen? Ich glaube, S. würde sich darüber sehr freuen. Ich glaube, ich möchte es gar nicht Trauerfeier nennen, sondern lieber Dankesfeier, danke, S. für alles, was du mir gewesen bist.«

Sie fängt wieder an zu weinen. Die Zeit ist schnell vorbeigegangen. Ich sage Fatimah, dass ich die Vorbereitung einer solchen Feier gern übernehmen möchte, aber dass wir uns über die Gestaltung und Inhalte noch gemeinsam Gedanken machen sollten. Sie geht, recht aufgewühlt, aber nicht völlig verzweifelt, wie mir scheint.

Drei Tage später ruft sie an, dass sie am nächsten Tag nach Teheran fliegen werde. Sie wisse noch nicht, wann sie zurückkomme. Es täte ihr leid, dass es jetzt so kurzfristig sei, aber sie würde gern noch mal vorbeikommen, um sich zu verabschieden. Ich habe einen vollen Tag und eigentlich keine Zeit, so dass ich sie frage, ob sie nicht am nächsten Morgen kommen könne. Sie verneint das, wir hadern mit dem Termin, ich bin ein wenig ungehalten darüber, dass sie mir bei ihrem letzten Gespräch bei mir nicht gesagt hat, dass sie drei Tage später nach Teheran fliegen wird. Auf meine Frage, wann denn der Überführungstermin sei, hatte sie keine klare Antwort gegeben und mit den Schultern gezuckt. Es stellt sich aber jetzt bei diesem Telefongespräch heraus, dass sie wusste, dass es innerhalb der nächsten Woche sein würde. Schlussendlich verabreden wir uns für den Abend. Ich muss eine andere Besprechung dafür verschieben.

Als sie kommt habe ich auf einmal eine innere Eingebung, die mir sagt, dass ich sie zum letzen Mal sehe. Sie sieht schön aus, trotz der sichtbaren Erschöpfung und Müdigkeit. Ich schlage ihr vor, dass wir in unseren Meditationsraum gehen, weil ein Teil des Gesprächs die Vorbereitung der Trauerfeier sein soll. Sie stimmt zu. Wir gehen hinunter, sie zieht vor dem Raum ihre Schuhe aus, durchschreitet den Raum einmal in seiner ganzen Länge und setzt sich dann in der Mitte auf den Boden. Ich setze mich neben sie.

»Wie geht es Ihnen, Fatimah?«

Sie schaut mich an, ohne Schleier zwischen uns, wie ich empfinde.

»Es ist merkwürdig, aber eigentlich ganz gut. Ich weine viel, aber durch die Gespräche mit Ihnen und meine vielen Gedichte bekomme ich ein anderes Verhältnis zu S. Ich weiß nicht, wie ich Ihnen das erklären soll. Es fühlt sich tatsächlich so an, als ob die gestrichelte Linie auf dem Bild nicht mehr so stark über allem liegt. Sie ist zwar noch da, aber zwischendurch kann ich sie wie einen Vorhang zur Seite schieben, und dann sehe ich alles ganz klar. Den Garten, meine Mutter, S., meine Großmutter, auch meine anderen Geschwister und meinen Vater. Ich fühle mich ihnen so nah, und ich weiß nicht, ob das jetzt daran liegt, dass ich morgen bei ihnen sein werde, aber es ist auch so, als ob in mir etwas passiert sei. Verstehen Sie mich?«

Ich überlege einen Moment und denke, dass ich nur bruchstückweise verstehe, weil ich das Ausmaß der Mauern nicht wirklich nachfühlen kann, dass ich aber erspüre, dass es hier um ein elementares Lebensgefühl von »zwischen den Welten« geht.

»Ja, ich glaube, ich verstehe Sie. Auf jeden Fall nehme ich wahr, dass die Mauern, die Sie so oft gespürt haben, viel mit der Entfremdung und Entfernung von Ihrer Heimat zu tun haben.«

»Genau, aber auch mit meinem eigenen Fremdsein, wissen Sie, das habe ich gespürt, als Sie mal die Übung mit mir gemacht haben, oder auch, als ich jetzt, nachdem S. gestorben ist, wie eine Irre zu schreiben begann.«

»Und beim Schreiben haben Sie etwas von der Mauer in sich selbst wahrgenommen?«

Fatimah guckt mich lange intensiv an, ohne etwas zu sagen.

»Im Schreiben finde ich Ruhe und Geborgenheit, wissen Sie noch, auf dem Bild, die linke untere Hälfte?«

Ich nicke.

»Das ist ja nicht nur Köln, Deutschland, das ist auch der ganze Anspruch an mich selbst. Von Druck habe ich doch mal gesprochen.«

»Ist es das, loszulassen, was Sie als Aufgabe für sich fühlen, seitdem S. tot ist?«

Fatimah nickt.

»Loslassen ist vielleicht nicht das richtige Wort. Ich glaube, es geht darum, dass ich mir das zugestehe, was ich brauche.«

»Und was ist das jetzt?«

»Jetzt?«

»Ja, jetzt, und dann auch morgen, wenn Sie zurück in Ihr Land gehen.«

»Jetzt ist es einfach, dass ich mich von Ihnen verabschieden will. Ich habe mit Ihnen auch eine Mauer übersprungen, wissen Sie das eigentlich?«

Mir fällt auf, dass Fatimah wirklich in den Abschied geht, noch mal Revue passieren lässt, mir positives Feedback gibt etc. Ich empfinde das als schön, merke aber, dass ich den Eindruck einer starken Vermeidung habe. Immer wenn es um das Überspringen der Mauer hier im Land geht, wenn es darum geht, die kulturellen Gewöhnungs- und Anpassungsschwierigkeiten anzuschauen, tauchen im Kontakt mit Fatimah andere Themen auf, die dann in dem Moment auch Priorität haben und von diesem wunden Punkt ablenken.

»Hat die Mauer etwas mit meinem Beruf zu tun?«

»Ach nein, das meinte ich nicht. Ich meinte einfach so, Sie als Mensch, wie Sie sind, so offen und warm, und dass ich mich nie verstellen musste und auch nicht das Gefühl hatte, Sie wollten mich missionieren oder mir Ihre kulturellen Vorstellungen aufdrücken. Das war sonst, wenn ich in Beratungen war, echt anders.«

»Sie haben ja da auch vom ersten Kontakt, den wir hatten, gut dafür gesorgt, Ihre Grenzen und Erwartungen zu formulieren. Das war sehr hilfreich für mich. Fatimah, wir sind jetzt mitten im Abschied. Das ist auch stimmig, denke ich, denn Sie wissen ja noch gar nicht, wann Sie wieder nach Köln kommen, stimmt das?«

»Ja, ich werde das Semester sausen lassen und wahrscheinlich auch noch einen Teil der Semesterferien bei meiner Familie verbringen.«

»Und wie sieht es aus mit der Abschiedsfeier für S.?«

»Oh ja, das können wir doch dann gleich zu Beginn des Sommersemesters machen. Ich würde am liebsten etwas aus dem Koran lesen. Da gibt es so eine schöne Sure über die Seele, die fliegt, und die Sehnsucht nach Freiheit der Seele. Wissen Sie, das lerne ich jetzt alles, dass S. weil er gestorben ist, auch frei geworden ist, und dass ich das auch schon bevor ich sterbe, lernen kann.«

Ich rede mit Fatimah noch mal über das Sterben, und wie wichtig es ist, um das eigene Sterben positiv anzunehmen, sich von geliebten Menschen, die tot sind, würdevoll und aufrichtig zu verabschieden, und dass ich ihre Schritte auf ihrem Weg sehr beachtlich finde. Wir verabreden für die Abschiedsfeier in der ESG- Kapelle, dass sie und ihre Cousine Texte aus dem Koran lesen. Von mir wünscht sie sich zwei Stellen aus der Bibel. Die eine ist die von Abrahams Berufung, weil Abraham ein entscheidender Brückenpfeiler für Christentum und Islam ist, und dann eine Stelle von Jesus, wo er über den Tod redet.

»Haben Sie da eine bestimmte Geschichte im Kopf?«

»Nein, ich will einfach von Ihnen hören, was Jesus zum Sterben sagt. Schließlich ist er für uns als Moslems ja auch ein Prophet. Er war ja sozusagen der direkte Vorläufer von Mohammed. Aber nehmen Sie nichts, wo die Kreuzigung drin vorkommt. Das ist für uns Moslems schwierig.«

Wir reden über Gemeinsamkeiten und Unterschiede von Islam und Christentum. Eine muslimische Freundin von mir schenkte mir eine Karte, auf der Hebr 11,6 zitiert wurde. Fatimah kennt diese Stelle sofort.

»Aber das glauben Sie doch auch, dass es ohne Glauben unmöglich ist, Gott zu gefallen? Oder?«

Ich antworte ihr, dass ich mir für mich ein Leben ohne Glauben nicht vorstellen kann, aber das Gott für mich eine bewegliche Kraft ist und es mir im Kontakt mit ihr nicht so sehr um das Gefallen, sondern eher um die Verbindung und die Bewegung ankommt, nämlich so, dass der Kontakt zu dieser Kraft, die ich Gott nenne, auch etwas in meinem Leben bewegt.

Am Ende unseres Gesprächs haben wir eine lose Struktur für die Abschiedsfeier entwickelt. Ich frage Fatimah, ob sie mir zum Abschied ein Lied in ihrer Sprache beibringt. Sie freut sich und fängt an zu summen, dann zu singen.

»Die Worte sind ganz einfach. Es bedeutet soviel wie: »Wer zu Gott kommen will, muss glauben, dass Gott ist. Die Seele wird Gott suchen, und dafür wird sie belohnt.«

Ich bin sehr berührt von Fatimahs Kraft und ihrer Weichheit. Beim Singen dieser sehr fremden und wunderschönen Melodie und Worte fühle ich mich in eine andere Welt hineinversetzt. Fatimah sieht sehr entspannt aus. Ich habe

Vertrauen in ihre Flügel und bin zugleich ein bisschen traurig, da ich ahne, dass ich ihren weiteren Weg nicht mitverfolgen werde.

»So, jetzt möchte ich, dass Sie mir auch noch ein Lied beibringen.«

»Ja, ich habe eins. Es ist ein Vers aus einem Psalm: Unsere Seele ist wie ein Vogel dem Netz des Vogelfängers entkommen. Das Netz ist zerrissen, und wir sind frei.«

»Oh, das ist sehr schön.«

Während wir miteinander singen, schließe ich die Augen und fühle ein Stück göttlicher Präsenz im Raum, zwischen uns. Ich frage mich, warum ich nicht häufiger mit Menschen, die zu mir kommen, singe. Warum ist das Singen oft auf bestimmte Rituale, wie Gottesdienste oder Wochenendfreizeiten beschränkt?

Zum Abschied umarmen wir uns. Ich sage Fatimah, dass ich ihr Kraft und Zuversicht wünsche, und dass ich großes Vertrauen in ihre Kraft habe. Ich biete ihr an, mir zu schreiben und sage, dass ich es schön finde, wenn sie sich meldet, wenn sie wieder da ist. Sie bedankt sich noch einmal sehr intensiv und sagt, dass sie so dankbar sei, dass der Schleier zwischen uns gefallen sei. Das habe ihr neue Türen geöffnet, und irgendwie haben die Mauern sich während der Monate, die sie zu mir gekommen sei, ständig verändert, bis dahin, dass sie gar nicht wisse, ob Mauer überhaupt das richtige Bild sei. Sie werde sich auf jeden Fall bei mir melden und vielleicht auch schreiben.

Inzwischen sind viereinhalb Monate vergangen. Ich erhielt eine Postkarte von Fatimah, auf der sie schrieb, dass sie das Lied noch oft singe und manchmal sogar Heimweh nach Deutschland verspüre. Sie habe aber noch immer viele Tränen zu weinen, und sie fühle sich gar nicht so glücklich, wie sie es vorher erhofft habe. Ihre Mutter wolle sie nicht nach Deutschland zurückgehen lassen, und ihr Vater versuche immer noch, sie zu verheiraten. Sie komme aber auf jeden Fall zu Beginn des Sommersemesters nach Köln zurück und freue sich schon sehr, mich wiederzusehen.

Während ich diese Zeilen schreibe, ist das Sommersemester schon im vollen Gang. Ich habe noch nichts von Fatimah gehört, was mich vermuten lässt, dass sie noch im Iran ist. Wird sie wiederkommen? Wird sie zu Ende studieren? Wird es noch eine Abschiedsfeier im ESG-Meditationsraum geben?

Methodischer Aspekt: Feministische Seelsorge zwischen Kulturen und Religionen

Einige Bemerkungen vorweg: Die gesellschaftliche Situation ausländischer Frauen ist geprägt von ihrer dreifachen Benachteiligung – als Frau, als Ausländerin und als Frau auf dem Arbeitsmarkt. Viele Migrantinnen kommen nicht freiwillig nach Deutschland. Häufig folgen sie ihren Ehemännern. Durch die Verschärfung der Ausländerinnengesetze der letzten Jahre hat sich die Situation der Migrantinnen deutlich zugespitzt. Selbst Ausländerinnen, die hier geboren sind, müssen mit einem unsicheren Aufenthaltsstatus leben.

Migrantinnen, die in Deutschland leben, bekommen meist in den ersten drei bis vier Jahren, nachdem sie nach Deutschland gekommen sind, keine Arbeitserlaubnis. Die auf zwei Jahre befristete allgemeine Arbeitserlaubnis wird nur nach Bedarf und Entwicklung des Arbeitsmarktes erteilt, d. h., nur, wenn weder Deutsche noch EU-Angehörige oder Ausländerinnen, die schon länger hier sind, den Arbeitsplatz besetzen, bekommen sie für einen ganz bestimmten Arbeitsplatz eine Arbeitserlaubnis. Ausländerinnen ohne qualifizierte Ausbildung haben also keine Chance, d. h., ihnen bleibt meist nichts anderes übrig als sich um schlecht bezahlte Gelegenheitsjobs zu bemühen.

Ein wichtiger Gesichtspunkt in der Arbeit mit Migrantinnen ist die Tatsache, dass die Mehrzahl der weltweiten Flüchtlinge Frauen sind. Oft fliehen Frauen aus ihrem Land, weil sie politisch verfolgt werden und/oder sexistischen Gewalttätigkeiten ausgesetzt sind. Häufig werden Frauen inhaftiert oder gefoltert, weil sie mit Männern verwandt sind, die politisch aktiv waren.

Die Lebensbedingungen der Migrantinnen sind in Deutschland insgesamt davon geprägt, dass sie aus nahezu allen gesellschaftlichen Bereichen ausgegrenzt und besonderen Bestimmungen unterworfen werden (Kang, 1993, 239).

Wenn Migrantinnen zur Seelsorge oder Beratung kommen, muss darauf geachtet werden, dass bei ausländischen Frauen sehr häufig die Angst auftritt, mit den Anforderungen des Lebens nicht zurechtzukommen. Die psychischen Belastungen dieser Frauen sind oft sehr viel größer als unter normalen Umständen, da sowohl die Arbeitsbedingungen als auch die Wohnbedingungen schlecht sind (Gavranidou, 1992, 161ff.). Viele der Migrantinnen leiden zudem unter sozialer Isolation, da sie ihre verwandtschaftlichen und freundschaftlichen Beziehungen aus der Heimat aufgeben mussten. Zusätzlich ist die Diskriminierung ausländischer Frauen immens hoch. Viele Frauen erzählen, dass es eine diffuse Angst gibt, es könnte ja etwas passieren. Jede Frau kennt das vom Gehen auf dunklen Wegen des

Nachts, aber was Migrantinnen durchmachen müssen, ist wohl eine fast unvorstellbare Steigerung dieses Angstgefühls. Diese Angst kann sich bis zur Paranoia und zur absoluten Panik steigern, weil in der Fremde beinahe jeder Ort zum gefährlichen Ort wird.

Ein anderer wichtiger Punkt ist der Kulturwechsel. Migrantinnen, die im Erwachsenenalter nach Deutschland kommen, müssen sich an ein neues Norm- und Wertesystem anpassen, was sehr verunsichernd ist. Dies bezieht sich nicht nur auf die Sprache, sondern häufig auch auf Religion, auf bestimmte Lebensvorstellungen und Haltungen. Oft versuchen Migrantinnen die von ihnen mitgebrachten kulturellen und religiösen Vorstellungen hier zu konservieren. Dies wird zum einen durch die Angst ausgelöst, in dieser fremdartigen Gesellschaft sowieso keinen Fuß zu fassen, dann aber häufig auch durch die Befürchtung, sich so zu verändern, dass die Rückkehr in die Heimat nicht mehr möglich wäre.

Fatimah ist keine Migrantin, sie ist eine Studentin, die für die Zeit ihres Studiums ein Stipendium erhalten hat, wovon sie ihr Existenzminimum sichern kann. Sie leidet nicht unter schlechten Arbeitsbedingungen, wenn man von den überfüllten Hörsälen an der Uni mal absieht. Auch ihre Wohnbedingungen sind normaler studentischer Standard, gemessen an deutschen Verhältnissen. Hingegen hat sie sehr wohl unter sozialen Problemen zu leiden, und auch die Themen der Diskriminierung und des Kulturwechsels sind für sie ausschlaggebend für ihr gesamtes Lebensgefühl.

In Fatimahs Fall entschied ich mich, den Fokus auf zwei Schwerpunkte zu legen, zum einen auf die Schwierigkeiten, als Iranerin in Deutschland Fuß zu fassen, zum anderen die eigenen, schon im ersten Gespräch angedeuteten inneren Konflikte. Das Bild von der Mauer, das interessanterweise in meiner Wahrnehmung im Erstkontakt mit Fatimah auftauchte, ist ihr eigenes Bild. Sie benutzte dieses Bild als Symbol für ihre Fremdheit in Deutschland, aber auch für die eigene Gespaltenheit hinsichtlich ansozialisierter Werte und ihrem jeweiligen Empfinden und Wahrnehmen.

Fatimah ist wie alle ausländischen Frauen in der Situation, dass sie die Werte und Normen des fremden Landes nicht kennt und sich auf unvertrautem Terrain befindet. Sie ist in einer kulturell und religiös völlig anderen Gesellschaft groß geworden, und im Kontakt merkte ich ihr an, dass sie mit der Fremdheit, Andersartigkeit und der Entfremdung von ihrer eigenen Kultur immer wieder beschäftigt ist. Sie muss sich auf das Neue einlassen, nicht nur auf eine fremde Sprache, sondern auch auf andere Umgangsweisen, Rituale, alltägliche Gewohnheiten. Im Kontakt mit Fatimah wurde mir die eigene Begrenztheit meiner Erfahrung, meines Wissens und auch die Sicht durch meine eigene Brille sehr bewusst. Wenn ich mich auch bemühte, Fatimah und ihre Geschichte, mit ihren Erfahrungen und ihrem Hintergrund kennen zu lernen, zu verstehen und ernst zu nehmen, stieß ich doch immer wieder auf die Mauer, manchmal auch den Schleier. Beide Bilder drängen sich mir als Bild im Kontakt mit deutschen Frauen nur selten so unmittelbar und unreflektiert als Metapher auf. Ich erlebte mich im Kontakt mit ihr als Lernende, die versuchen muss, auf verschiedenen Ebenen wahrzunehmen und zu begreifen.

Zum einen ging es wie in jedem Seelsorgekontakt darum, das unmittelbar Gefühlte und Erlebte der Klientin ans Licht kommen zu lassen und Wege der Integration, der Heilung und des Schutzes zu finden, zum anderen wurde mir aber in jedem Gespräch mit Fatimah deutlich, dass sie aufgrund ihrer iranischen Herkunft bestimmte Fragestellungen mitbrachte, die eine völlig neue Perspektive eröffneten. Differenz, das Wort, das an anderen Stellen die Geschlechterdifferenz, dann aber auch die Unterschiede zwischen den Frauen bezeichnete, meint in diesem Fall die Unterschiede zwischen Frauen, die in verschiedenen Kulturen und Religionen beheimatet sind. Für diese Differenzdiskussion ist zunächst einmal zu betonen, dass die Sprache der Eindeutigkeit, Vereinnahmung und/oder Höher- und Minderbewertung nicht greift. Es ist wichtig, eine Verständigung zu entwickeln, die erstens Akzeptanz ausdrückt, zweitens Dialog herstellt und drittens Möglichkeiten entwickelt, das Eigene im Licht der anderen zu sehen, vielleicht auch zu überdenken.

Für Feministische Seelsorge zwischen Kulturen und Religionen gilt: Das Erinnern der Geschichte sollte der Klientin Möglichkeiten eröffnen, die politischen, religiösen und kulturellen Besonderheiten ihres Kontextes zu benennen. In den Sitzungen, in denen Fatimah mir von ihrer Heimat und ihrer Familie erzählte, tauchte jedes Mal auch so etwas wie eine Phase auf, in der sie mit Stolz und Hochachtung von ihrer Kultur sprach. Ich ermutigte sie darin und erfuhr in diesen Stunden, dass die Mauer, die sonst häufig zwischen uns stand, fast nicht mehr spürbar war.

Ausgelöst durch den Tod des Bruders erreichte der Kontakt zu Fatimah eine religiöse Dimension, die vorher zwar angedeutet, aber nicht explizit von mir als Seelsorgerin initiiert wurde. Ich hatte zunächst, besonders wegen des Hinweises von Fatimah, nicht bekehrt werden zu wollen, Skrupel, ihr als christliche Theologin mit einer bestimmten Redeweise zu nahe zu treten. Von Beginn unserer Interaktion spürte ich, dass ich als Seelsorgerin hauptsächlich die Aufgabe hatte, sie zu begleiten und auf dem Weg ihrer Ermutigung und der Kraftschöpfung Begleitung anzubieten.

Im Laufe der Arbeit mit ihr stellte ich fest, wie wesentlich das prozessorientierte Vorgehen sein kann. Ich erfuhr von der Krankheit ihres Bruders und dann auch von seinem Tod, während ich thematisch zunächst an ihrem Konflikt, ob und wie sie in Deutschland Fuß fassen könne, einsteigen wollte.

Von heute auf morgen sah ich mich als Seelsorgerin in der Position, ihre Trauer und ihre Scham mit ihr anzuschauen, Raum für ihren eigenen Trauerprozess anzubieten. Trauerarbeit wurde ein wesentlicher Bestandteil unseres Prozesses miteinander, was ich am Anfang nicht absehen konnte. Der Tod des Bruders bedeutete für Fatimah eine solche Zäsur, dass auch in unserem seelsorgerlichen Prozess miteinander eine Neuorientierung erforderlich wurde.

Zur Trauerarbeit gehört, die Ruhelosigkeit der Klientin zu begreifen und zugleich zu verstehen, dass die Sinnsuche, die ja vorher für Fatimah schon im Blick war, größere Bedeutung bekommt. Im Kontakt mit Fatimah empfand ich es als meine wesentliche Aufgabe, ihr den Raum für das Weinen, aber auch für die Erschütterung in ihrem eigenen Selbsterleben zu geben. Gerade diese Erschütterungen sind sehr schwer zu ertragen, sowohl für die Person, die diesen Prozess durchmacht, als auch für diejenige, die sie dabei begleitet. Es ist aber letztlich gerade das Zulassen der damit verbundenen verschiedenen Emotionen, das den Weg ebnet zu neuem Selbsterleben. Am Schluss entstand zwischen uns das, was Fatimah selbst mit dem Überspringen einer Mauer bezeichnete. Durch das Vertrauen, das zwischen uns entstand, war es möglich, dass wir auf einer spirituellen Ebene ausdrücken konnten, was mir vorher nicht möglich schien. Beim Singen der Lieder waren wir mit unseren eigenen Wurzeln verbunden und bauten zugleich die Brücke zur anderen.

Einige Themen, die Fatimah zu Beginn als inneren Konflikt benannt hatte, wurden in unserem Kontakt nicht aufgelöst. Besonders der Frage nach der Entscheidung, das Studium gegen den Willen der Eltern in einer fremden Kultur durchzuführen, konnte ich im Gespräch mit Fatimah nicht klärend nachgehen, da sich immer wieder akute Fragestellungen und Probleme dazwischen stellten, die im konkreten Moment von Fatimah mit größerer Vehemenz eingebracht wurden.

Da aber vom Moment des Todes ihres Bruders die Trauer als vorherrschende Emotion bei Fatimah im Raum stand, wurde es im Kontakt mit ihr wichtiger, dem nachzugehen. Zugleich ist mir bewusst, dass im Abschied von ihrem Bruder auch ein Stück Abschied von ihrem eigenen Lebensentwurf auftauchte. Die Vorstellungen, die damit verbunden waren, wurden für Fatimah in dem Moment, als ihr Bruder gestorben war, auch brüchig. Ich weiß nicht, ob sie sich entscheiden wird, nach Deutschland zurückzukehren, um ihr Studium abzuschließen, aber ich weiß, dass der Konflikt um die Krankheit und das Sterben ihres Bruders mehr für Fatimah beinhalteten, als sie mir erzählte. Ich habe viel von ihr gelernt, und ich hoffe, dass sie aus unseren Kontakten das Selbstvertrauen mitgenommen hat, den für sie richtigen Weg zu finden und zu gehen.

Wie Frauen verrückt gemacht werden

Julia Strecker

Thematischer Aspekt: Sexuelle Gewalt

Beate stand einfach in meiner Tür. Unscheinbar, schüchtern, klein von Wuchs und mit einer leichten Behinderung, die sich in einem verlangsamten Sprechen und ihren Bewegungen ausdrückte. Sie war aus dem Osten, das hörte ich gleich an ihrer Sprache. Zufällig, sagte sie, sei sie an meinem Büro vorbeigekommen. Vom Bahnhof aus war sie etwas orientierungslos herum geirrt und wusste nicht wohin. Sie war aus Magdeburg, und Köln hatte sie seit der Wende zu ihrer Wahlheimat erklärt. Kurz nach der Wende war sie auf einem Seminar im Maternushaus, einer katholischen Bildungseinrichtung, gewesen und hatte sich in die Stadt »verguckt«, wie sie selbst sagte. Seitdem kam sie, so oft sie konnte, mehrmals im Jahr, mindestens für ein verlängertes Wochenende. Sie verbringe ihre Zeit in Köln immer viel in Kirchen, sagte sie, das gebe ihr den inneren Frieden und die Ruhe, die sie in ihrem Alltag oft nicht finde.

»Und jetzt habe ich das Schild draußen gesehen. Pastorin für Frauenberatung. Also so was gibt es bei uns im Osten gar nicht. Und dann noch so eine junge Pastorin. Ich hab sonst meistens nur mit älteren Frauen in der Kirche zu tun, Diakonissen oder so, aber irgendwie anders als Sie. Na ja, in meiner Gemeinde bin ich ja auch ziemlich aktiv, und unseren Pastor finde ich auch nett, der hat mich auch 1991 zu diesem Seminar nach Köln geschickt. Er meinte, es täte mir gut, mal rauszukommen, andere Luft zu schnuppern. Immer, wenn ich in Köln bin, fühle ich mich ganz anders, irgendwie freier. Sie denken vielleicht, das sei normal, dass ich hier so drauflos schwätze, aber nein, das ist für mich gar nicht normal, zu Hause rede ich manchmal den ganzen Tag überhaupt nicht. Können Sie sich das vorstellen?«

Als ich gerade reagieren will, redet Beate schon weiter. Sie redet in: der ersten Stunde sehr viel, ich habe große Mühe, an den wesentlichen Schnittstellen einzusteigen. Der wichtigste Satz, den sie in dieser ersten Begegnung mehrfach fallen ließ, lautet:

»Sie können mich vielleicht nicht verstehen, aber seit vielen Jahren denke ich tatsächlich häufig, dass ich verrückt bin, dass irgendwas mit mir nicht stimmt. Ich höre Stimmen, Geräusche und ich kann mit niemandem darüber sprechen. Es ist wie ein Bann, der über mir liegt.«

»Wie fühlt sich das an?«

Beate schüttelt sich und zuckt zusammen. Schweigen. »

Über einen Bann kann man nicht reden. Wissen Sie das denn nicht, als Pastorin?«

»Ich glaube, ich weiß nicht, was Sie mit Bann eigentlich meinen.«

Nach langem Schweigen und nonverbalen Äußerungen, die auf tiefe Erschütterungen hindeuten, sagt sie:

»Dass ich nicht drüber reden darf, weiß ich jedenfalls.«

»Von wem wissen Sie das?«

Schweigen, lange, wie es mir scheint.

»Von meinem Vater.«

Diese Information, verbunden mit dem ganzen nichtausgesprochenen Schmerz, Verwirrtsein und der Angst vorm Verrücktsein, ließ mich auf eine tiefe Verwundung schließen, die ihr der Vater angetan hatte.

Es war jedoch in dieser ersten Stunde keine Zeit mehr, da weiter einzusteigen, zumal Beate anschließend wieder von allen möglichen Dingen erzählen wollte, und ich große Mühe hatte, ihr zu folgen. Ich erfuhr in diesem ersten Gespräch, dass ihr Vater Kirchenmusiker war und sie aus einer sehr frommen Familie stammte. Sie hatte sechs Geschwister, war selbst die Jüngste. Obwohl schon Ende 30 lebte sie erst seit wenigen Jahren in einer eigenen Wohnung. Sie arbeitete halbtags als Sachbearbeiterin und Bürofachfrau in einer Versicherungsanstalt und in ihrer ganzen Freizeit schien sie sich in der Kirchengemeinde zu engagieren. Während der gesamten Sitzung mit Beate beschäftigte mich der Gedanke, warum sie eigentlich zu mir gekommen war, bzw. hatte ich die starke Vermutung, dass es in ihrer Lebensgeschichte Erfahrungen sexueller Gewalt gab. Ich fragte mich die ganze Zeit, wie ich ihr helfen könne, wenn sie in wenigen Tagen nach Magdeburg zurückfahren werde. Als die Zeit schon fast um war, thematisierte ich das Dilemma noch folgendermaßen:

»Beate, wie lange sind Sie noch in Köln?«

Beate überlegt lange, sagt dann: »Eigentlich nur noch bis morgen.«

»Könnten Sie vorher noch einmal zu mir kommen?«

Beate strahlt.

»Ja klar, das hatte ich sowieso vor. Schließlich treffe ich nicht alle Tage auf solche netten Pastorinnen. Außerdem gibt es so viel, das ich gern mit Ihnen besprechen würde.«

»Genau deshalb würde ich gern noch mal mit Ihnen reden. Immerhin ist Magdeburg weit weg, und ich würde gern mit Ihnen gemeinsam überlegen, was möglich ist, und wie Sie sich sonst noch Unterstützung holen können.«

Wir verabschieden uns herzlich voneinander, aber ich habe ein mulmiges Gefühl, so als ob die Begegnung mit Beate sehr viel mehr Aufmerksamkeit und Zuwendung erfordere, als das zunächst über die Entfernung Köln-Magdeburg möglich ist. Außerdem spüre ich eine immense körperliche Anstrengung, als Beate mein Büro verlassen hat.

Beate kam eine halbe Stunde zu früh. Sie wartete geduldig vor der Tür, da ich noch in einem anderen Gespräch war.

Als sie mein Büro betritt, merke ich ziemlich schnell wieder die körperliche Anspannung.

Es ist, als ob sich eine schwere Wolke über uns ausbreitete. Ich habe ein unwohles Gefühl und denke, dass ich diese Empfindung unbestimmt aussprechen wollte, da es wahrscheinlich Beates Gefühl war, das sich auf mich übertrug.

Beate jedoch redet gleich wieder drauf los, über Köln und ihr Glück, dass sie zufällig so einen guten Riecher gehabt habe und an meiner Bürotür vorbeigelaufen sei, über ihre Sorge, dass es ihr wieder ganz anders gehe, wenn sie nach Hause zurückkehre.

»Wie fühlt sich diese Sorge an, können Sie sie in Ihrem Körper festmachen?«

Nach längerem angespanntem Nachdenken, das ich als absolute Strapaze für uns beide empfinde, schüttelt Beate den Kopf und versinkt in eine dumpfe, fast lethargische Körperhaltung.

»Wo sind Sie jetzt, Beate?«

Die folgenden fünf Minuten kommen mir vor wie eine Ewigkeit. Ich spüre eine Schwere und etwas von der Unaussprechlichkeit, die häufig mit sexuellen Gewalterfahrungen einhergeht.

Schließlich sage ich ihr, dass sie mir auch etwas sagen könne, was sie vielleicht noch nie jemandem erzählt habe, und dass ich nicht an so etwas wie einen Bann oder ein Schweigegebot glaube, jedenfalls nicht, wenn es so etwas Dumpfes und Schweres in den Raum hereinbringe, wie ich das bei ihrem Geheimnis in meinem eigenen Körper spüre. Nachdem ich das gesagt hatte, schaut Beate mich kurz an und fragt dann, aus ihrer immer noch sehr gebeugten und in sich zusammengekauerten Körperhaltung heraus:

»Wie meinen Sie das, dass Sie das in Ihrem eigenen Körper spüren?«

Ich erkläre ihr, dass ich von Anfang an in der Begegnung mit ihr ein bestimmtes körperliches Empfinden gehabt habe, das mir sonst nicht vertraut sei.

Beate stöhnt, zuerst ganz leise, dann immer lauter werdend, sagt aber nichts. Ich sehe, dass sie völlig in sich zusammenfällt und entscheide mich, meine Sitzposition zu ändern, um ihr Schutz anzubieten. Während ich das tue, vergewissere ich mich aber, dass es für Beate o.k. ist.

»Ich verstehe gar nicht, was Sie wollen.«

»Auf jeden Fall möchte ich, dass Sie sich sicher und aufgehoben fühlen, wenn Sie bei mir sind, und dass Sie wissen, dass es für Sie einen Ort gibt, wo Sie geschützt sind.«

»Aber das geht doch gar nicht.«

Ich frage nach und erfahre in ihrer gesamten Haltung, dass sie mit sich ringt, und dass sie in den Gesprächen mit mir nach einem Raum sucht, in dem sie ihre Geschichte erzählen darf. Aber Teil des Dilemmas ist, dass sie in wenigen Stunden nach Magdeburg fahren wird und ich sie auf die Entfernung nicht regelmäßig begleiten kann.

»Beate, ich möchte gern mit Ihnen überlegen, wie es für Sie weitergehen kann, was Sie brauchen und wie ich Sie dabei unterstützen kann.«

Beate fängt an zu weinen, zuerst ganz leise, dann immer lauter und schließlich so, dass sie am ganzen Körper zittert.

»Mich hat noch nie jemand gefragt, was ich brauche. Zu Hause erzählen Sie mir eigentlich alle immer, dass ich verrückt bin. Ich glaube es ja manchmal auch, gerade wenn ich die Stimmen höre und mich nicht mehr nach draußen traue und so schüchtern bin und ganz viel Angst habe.«

»Ich glaube nicht, dass Sie verrückt sind, Beate, und ich möchte, dass Sie eine Person finden, die Ihnen glaubt, der Sie Ihr Geheimnis anvertrauen können und die auf Ihrer Seite ist.«

»Gibt es da in Magdeburg jemand?«

Beate schüttelt vehement den Kopf.

»In Magdeburg gibt es niemanden. Einmal habe ich mit meinem Pastor reden wollen, aber er hat mir gar nicht richtig zugehört. Als ich von einem Geheimnis geredet habe, sagte er, ich hätte ja schon als Kind eine ausgeprägte Phantasie gehabt, und ein bisschen verrückt sei ich ja schon immer gewesen, aber in jeder Familie gebe es ja eine oder einen so ein bisschen Verrückte/n, und bei so vielen intelligenten Menschen wie unsere Familie die hervorgebracht habe, sei es nur normal, dass eine wie ich darunter sei.«

»Das haben Sie einfach so geschluckt?«

Beate nickt, sieht einigermaßen mitgenommen und traurig aus.

Ich sage ihr, dass ich es eine Frechheit von dem Pastor finde, und dass ich sie weder für verrückt noch für unintelligent halte. Wir überlegen gemeinsam, ob es in Magdeburg eine Person für sie geben kann. Ich telefoniere noch mit einer Frauenberatungsstelle, die ich über die Auskunft erfragt habe.

Beate sagt, dass sie vielleicht mal hingehe. Dann verabreden wir, dass sie mir schreiben wird, und mich anrufen wird, sobald sie wieder in Köln ist.

»Wenn es nach mir ginge, wäre das schon nächste Woche. Sie wissen doch, ich habe Köln zu meiner Wahlheimat erklärt.«

Als wir uns verabschieden, weiß ich, dass ich Beate bald wiedersehen werde, und dass ich mit ihr noch eine längere Wegstrecke zurücklegen werde. Ich mache mir aber auch viele Sorgen, weil ich die heftige Traumatisierung selbst körperlich wahrnehme, und weil ich nicht weiß, wie sehr Beate gelernt hat, sich zu schützen. So mache ich zum Ende der zweiten Stunde noch eine Schutzübung mit ihr. Ich stelle die Kiste mit den Steinen vor ihr auf und lasse sie zunächst über den Steinen meditieren. Sie solle sich die Steine als Gegenüber vorstellen, sage ich ihr, und sie könne einzelne auch in die Hand nehmen und mit ihnen sprechen. Nach einer Pause des Zögerns und Haderns versinkt Beate in kindliche Freude, spielt mit den Steinen, nimmt einzelne in die Hand, wiegt mit dem Kopf und mit dem ganzen Körper, spricht leise, und hin und wieder wird sie ganz ruhig. Dann umklammert ihre Hand einen relativ zarten mattblauen Mondstein, und ich weiß, dass das ihr Schutzstein werden wird.

»Was sagt der Stein Ihnen?«

Beate ist ganz bei sich, beinahe wie in eine andere Welt eingetaucht.

»Er sagt, dass ich wirklich nicht verrückt bin, dass Sie Recht haben und ich mich auf meine eigenen Gefühle verlassen soll, und dass ich ganz gut auf mich aufpassen muss, damit ich zuhause nicht kleingemacht werde.«

»Ich möchte Ihnen den Stein schenken, Beate, und immer, wenn solche Gedanken auftauchen, dass Sie verrückt sind oder dumm und nur ihren eigenen Phantasien nachhängen, bitte nehmen Sie den Stein in die Hand und lassen ihn zu sich sprechen.«

»Sie wollen mir den Stein schenken?«

Beate ist sichtlich gerührt. Wir verabschieden uns sehr herzlich voneinander.

Mich bewegt die Kraft und die Zähigkeit, mit der Beate sich ihren Weg bahnt, aber ich merke, dass sie auch in der Gefahr steht, den Botschaften ihrer Eltern, des Patriarchats und und und zu viel Glauben zu schenken und sich tatsächlich verrückt machen zu lassen. Außerdem fürchte ich mich vor dem Moment, in dem Beate ihr bestgehütetes Geheimnis lüften wird, und ich glaube, dass es auch für mich wichtig sein wird, verschiedene Möglichkeiten des Schutzes und der Heilung zu entwickeln.

In meiner nächsten Einzelsupervisionssitzung (zu der Zeit habe ich alle zwei Wochen eine eineinhalbstündige Supervisionsstunde) rede ich fast die ganze Zeit nur über Beate. Frau T., meine Supervisorin, arbeitet mit mir an meinen eigenen Grenzen und mit einer Körperarbeit führt sie mich an diese heran. Sie rät mir dringend, mich nicht zu sehr »reinzuhängen« und Beate nichts zu versprechen, was ich nicht halten kann.

Circa zwei Wochen nach dieser Sitzung bekomme ich einen Brief von Beate. Die kindhafte, sehr krakelige Schrift fällt mir sofort ins Auge. Sie schreibt: »Ich versuche, nicht soviel an alles zu denken. Wenn ich an Köln denke, geht es mir gleich besser. Hier rede ich kaum mit jemandem. Meine Eltern besuche ich lieber gar nicht, sonst sind die gleich wieder so gemein. Den Stein habe ich immer bei mir. Ich glaube, dass er mich beschützt. Ich weiß noch nicht, wann ich wieder nach Köln kommen kann. Es sollte bald sein.«

Ich antworte Beate, dass ich hoffe und bete, dass sie gut auf sich aufpasst. Und ob sie sich in Magdeburg schon nach einer Vertrauensperson umgeschaut habe. Dass ich mich freue, wenn sie sich meldet, bevor sie nach Köln kommt. Ich höre fast vier Wochen lang nichts. Dann, eines Tages, kommt die Küsterin zu mir ins Büro und sagt, am Abend zuvor sei eine kleine, leicht behinderte Frau ganz unruhig immer auf und ab vor meiner Bürotür gelaufen. Sie habe ihr gesagt, dass ich am nächsten Morgen wieder zu sprechen sei. Daraufhin habe die Frau ihr diesen Zettel mitgegeben. Auf dem Zettel steht: »Frau Pastorin, beten Sie für mich. Ihre Beate.«

Den ganzen Tag lang bin ich innerlich immer wieder bei Beate, aber sie taucht nicht auf. Abends, nach 18 Uhr, als ich mein Büro gerade verlassen will, steht sie auf einmal da.

»Hallo Beate. Ich habe eigentlich früher mit Ihnen gerechnet, nachdem Frau S. mir den Zettel gegeben hat.«

»Haben Sie denn auch für mich gebetet?«

»Was bedrückt Sie denn am meisten?«

»Dass ich eben doch mit niemandem sprechen kann. Immer, wenn ich versuche, meine Gedanken zu äußern, fühle ich, dass ich verrückt werde. Ich bin nämlich wirklich ein bisschen verrückt.«

Ich frage Beate, wie sich das äußert, und sie fällt wieder in die zusammengefallene Körperhaltung zurück, die ich schon das letzte Mal bei ihr beobachtet habe. Ich entscheide mich, mit dieser Körperhaltung zu arbeiten und frage sie, ob sie sich vorstellen könne, aus dieser Haltung heraus einen Ton oder ein Geräusch zu machen. Zuerst reagiert sie gar nicht, aber dann nach einer langen Sequenz einer angespannten Stille, schluchzt sie wieder und macht dann sehr hohe, fast quietschende Töne. Zuerst ganz leise, aber nachdem ich sie unterstützt habe, den Tönen ruhig mehr Power zu geben, wird sie richtig laut. Sie hat die Augen geschlossen und ist in eine andere Welt abgetaucht.

»Beate, wo bist du jetzt?«

Sie antwortet fast ohne Pause. »Ich bin im Kinderzimmer.«

»Bist du allein?«

»Nein.«

»Wer ist noch da?«

Schweigen. Ich ermutige sie, noch mal die Töne zu machen, aber diesmal reißt sie plötzlich die Augen auf und wirkt völlig verstört, tatsächlich ein bisschen verrückt.

»Frau Strecker, ich muss mich waschen. Ich muss mich immerzu waschen, verstehen Sie, heute auch. Sonst, wenn ich in Köln bin ist es nicht so schlimm, aber gestern Abend, als ich aus dem Zug gestiegen bin, und Sie nicht da waren, wollte ich mich nur noch waschen, und heute Abend bin ich erst so spät zu

Ihnen gekommen, weil ich den ganzen Tag immerfort nur mit Waschen beschäftigt war. Ich bin eben doch verrückt, sehen Sie.«

»Nein, Beate, Sie sind nicht verrückt. Ich sehe etwas ganz anderes, nämlich dass jemand Ihnen Schlimmes zugefügt hat, und dass Sie sich davon befreien wollen.«

Anschließend leite ich Beate zu einer anderen Körperübung an. Ich begleite sie zu dem Zustand, den sie sich wünscht, wenn sie sich »wie eine Verrückte« wäscht. Sie setzt sich völlig anders hin, als ich sie je zuvor habe sitzen sehen. Sie hat die Augen geschlossen und atmet ruhig. Ich ermutige sie, den Gefühlen einen Ton zu geben. Sie ist zuerst still, aber dann fängt sie an, leise zu summen. Es klingt wie eine andere Person als die, die kurz zuvor noch quietschende Töne von sich gab, und doch weiß ich, dass es Beate ist.

Die Zeit ist schon wieder um, außerdem befinde ich mich in meinem vertrauten Gefühl, dass ich viel zu lange in meinem Büro bleibe. Zugleich weiß ich aber auch, dass Beate nicht jeden Tag zu mir kommen kann. Sie bleibt noch zwei Tage in Köln, und wir verabreden für die beiden nächsten Vormittage einen Termin. Als sie geht, strahlt sie mich an und bedankt sich fast überschwänglich.

Am nächsten Tag kommt sie pünktlich, allerdings spüre ich wieder die körperliche Schwere, sobald sie mir gegenübersitzt. Sie sagt lange Zeit gar nichts, redet auch nicht drauf los, ich frage sie, wie es ihr nach der gestrigen Sitzung ergangen ist, und sie antwortet nicht. Dann kommt ein zaghaftes:

»Gemischt.«

»So wie die Töne, die Sie gestern gemacht haben?«

»Nein, gestern, als ich hier war, ging es mir gut. Ich fühle mich sicher und ich spüre, dass Sie mir helfen wollen. Die Töne waren nicht das Problem, aber das was Sie nachher gesagt haben.«

Ich weiß, dass Sie auf das Nicht-Allein-Sein im Kinderzimmer anspricht. Vielleicht ist es für sie so, dass sie den Bann schon durchbrochen hat, indem sie mir verriet, dass sie nicht allein im Kinderzimmer war.

»Lassen Sie uns noch mal zu der Situation zurückgehen, als sie im Kinderzimmer sind.«

Beate schaut mich furchtsam an, schließlich seufzt sie.

»Ich habe große Angst.«

»Hat das etwas mit dem Bann zu tun?«

Beate nickt.

»Was brauchen Sie noch, um sich ganz sicher zu fühlen, um nicht das Gefühl zu haben, etwas Verbotenes zu tun?«

Beate sinkt wieder in sich zusammen. Ich bin unentschieden, ob sie genug Schutz hat, um ihr Geheimnis zu offenbaren. Also sage ich ihr, dass ich auf jeden Fall ihr Schutz bin, dass sie vor mir keine Angst zu haben braucht, und dass ich ihr auf jeden Fall glaube. Beate sagt, dass sie immer Angst hat, und dass das mit dem Waschen eben auch ein großes Problem sei, weil es die Angst noch größer werden lässt. Schließlich habe sie das noch nie jemandem erzählt, außer einer Frau, die sie aus der Gemeinde kenne, das sei jetzt schon Jahre her.

»Und wie war das?«

Beate fällt wieder ein Stück mehr in sich zusammen und erzählt mir, dass sie vor Jahren mehrmals in der Psychiatrie gewesen sei. Besagte Frau aus der Gemeinde habe sie an einen Psychiater verwiesen, der sie dann nach einem Gespräch sofort in eine geschlossene Klinik überwiesen habe. Insgesamt war sie im Alter von 28 bis 35 fünf- oder sechsmal in einer Landesklinik. Während des Psychiatrieaufenthaltes hatte sie überhaupt keinen Kontakt zur Außenwelt, in den Zwischenzeiten kehrte sie immer wieder in ihre Gemeinde und zu ihrer Ursprungsfamilie zurück. Sie wohnte damals noch bei ihren Eltern, hatte aber ihren damaligen Job als Sachbearbeiterin in einer kirchlichen Einrichtung verloren.

»Erst vor drei Jahren bin ich erwachsen geworden. Ich hab mir damals selbst die Wohnung gesucht. Sonst wäre ich gestorben«. Sie fängt bitterlich an zu schluchzen, und ich begleite sie bei ihrer Trauer, die sich allerdings nach massiver Wut anhört. Ich schlage ihr vor, alle Gefühle, die gerade da sind, in ein großes Bild umzusetzen. Sie ist zunächst zögerlich, fängt dann aber mit absoluter Ernsthaftigkeit an. Zunächst einmal sind ihr alle Blöcke und Tonpappen, die ich ihr anbiete, nicht groß genug. Sie sagt, das Bild müsse so groß wie ein ganzer Raum sein. Mindestens. Also hole ich eine große Wandzeitung und breite die in meinem gesamten Büro aus. Voller Schrecken stelle ich fest, dass die Zeit schon überzogen ist. Ich sage ihr, dass wir am nächsten Morgen gleich mit dem Malen beginnen werden. Sie stimmt, wenn auch nicht begeistert, zu.

Am nächsten Tag kommt sie zu spät und ist spürbar angeschlagen. Auf meine Frage, wie es ihr gehe, sagt sie, dass sie sich gestern Abend noch fünf Stunden gewaschen habe, und dass sie große Angst hat, ein schlechter Mensch zu sein, gerade auch, weil sie jetzt mit mir über Dinge rede, über die sie eigentlich nicht reden darf, mit niemandem. Wiederum schlage ich ihr vor, bewusst auch um die verbale Ebene mit ihr zu verlassen, das Bild ihrer Gefühle zu malen.

Und sie malt. Mein Büro wird für eine gute halbe Stunde lang zum Atelier. Gebannt beobachte ich sie beim wortlosen Schrei ihrer Seele. Sie malt zunächst nur zarte, pastellfarbene Töne, Kreise und blumenartige Gebilde. Ich bin beeindruckt von der Virtuosität, mit der sich die kleine Beate auf dem Papier, zwischen Stiften, Wasserfarben und Kreide hin- und herbewegt. Sie wirkt, als wisse sie genau, wo jeder Strich, jeder Farbtupfer hingehört. Sie malt voller Inbrunst, voller Gefühl und Hingabe. Vor meinem Auge entsteht ein Garten, ein ganzes Gebilde von vielfältigen Formen und Farben. Dann, als sie für einen Moment innehält und sich neben das Bild stellt, verfällt sie für einen Moment wieder in die zusammengesunkene Körperhaltung, greift dann plötzlich zu dem größten und dicksten Pinsel und agiert in wilder Manier mit schwarzen und tiefroten Strichen auf dem Bild.

Innerhalb von wenigen Minuten verwandelt sich das Bild in das wüste Szenario einer Schlacht. Beate ist nicht wiederzuerkennen. Ich ermutige sie, während sie in wildesten Actionpainting-Haltungen über ihrem Kunstwerk steht, ihren Gefühlen Namen oder Töne zu geben. Und sie tönt. Ich verstehe kein Wort, aber ich bin auf einer nonverbalen Ebene mithineingenommen in ihre Geschichte von Zartheit, Kraft, Verletzung, Wut und Widerstand. Ich ermutige sie, noch lauter und eindeutiger zu werden, und sie wird lauter, während der bunte, zarte Garten sich in ein Schlachtfeld und ein nicht wiederzuerkennendes Trümmerfeld verwandelt. Die ganze Wandzeitung ist schwarzrot, nur in der oberen linken Bildhälfte und am äußersten Rand gibt es ein paar hellgrüne Relikte der Gartenlandschaft. Ich wünsche mir, dass Beate sie stehen lässt, aber ich entscheide mich, dass sie selbst weiß, wann das Bild fertig ist. Und richtig, irgendwann sinkt sie erschöpft in sich zusammen, stellt alle Pinsel in das Wasserglas und zeigt dann auf die helldurchschimmernden Stellen des Bildes.

»Sehen Sie? »

»Ja, ich sehe -«

»Was denn?«

»Eine wunderschöne Gartenlandschaft, zarte und zugleich kraftvolle Farben, verschlungene Pfade und vielversprechende Knospen und Blüten und Bedrohung, Verwüstung, Schmerzen, Verwundung und Wut, ja, Ihre ganze Wut sehe ich.«

Beate ist völlig erschöpft. Ich empfinde viel von Ihren Gefühlen. Selten hat mich eine Klientin so sehr auf der körperlichen Ebene erreicht. Ich glaube, dass das Ausmaß Ihrer Traumatisierung größer, unendlich viel größer sein muss als tausend Wandzeitungen, seien sie auch noch so groß und die Farben auch noch so schwarz, es fassen können. Aber den Impuls, den sie hatte, nämlich das größte Papier überhaupt auszuwählen, kann ich sehr gut nachvollziehen.

Die Zeit ist um, Beate wird gleich wieder in den Zug nach Magdeburg steigen. Ich möchte Absprachen mit ihr treffen, möchte ihr Begleitung anbieten, weiß aber wie schwierig das auf die Distanz hin ist. Das Bild werde ich in meinem Büro behalten. Ich glaube, dass es nicht gut wäre, wenn Beate sich damit belasten würde. Sie stimmt mir zu. Ich rate ihr an, sich einen Kasten mit Aquarellfarben zu kaufen und zu Hause weiter zu malen, gerade wenn der Waschzwang auftaucht. Ich schlage ihr vor, dass sie sich ein paar positive Bestätigungen (in der Transaktionsanalyse sind das »Affirmationen«) mit auf den Weg geben soll, dass sie diese im Zug oder wenn sie zuhause angekommen ist, aufschreiben kann, und wenn sie Lust habe, könne sie mir diese schicken.

Zum Beispiel: Ich, Beate, habe das Recht auf meine Gefühle, und ich kann diese ausdrücken.

Als wir uns verabschieden, lächelt Beate und sagt:

»Ich glaube, solche Affirmationen, oder wie heißen die, kenn ich nicht. Aber vielleicht fallen Ihnen ja welche für mich ein.«

»Ja, mir fallen viele für Sie ein, Beate, aber ich glaube, Ihnen können die auch einfallen. Ich bin ganz gespannt.«

Einige Wochen lang höre ich nichts mehr. Eines Tages ruft sie an, während ich gerade in einer anderen Beratung sitze. Ich rufe später zurück, aber es ist schwer, am Telefon, den Draht zu ihr zu bekommen. Ich erfahre eigentlich nur, dass es ihr sehr unterschiedlich geht, und dass sie viel malt, aufgeschrieben habe sie auch einiges. Sie sagt mir zu, sie wolle mir ein paar von den »komischen Affirmationen« zuschicken.

Eine Woche später bekomme ich einen Brief, wieder in der kindlich-krakeligen Handschrift: »Liebe Frau Pastorin, Sie fehlen mir, Sie sind so gut zu mir wie nur eine andere Person. Die war übrigens auch Pastorin. Von ihr habe ich Ihnen noch nie erzählt, oder? Hoffentlich komme ich bald nach Köln. Hier sind meine Affirmationen.

Alles, was ich fühle, ist für mich richtig und stimmt so.

Ich kann mir jemanden suchen, dem ich vertraue.

Und wenn ich niemanden finde, suche ich so lange, bis ich die Person, die mir glaubt, gefunden habe.

Ich habe einen Stein, der für mich wie ein Begleiter ist.

Ich kann ihn in die Hand nehmen, und ich kann um Unterstützung und Schutz bitten.

Immer, wenn ich mich waschen will, weil ich es nicht mehr aushalte, kann ich auch andere Wege wählen, um mich in einen besseren und reineren Zustand zu versetzen. Ich kann mir vorstellen, wo ich gern sein möchte und vor allem wie, und ich kann Gott auch um Begleitung dabei bitten.

Ich kann Frau Strecker anrufen und schreiben, und ich kann meine Gefühle in Bildern und Tönen und auf viele verschiedene Weisen ausdrücken.

Viele Grüße, und beten Sie für mich, auch nachts.

Ihre Beate

Ich antwortete Beate sofort, bestätigte sie in ihren Affirmationen, teilte ihr mit, dass ich fände, dass diese Sätze genau die richtigen für sie seien, und dass es vielleicht gut wäre, wenn sie diese eben auch in Bilder oder Töne umsetzt. Wieder vergehen einige Wochen. Es kommt mir wie eine lange Zeit vor, in der ich nichts von ihr höre. Eines Tages steht sie wieder vor meiner Tür. Ich freue mich, sie zu sehen, sie sich auch, glaube ich zu spüren. Aber wieder ist es so wie jedes Mal, wenn Beate in meinem Raum ist. Die Schwere hängt über uns, ich leide auf einer körperlichen Ebene etwas von dem mit, was sie in tausendfach massiverer Form erlitten hat.

Diesmal hat Beate sich eine ganze Woche frei genommen. Ich ärgere mich, dass sie wie jedes Mal einfach unangemeldet kommt, da ich gerade in dieser Woche einen Workshop vorbereiten muss, der am Wochenende stattfinden wird und viele andere Termine habe, die ich nicht verlegen kann. Als ich ihr meinen Ärger mitteile, sagt sie gar nichts. Ich sage ihr, dass wir für jeden zweiten Tag einen Termin suchen werden, sie hadert und fragt, warum nicht jeden Tag, ich erkläre ihr meine Grenzen, sie schluckt, nickt, wir einigen uns. Interessanterweise ist im Kontakt mit Beate jedes Mal eine recht große Vertrautheit. Manche Frauen und Mädchen, die jede Woche zu mir kommen, brauchen oft in jeder Stunde länger, um mit mir warm zu werden, als Beate, die einfach eine so starke körperliche Präsenz ausstrahlt, dass ich von mir aus höchstens Abgrenzungsschwierigkeiten, aber keine Gewöhnungsschwierigkeiten habe.

Ich weiß, dass Beate in dieser Woche ihr Geheimnis lüften wird. Es ist schon in dieser ersten Wiederbegegnung so, dass sie mir mit einer gewissen Erwartungshaltung gegenübersitzt. Den Stein hat sie immer in der linken Hand. Auch, als ich sie in dieser Stunde auf einer Entspannungsübung anleite, fragt sie mich, ob sie den Stein in der Hand halten dürfe. Während der Entspannung lasse ich Beate Bilder für die Affirmationen finden. Sie lässt sich völlig ein, jedenfalls empfinde ich trotz der üblichen Schwere auch ihren entspannten Atem und ihre relative Gelöstheit. Wir besprechen dann die Bilder, die aufgetaucht sind.

»Wissen Sie, was interessant ist? Ich sehe immer nur mich allein, wenn ich versuche, mich zu beruhigen. Aber jetzt, und auch sonst schon, wenn ich bei Ihnen war, sehe ich mich mit einer anderen Frau. Manchmal hocken wir nur nebeneinander, manchmal betet sie mit mir, manchmal hört sie mir zu, auf jeden Fall ist sie da und versteht mich. Die Frau ist schön, sie hat eine große Kraft und sie erinnert mich an jemanden.«

»An wen erinnert sie Sie denn?

»Ja, habe ich Ihnen nicht mal von der Pastorin erzählt, die ich damals kennen lernte. Ich war sehr in sie verliebt, ich habe ihr vertraut und fast alles aus meinem Leben erzählt.«

»Fast?«

Wieder fällt Beate in sich zusammen, ist den Tränen nahe und fängt sich aber relativ schnell wieder.

»Ja, fast. Einmal, als ich bei ihr war, wollte ich ihr von etwas erzählen, aber ich hörte damals auch schon diese Stimmen, die mir sagen, dass ich verrückt bin und meine Phantasie mit mir durchgeht. Es war ziemlich schrecklich. SCHRECKLICH.« (Sie ist sichtlich erregt und wird total laut.)

»Und kurze Zeit später sind Sie dann in die Psychiatrie gekommen? »

»Ja. Ich glaube eben doch, dass ich verrückt bin, jedenfalls in gewisser Weise, sonst wäre es doch nicht so weit mit mir gekommen.«

Wieder einmal teile ich Beate mit, dass sie keineswegs verrückt ist, und dass die Stimmen, die sie hört, eben mit ihrer Geschichte verbunden sind. Ich schlage ihr vor, dass die Stimmen beim nächsten Mal hier in den Raum kommen, und dass sie über diese Stimmen bestimmen wird, dass ich sie aber dabei begleiten werde, den Stimmen Platz und Ort zu geben. Sie schaut mich etwas fragend, aber nicht ablehnend an, signalisiert dann, dass sie am liebsten sofort damit einsteigen will. Aber die Zeit reicht nicht. Am Schluss frage ich sie noch, ob besagte Pastorin die Frau aus der Gemeinde gewesen sei, die sie an die Psychiatrie verwiesen habe.

»Nein«, sagt Beate, »das war meine Schwester.«

Zwei Tage später kommt sie, pünktlich und äußerlich aufgeregt und angespannt. Gleich zu Beginn gestalte ich mit ihr zusammen den Raum, so dass sie den Stimmen den jeweils ihnen gehörigen Raum geben kann. Sie schlägt vor, die Stimmen jeweils am Fenster zu postieren, und weist mir einen Platz an der Tür zu. Ich frage sie, um wie viele Stimmen es sich handelt, und sie sagt nach längerem Nachdenken, sie wisse es nicht so genau, aber mindestens drei, das variiere eben.

Ich frage sie, ob sie den Stimmen Namen geben will, und sie verneint. Dann begleite ich sie, am Arm durch den Raum gehend, zu den verschiedenen Orten, an denen die Stimmen sich aufhalten. Immer, wenn sie bei einer angelangt ist, bitte ich sie anzuhalten und mit der Stimme in Kontakt zu treten. In den folgenden fünfzehn Minuten erlebe ich eine andere Beate, die sich völlig souverän durch den Dschungel verschiedener Stimmen und Meinungen bewegt. Die erste Stimme klingt eher sonor und tief, gibt zunächst nur grunzähnliche Laute von sich und sagt dann irgendwann immer denselben Satz: »Du bist eben nicht so wie die anderen. Du bist ganz anders. Schon allein weil du behindert bist.«

Meine Interventionen in dieser Arbeit bestehen darin, dass ich immer wieder von meinem Stuhl aufstehe und Beate am Arm berühre. Das haben wir vorher so verabredet, und sie weiß, dass sie dann Abstand zu der Stimme aufnimmt und zur nächsten geht. Die zweite Stimme klingt ganz hell, fast ein bisschen quietschend. »Du bildest dir alles nur ein. Du kannst das gar nicht wirklich erlebt haben. Geh in dein Zimmer und beruhige dich oder wasch dich.«

Die dritte Stimme ist wieder tief, und sie redet bestimmt und ohne Wenn und Aber: »Beate, ich warne dich. Du darfst den Bann nicht brechen. Das weißt du. Du weißt um das Geheimnis und deine Schuld. Hörst du mich? ES IST DEINE SCHULD.«

Als Beate bei dieser Stimme ist, fühle ich wieder die immense Schwere und Dumpfheit. Als ich sie ganz vorsichtig am Arm berühre, lässt sie einen Schrei los, der durch Mark und Bein geht. Ich spüre in dem Moment, dass es um Tod und Leben geht. Als ich Beate schreien höre, halte ich meine Hand stützend gegen ihren Rücken. Ich berühre sie kaum, aber ich versuche sie durch meine beschützende Präsenz zu bestärken. Sie schreit und sinkt dann, wie schon einige Male zuvor, in sich zusammen. Ich sage ihr, dass ich bei ihr bin, und dass ich ihr glaube, und dass sie mir alles erzählen darf. Und sie erzählt, zuerst nur zaghaft, aber dann deutlich und mit starker Stimme.

Sie erzählt von ihrer Schwester, die ein Jahr älter als sie ist, und die von Anfang an auf sie herab sah, weil sie eben behindert und ein bisschen dumm war. Ihre Schwester und sie teilten das Zimmer und schliefen in einem Doppelbett. Beate bewunderte ihre Schwester immer, später beneidete sie sie, weil sie schöner und klüger war, bessere Noten in der Schule und den ersten Freund mit 14 hatte. Überhaupt hatte sie immer Freunde, während Beate immer allein und nicht beachtet durchs Leben ging. Ich frage Beate, ob ihre Schwester eine von den Stimmen war.

»Ja, wissen Sie etwa nicht welche?«

»Die erste?« – Beate nickt.

Und dann erzählt sie von ihrer Mutter, die sie nie verstanden hat, und der sie sich auch nie anvertrauen konnte. Letzten Endes, so glaubt Beate, wollte ihre Mutter sie nicht haben und war wütend und unfähig, mit ihrer Behinderung und ihrer ganzen Art umzugehen.

»Meine Mutter hat mir sehr oft gesagt, dass ich mich waschen soll. Ich wusste manchmal gar nicht warum, auch wenn ich ihr von Schwierigkeiten in der Schule oder mit meiner Schwester erzählte«.

Schließlich erzählt Beate von ihrem Vater, und ich weiß, dass es sie, obwohl es nur Bruchstücke sind, alle Kraft und allen Mut kostet. Während sie erzählt, schaut sie mich immer wieder fragend an, und ich gebe ihr nonverbal zu verstehen, dass ich bei ihr bin, und dass sie sich mir anvertrauen kann. Sie redet sehr verlangsamt, so als ob sie sich selbst immer wieder kontrollieren müsste, aber sie erzählt von dem schrecklichen Verbrechen an ihrer Seele als eine Wissende und als eine Nicht-Verrückte, als eine die weiß und die bis heute spürt, dass ihr Unrecht geschah, und dass es eine bodenlose Gemeinheit ist. Sie weiß nicht, wie alt sie war, als es angefangen hat, manchmal vermutet sie, dass es schon früher begann als sie zu denken vermag. Ganz klar erinnert sie sich an ihren 16. Geburtstag. Ihre Schwester war zu der Zeit auf einer Freizeit, so dass sie allein in ihrem Zimmer schlief. Ihr Vater kam abends zu ihr ins Zimmer und legte sich neben sie aufs Bett. Er befahl ihr, sich vor ihr auszuziehen, er berührte sie und ließ sich von ihr berühren, an den Genitalien und ganz besonders am Hintern. Sie erinnert ihren 16. Geburtstag deshalb so genau, weil sie vorher zum Kaffeetrinken gemeinsam Choräle gesungen hatten, ihr Vater war ja Kirchenmusiker.

»Es war eine ganz komische Stimmung, so wie eine Ruhe vor dem Unwetter. Ich wusste, dass etwas nicht stimmt, und ich hatte große, sehr große Angst.«

Während Beate erzählt, ist sie relativ gefasst. Zwischendurch macht sie lange Pausen, und ich ermutige sie zum ruhigen Atmen und zum Verschnaufen. Sie erzählt dann, dass sie ihren Vater wohl ziemlich entgeistert angeschaut hat und zuerst auch nicht auf seine Anordnungen eingehen wollte, aber dass dann eben die Geschichte mit dem Bann gekommen sei, und dann habe sie gespürt, dass da eben auch etwas dran sei, manchmal sei es ihr in ihrer Familie wie ein Fluch vorgekommen, den sie stellvertretend ausbaden müsse. Sie erzählt von den Strapazen und von den gemischten Gefühlen, von dem Durcheinander, das auch jetzt in ihrem Kopf ist. Ich bemerke, da es an meiner Bürotür schon mehrmals geklopft hat, dass die Zeit längst vorbei ist. Ich sage Beate, dass sie sehr stolz auf sich sein kann, dass sie mir ihr Geheimnis erzählt hat, und dass ich weiß und selbst körperlich gespürt habe, wie schwer und wie anstrengend es für sie ist, mir davon zu erzählen. Ich sage ihr auch, dass ich beeindruckt von ihrer Kraft und ihrem Mut bin.

»Können Sie sich vorstellen, für mich zu beten?« fragt Beate.

»Wollen Sie, dass ich für Sie oder mit Ihnen bete?«

Beate guckt mich etwas verlegen an und sagt dann: »Lieber wäre mir schon, wenn Sie's mit mir täten, falls Sie das nicht blöd von mir finden.«

»Nein, ich mache das gern, und ich schlage Ihnen vor, dass wir uns anders in diesem Raum hinsetzen.«

»Oder können wir runter in die Kirche gehen?«

Ich muss das verneinen wegen des Zeitproblems, verspreche ihr aber, dass wir beim nächsten Mal in die Kirche gehen. Ich spreche ein kurzes Gebet.

»Gott, du bist doch meine Freundin,
hörst du mein Gebet, meine Seufzer,
siehst du die Tränen und die Wut,
spürst du eigentlich die ganze Wucht der Gefühle, die hier im Raum ist.

Manchmal weiß ich nicht, wo du dich aufhältst, dann sehne ich mir deine Gegenwart und deine Stimme herbei, aber ich kann dich nicht herbeizwingen.

Heute war ein besonderer Tag, ich habe viel von Beate erfahren, und ich weiß, dass sie sich manchmal auch ganz schön verlassen von dir fühlt. Gib ihr die Kraft, die sie braucht, und lass sie die Gewissheit spüren, dass sie auf dem richtigen Weg ist. Amen.«

Als ich fertig mit dem Gebet bin, sehe ich, dass Beate tränenüberströmt neben mir sitzt. Während ich betete, habe ich aber keinen Ton von ihr vernommen. Ich muss auch weinen. Wir verabschieden uns.

Zwei Tage später kommt Beate, mindestens eine halbe Stunde zu früh. Ich bin aufgeregt. Es ist die letzte Stunde, bevor sie dann erst mal wieder in den Osten fährt, und diesmal wird es anders sein, da sie ihr Geheimnis erzählt hat. Ich habe in der Zwischenzeit mit meiner Supervisorin gesprochen, die mir das Feedback gibt, ich habe gute Arbeit geleistet, aber ich solle aufpassen, dass mich diese Geschichte nicht zu sehr in Beschlag nimmt. Immer wieder fragt sie mich, warum mich diese Geschichte so viel mehr beschäftigt als andere. Und in der Tat spüre ich, dass sie Recht hat. Schließlich habe ich auch mit anderen Frauen zu tun, die sexuelle Gewalterfahrungen haben, schließlich taucht auch die Verbindung von Theologie und Macht in Form von Gewalt immer wieder auf, schließlich ist Beate nicht die einzige Frau, die in einer dezidiert christlichen Familie solche Demütigungen erfahren musste. Was ist es nur, das mich so sehr miterleben lässt, wie es Beate geht und mich noch mehr als sonst in die Gefahr rutschen lässt, dass ich mich nicht abgrenze, Zeiten nicht einhalte und mich selbst immer wieder am Rand meiner eigenen Kräfte sein lässt?

Als Beate kommt, frage ich sie, ob sie zu Beginn oder am Ende in die Kirche gehen will. Sie guckt mich fragend an und sagt dann: »Am Schluss natürlich. Ich möchte noch einen Reisesegen von Ihnen bekommen«.

In dieser Sitzung erfahre ich noch mal mehr von den Jahren, die seit ihrem 16. Geburtstag zu einem Schreckensszenario ohnegleichen wurden, jedenfalls was die zahlreichen Übergriffe ihres Vaters angeht, aber auch die mangelnde Empathie bzw. zwanghafte Grundstruktur ihrer Mutter. Letzten Endes rettete sie sich aus dem Drama, indem sie sich tatsächlich für verrückt erklären ließ. Sie hatte wohl mit 22 schon mal versucht, von zu Hause auszuziehen, war aber von ihren Eltern für verrückt erklärt worden.

»Wie sie sich das denn vorstelle, und ob sie vergessen habe, dass sie eine Behinderung habe, mit der andere Menschen im Heim gelandet seien.« Ihre Schwester war längst ausgezogen, so dass ihr Vater regelmäßig zu ihr ins Zimmer kam und sich über sie hermachte. In ihrer Erinnerung war das besonders häufig der Fall, wenn sie vorher zusammen in der Kirche gewesen waren oder ihr Vater von einer Chorprobe oder einem Auftritt nach Hause kam. Häufig sperrte sie sich ins Badezimmer ein, ließ stundenlang das Wasser laufen und wusch sich. Aber wenn ihr Vater sie nicht im Zimmer vorfand, klopfte er so lange cholerisch an die Badezimmertür, bis sie aufmachte. Kurz bevor sie in die Psychiatrie eingeliefert wurde (Diagnose: endogene Schizophrenie) verbringt sie Stunden in der Küche der jungen Pastorin, die sie über ihre Arbeit im Kirchenamt kennen gelernt hat. Sie entdeckt auf einmal Gefühle, die sie nie zuvor gehabt hat. Wie sie mir erzählt, kapiert sie erst Jahre später, dass hier wohl Liebe im Spiel war.

»Eines Tages war ich den ganzen Nachmittag und Abend bei ihr gewesen. Ich hatte auf einmal die Panik, dass ich zu Hause wieder in den Bann geraten würde. Plötzlich stellte ich mir vor, dass ich bei Sylvia (Name der Pastorin) bleibe. Ich traute mich aber nicht, sie das zu fragen. Also schloss ich mich wieder einmal stundenlang im Badezimmer ein. Sylvia kam irgendwann und fragte mich, ob alles in Ordnung sei. Ich antwortete nicht, da ich plötzlich eine unsägliche Angst verspürte.«

So kam es dann dazu, dass besagte Pastorin sich nicht anders zu helfen wusste, als bei Beates Schwester anzurufen, die wiederum veranlasste, nachdem sie Beate bei Sylvia abgeholt hatte, dass sie in die Psychiatrie eingeliefert wurde. Ich hörte in dieser, vorerst letzten, Stunde mit Beate noch mal viel Ungehörtes, und die ganze Zeit, während sie erzählte, dachte ich immer wieder, dass mich diese Frau vielleicht deshalb so fasziniert, weil sie eine große Überlebenskraft und auch -energie ausstrahlt, vielleicht auch einfach, weil ich sie in der Spannung von der zarten und beschädigten Hülle und dem kraftvollen und letztendlich unverwüstlichen Kern als unendlich liebenswert ansah. Außerdem hatte ich tatsächlich manchmal Schwestern-Gefühle für sie, aber im Sinne einer positiven Schwesternschaft, einer, die die andere bestärkt und sie unterstützt, ohne sich selbst bedroht zu fühlen.

Beates Befreiung begann erst, nachdem sie aus der Psychiatrie entkommen war. Sie weigerte sich, wieder in ihr Elternhaus zurückzukehren, und sie fand darin Unterstützung von einer Psychiaterin. Obwohl sie in den sieben Jahren Psychiatrie niemals von ihrem Geheimnis erzählt hat, machte sie doch sehr deutlich, dass sie nicht zu ihren Eltern zurück könne. In mühsamen Hin- und Herbewegungen schaffte sie es endlich, auf eigenen Füßen zu stehen, allerdings immer noch mit einem sehr hohen Preis und einer unendlich großen Last, die als Bann und als Geheimnis auf ihrem Herzen lastete. Ihre Abwehr war der Waschzwang, der sich in den Jahren nach der Psychiatrie noch verstärkt hatte, wie sie selbst sagte. Sie erinnert sich nicht mehr, wann das angefangen habe. Aber sie sieht es bis heute im Zusammenhang mit ihrer Mutter, die auf ihre Schwierigkeiten und Problemanzeigen schon in der frühen Kindheit mit dem

Hinweis, sie solle sich erstmal gründlich waschen, reagierte.

»Wenn ich nicht zu Ihnen gekommen wäre, hätte ich mich wahrscheinlich eines Tages zu Tode gewaschen. Können Sie sich vorstellen, dass ich teilweise mindestens sechs Stunden am Waschbecken verbracht habe???«

Vieles von dem, was Beate mir erzählte, kann ich mir in letzter Instanz nicht vorstellen. Es erschütterte mich bis ins tiefste meiner eigenen Empfindungen. In dieser Stunde überlegte ich mit Beate, wie es für sie weitergehen könne. Sie war bereit, sich in Magdeburg eine Therapeutin zu suchen.

»Jetzt, wo ich den Bann gebrochen habe, ist es gar nicht mehr schlimm. Ich will einfach nie wieder das Gefühl haben, dass ich verrückt bin, und ich glaube, dass ich ein Recht auf ein Leben ohne Angst und ohne ständige Bedrohung habe. Und außerdem will ich nicht mehr so viel Zeit mit dem Waschen verbringen. Aber ich weiß nicht, ob ich schon so weit bin«.

Wir verabredeten außerdem, dass sie immer wieder zu mir Kontakt aufnehmen könne, allerdings war zu der Zeit schon klar, dass ich nur noch wenige Monate auf dieser Stelle sein würde, was sie sehr schockierte. Schließlich erinnerte ich sie noch mal an die Affirmationen und an all das, was in ihr an Kräften und Potentialen schlummere. Und sie selbst sagte: »Vielleicht kann ich ja auch das nächste Mal, wenn ich wieder Angst habe und mich waschen will, an die Phantasiereise denken. Das habe ich in den letzten Wochen schon ein paar Mal gemacht.«

Zum Abschluss machten wir ein Ritual mit ihrem Stein. Jede von uns sagte, was sie noch braucht und was sie sich wünscht, während sie den Stein in der Hand hielt. Ich war sehr bewegt von der Dichte und Intensität, und die ganze Zeit war ich den Tränen nahe.

Dann gingen wir in die Kirche, und als wir hineingingen stellte Beate sich, wie selbstverständlich, in den Altarraum, schloss ihre Augen und begann zu summen. Ich stellte mich ihr gegenüber auf die andere Seite der Kirche und versuchte ihre Stimme in mir zu spüren und einen Widerhall ertönen zu lassen. So standen wir uns summend gegenüber, und am Schluss sprach ich noch ein Gebet und den Reisesegen:

Gott, segne uns, das heißt soviel wie beschütze uns mit deiner Kraft und lass sie zu unserer werden, segne Beate und lass sie deine Gegenwart und besonders deine schützende und stärkende Energie spüren, sei wie ein mattblauer Mondstein, der Beate daran erinnert, dass sie nicht verrückt ist. Und ebne ihre Wege für Begegnungen mit Menschen, die sie sehen und erkennen und die ihr zu verstehen geben, dass sie eine wunderbare und liebenswerte Frau ist. So sei es. So ist es. Amen.

Wochenlang hörte ich nichts von Beate. Als ich gerade in meinen letzten Tagen auf der Stelle als Pastorin für Frauenberatung und Mädchenarbeit mit Abschied und anderen Dingen beschäftigt war, rief sie mich an und erzählte, dass es ihr »auf und ab« ginge, und dass sie immer wieder ihre Tiefschläge erlebe. Aber insgesamt sei sie gut in Magdeburg wieder angekommen und hoffe, dass es jetzt auch mit der Therapeutin was werde. Bei meiner Nachfrage stellte sich heraus, dass sie noch keine Therapeutin gefunden, aber wohl mit dem Waschen komplett aufgehört habe.

Wieder ein paar Wochen später, ich war inzwischen schon Pfarrerin in der Evangelischen Studierendengemeinde, bekam ich einen Brief von ihr mit einem Foto und einem wunderschönen Bild. Es war eine Miniatur des Bildes, das sie damals bei mir im Büro gemalt hatte, allerdings fehlten die Schwarz- und Rottöne fast komplett. Hinten auf dem Bild schrieb sie: »Wenn du denkst, du bist verrückt, denk an deinen Blumengarten in dir und dann frag Gott, ob sie dich auch für verrückt hält. Die Antwort wissen nur Sie und ich und Gott ja sowieso«.

Ich weiß nicht, was aus Beate geworden ist. Ich habe sie vor Weihnachten noch einmal angerufen, und sie klang bedrückt, weil sie sich isoliert fühlte und Heimweh nach Köln habe. Inzwischen hatte sie aber eine Therapeutin gefunden und überlegte seitdem, ob sie ihren Vater anzeigen solle. Den Kontakt zu ihrer Familie hat sie komplett abgebrochen, aber sie beschäftigte sich mit dem Gedanken, Sylvia, die Pastorin, wieder zu treffen. Ich weiß, dass noch viele Fragen für sie offen sind, und dass sie selbst noch einen großen Berg vor sich hat, aber auch sie trägt die Flügel in sich. Flügel, die sie beschützen, Flügel, die sie tragen, Flügel, die sie spüren lassen, dass sie eine wunderbare und besondere Frau ist und das Recht auf ein selbstbestimmtes und unversehrtes Leben hat.

Methodischer Aspekt: Die Eröffnung eines sicheren Raumes, die Arbeit mit der Wahrnehmungsfähigkeit der Klientin und der Umgang mit Grenzen im seelsorgerlichen Prozess

Die hier aufgeschriebene Fallbeschreibung zog sich über fast zwei Jahre hin. Vieles, das in dieser Geschichte auftaucht, ist strukturell mit dem Thema von sexueller Gewalt verbunden. Für die seelsorgerliche Arbeit, besonders mit Mädchen und Frauen, die Gewalterfahrungen gemacht haben, ist die Eröffnung eines sicheren Raumes entscheidende Grundlage und Voraussetzung für den gesamten Prozess. Beate kam zu mir mit dem Wunsch und der Ahnung, dass es auch für sie einen Ort gibt, an dem sie ihre Geschichte erzählen kann.

Die Eröffnung des Schutzraumes wird wesentlich durch die Interventionen der Seelsorgerin bestimmt. Sie setzt Akzente, indem sie der Klientin zu verstehen gibt, dass sie sich sicher fühlen kann, sie vermittelt ihr ein Gefühl der Souveränität und der Akzeptanz. Bereits in der ersten Stunde gab es mehrere Situationen, in denen ich wesentliche Akzente setzte. Dies lief zum einen auf der nonverbalen Ebene, z. B. lasse ich die Klientin entscheiden, wo sie sitzen will. Ebenso ist eine gewisse Haltung der Seelsorgerin für die Klientin in Körpersprache, Gestik und Mimik erfahrbar wie in verbalen Botschaften. Solche Botschaften wie z. B.: »Ich bin bereit, für dich da zu sein. Ich biete dir Schutz an. Du kannst mir vertrauen. Ich gehe sorgfältig und behutsam mit deinem Geheimnis um«, sollte die Seelsorgerin sich selbst bewusst machen, und wenn sie auch nicht gleich ausgesprochen werden, so kommunizieren sie sich doch auf anderen Ebenen.

Sehr oft geht es für Frauen, die sexuelle Gewalterfahrungen gemacht haben, um ihre eigene Wahrnehmungsfähigkeit, um die Spaltung zwischen dem, was sie fühlen und dem, was ihnen eingeredet oder auch weggeredet wird. Häufig wird Frauen, die ihr Geheimnis verraten, gesagt, sie seien verrückt oder sie werden im Vorfeld schon so sehr mit dem Auseinanderklaffen zwischen ihrer eigenen Wahrnehmung und dem, was ihnen gewaltvoll oktroyiert oder eingetrichtert wird, konfrontiert, dass sie nachher den Spagat zwischen dem Wahren des Geheimnisses und dem, was ihnen von außen eingeredet wird, selbst nicht mehr aushalten und sich für das »Verrücktsein« entscheiden. Ich nenne diese Frauen »Grenzgängerinnen«. Sie bewegen sich auf dem schmalen Grat zwischen Realität und Phantasie. Meistens haben sie schon sehr früh in ihrem Leben Grenzverletzungen erlitten. Den Begriff »Grenzgängerinnen« verwende ich wie Hilsenbeck (1992, 120) auch für die begleitende Seelsorgerin. Denn es geht als das zentrale Thema immer um Grenzen, um verschiedene Wirklichkeiten und tabuisierte Erfahrungen.

Beate ist einen schmerzhaften und langen Weg gegangen, auf dem Kompromisse und verschiedene Versuche, das Schreckliche zu verdrängen, eine wesentliche Rolle spielten. Der Zwang, sich zu waschen, entstand in einer Situation, als sie sich nicht anders zu helfen wusste. Es war der verzweifelte Versuch, die Gräueltaten loszuwerden und einen Zustand der Reinheit und der Unversehrtheit zu erreichen.

Letzten Endes war ihr Weg durch die Psychiatrie ein Mosaikstein in ihrer lebensnotwendigen Trennung vom lebensbedrohlichen Vater, ihre aufkeimende Liebe zu einer Frau bestärkte sie in diesem Trennungsprozess. Als Seelsorgerin unterstützte ich Beate von Anfang an in der Wahrnehmung ihrer Integrität. Ich vermittelte ihr, dass ich sie, trotz der und mit den in ihr gegen sie tobenden Stimmen, als vollwertige Persönlichkeit sehe und schätze. Ich glaubte ihr, auch wenn sie die ungeheuerlichsten Dinge erzählte, ich nahm sie mit ihren Erlebnissen, mit ihren verschiedenen verbalen und nonverbalen Äußerungen ernst. Ich stigmatisierte sie nicht als krank oder psychotisch, schizophren oder verrückt, sondern bestärkte sie darin, sich selbst zu bestärken (Affirmationen). So konnte sie langsam »den Bann brechen« und Mut zur Heilung schöpfen. Gerade weil es bei Grenzgängerinnen ständig darum geht, dass ihre Grenzen vom Täter und/oder anderen Mitgliedern des Systems zerstört, beschnitten oder überschritten wurden, muss die Seelsorgerin mit den Grenzen gewissenhaft und verantwortlich umgehen.

Viele Frauen beschreiben das, was sie in der therapeutischen Arbeit erleben, als Wiederholungssituation. Sie haben als Kind ständige Abhängigkeit erlebt, sind vom Täter immens in ihren Grenzen verletzt worden und tendieren darum dazu, erneute Abhängigkeiten zu produzieren. Als Seelsorgerin oder Therapeutin ist es darum ganz besonders wichtig, das Verrückte der Klientin als Überlebensstrategie in den Blick zu nehmen und sie nicht in der stigmatisierten, pathologisierten Rolle zu lassen. Dazu gehört auch ein klarer Bezugsrahmen, in dem Verlässlichkeit und Selbstannahme entwickelt werden kann. Wichtig in der Arbeit war sicher die »Gegenstandsarbeit«, die durch die nonverbale Ebene ungeahnte Prozesse in Gang brachte.

In Beates Geschichte bekam der Stein eine wesentliche Bedeutung. Mit ihm konnte sie unkompliziert einen Dialog initiieren, der mit Menschen wesentlich »besetzter« ist. Die symbolische Ebene des Steins erlaubte Beate, die ja Gestaltungskräfte in sich trägt, diese zum Ausdruck zu bringen. Die »magischen« Neigungen solcher Frauen wie Beate aufzugreifen, bedeutet, dass ich sie anleite, damit für sich selbst zu arbeiten. Beate nahm den Mondstein dann als persönlichen Schutzstein, als Gegenüber, an.

Eine andere Frau, die auch sexuell traumatisiert war und, als sie kam, fast vollständig vom Hass gegen den Täter besetzt und eingenommen war (was bei ihr bis zu Versuchen der Selbstzerstörung führte, indem sie sich Brandnarben mit Zigaretten zufügte und wochenlang nichts aß), begleitete ich dabei, den Teil ihres Hasses, der sie selbst bedroht, in einen Stein fließen zu lassen. Es war eine sehr intensive Arbeit, die darin endete, dass sie selbst vorschlug, den Stein in der Erde zu vergraben.

Der Zeitfaktor, die lange und teilweise auch qualvolle Zeit, die Beate brauchte, um ihr Geheimnis zu offenbaren, ist wesentlich für den Prozess, den sie dann mit mir durchmachte. Als sie zu mir kam, befand sie sich noch in einem Spagat zwischen ihren eigenen Gefühlen und dem, was ihr von außen eingeredet wurde. Jedoch hatte sie durch ihren räumlichen Loslösungsprozess vom Elternhaus, sowie durch einige neu besetzte Beziehungen, eine Ahnung von der Bedeutung und von der Wichtigkeit, die das Brechen »des Banns« für sie haben könnte. Oft dauern therapeutische Prozesse mit Überlebenden sexueller Gewalt sehr, sehr lange. Die Arbeit an den tiefen Verletzungen, die in diesem Fall sehr schnell begann, ist nicht auf eine beliebig andere, vielleicht ähnlich erscheinende Fallgeschichte übertragbar.

Ausschlaggebend ist, dass die Klientin selbst über Richtung und Tempo und auch, wieweit sie Erfahrungen zulassen will, entscheidet. In verschiedenen Forschungsansätzen wird oft beschrieben, dass manche Frauen die Therapie nur etappenweise aushalten. Vielleicht konnte Beate ihren Prozess mit mir so rasant gestalten, da sie immer wieder in die Ferne auszog, also einen natürlichen Abstand herstellen konnte.

In der Arbeit mit Überlebenden sexueller Gewalt ist die Rekonstruktion dessen, was wirklich geschehen ist, wesentlich. Der Täter muss als Täter entlarvt werden, ob diese Entlarvung bis in die konkrete Konfrontation hineingeht oder zunächst einmal im sicheren seelsorgerlichen Setting stattfindet, entscheidet immer die betroffene Frau selbst. Es gibt keine Regel, die besagt, dass nur durch die Konfrontation mit dem Täter die Heilung vollzogen werden kann. Wichtig ist jedoch: Die Gewalttat muss als solche, nämlich als Verbrechen, benannt werden. Vielen Frauen wird erst in der Therapie klar, dass sie mit dem Schweigen, mit dem Zudecken, einem ungeschriebenen Familiengesetz gehorcht haben. Das Tabu, der Bann, wie Beate es genannt hat, über Gewalterfahrungen und Missbrauch in der Familie offen zu sprechen, verfestigt das Klima von Unterdrückung, Macht und Angst. Schweigen zu müssen macht einsam, verrückt, weil die erlebte Realität nicht sein darf.

Darum war es von großer Bedeutung, Beate den Raum für ihre eigenen Gefühle, die der Scham, der Wut, der Schwere, des Nicht-Wahrhaben-Wollens, des Verleugnens etc. zu geben und sie damit nicht allein zu lassen. Damit zusammen hängt die Bereitschaft der Seelsorgerin, die Frage nach dem Sinn des Geschehenen anzunehmen und zugleich in dieser Fragestellung die möglichen Ressourcen und Potentiale zu mobilisieren.

Beate ermutigte ich, das Wissen in sich, dass sie letztendlich doch ihren Gefühlen trauen kann, ernst zu nehmen und dabei zu bleiben. Sie wusste schon bevor sie mich traf, dass es Begleiterinnen, in Form von Steinen und von Menschen gibt, die sie unterstützen und die sie auch um Schutz bitten kann. Und sie weiß, wie die meisten Überlebenden, dass in ihrer eigenen Überlebensgeschichte ein ungeheures Kraftpotential liegt. Auch das Gebet hat für sie eine heilende Kraft. Das Gebet ist eine gute Möglichkeit, um diese Auseinandersetzung anzuregen und bestimmte Quellen anzuzapfen. Sie kann sich im Gebet an ein Gegenüber wenden und sich nach Schutz und Geborgenheit sehnen. Wie sehr sie das real erleben konnte, vermag ich letztendlich nicht zu sagen. Ich merkte jedoch in den Situationen, in denen ich mit Beate betete, dass sie sich entspannte und auch ein Stück der körperlichen Schwere den Raum verließ.

Ganz grundsätzlich stellen sich hier jedoch einige Anfragen an das Setting feministischer Seelsorge/Beratung: Begrenztheit ist das Dilemma und zugleich die Chance einer jeden seelsorgerlichen Beziehung und Begegnung. Die Begrenztheit ergab sich zunächst durch die äußere Situation, dass Beate nicht in Köln wohnt, von daher nicht zu regelmäßigen wöchentlichen Sitzungen bei mir kommen konnte. Eine zweite Schwierigkeit ergab sich durch die Unvorhersehbarkeit ihrer Kontakte zu mir. Auch wenn ich sie immer wieder darauf hinwies, dass sie sich vorher anmelden solle, stand sie doch meistens unangemeldet vor meiner Tür. Drittens ist die nonverbale Arbeit oft sehr viel intensiver als das reine Gespräch, so dass eine intensive Auf- und Nacharbeitung der aufgekommenen Gefühle unbedingt erforderlich und heilsam ist.

Ich hatte z. B. nach mehreren Sitzungen mit ihr das Gefühl, es wäre gut, unmittelbar auf die erfahrenen Gefühle während bestimmter Sequenzen (Bild malen, Phantasiereise, Steinübung, Töne im Raum) einzugehen, jedoch war die Zeit meistens nicht ausreichend, um dies auf zufriedenstellende Art und Weise zu tun. Meistens reichte die Zeit gerade noch, die Klientin nicht völlig im Regen stehen zu lassen. Nachdem Beate das Bild gemalt hatte, wäre es z. B. sinnvoll gewesen, ihr die Möglichkeiten anbieten zu können, die schwarz-roten Farben des Bildes auf anderen Ebenen auszudrücken und zu besetzen. Wenn ich sie auch gut beim Malen des Bildes begleiten konnte, so war ich doch nicht zufrieden, dass ich ihr bei der Aufarbeitung der verschiedenen Gefühle von Scham, Wut und Trauer nicht mehr so zur Seite stehen konnte, wie ich das gern gewollt hätte. Die Affirmationen, die ich ihr als Hilfestellung mit auf den Weg gab, waren zwar sicher gut für ihre Anbindung an die Ressourcen, jedoch legten sie sich auch wie ein sanfter Mantel auf die vorher evozierten Gefühle.

Insgesamt lässt sich also sagen, dass die Begrenztheit, die durch das Setting gegeben war, sich in dem Prozess einige Male als erschwerend herausstellte, besonders in den Momenten, in denen ich auf einer nonverbalen Ebene mit Beate an wesentliche Schnittpunkte ihrer Geschichte gekommen war.

In jedem Fall halte ich persönlich klare Grenzen und Absprachen für sehr wichtig, weil ich sonst in der Gefahr stehe, den Entgrenzungen der Klientin zu folgen. Am Ende der vorletzten Stunde ging ich aus diesem Grund nicht auf ihren Wunsch, in die Kirche zu gehen, ein. Rückblickend denke ich, dass Beate mich auch deshalb so sehr beschäftigte, weil sie mich selbst immer wieder mit den Begrenzungen (Zeit und Setting) und Defiziten der Seelsorgesituation konfrontierte. Die Art der Tiefungsarbeit mit Beate war nur möglich, da die Beziehungsebene zwischen Seelsorgerin und Klientin stimmte und genug Vertrauen da war.

Im Kontakt mit Beate wurde mir in jeder Momentaufnahme bewusst, wie viel Sensibilität ich brauche, um meine Interventionen richtig zu dosieren. Schutz und Sicherheit waren wesentliche Bausteine für diese Arbeit. Ich bemühte mich in jeder Situation, in der ich mit Beate arbeitete, darauf zu achten, dass sie sich sicher fühlte und sie davor zu bewahren, mit mir ähnliche Grenzüberschreitungen zu erleben, die ihr aus ihrer ganzen Lebensgeschichte her vertraut sind. Dass dies eine Gratwanderung ist und ein hohes Feingefühl erfordert, sowie auch die Fähigkeit, Grenzen aufzurichten, wenn erstmal keine erwartet werden, ist wesentlich. So wichtig es ist, Frauen wie Beate ihren Prozess selbst bestimmen zu lassen, so notwendig ist es gleichzeitig, klare Grenzen zu setzen und uns nicht durch das mangelnde Bewusstsein der Klientin zu Grenzüberschreitungen verführen zu lassen.

Feministische Seelsorge kann in den meisten Fällen nur punktuelle, wenn auch wesentliche Weichenstellung bedeuten. Wenn auch eine therapeutische Qualifikation m.E. notwendig ist, um die Arbeit mit Grenzgängerinnen überhaupt leisten zu können, so ist doch das Setting (Gemeindepfarramt, Pfarramt mit anderen Aufgaben etc.) meistens nicht geeignet, um langfristige therapeutische Arbeit zu leisten. Es ist gut, dies zu Beginn des seelsorgerlichen Kontaktes abzuklären und dann bei Bedarf an Therapeutinnen oder Institutionen weiterzuvermitteln. Meiner Meinung nach sollte jede Pfarrerin eine Liste mit kompetenten Therapeutinnen, Frauenärztinnen und Beratungsstellen in ihrer Gegend haben, möglichst nach Schwerpunkten und Kompetenzen sortiert.

Rückblickend denke ich, dass ich mich auf dem schmalen Grat zwischen der seelsorgerlichen Beziehung, die sehr schnell zwischen uns entstand, und meiner diagnostischen Kompetenz, mit der ich wahrnahm, dass Beate eine längerfristige kontinuierliche Vertrauensperson brauchte, bewegt habe.

Es ist mir wichtig zu betonen, dass ich mich in anderen Fällen, als Frauen gerade aus der Psychiatrie entlassen waren, mit einer sehr instabilen Grunddisposition oder selbstzerstörerischen Anteilen ihre Problematik bei mir entfalteten, schon im Erstgespräch entschieden habe, nicht mit ihnen zu arbeiten und möglichst an andere Fachfrauen oder Kolleginnen weiterzuverweisen. Die Kooperation mit anderen Frauen, die die nötige professionelle Kompetenz mitbringen, ist gerade in der Arbeit mit Grenzgängerinnen unabdingbar.

In Beates Fall entschied ich mich, mit ihr zu arbeiten. Nach dem Erstkontakt mit ihr überlegte ich, welche Dinge ich besonders beachten will, und was meine besondere Aufmerksamkeit verlangt. Dies erfolgte in einem Dreischritt:

Was hat Beate berichtet (Was fehlt noch?)

Wie hat sie berichtet (Was habe ich wahrgenommen?)

Was fiel mir auf, hinsichtlich möglicher Übertragungen der Klientin auf mich und möglicher Gegenübertragungen?

Ich erfuhr von Beate, dass sie mich als Pastorin und Seelsorgerin braucht. Ich hörte, dass es einen Bann zu brechen gibt, wobei sie Unterstützung und Begleitung braucht. Ich nahm wahr, dass sie vieles in nonverbalen Äußerungen kommuniziert, und dass sie mir ihr Geheimnis anvertrauen wollte. Ich erkannte, dass ich auf der Übertragungsebene eine wichtige Person für sie verkörperte, die auf der spirituellen Ebene positiv besetzt war. Ich spürte, dass sie mich in ihrer Zartheit und Stärke zugleich berührte und an meine eigenen Grenzerfahrungen heranführte, weil ich diese Gratwanderungen zwischen Realität und Fantasie, zwischen Macht und Ohnmacht, zwischen Stärke und Verletzlichkeit nur allzu gut kenne. Ich vertraute Beates Hartnäckigkeit, ihrer Zähigkeit und ihrem humorvollen Kern. Ich verließ mich schlussendlich auf meine intuitive Wahrnehmung, dass ich mich auf der Beziehungsebene mit ihr verstehe, und dass es genug Verbindungen zwischen uns gibt.

Das Mädchen ohne Hände

Ursula Riedel-Pfäffin

Thematischer Aspekt: Körpererfahrung und Sexualität

Von 1986 bis 1995 lehrte ich Seelsorge und praktische Theologie in zwei theologischen Hochschulen in den USA. In dieser Zeit entwickelte ich mit Studentinnen eine Frauengruppe, in welcher ich den von Frigga Haug (1983) entwickelten Ansatz der Erinnerungsarbeit und narrative Ansätze der Seelsorge umsetzen und fruchtbar machen wollte. Haug entwickelte die Erinnerungsarbeit nicht als therapeutische Methode, sondern als Methode der Frauenforschung. Die von mir initiierte Gruppe hatte ein erweitertes Ziel. Zum einen diente sie der Forschung, weil alle Teilnehmerinnen Studierende und in der Ausbildung zur Seelsorge oder zur Familientherapie waren. Zum anderen sollte die Gruppe auch Gelegenheit zur Selbsterfahrung und Arbeit an der eigenen Lebensgeschichte geben, welche im normalen Lehrbetrieb nur in Ansätzen möglich war. Ich hatte im Semester davor zum ersten Mal in dieser Hochschule das Thema Sexualität und Gewalt angeboten und einige Frauen wollten anschließend ihre Erfahrungen in dem geschützten Raum einer Gruppe besprechen.

In der Erinnerungsarbeit werden in einem Kollektiv die Sozialisationserfahrungen der teilnehmenden Frauen analysiert, indem Geschichten aus ihren eigenen persönlichen Erinnerungen aufgeschrieben, gemeinsam gehört und miteinander ins Gespräch gebracht werden; Geschichten, in welchen Sozialisation als ein Prozess der Sexualisierung des weiblichen Subjektes sichtbar wird. »Gerade, weil die Frauen in kulturellen Verarbeitungen der Reproduktion des Lebens – etwa in der Literatur oder in Volksmärchen – einen so objekthaften Platz haben, sind sie gezwungen, die Erinnerungen Stück für Stück aufzuarbeiten (...) Die Entselbstverständlichung, den Ungehorsam gegen die vorgegebenen Bewertungen wollen wir leisten, indem wir liebevoll alle Details schildern, unabhängig davon, ob wir sie für wesentlich erachten oder nicht. Die gemeinsame Diskussion soll es ermöglichen, im Feld neue Zusammenhänge, wichtige Spuren zu entdecken« (Haug, 1983, 20).

Interessant finde ich, dass in diesem Ansatz nicht direkt über sexuelle Erlebnisse geschrieben und gesprochen wird, sondern der Ausgangspunkt einfach bei Erinnerungen zu einzelnen Körperteilen genommen wird. Ich schlage daher einigen interessierten Frauen vor, dass wir uns einmal im Monat treffen und unsere Erinnerungen zu Körperteilen aufschreiben, mitbringen und uns gegenseitig vorlesen. Ich schreibe einen Brief, in welchem kurz der Ansatz als gemeinsame Forschung beschrieben wird, und die Teilnehmerinnen eingeladen werden, das Buch zu lesen und Erinnerungen zu den jeweiligen Körperteilen in der dritten Person aufzuschreiben und mitzubringen. Sieben Frauen wollen mitmachen. Die Themen des ersten Jahres sind: Haare, Augen, Mund, Hände, Brüste, Bauch. Beispielhaft werden hier drei von diesen Aspekten aufgegriffen.

Haare, 1. Sitzung

Beim ersten Mal sprechen wir über unsere Erwartungen und Wünsche, über die Idee dieser Erinnerungsarbeit, Ort, Zeit und wie wir diese Gruppe gestalten wollen. Die Frauen möchten nach dem Vorlesen und Sprechen noch miteinander essen und etwas dazu mitbringen. Wir fangen mit Erinnerungen zu »Haar« an. Ich erwarte ziemlich unkomplizierte Geschichten und bin gespannt. MaryJo, eine sechzigjährige Witwe mit tiefschwarzen kurzen Haaren, eine Musikerin, die sich jedes Mal wunderschön kleidet und schmückt, bringt es in ihrem Vorlesen gleich auf den Punkt: es geht in ihrer Erinnerungsgeschichte nicht nur um das lästige Haarekämmen ihrer Mutter, sondern um das in den USA unendlich wichtige Entfernen der Haare an sichtbaren Körperteilen der Frau: »Die nackte Wahrheit. Sie hätte auf keinen Fall Spaß oder Stolz erleben können, ehe ihre Mutter ihr nicht erlaubte, dass sie die Haare an ihren Beinen abrasieren durfte«.

Diese Geschichte setzt die ganze Gruppe sofort in Bewegung und alle steuern Berichte über ihre Erlebnisse mit dem Rasieren oder Abwachsen der Haare bei. Eine lesbische Frau, Karia, stimmt MaryJo in Bezug auf die haarlosen Beine zu. Sie legt zwar keinen Wert darauf, ihre Beine zu rasieren, wenn sie jedoch erlebt, wie Leute in ihrer Umgebung, einschließlich ihrer Nichten und Neffen, sich darüber aufregen, dass ihre Haare anfangen zu wachsen, dann macht sie doch lieber mit und fühlt auch die sofortige Erleichterung bei allen. Ansonsten, meint sie, würden die Spannungen unerträglich werden.

Nach dem ersten Austauschen gehen wir noch mal zurück zu MaryJos Erinnerung und hören noch einmal genauer hin. Was hat sie erzählt? Was ist vielleicht nicht erwähnt, jedoch auch wichtig? Sie selbst besteht ja darauf, die Haare abrasieren zu können, nicht die Mutter. Sie selbst sieht einen Zusammenhang zwischen dem, wie sie sich damals als junges Mädchen fühlte und was ihr heute wichtig ist. Sie sagt, »Noch heute ist es für mich schwer, mich zu freuen oder gut zu finden, wenn nicht zumindest einer mir ein Kompliment macht. Sonst bin ich niedergeschlagen und unglücklich«. Die Gruppe geht sehr gut auf MaryJo ein und es wird ihr bewusst, dass andere ihr auch zugewandt sind, wenn es nicht um ihr Aussehen oder ihr gutes Auftreten geht.

Die Sitzung endet mit einem Spruch, den Ellen aus ihrer Kindheit erinnert: »Ladies tun vor allem dieses nicht: furzen, stinken, schwitzen, fluchen«.

Bei mir löst diese Sitzung gemischte Gefühle und Gedanken aus. Seit ich in den USA lebe, spüre auch ich verstärkt den Druck, meine Haare zu entfernen, obwohl ich das eklig und überflüssig finde. Ich kann mich nicht erinnern, in Deutschland je daran gedacht oder einen entsprechenden Druck empfunden zu haben. Ich weiß nicht einmal genau, wie das Entfernen der Haare gut gelingt, ohne sich zu schneiden, und stelle mir die ganze schöne Zeit vor, die mit solchen Prozeduren verschwendet wird! Auf der anderen Seite bewundere ich auch die wunderbar sanften glatten Beine, die manche Frauen zur Schau stellen. Besonders, wenn es an den Sommer geht. Bei dem Thema Haare hätte ich zunächst an die Kopfhaare gedacht und mehr Geschichten von strähnenden Müttern und heulenden Töchtern erwartet. Nun waren wir schon mittendrin im Thema Sexualisierung der Frauenkörper, und es wurde schon deutlich, dass der Blick der anderen, der total verinnerlicht wird, eines der wichtigsten Instrumente ist, Mädchen und Frauen zu domestizieren und für sich selbst zu objektivieren.

Mund, 2. Sitzung

Harmlos fängt das Treffen an. Wir erzählen und lachen bis alle da sind. Joanna erzählt, dass ihr Vater Sprachlehrer war und sie oft aufgefordert wurde, still zu sein. Sie war still. Und dann lernte sie Flöte spielen, um sich eine Stimme zu geben. Bei MaryJo war es umgekehrt. Sie sollte Flöte lernen, aber sie hatte nicht den entsprechenden Mund. Sie würde es lernen, wenn sie ins Gefängnis käme, meint sie. Ellen wollte auch Flöte lernen und lernte dann Klarinette und Oboe. Sie bekam Ärger, weil das, was aus ihrem Mund kam, nicht fein war. »Ich lernte früh im Leben was ›Ladies nicht sagen‹ und legte natürlich alles dran, um außerhalb der Hörweite meiner Eltern genau diese Dinge zu sagen. Ich wollte Teil der Clique sein und lernte von klein an mit den Lautesten zu fluchen. Es war für mich eine Quelle großer Freude, gegen die Standards meiner Familie zu rebellieren und so klar zu machen, dass ich nicht eine von ihnen war. Ich benutzte meinen Mund, um meine ältere Schwester ganz unbarmherzig zu ärgern und zu necken, als ich erst vier war. Ich wusste, dass ich überlegen war. Ich war die Familienrebellin«.

Im Gespräch wird bemerkt, wie stark die Stimmen der Mädchen reglementiert werden. Entweder sie darf überhaupt nicht sprechen oder ihr Mund ist nicht passend, oder das, was sie sagt, passt nicht und darf nicht sein. Mädchen müssen sich Umwege schaffen, Auswege, Nebenschauplätze für ihre Aggression. Sie definieren sich selbst als rebellisch, wenn sie nur das tun, was für Jungen selbstverständlich ist.

Bei der nächsten Geschichte fängt auch alles harmlos an. Beth war sechzehn. Sie war sehr selbstbewusst und stark als junges Mädchen. Eines Abends ist sie eingeladen und geht auf eine Party. Sie verliebt sich, sie ist happy. Sie geht mit ihm spazieren. In einem Bootshaus setzen sie sich und schmusen und rauchen Hasch. Er verlangt, dass sie seinen Penis in den Mund nimmt, um ihn zum Orgasmus zu bringen. Sie ekelt sich sehr, sie würgt, sie traut sich nicht, nein zu sagen. Sie ist wie gelähmt und bewegungslos. Sie fühlt sich entpersonalisiert und schlecht. Wie kann das sein? Die Gruppe schweigt lange und ist betroffen. Beth ist eine sehr kompetente, selbstbewusste Frau. Im Seminar tritt sie als Wortführerin auf, sie ist intelligent und kann sich gut durchsetzen, sie ist lustig und hat viele Freunde und Freundinnen. Der Widerspruch zwischen dem, was wir von Beth sonst kennen, und dem Gefühl, das diese Erinnerung auslöst, beschäftigt uns noch lange. Hier wird eine Ebene von Intimität angesprochen, die bisher noch nicht da war. Aber das Gefühl, wie gelähmt zu sein und nicht Nein sagen zu können, kennen viele.

Dann fährt eine andere Frau, Donna, fort. Donna hatte eine schöne Stimme. Sie liebte es zu singen. Mit dreizehn sang sie zum ersten Mal in einer Gruppe. Sie heiratet und ist glücklich. Aber ihr Mann verlangt von ihr, dass sie seinen Schwanz lutscht. Sie hasst es, sie mag es überhaupt nicht. Sie fängt an zu würgen, zu weinen. Er aber merkt es nicht einmal. Eine so verständnislose, uneinfühlsame Reaktion. Sie findet es furchtbar, dass sie jedes Mal wieder mitmacht. Ihre Stimme versagt. Sie hält oft die Hand auf den Mund. In letzter Zeit kann sie überhaupt nicht mehr telefonieren.

An diesem Abend sitzen wir noch lange zusammen. Es ist schwierig, über diese Erfahrungen zu sprechen, aber es bringt die Frauen auch einander näher. Einige sagen, wie schlimm sie es finden, dass das Schöne, Ersehnte genau ins Gegenteil gekehrt wird: aus einer schönen Situation wird eine furchtbare. Das Schlimme ist das Gefühl der Lähmung. Wo bleibt die Stärke und das Selbstbewusstsein, von dem Beth sprach? Wieso verstummt die Stimme Donnas so schnell? Es wird deutlich, dass ein Zusammenhang besteht zwischen der Geschichte Ellens und Joannas mit den Erlebnissen von Beth und Donna. Wenn Mädchen verboten wird, zu sprechen, wenn sie leise gemacht werden und unschuldig, wie können sie lernen, sich gegen unerwünschte Forderungen vernehmbar durchzusetzen?

Hände, 5. Sitzun

Zu dieser Sitzung bringt Beth keine Geschichte mit, sondern Bilder. Kohlezeichnungen, die sie von sich gezeichnet hat. Wir schauen die Bilder gemeinsam an und sind von der Kraft beeindruckt, die darin zum Ausdruck kommt. Aber eines ist sehr auffällig: auf jedem der Bilder fehlen die Hände. Ich bin auch erstaunt. Beth geht in ihren Schmerz. Es sind Bilder von schreiend geöffneten Mündern und abgeschnittenen Händen. Ich kann die Hand nicht ausstrecken, sagt sie. Ich lade die Gruppe ein, in eine ihrer gezeichneten Positionen zu gehen und wir fühlen eine starke Spannung. Plötzlich habe ich eine Intuition, eine Assoziation über Bestrafung. Ich frage Beth: Bist Du als Kind bestraft worden? Wie bist Du bestraft worden?

Plötzlich fällt ihr ganz viel ein. Ihr Vater hat sie mit seinen Händen auf den Hintern geschlagen. Aber sie konnte sich nicht verteidigen. Sie sah sich in einem Bett liegen, mit angebundenen Händen. Ihre Mutter zerrte sie voller Wut und Zorn. Ausgelieferter Körper! Gebundene Hände! »Ich kann meine Hand nicht zu jemand ausstrecken, wenn ich Schmerzen habe, noch heute fällt es mir schwer, um Hilfe zu bitten. Dafür kann ich schreien. Mein Reden wird meine Hand.«

An solchen Punkten kommt auch bei mir vieles aus meiner Kindheit hoch. Ich muss aufpassen, dass ich bei den Frauen und ihrer Erfahrung bleibe. Hier war ich ganz nah an Beth und habe nur durch meine Intuition gespürt, wo etwas Wichtiges für sie verborgen sein könnte. Ich spüre Traurigkeit und Zorn. Ich fühle mich Beth sehr nahe. Für die Frauen, die später alle mit Klientinnen arbeiten, ist es wichtig, auch selbst mit den verschütteten Schmerzen in Berührung zu kommen, die ihnen dann jeden Tag begegnen.

Die Grenze fließend zu halten zwischen Betroffener, Teilnehmender und Anleitender in einer solchen Selbsterfahrungsgruppe ist nicht leicht, aber wichtig. Ich habe zu den Sitzungen auch meine Geschichten geschrieben und sie manchmal vorgelesen. Manchmal aber auch nicht, um bei den anderen Frauen zu bleiben und ihnen die Zeit zu ermöglichen. Die Fragen von Nähe und Distanz sind für mich nicht einfach in Balance zu halten. Manchmal überfluten mich meine eigenen Gefühle und Reaktionen. Manchmal kann ich lange und dicht bei den anderen bleiben. Die Nähe ermöglicht viele Schritte der Veränderung, sie macht aber auch Auseinandersetzungen um Verlässlichkeit, Zeiteinteilung, Geben und Nehmen schwieriger. Besonders zwei Frauen, die jedes Mal sehr viel später kommen, machen mir zu schaffen. Ich spreche den Konflikt an, was dann wiederum als zu scharf empfunden wird. Ich nehme mir vor, selbst mehr Klarheit in den Rahmen der Gruppe zu bringen.

Im zweiten Jahr erzählen wir uns Erinnerungen über innere Organe: Zunge, Magen, Hirn, Herz, Lungen, Blut und Mutterleib. Einige Frauen sind noch von der ersten Gruppe dabei, einige neue kommen dazu. Insgesamt geht die Arbeit noch tiefer und wir erleben eine besonders bewegende Stunde bei Herz: am Schluss weinen alle Frauen, weil so viel Sehnsucht im Raum zum Ausdruck kommt, besonders nach der vermissten Anwesenheit von Vätern. In diesem Jahr gestalten wir bewusst mehr mit Körperarbeit. Eine Studentin, die liturgischen Tanz erprobt, ist dabei und leitet uns am Anfang und Ende der Sitzungen zu einem meditativen Tanz oder einer Körperübung an. Nach Abschluss der Gruppe treffen sich einige der Frauen weiter. Ich schreibe meine Gedanken auf, über die Gruppe und die Themen, die in der Erinnerung wichtig wurden und gebe sie den Teilnehmerinnen, die ich erreichen kann, um ihr Feedback zu bekommen. Eine sagte: »Dies hat mir gut getan. Ich bin jetzt viel mehr in meinem Körper«.

Methodischer Aspekt: Arbeit mit Biographien als Erinnerungsarbeit in Gruppen

Ähnlich wie Foucault argumentiert Frigga Haug mit der Macht dominanten Wissens, d.h., dass wir oft unsere Erinnerungen zum Beweis vorher formulierter Theorie machen. Ziel der Erinnerungsarbeit ist, das »Gängelband herrschender Kultur« gerade für Frauen zu lösen und ihren Blick frei zu machen für ihre eigenen, bisher nicht privilegierten Stärken und Energien, die sie aber auch in ihrer Geschichte aus möglicherweise nicht bewussten Kräften ihrer Vorfahrinnen oder nicht beachteten Verbindungen zu anderen Menschen mit sich tragen. »Wir versuchen also, die Ereignisse unserer Kindheit mit einer Art undogmatischer Respektlosigkeit in vielen Details zur Besichtigung aufzubereiten. Dabei gehen wir davon aus, dass alles, was überhaupt erinnert wird, eben darum eine identitätsrelevante Spur ist. Wir entziffern die Einzelheiten als Schriftzeichen über Zusammenhänge« (Haug, 1983, 21).

Diesen Ansatz der Erinnerungsarbeit führt Frigga Haug als Forschungsarbeit mit anderen Frauen durch und geht damit schon früh einen wichtigen Schritt in der Entwicklung qualitativer Sozialforschung, in welcher im Unterschied zu quantitativen Forschungsmethoden die Betroffenen der Forschung immer weniger als Objekte der Untersuchung behandelt und stattdessen selbst als Beteiligte und Expertinnen ihres Wissens und ihres Lebens anerkannt und einbezogen werden.

Der kritisch-psychologische Ansatz der Erinnerungsarbeit versteht sich eher gesellschaftsanalytisch und -kritisch und nicht therapeutisch. Ich sehe jedoch im genauen Hinsehen auf Details der Erinnerungen und der Suche nach gesellschaftlicher Transformation gerade der Geschlechterrollen Berührungen mit anderen Konzepten der Biographiearbeit: der Familienrekonstruktion in der Familientherapie, der narrativen therapeutischen Arbeit der Just Therapy aus Australien und der Seelsorge als Rekonstruktion von Lebensgeschichte. Auch sehe ich Parallelen in der Arbeit mit kollektiver Erinnerung in der feministischen Exegese von Bibeltexten und Kirchengeschichte, in welcher Frauen aus verschiedenen Kontexten darangehen, die kollektive Geschichte der Frauen mittels verschiedener hermeneutischer Ansätze aufzuarbeiten.

In der Erinnerungsgruppe hat es sich bewährt, die Frauen einzuladen, in der dritten Person von sich zu schreiben: »Als sie einmal ...«. Dies erzeugte, wie Haug vorschlägt, einen gewissen Verdeutlichungseffekt, weil nicht sofort die Ich-Identifikation vollzogen wurde. Anderseits sind wir damit ziemlich locker umgegangen, denn je mehr die Geschichten uns anrührten, desto weniger war dieser Abstand möglich. Aus dem Gesagten in eine zusammenhängende Analyse der Sozialisation von Mädchen als Sexualisierung ihrer Körper zu kommen, haben wir nicht erreicht. Aber ich denke, das war auch nicht notwendig und nicht gewollt, denn die Geschichten sprachen auf verschiedenen Ebenen eine deutliche Sprache für sich selbst, und für jede Frau setzt sich im Zuhören und Sprechen das Verstandene zu einem eigenen Wissen zusammen. Die These Haugs, dass das Aufwachsen der Mädchen ganz eng mit der Sexualisierung ihrer Körper verknüpft ist, wurde eigentlich in jeder Sitzung deutlich. Uns ging es nicht in erster Linie um die Analyse, die schon im Seminar geleistet worden war, sondern um eine Gruppe, in welcher genügend Vertrauen wachsen konnte, um mit den Erinnerungen zu arbeiten.

Erlebnisse über Körpererfahrung und Sexualität zu erzählen, kostet viel Mut. Dadurch, dass sie im Raum der Frauen ausgesprochen und erinnert werden, durchbrechen die Frauen eines der wichtigsten Machtmittel der Beschneidung ihrer Flügel: das gebotene Schweigen, die Verharmlosung ihrer Verletzung und die Trivialisierung ihres eigenen Wissens. Jedes Detail dieses Wissens, das nur jede Frau für sich hat, ist wertvoll. Jede konkrete Erinnerung trägt dazu bei, die Bedeutung dieses Wissens anzuschauen und zu wählen: was habe ich gelernt, als Wissen über mich und andere zu akzeptieren? Will ich damit weiterleben? Wie will ich damit weiterleben? Was gibt es außer den eingeprägten Mustern noch an Wissen von mir? Habe ich jemals Flügel besessen?

Durch das Erinnern im gemeinsamen Kreis des Erzählens und Schreibens wird neuer Raum eröffnet: die Wahrnehmung der eigenen Macht des Wählens aus verschiedenen Perspektiven, aus vielfältigen Ressourcen. Der Vogel fliegt nicht nur in einem konkreten Territorium der Landschaft zwischen Himmel und Erde. Aus der Vogelperspektive gewinnt die Landschaft ganz unterschiedliche Dimensionen.

Als Grundlage für Vertrauen ist eine Vereinbarung notwendig, dass außerhalb der Gruppe nicht über die Ereignisse in der Gruppe oder andere Teilnehmerinnen ohne sie gesprochen wird. Auch Konflikte der Teilnehmerinnen untereinander werden innerhalb der Gruppe besprochen und nicht außerhalb. Dadurch wird eine neue Botschaft hinsichtlich der Kraft der eigenen Stimme unterstützt: hier ist Raum, der sicher genug ist, die Verschiedenheit untereinander zur Sprache zu bringen und auch das Unerhörte, das Unaussprechliche auszusprechen, auszuhalten und gleichzeitig Gemeinsamkeiten zu erfahren und zu feiern.

Solche Sicherheit kann jedoch nur entstehen, wenn die Muster abwertender Kritik, die wir gründlich gelernt haben, verändert werden. Viele der bisherigen Ansätze beraterischer oder seelsorgerlicher Arbeit gehen defizit- oder pathologieorientiert vor. Was fehlt dieser Frau? Was ist ihr Problem? Wo ist sie sündig geworden? Wie ist ihre Persönlichkeit gestört? Wo ist sie nicht richtig? Wo ist sie schuld? Was braucht sie, um endlich erwachsen zu werden? Wieso hat sie keinen festen Partner? Warum ist sie kinderlos? Wieso ist sie so ehrgeizig? Ist sie beziehungsunfähig? Hat sie überhaupt geistliche Quellen? Wie kann eine Frau so handeln? Sind die Fehler, die sie macht, nicht deutlich sichtbar? Könnte sie nicht einfach aufhören, sich zu bestrafen?

Die Fragen, die in systemischer und ressourcenorientierter feministischer Seelsorge gestellt werden, sind anders. Anstatt jede Frau als einzelne Persönlichkeit mit ihren Störungen, Sünden oder Schwächen zu analysieren, zu kritisieren und zur Veränderung zu bringen, werden die unterschiedlichen Kontexte, in denen sich ihre Lebensmuster gebildet haben, unter erweiterter Perspektive angeschaut. Das Anschauen geschieht als Zusammenarbeit im Gespräch oder in Briefen, nicht als Analyse oder Deutung der Experten zur Patientin, die nicht den theoretischen Hintergrund hat, um zu verstehen, was vor sich geht. Als Expertin ihres eigenen Lebens wird mit Hilfe der Gesprächspartnerinnen die eigene Sicht von sich selbst, anderen Frauen und Männern, der Welt und dem Sinn des Ganzen erweitert und zum Fließen gebracht. Bisher nicht gesehene oder gelebte mögliche Quellen der Kraft werden in sich, in der Familie, im politischen Umfeld oder in der religiösen Tradition ausfindig gemacht und zu einer neuen Bewertung eingeladen. Fragen in ressourcenorientierter Richtung können sein:

Wie beschreibst Du, was Dich hat hierhin kommen lassen? Wie möchtest Du heute nach Hause gehen, wenn diese gemeinsame Zeit (Einzelsitzung, Gruppe, Veranstaltung) vorbei ist? Wer von den Frauen und Männern in deiner Familie, Umgebung sieht das Problem, das Du schilderst, genau so? Gibt es jemanden, der es anders sieht? Wie hast Du es bisher geschafft, damit zurechtzukommen und Dein Leben zu gestalten? Wie würdest Du leben, wenn Du morgens aufwachend von einer Fee einen mächtigen Zauberstab bekommen hättest und Dich so ändern könntest, wie Du es wolltest? Wer in Deiner erweiterten Familie würde sich freuen, wenn Du glücklich bist? Was ist Dir bisher geglückt an der Veränderung, die Du möchtest, und wie hast Du das geschafft? Woran merkst Du selbst, dass Du Dich verändert hast? Wie könnten andere es merken? Welches sind Deine Lieblingsgeschichten aus der Literatur, der Bibel oder aus Märchen? Welche Gestalten haben Dir bisher Kraft gegeben? Was hast Du bisher getan, um ihre Kraft in Dir selbst wirksam werden zu lassen?

Für die ressourcenorientierte Arbeit ist es wichtig, dass es nicht eine richtige Erkenntnis, Deutung oder Lösung gibt, sondern dass alle Beteiligten eines Systems etwas aus ihrer Perspektive dazu beitragen können. Deshalb wird die Arbeit mit Gruppen mit einem neuen Ansatz wichtig: statt eines Experten oder eines Expertenteams, das die Gruppe leitet und anschließend ohne deren Beisein in der Fallbesprechung oder in der Supervision über die Ratsuchenden spricht und Strategien entwickelt, wird zur Zeit die Arbeit mit reflektierenden Teams erprobt: diejenigen, die ein Problem bearbeiten, sind bei der reflektierenden Besprechung ihrer Situation dabei, und es findet eine gemeinsame Arbeit statt, in der alle Zugang zu den ausgetauschten Informationen haben. Sie verstehen sich als Beteiligte mit unterschiedlichen Voraussetzungen, arbeiten jedoch gemeinsam mit ihren verschiedenen Perspektiven. Interessanterweise wird dadurch keine beliebige Pluralität verstärkt, sondern es verdichten sich oft bestimmte Gesichtspunkte, so dass der Eindruck einer tiefen Wahrheit entsteht, die jedoch nichts mit richtig oder falsch zu tun hat.

Die konkreten Geschichten, die Karia, Beth, Donna, Toni, Ellen, MaryJo und Marti zwei Jahre lang jeden Monat in die Gruppe mitbrachten, waren kleine Bruchstücke ihrer Erinnerung, die für sich gesehen keine große Bedeutung für sie selbst zu haben schienen. Sie wurden assoziativ zu Hause aufgeschrieben und dann in der Gruppe vorgelesen, kleine Vignetten, Erlebnisse, oft nur eine halbe Seite lang. Jedes Mal jedoch, wenn diese kleinen Steinchen in die Mitte des Kreises gelegt wurden, begannen sie zu schimmern und in ihnen spiegelten sich Szenen, die für ganze Lebensphasen und -formen entscheidend wurden. Nebeneinandergesetzt entstand ein vielfarbiges Mosaik, ein Bild unterschiedlicher Farben und Muster.

Jede Frau hat ihr ganz eigenes Temperament, eine spezifische Körpersprache und Lebensform. Je konkreter die Erlebnisse sind, die erzählt werden, desto genauer kann jede Frau die Details ihrer Geschichte anschauen und Engführungen sowie Öffnungen erkennen, die ihr selbst wichtig sind. Durch das Zusammenlegen der einzelnen Steinchen entsteht jedoch auch ein größeres Bild. Eine übergreifende Geschichte wird deutlich: die Geschichte der Sexualisierung der Körper schon der kleinen Mädchen; die Geschichte der Nichtbeachtung und Trivialisierung eigener Sehnsüchte, Bedürfnisse und Fähigkeiten. Hinter diesen Bildern des «Blickes von außen» wird in der Gruppe jedoch noch mehr erkennbar. Im Mosaik all dieser Steinchen des Erinnerns funkelt eine bunte Lebendigkeit, die trotz aller Trivialisierung und Nutzbarmachung die Potentiale der Frauen widerspiegelt; ihre Liebe zum Leben und die Macht, in der achtsamen Gemeinschaft mit anderen Frauen ihre unverwechselbare Geschichte immer wieder neu zu gestalten: die Kraft der eigenen Hände.

Das gläserne Herz

Julia Strecker

Thematischer Aspekt: Abtreibung und Trauer

Ute kam zu mir über eine Kollegin, die als Gynäkologin auch beraterisch tätig ist, allerdings bei Beratungssituationen, die mit religiösen Fragen verwoben sind, schon öfters Frauen in meine Beratung geschickt hat. Ute ist eine Frau, die auffällt, sobald sie in den Raum kommt. Sie legt viel Wert auf ihr Äußeres, kleidet sich elegant und stilvoll. Auf den ersten Blick wirkt sie souverän und selbstbewusst, allerdings etwas in Eile, fast schon überdreht. Sie erzählt frei und ohne Scheu, dass sie mit der Kirche eigentlich nichts mehr zu tun habe. Sie habe es zuerst auch reichlich befremdlich gefunden, dass sie zu mir als Pastorin komme, aber jetzt, wo sie mich sieht, komme es ihr schon weniger komisch vor. Ute ist 45, sie arbeitet selbst als Sozialarbeiterin in einem sozialen Brennpunkt.

Konkreter Anlass, so sagt sie gleich zu Beginn, seien körperliche Symptome, die sie einmal im Jahr vier bis sechs Wochen quälen, Durchfall und absolute Verdauungsprobleme, »Immer um diese Zeit, im November geht es los, und meistens hört es dann nach Weihnachten wieder auf. Aber die letzten Jahre war es immer die Hölle. Dieses Jahr bin ich zu meiner Frauenärztin gegangen, weil ich nichts Organisches dahinter vermute.«

Als sie beginnt, von ihrer Geschichte zu berichten, ist sie gleich mit ihren Gefühlen da. Sie packt die Taschentücher schon aus, als sie gerade begonnen hat, auf meine Frage, was sie damit meint, dass »sie nichts Organisches dahinter vermute« zu antworten: dass sie sich früher nicht vorstellen konnte, ein Kind zu bekommen, dass sie bei dem Gedanken an ein Kind schon das Gefühl von Einengung und Beschränkung hatte, dass sie es, bis sie 30 wurde, nie im Traum für möglich hielt, selbst einmal Mutter werden zu wollen. Sie erzählt von ihren »Jugendjahren« und von dem Traum einer offenen Beziehung, bis sie dann an ihrem 36. Geburtstag ihren jetzigen Lebenspartner kennen lernte.

»Das war ein Schnitt. Es war so, als ob sich vieles in meinem Leben grundlegend auf den Kopf stellt. Ich hatte das Gefühl, dass fast nichts mehr von dem, was ich glaube und denke, so stimmt, dass alles neu gesagt und gesprochen und buchstabiert werden muss. Kennen Sie das?« Ich nicke zustimmend.

»Ich weiß nicht, ob ich letzten Endes doch den Klischees und Rollen-Erwartungen dieser Gesellschaft entsprechen will, oder ob ich durch die Begegnung mit Heinrich an meine ureigensten Sehnsüchte herangeführt wurde, jedenfalls wollte ich eine Zweierbeziehung mit Treue und Verlässlichkeit und Zueinanderstehen, beinahe wollten wir sogar heiraten, haben uns dann aber doch dagegen entschieden, weil wir uns irgendwie nicht auf die äußere Form einigen konnten. Ich entwickelte auf einmal ein völlig neues Beziehungsmodell.«

»Fühlte es sich denn gut so an?«

»Ja, das war es ja eben. Es fühlte sich gut und wunderbar an, so als ob ich vorher nur nicht gewusst habe, was ich eigentlich will. Hört sich das kitschig in Ihren Ohren an?«

»Nein, nicht unbedingt kitschig. Aber so, als habe diese neue Liebe sehr viel in Ihrem inneren und äußeren Leben beeinflusst und verändert«. Ute schaut zustimmend. »Ja. Und dann war ich auch schon schwanger. Ich habe mir kurz vorher schon einmal überlegt, wie es wohl wäre, wenn. Und es war interessanterweise eine Vorstellung, die mir zwar immer noch Unbehagen und auch Unwohlsein bereitete, aber eben auch das andere, den Gedanken, dass es wunderbar wäre, mit Heinrich ein Kind zu haben, es gemeinsam großzuziehen. Aber bevor ich diesen Gedanken zuende gedacht hatte, war ich dann mit der Realität konfrontiert. Ich war schwanger.«

Ute erzählt dann, dass es ganz schnell und fast unmerklich einen Prozess der Akzeptanz gab, dass sie sich mit dem Gedanken anfreundete, Gebärende und Mutter zu werden, dass sie über sich selbst erstaunt und zugleich auch beglückt war.

»Als Spätgebärende musste ich sehr häufig zur Frauenärztin. Es gab damals schon die verschiedenen Untersuchungen, die ich über mich ergehen lassen musste, und ich entwickelte einen ziemlichen Widerstand gegen die ganzen medizinischen Kniffligkeiten und gegen das ganze, fast perfekte Setting, dem ich mich plötzlich ausgeliefert sah. Aber zugleich hatte ich immer schon ein großes Vertrauen zu meiner Ärztin.«

Ute erzählt fast atemlos, so als habe sie keine Zeit zu verlieren. Ich sage ihr zwei- bis dreimal, dass sie sich nicht zu hetzen braucht, und dass ich bei ihr bin. Da guckt sie ganz verwundert, dann holt sie tief Luft, macht eine lange Pause und sagt: »Der entscheidende Wendepunkt kam eigentlich erst als ich im vierten Monat war. Ich konnte das Kind schon spüren, ich war in Berührung mit den Bewegungen, und ich freute mich. Noch einmal musste ich eine Ultraschall- und Fruchtwasseruntersuchung über mich ergehen lassen, und dann, als ich die Ärztin anrief, um den nächsten Termin auszumachen, sagte sie, ich solle sofort kommen.«

Ute ist äußerlich gefasst, aber ich sehe, dass ihr die Aufregung und Angespanntheit in den Knochen sitzt. Sie erzählt dann, mit stockendem Atem und sehr angespannt, dass sie an diesem Tag, am Ende des vierten Monats erfuhr, dass sie ein Kind mit einem Down-Syndrom in ihrem Bauch trägt. Es sei durchaus möglich, dass das Kind lebensfähig sei, aber sie müsse sich eben auf ein Leben mit großen Einschränkungen einstellen, und sie solle sich überlegen, ob sie das wolle, sagte die Ärztin zu ihr.

»Wissen Sie, in dem Moment war in mir alles schwarz. Ich konnte keinen Tag weiterdenken. Es war so grausam, und ich hatte das Gefühl, die ganze Welt habe sich gegen mich gerichtet«.

Ich sage Ute, dass ich mir das gut vorstellen kann und sie schüttelt den Kopf. Nein, das könne sich niemand vorstellen, niemand, der nicht genau so etwas erlebt habe. Sie weint, zuerst leise und dann nach einer Weile nicht mehr so verhalten. Ich spüre eine riesige Menge ungeweinter Tränen. »Haben Sie damals auch geweint?«

»Ich weiß es gar nicht mehr. Es musste dann alles ganz schnell gehen. Ich hatte irgendwie nur dieses Gefühl eines tiefen schwarzen Lochs, in das ich reinfalle, wenn ich nicht irgendeinen Ausweg finde.«

»War das ungefähr um diese Jahreszeit?«

Ute schaut mich etwas verwundert an und nickt dann.

»Ja, es war im November, stimmt. Wieso, ist das wichtig?«

Ich sage ihr, dass ich einen Zusammenhang zwischen dem Zeitpunkt, als sie das tiefe Loch zum ersten Mal spürte und ihren Durchfällen jetzt vermute. Sie denkt nach, nickt dann zustimmend bzw. so, als ob das ein völlig neuer Gedanke sei. Sie weint und schluchzt sehr lange.

Ich versuche durch meine Präsenz deutlich zu machen, dass ich begleitend und unterstützend da bin. Irgendwann sagt sie, dass sie schon lange nicht mehr so viel geweint habe. Die Zeit ist um. Ich verabrede mit ihr, dass sie jetzt erst einmal die Woche zu mir kommen kann, und dass wir dann nach fünf oder sechs Stunden gemeinsam schauen, wie es weitergeht. Wir machen einen festen Termin aus und verabschieden uns.

Beim nächsten Mal ruft sie an, um den Termin zu verschieben, da es ihr körperlich nicht gut geht (Durchfall). Eine Woche später kommt sie, wirkt wieder in Eile, aber nicht so überdreht, wie ich sie beim letzten Mal teilweise wahrnahm. Wir reden über das, was seit dem letzten Besuch wichtig war, über innere Prozesse und wie innere und äußere Prozesse zusammen ein Bild ergeben. Ich frage sie, ob sie mir den äußeren Prozess erzählen will, wie es dann weiterging. Sie schaut mich etwas unwirsch an, so als gebe es gar nichts mehr zu erzählen und sagt dann sehr schnell und fast ein bisschen, als solle ich es nicht hören, dass sie sich dann sehr schnell entschieden habe, einen Abbruch machen zu lassen. Es habe da auch kein großes Wenn und Aber und keine großen Bedenken gegeben. Schließlich habe sie sich zwar relativ schnell auf die Existenz eines

Kindes eingestellt, aber nicht auf die eines behinderten. Und sie habe auch ganz klar gehabt, von Anfang an, dass sie weiter arbeiten wolle.

Auf meine Rückfrage, ob sie sich in der Zeit mit ihrem Partner habe bereden und austauschen können, sagt sie: »Ja, er hat mir die Entscheidung völlig überlassen. Er wusste, dass es mein Bauch ist, und dass ich letzten Endes damit leben muss.« Mir fällt auf, dass diese Antwort nicht unbedingt auf einen intensiven Austausch hinweist. Ich sage ihr das, woraufhin sie aber nochmals betont, dass sie sich, soweit das eben möglich sei, von Heinrich, ihrem Partner, verstanden gefühlt habe. Dann erzählt sie, wiederum sehr schnell und fast rastlos, dass alles ganz schnell ging, dass sie zwei Tage im Krankenhaus war und anschließend noch ein paar Tage zu Hause. Nein, sie habe eigentlich damals nicht viel darüber gesprochen. Schließlich habe sie dann auch wieder arbeiten wollen, und Heinrich und sie hätten sich beide bemüht, nicht zu sehr im Schmerz hängen zu bleiben. Nach ein paar Wochen sei es ihr dann auch wieder besser gegangen, und sie habe nicht mehr allzu oft daran gedacht.

Während Ute erzählt, spüre ich, dass sie immer noch trauert, und dass sie sich damals nicht die Zeit genommen hat, dem Trauerprozess wirklich die Zeit zu geben, den er vielleicht gebraucht hätte. Ich denke, dass es meine Aufgabe sein wird, ihr einen Weg zur Trauer zu bahnen und sie dabei zu begleiten.

Wieder mit allem konfrontiert worden sei sie dann erst anderthalb Jahre später, als sie wiederum schwanger war. »Es war ganz merkwürdig. Wie in einem Zeitraffer war alles wieder da, nur noch heftiger. Ich sah wieder das schwarze Loch und ich spürte eine Riesenangst. Zuerst hatte ich den Impuls, die ganzen Untersuchungen einfach nicht machen zu lassen. Aber dann hat meine Frauenärztin mich doch eines Besseren belehrt.«

Die schlimmste Phase sei die gewesen, als sie im vierten Monat war. Sie habe schreckliche Alpträume von totgeborenen Kindern und Leichenwagen und von Riesenkrähen, die über ihrem Haus fliegen, gehabt und sie sei jede Nacht zehnmal aufgewacht. Auf meine Frage, ob sie diese Gefühle und Ängste mit ihrem Partner habe teilen können, sagt sie, dass das schon möglich gewesen sei, dass sie ihn aber auch nicht zu sehr habe belasten wollen. Sie will schnell weiter erzählen, wieder macht sie einen eiligen und leicht gehetzten Eindruck.

Ich schlage ihr vor, zu diesen Gefühlen und dem, was im Moment bei ihr da ist, ein Bild zu malen. Sie sagt, sie könne nicht malen, und ich sage, dass es nicht ums schöne Malen, sondern um das Ausdrücken geht. Sie stimmt zu, wählt aus den verschiedenen Stift- und Papierangeboten, die ich ihr mache, einen Kohlestift und zwei Wachsmalstifte, einen dunkelblauen und einen anthrazitfarbenen. Das Papier faltet sie und schneidet ein Herz aus. Dann malt sie, zuerst in ihrer schnellen und leicht hektischen Art, aber als sie fast das ganze Herz in einer schwarzen Grundfarbe mit dem Kohlestift schraffiert hat, hält sie inne, nimmt dann den dunkelblauen Wachsmalstift und malt eine zarte, geschwungene Spirale in sehr langsamen Bewegungen. Sie ist dabei völlig konzentriert, fast scheint es mir, als habe sie sich in eine andere Welt begeben.

Schließlich nimmt sie den anthrazitfarbenen Stift und malt eine Halbsichel in die rechte obere Hälfte des Bildes. Sie ist kaum zu sehen, aber bei genauem Hinsehen durchbricht sie das eintönige Kohleschwarz. Ich ermutige Ute, als sie fertig mit dem Malen ist, einfach das Bild vor sich hinzulegen und in sich hineinzuspüren. Außerdem rege ich sie noch zu ein paar Entspannungs- und Atemübungen an. Mir fällt auf, dass sie völlig ruhig geworden ist.

»Wie fühlen Sie sich?«

»Während ich gemalt habe, fühlte ich mich sehr schwer wie ein Sack. Es war zuerst wieder dieses schwarze Loch, aber als ich eine Weile nur bei meinen Gefühlen blieb, war ich ganz bei meinem Herzen, und da habe ich gemerkt, dass die Trauer zwar noch da war, aber zugleich gab es eine große Bewegung in mir«, sie zeigt auf die Spirale, »und eben auch eine Hoffnung, der ich aber nicht allzuviel Kraft gegeben habe.«

»Ist das die Sichel oben rechts im Bild?«

»Ja, ich glaube, das Wichtige war die Spirale und die Bewegung in mir, sie lag auf dem dunklen Grund, aber sie war stärker, die Sichel steht mehr für etwas, was ich nicht so direkt gespürt habe.«

»Wofür steht denn die Sichel?«

Ute guckt traurig, aber nach wie vor völlig entspannt.

»Ich glaube für so etwas wie eine Begleitung.«

»Haben Sie die damals gehabt?«

»Eigentlich nicht so richtig, aber schon ein bisschen, wenn ich bei Frau W. (der Ärztin) war.«

Am Schluss frage ich Ute noch, was sie auf dem Herz heute anders malen würde und sie sagt, dass sie das aus dem Stegreif nicht so sagen kann. Sie nimmt das Bild mit nach Hause.

In den nächsten zwei Sitzungen rede ich mit Ute über den weiteren Gang ihrer Geschichte. Im März 1992 brachte sie ein gesundes Mädchen zur Welt. Sie und Heinrich waren sehr glücklich, wie sie mir erzählte. Beide nahmen jeweils ein Jahr lang Erziehungsurlaub, seitdem haben sie ihren Alltag recht gut geregelt. Eigentlich dachte sie, dass sie den Abbruch von damals überstanden hätte. Eigentlich war doch alles wunderbar, ihre Geschichte schien doch noch ein gutes Ende genommen zu haben. Dann, in dem ersten Herbst, als sie wieder in ihrem Brennpunkt tätig war, fingen im November die Durchfälle an. »Das war kein normaler Durchfall. Ich war körperlich so mitgenommen, dass ich mehrere Wochen lang total flach liegen musste.

Ich hatte solche Zitteranfälle und Erschütterungen und habe in vier Wochen zehn Kilo abgenommen.«

Ich frage sie, wie es jetzt eigentlich mit ihren Durchfällen sei, woraufhin sie mir erzählt, dass schon nach der zweiten Stunde, als sie das Bild gemalt habe, der Durchfall komplett nachgelassen habe.

Dann sagt sie selbst, dass sie glaubt, damals nicht genug getrauert zu haben. Sie spüre das auch jedes Mal, wenn sie bei mir weggehe, dass, gerade wenn sie viel geweint habe, eine gewisse Spannung und etwas von dem kohlefarbenen Belag von ihr abfalle.

»Aber ich habe Angst, dass es bei mir noch viel tiefer geht, wissen Sie, es kommt mir so vor, als liegen unter dem Herz noch Millionen und Abermillionen ungeweinter Tränen.«

Ich sage Ute, dass ich sie sehr gut verstehe und dass ich das schon in der ersten Stunde, als sie bei mir war, gespürt und mitbekommen habe. Am Ende der vierten Sitzung frage ich Ute, ob sie sich mal Gedanken zu dem Bild von heute gemacht habe.

»Nicht nur das. Ich habe es sogar gemalt und mir zu Hause am Fußende meines Bettes aufgehängt.«

»Und wie sieht es aus? Haben Sie Lust, es mir zu beschreiben?«

Ute überlegt und sagt dann sehr bedächtig: »Das ist keine Frage von Lust oder Nicht-Lust. Es ist nur nicht so einfach. Ich habe es das gläserne Herz genannt, als meine Tochter mich neulich fragte, was das denn eigentlich sei. Es ist silbrig, hat immer noch Kohlereste, aber eben nur Reste, ansonsten sieht es aus, als ob es schwingt und sehr offen ist. Die Spirale ist auch noch zu sehen, aber nur wie eine zarte angedeutete Bewegung. In der Mitte ist ein gelb-bläulich schimmernder Teich. Da ist noch viel Platz für die ungeweinten Tränen, und oben links und unten links gibt es eine Versenkung, die habe ich wieder schwarz gemalt, aber sie ist jeweils verbunden mit dem gläsernen Herzinneren.«

»Was bedeutet das gläserne Innere für sie?«

»Das ist meine Verwundbarkeit, dass ich die spüre und auch mehr zeige.«

»Mhm. Und die Versenkung?«

»Ja, da wollte ich jetzt mit Ihnen drüber reden. Ich möchte gern einen Raum schaffen, wo ich mich selbst rein versenken kann, und dann möchte ich mein ungeborenes Kind auch versenken. Wissen Sie, wie ich das meine?«

Ich frage sie, ob sie das als eine einmalige Aktion meint, oder ob sie das als Zustandsbeschreibung verstanden wissen will.

»Das mit dem Mich-Versenken das hat schon etwas mit dem zu tun, was ich jetzt manchmal in Ansätzen erlebt habe, wenn ich hier bei Ihnen war. Ich glaube, es hat auch etwas mit der Mondsichel zu tun. Na ja, und das Andere, dass ich mein Kind versenken will, das hat eher etwas Einmaliges. Damals habe ich es ja getötet, und weil es so schrecklich war, wollte ich schnell vergessen. Ich wollte so tun, als sei das alles nicht passiert. Ich wollte einfach und unbeschwert weiterleben, aber spätestens, als ich wieder schwanger war, habe ich ja gemerkt, dass das nicht einfach so geht. Aber als dann unsere Tochter geboren war, waren wir beide unwahrscheinlich glücklich, und ich dachte damals, dass diese alte Geschichte jetzt endgültig von mir abfällt. Ja, ich habe es mir eingebildet, und eine Weile lang hat es ja auch wirklich funktioniert.

Für Heinrich war es, glaube ich, nie so, wie ich das erlebt habe, jedenfalls war er ziemlich schockiert, als ich ihm neulich erzählt habe, dass ich jetzt zu Ihnen zur Beratung wegen des Abbruchs gehe. ›Ich dachte, das wäre längst vorbei‹, sagte er.«

Ich frage Ute noch mal, ob sie denn eine konkrete Vorstellung von dem einmaligen Versenken habe. Und dann sagt sie, benennt ganz konkret, dass es ihr um Abschiednehmen gehe, um etwas, das so in der Form noch nicht stattgefunden habe. Wir verabreden uns für die nächste Woche, um diese Idee genauer zu planen und zu verfolgen. Ich sage Ute, dass meine Idee dazu die Gestaltung eines Abschiedsrituals ist, dass wir uns für die Vorbereitung dieses Rituals ruhig noch ein paar Stunden Zeit geben sollten, um die einzelnen Elemente gemeinsam anzudenken und zu planen. Ute sagt, dass sie an ein Ritual noch gar nicht gedacht habe, und dass sie sich auch noch gar nichts Genaues darunter vorstellen kann, dass sie aber Vertrauen zu mir und unserem gemeinsamen Prozess habe.

Als sie das nächste Mal kommt, bringt sie das Bild vom gläsernen Herz mit. Ich bin gerührt: Von der Form her sieht es genauso aus wie das andere, aber ansonsten ist es wie das Negativ des dunklen Bildes, das sie in der zweiten Stunde gemalt hat. Es strahlt soviel Leichtigkeit und Transparenz aus, dass es mich fast erstaunt, dass dieses Bild von der gleichen Ute sein soll. Ich sage ihr das, und sie ist verlegen. »Tja, ich hab' eben viele verschiedene Gesichter.« Ich sage ihr, dass ich mir vorstellen kann, dass wir die beiden Bilder in das Ritual integrieren. Sie erwidert, sie könne sich irgendwie gar nichts Richtiges unter einem Ritual vorstellen. Also beginne ich diese Stunde mit einem kleinen »Plädoyer für Rituale«.

In einer Zeit, in der alles immer schnelllebiger und kurzatmiger wird, brauchen wir die Momente des Innehaltens und der Vergewisserung der Sinnhaftigkeit dessen, was wir tun. Ich sage, dass Rituale eine vielschichtige Bedeutung annehmen können und dass sie der Vergewisserung, aber eben auch der Infragestellung der Realität dienen können. So wie lebensgeschichtliche Krisenerfahrungen aus der Welt- und Selbstvergessenheit herausreißen können und die normalerweise nicht erwogene Möglichkeit, dass es auch anders sein könnte, ins Bewusstsein heben können, so können Rituale solche Prozesse begleiten.

Rituale sind nun eine Möglichkeit, an den Grenzen des »normalen Lebens« die religiöse Dimension sichtbar werden zu lassen.

»Damit kann ich viel anfangen, obwohl ich nicht religiös bin, im Sinne von Gläubigsein oder so. Meine Großmutter war eine sehr fromme Frau.«

Ute erzählt, dass ihre Großmutter bestimmt heute noch zu Gott beten würde, wenn sie wüsste, dass sie das Kind getötet hat. Wie viel Schuld und religiöse Verstrickung bei Ute im Spiel ist, wird mir, je länger sie zu mir kommt, immer deutlicher. Sie erzählt dann, dass Religion bei ihr immer, in fast jeder Situation des Alltags, eine Rolle gespielt habe, also nicht unbedingt auf Grenzerfahrungen reduzierbar sei, und ich sage, dass Rituale eben auch in den »ganz normalen« Situationen des Lebens wichtig werden können.

»So kann dann auch die Begegnung mit einem anderen Menschen, das Wachwerden eines Wunsches, die Erfahrung eines Traums eine Erfahrung von ›auf der Grenze‹ sein. Und so sehe ich auch das, was Sie erlebt haben, als eine Grenzerfahrung, für die es ein Ritual zu entwickeln gilt«.

Eine längere Weile sind wir beide still, es ist eine merkwürdig bewegte Stimmung im Raum. Dann frage ich Ute, ob sie sich vorstellen könne, so ein Ritual mit mir zusammen zu planen und dann auch durchzuführen. Sie bejaht, sagt aber, dass sie noch keine rechte Vorstellung habe. Dann frage ich sie, was ihr an diesem Ritual wichtig ist, was sie für sich braucht und ob sie schon Ideen habe. Und sie hat Ideen.

»Ich möchte einen Ort haben, wo ich hingehen kann, einen Ort, wo mein Kind symbolisch versenkt wird. Ich möchte mich an diesem Ort von meinem Kind verabschieden, allein und mit anderen zusammen. Ich möchte dort weinen, so viel und so lange ich will, und ich möchte mich selbst dort so lassen können, wie ich bin«.

Ich schlage Ute vor, auf eine Phantasiereise mit mir zu gehen, um zu visualisieren, wie sie sich das Ritual vorstellt. Sie ist sofort einverstanden, will dabei auf meinem Teppichboden liegen und fragt mich, ob sie ruhige Musik im Hintergrund hören dürfe. Auf der Phantasiereise lasse ich sie den Ort aussuchen, an dem sie ihr Abschiedsritual begehen will, ich frage sie, was sie alles mitnimmt und ob sie allein ist. Ich lasse sie die Umgebung ganz genau wahrnehmen und ermutige sie, sich einen Gegenstand auszusuchen, der symbolisch für ihr Ritual ist. Am Ende der Sitzung sagt Ute, dass sie die Phantasiereise sehr genossen hat. Sie will gar nicht mehr darüber reden, ich frage sie, ob sie bis zum nächsten Mal die wichtigsten Gedanken und Gefühle aufschreiben will. Das bejaht sie.

Ute bringt einen Strauß Blumen mit und sagt, dass es ihr sehr gut gegangen sei, nach dem letzten Mal. Sie habe auch etwas aufgeschrieben. Und als ich sie frage, ob sie mir das vorlesen wolle, sagt sie: »Warum lesen Sie es mir nicht vor.

Mal hören, wie es sich dann anfühlt.« Also lese ich: »Der Ort ist zuerst nicht sichtbar. Er liegt im Nebel. Nur langsam spüre ich, dass wir uns an einer kleinen Einbuchtung am südlichen Rheinufer befinden.

Von Anfang an bin ich nicht allein, sondern begleitet von Frau Strecker, Heinrich und meiner besten Freundin Birgit. Wir gehen singend und mit Trommeln zum Rhein, Heinrich hat seine Gitarre dabei und Birgit singt ein mir unbekanntes Lied, in das wir alle sehr schnell einstimmen. Die Einbuchtung am Rhein ist sandig, es gibt dort einen kleinen Strand und viele Kieselsteine auf dem Sand. Frau Strecker hat eine große Glasschüssel in der Hand. Wir buddeln eine Kuhle in den Sand und sammeln Strandgut. Rundherum möchte ich einen Wall bauen, einen Schutz nach hinten, aber als ich anfangen will, sehe ich, dass Heinrich schon damit begonnen hat. Ich lege mich in den Sand und lasse meine Tränen fließen, ich bin selbst erstaunt, wie viele ungeweinte Tränen noch in mir waren, und ich habe eine Sehnsucht nach Auflösung. Plötzlich sehe ich nichts mehr von den anderen, ich bin mir gar nicht sicher, ob sie überhaupt noch da sind, es ist auch nicht wichtig, ich bin allein und ich komme noch einmal in Kontakt mit meinem nie geborenen Kind. Aber ich kann nichts sagen, ich weine einfach nur, dann höre ich wieder Frau Streckers Stimme, dass ich wieder langsam zurück in den Raum komme. Da bin ich«.

Ich habe langsam gelesen und versucht, in Kontakt mit Ute zu bleiben. An dem Punkt des in-den-Sand-legens hält sie ihre Augen geschlossen und atmet ganz ruhig. Ich bin der Meinung, dass sie beim Alleinsein noch mal anders an ihre Trauer herankommt. Sicherlich kann das auch Bestandteil des Rituals sein. Interessant finde ich, dass sie ihren Partner wie selbstverständlich dabei haben will. Ich hätte sie von mir aus vielleicht gar nicht mehr gefragt, da in den Gesprächen der letzten Wochen deutlich wurde, dass sie die emotionale Verarbeitung allein leisten muss, obwohl sie sich selbst der m. E. mangelnden Unterstützung des Partners nicht bewusst ist. Ich frage mich aber, ob ich es hier vielleicht mit einer Gegenübertragung zu tun habe, da sie von ihrem Erleben her ihren Partner ganz selbstverständlich mit einbezieht und auf meine Nachfragen hin bisher immer wieder betont hat, dass Heinrich ihr gut tut.

Nachdem ich gelesen habe, sage ich Ute, dass sie schon das halbe Ritual auf der Phantasiereise visualisiert hat, und dass ich mir gut vorstellen kann, dass wir die andere Hälfte zusammen vorbereiten. Ute sagt, dass sie nicht genau weiß, ob Heinrich und ihre Freundin Birgit überhaupt mitmachen würden, dass sie es aber sehr schön fände. Ich frage sie, ob sie die beiden bis zum nächsten Mal fragen will, und ob wir dann vielleicht mal einen Termin ausmachen, an dem wir die Ortsbesichtigung machen. Ute ist zögerlich.

»Ich weiß nicht, ob wir zu viert dorthin gehen sollten, es ist so merkwürdig, wenn wir da nur hingehen und dann gar nichts machen. Ich meine, in Form des

Rituals. Können wir nicht lieber zu zweit, Sie und ich, da hingehen?« Ich stimme zu, Ute geht sehr schnell.

Beim nächsten Mal kommt sie viel zu spät, abgehetzt, außer Atem, rastlos. Ich komme gar nicht dazu zu fragen, was los ist. Sie legt direkt los: »Dass ich auf der Arbeit bei mir so viel Stress habe, hatte ich letztes Mal gar nicht erzählt, oder? Außerdem bringt mich die Sache mit diesem Ritual doch mehr durcheinander, als ich das vorher vermutet habe.«

»Wissen Sie denn, was Sie so durcheinander bringt?«

»Ja, ich glaube, es ist einfach so ungewohnt für mich und dann hat es auch so etwas Endgültiges, das will ich aber gar nicht.«

Ich sage ihr, dass das Ritual nichts Endgültiges haben muss, und dass sie selbst darauf Einfluss hat. Ich erzähle ihr von einer Frau, die mit mir zusammen ein Übergangsritual entwickelt hat. Für sie war es der Punkt des Älterwerdens, sie wollte den Übergang markieren, und sie fühlte sich auf der Schwelle von mehreren Lebensabschnitten. Gemeinsam haben wir dann nach einem Tor gesucht, das für sie Symbolcharakter bekam. Durch dieses Tor ging sie durch und ließ dabei einige Dinge zurück. Sie merkte aber, während sie das Tor durchschritt, dass sie lieber eine Hin- und Herbewegung wollte, so dass sie selbst entscheiden könne, wann sie wirklich ganz hindurchgeht. Ute schaut mich lange an und sagt dann, dass sie eben nicht so religiös sei, aber gleichzeitig doch einen starken Bezug zu dieser Art von Religion bekomme. Es übe eine starke Faszination auf sie aus, weil sie eine Markierung und Reflektion, zugleich aber ein ungeheures Potential von Freiheit entdecke. Ich rolle eine große Wandzeitung aus und lasse Ute aufschreiben, was wir für das Ritual brauchen. Ute schreibt, zuerst ganz schnell und ohne Komma und Strich, gegen Ende ruhiger:

Ruhe
Sand Schüssel
Instrumente
Trommeln
Strandgut
Papier
Farben
Bilder
Kerzen
Wasser vom Rhein
Fluss
Julia Ute Heinrich Birgit

Auf meine Frage, ob das alles sei, nachdem sie sehr selbstbewusst geschrieben hat und dann ebenso forsch den Zettel zurückgelegt hat, sagt sie: »Das Problem ist nur, dass ich Heinrich und Birgit noch nicht gefragt habe. Es kommt mir irgendwie so doof vor, als ob ich kein Recht dazu hätte.«

Ich frage sie, ob ich ihr noch etwas auf den Weg mitgeben kann, dass sie unterstützt, wenn sie ihre Freundin und ihren Partner gern dabei haben will. Und sie sagt: »Sie könnten mir höchstens die Absolution erteilen. Ja, das ist der Punkt. Ich fühle mich immer noch schuldig und verantwortlich für diese Tötung, und immer, wenn ich weine, spüre ich diese unsägliche Schuld auf meinen Schultern, auf meinem ganzen Selbst lasten.«

»Darum kommen Sie sich schlecht vor, so als ob es nicht ihr Recht sei, um Unterstützung zu bitten?«

Ute nickt.

Ich frage sie, ob ich ein Gebet mit ihr sprechen soll, das könne vielleicht so eine Art Absolution sein. Ute weint leise, nickt.

»Gott, Freundin und Vertraute nenne ich dich. Du weißt um Ute und ihren inneren Konflikt. Du kennst ihre ganze Geschichte und warst da, als das Kind in ihrem Bauch entstand, hast mitbekommen, wie Ute die verschiedenen Phasen durchlebt hat. Du weißt, dass sie sich entschieden hat, das Kind nicht zu bekommen. Lass sie doch spüren, dass diese Entscheidung nicht schlecht oder böse war. Lass Ute einen Weg finden, diese Abtreibung als ihren Weg anzunehmen und sich nicht mehr schuldig zu fühlen. Du kennst sie und weißt, wie schwer es ihr fällt, das Schuldgefühl loszulassen. Gib ihr die Gewissheit, dass du bei ihr bist. Amen«.

Als Ute geht, sagt sie, das sei das erste Gebet, das jemand mit ihr so gesprochen habe. Sie fühle sich tatsächlich, als ob etwas von ihr abgefallen sei.

In der nächsten Stunde wollten wir eigentlich die Ortsbesichtigung machen, aber Ute ruft an und sagt, dass sie keine Zeit hat. Wir reden am Telefon über das Ritual, und dass es von ihr aus bald losgehen kann.

»Immerhin ist nächste Woche Frühlingsanfang. Ich habe mit Heinrich und Birgit geredet, und sie kommen gern mit, obwohl sie beide meinten, dass sie so etwas ziemlich exotisch finden.«

Wir verabreden für die nächste Woche einen Treffpunkt am südlichen Rheinufer.

Ute kommt mit wehenden Haaren, aber zu spät. Wir gehen schweigend zum Rhein ohne zu reden, so, als wüssten wir beide genau, wo wir hinwollen. Am Ufer halten wir einen kleinen Moment inne. Ich möchte, dass Ute den Ort bestimmt, an dem wir ihr Ritual feiern werden. Aber ich brauche gar nichts zu sagen. Wortlos nimmt Ute meine Hand, und wir gehen durch etwas steiniges, struppiges Ufergebüsch, bis wir nach ca. zehn Minuten an die Einbuchtung kommen. Eine kleine, zum Fußgängerweg durch Büsche abgeschirmte Sandbucht liegt vor uns. Sie ist geschützt und doch nach vorne hin offen, eigentlich könnte sie besser nicht gewählt sein. Ich frage Ute, ob sie schon den Ort der Versenkung für ihr Kind gefunden habe. Sie schüttelt den Kopf.

Ich frage sie, ob sie an ihrem Ort der Versenkung, der inneren, nach diesem Platz suchen will. Sie legt sich sofort hin, etwas am Rand der Bucht, wo sie sich vorher eine kleine Mulde mit eigenen Händen geschaufelt hat. Ich decke sie zu mit einer Decke, die ich mitgebracht habe. Ich schicke sie auf eine Phantasiereise durch ihren Körper, anschließend lasse ich sie visualisieren, wie der Ort aussehen soll, an dem sie symbolisch ihr Kind versenken will.

Sie atmet völlig entspannt, ich genieße die Ruhe und die Atmosphäre dieses Ortes. Ich habe ein gutes Gefühl zu diesem Moment, und ich hoffe und bete, dass es ein gutes und schönes Ritual wird. Als Ute von der Phantasiereise zurückkehrt, bleibt sie noch einen Moment liegen und geht dann zielstrebig zur Mitte der Bucht und bleibt dann stehen.

»Ist es hier?« frage ich.

»Ja, genau. Lassen Sie uns den Ort mit Steinen markieren.«

Wir bilden einen Kreis aus Steinen und in der Mitte buddelt Ute ein Loch.

»Ich möchte gern, dass wir alle zusammen genau an diesem Ort stehen und unsere Gedanken, Sorgen, Probleme, Wünsche hineinwerfen, symbolisch. Oder passt das nicht zu einem Ritual?« fragt Ute.

Ich sage zu Ute, dass das Ritual eben genau daraus besteht, dass sie ihre eigenen Bedürfnisse und Wünsche hineinlegt und diesen eine Form und einen Ausdruck gibt. Sie ist einverstanden, und wir gehen schweigend zurück zum Ort am Rheinufer, an dem wir uns getroffen haben und verabschieden uns herzlich.

Ich wusste nicht, dass diese Begegnung die letzte mit Ute sein würde. In der folgenden Woche sagte sie ab, weil ihre Tochter krank war, eine Woche später ebenso. Dann rief sie mich an, um mir mitzuteilen, dass sie sich im Moment nicht vorstellen könne, das Ritual zu machen. Ich fragte nach, ob sie das im persönlichen Gespräch mit mir noch mal klären wolle, aber sie wollte nicht. Ich fragte sie, ob es in unserer letzten Sitzung etwas gegeben habe, das sie zu dieser Entscheidung gebracht habe, aber sie verneinte.

Wir verabredeten nichts am Telefon, weil Ute das nicht wollte. Ich sagte ihr, dass ich mich freuen würde, wenn sie sich noch mal meldet, auch weil ich einen Abschied wichtig finde. Sie stimmte zu, und wir verabschiedeten uns am Telefon. Für mich setzte in diesem Moment eine sehr starke Phase des Zweifelns ein. Alle Mechanismen der gescheiterten Beziehung tauchten vor meinem inneren Auge auf. Ich hatte Schuldgefühle und fragte mich, was ich falsch gemacht habe. Ich fühlte mich verantwortlich für das gelungene Abschließen des Prozesses mit Ute. Vor allem hatte ich eine klare Vorstellung, wie das Ritual Teil der Geschichte mit Ute sein sollte, und ich dann zu einem gelungenen Ende mit ihr käme, vorausgesetzt, dass sie sich dieses Ritual zueigen machte.

Ich fragte mich immer wieder, an welchem Punkt Ute ausgestiegen war, ich versuchte noch mal die Sequenzen unserer letzten Interaktionen zurückzuverfolgen, aber ich fand den Schlüssel nicht. Ich zweifelte an meiner Kompetenz, weil Ute so häufig betont hatte, dass ihr das Moment des Abschiednehmens so wichtig sei. Ich überlegte, ob ich ihr mit bestimmten religiösen Interventionen, dem Gebet, den Gedanken zu Ritualen und zur Absolution zu nahe getreten war, aber es gab keine eindeutige Antwort. Ich überlegte auch, ob Ute vielleicht schon soviel an Trauer und Schmerz zugelassen hatte, dass sie ihr gläsernes Herz schützen wollte. Ungefähr drei Monate später bekam ich einen Brief von Ute.

Liebe Frau Strecker,
ich habe lange gewartet, aber das heißt nicht, dass ich Sie vergessen habe. Zunächst einmal will ich Ihnen schreiben, dass ich hoffe, Sie sind mir nicht böse. Ich wollte Ihnen eigentlich gleich nach unserem letzten Telefongespräch schreiben, aber ich habe es immer wieder vertagt, hinausgezögert, und schlussendlich habe ich alle Briefe in ihren Anfängen zerknüllt und weggeschmissen. Es geht mir gut, und ich fühle mich wesentlich besser und auch gestärkter als in der Zeit, bevor ich damals zu Ihnen kam. Ich habe keinerlei körperliche Symptome mehr, und ich bin auch sicher, dass sie mich nicht mehr in Beschlag nehmen werden.

Durch unsere Gespräche und die selbstverständliche Wärme, die Sie mir gegeben haben, war ich bei Ihnen auf einmal an der Quelle meiner Tränen. Das gläserne Herz ist für mich eine stetige Begleiterin geworden. Ich schaue es jeden Tag mehrmals an, und ich weiß, dass ich einen Schatz in mir trage, den ich mir früher nie bewusst gemacht habe. Ich habe ihn früher nicht einmal gespürt. Das ist mir klar geworden, als wir beide zusammen am Rhein waren. Ich habe gemerkt, dass ich häufig dazu neige, mich auf andere zu beziehen, andere wichtiger zu nehmen als mich selbst, und vor allem habe ich gemerkt, dass mir die Tränen anderer kostbarer sind als meine eigenen. Als wir das letzte Mal zusammen waren und ich mit Ihnen an der Stelle der Versenkung stand, da sagte ich doch zu Ihnen, dass ich möchte, dass wir alle zusammen dort stehen. Ich hatte aber einige Tage danach einen Traum, in dem ich das Ritual mit vollster Überzeugung allein durchgeführt habe. Es war alles so, wie wir es besprochen haben. Ich habe das kohlefarbene Herz und das gläserne Herz gegenübergestellt, und ganz klar spürte ich, dass ich das gläserne Herz mit niemandem teilen wollte und auch nicht mitteilen.

Eins aber sehe ich heute an diesem verregneten Tag, an dem ich an Sie schreibe. Sie gaben mir die Erlaubnis und vor allem die Kraft, das gläserne Herz für mich zu entdecken und es zu behalten. Bitte seien Sie mir nicht böse, dass ich nicht mehr zu Ihnen gekommen bin. Ich habe mich von meinem ungeborenen Kind verabschiedet, und es war gut so.

Ich danke Ihnen für alles. Ihre Ute

Ute kam nie wieder zu einer Beratung. Ich schrieb ihr als Antwort auf den Brief eine Karte.

Liebe Ute,
vielen Dank für Ihren Brief, Ich habe mich sehr gefreut, von Ihnen zu hören. Ich bin froh, dass es Ihnen gut geht und dass Sie für sich soviel Klarheit gefunden haben. Als Sie damals nicht zu unserer verabredeten Stunde gekommen sind, fragte ich mich, was in unserem Kontakt schiefgelaufen ist. Aber ich sehe und erkenne, dass Sie das Ritual auf Ihre Weise durchlebt haben und dass Sie es allein machen mussten. Wenn Sie sich noch einmal bei mir persönlich verabschieden wollen, melden Sie sich. Das mit dem Abschied ist ja schon so eine Sache, wie Sie wissen.

Passen Sie gut auf Ihr Herz, das gläserne, auf. Es ist wirklich einzigartig.
Herzlich grüße ich Sie,
Julia Strecker

Methodischer Aspekt: Entwicklung und Bedeutung von Ritualen in der Seelsorge – Wie gehe ich mit dem Erleben des Scheiterns in seelsorgerlichen Beziehungen um?

In meiner Arbeit als Pastorin und Seelsorgerin ist mir die Bedeutung von Ritualen immer wichtiger geworden. Rituale als Begleitung in Trennungs- und Krisensituationen, um Kontingenzerfahrungen transparent zu machen, Rituale als Begleitung in Übergängen und als rites de passages. Lebensübergänge sind ebenso berufliche Veränderungen, wie auch Passagen im Beziehungsleben. Sie tauchen auf im Kontext größerer Gemeinschaften und im Kontext von Frauenzusammenhängen. In meiner Arbeit als Pastorin habe ich verschiedene Lebensübergänge begleitet, die erste Menstruation von Mädchen, den Einzug in die erste eigene Wohnung, die Trennung vom ersten Freund, das Coming-out einer lesbischen Studentin und andere. Wichtig dabei ist, dass die Übergänge nicht unbedingt seltene Ausnahmesituationen darstellen, sondern Lebensgeschichte insgesamt konstituieren. Zum Beispiel hatte ich im Lauf der letzten Jahre mit vielen Frauen zu tun, die nach einem Ort der spirituellen Heimat für sich suchten. So wäre es denkbar für die verschiedenen Unterbrechungen und Schwellen des Lebens, nicht nur für die großen Trennungen, Abschiede und Neuanfänge, sondern auch für die kleinen, täglichen Schwellen, Rituale zu schaffen, die Begleitung und Reflexion (Spiritualität) im Alltag anbieten.

Mit einigen Frauen habe ich die Haltung für das Gebet geübt, mit anderen habe ich an kreativen Pausen im Alltag gearbeitet, wieder andere haben mir ihre Morgenrituale (Joggen vor dem Frühstück oder zehn Minuten bei geöffnetem Fenster schweigend den Tag begrüßen) erzählt.

Rituale haben die Funktion, Kontinuität und Stabilität herzustellen, sie sind von daher wesentliche Brückenpfeiler, wenn Sinnfragen auftauchen oder der Boden unter den Füßen wegzusinken droht. Sie können auch eine deutliche Zäsur übernehmen, wenn ein Lebensabschnitt zu Ende geht und ein neuer beginnt.

Rituale können also Stabilisierung und Steuerung herstellen, um Brüche möglichst sanft und integrierbar erfahrbar werden zu lassen. So habe ich z. B. ein Mädchen dabei begleitet, ihr Erwachsenwerden so zu gestalten, dass es für sie selbst eine annehmbare Form bekommt. Sie war zu mir in die Beratung gekommen, weil ihre Lehrerin ernsthafte Essstörungen bei ihr feststellte, die sie auf das rigide religiöse Elternhaus zurückführte. Ich schlug ihr nach wenigen Gesprächen vor, ein eigenes Ritual zu entwickeln. Sie ging mit mir in die Kirche, inszenierte verschiedene Situationen, die sie loslassen wollte, kletterte schlussendlich unter den Altar und sagte, dass sie am liebsten dort bleiben wolle.

Auf meine Frage, was es denn unter dem Altar so schön für sie sein lasse, sagte sie, dass es wie ein Schutz vor der harten Welt der Erwachsenen sei, und sie habe das Gefühl, hier einfach bleiben zu wollen. Ein Teil des Rituals sah dann so aus, dass sie sich ganz konkrete Orte suchte – andere als den Altar –, wo sie Mädchen sein konnte, so wild und zahm, bedürftig und rebellisch sich das für sie gestaltete. Sie selbst bezeichnete diese Unterbrechungen aus ihrem Alltag als »Mach mal Pause« und legte viel Wert darauf, dass sie ihr immer wieder die Möglichkeit eröffneten zu reflektieren, was Erwachsenwerden als Frau in unserer Gesellschaft eigentlich bedeutet. Auch als sie nicht mehr zu Gesprächen zu mir kam, nutzte sie ihre »kleinen Pausen« als spirituelle Heimat für sich selbst.

Im gläsernen Herz schilderte ich die gemeinsame Entwicklung eines Abschiedsrituals mit einer Klientin, die mit einer diffusen Fragestellung kam, diese aber nicht so deutlich als den Wunsch nach einem Ritual benannte.

Wesentlich bei der Gestaltung dieses Abschiedsrituals war, dass der Klientin die Bedeutung des Loslassens spürbar und deutlich wurde.

Sie fand auf dem Weg zu ihrem Ritual Möglichkeiten, ihre Trauer und ihren Schmerz zu spüren und auszudrücken. Wesentlich für die Gestaltung des Rituals wurden dabei auch theologische Fragen, wie die nach Schuld und Vergebung, aber auch: Gibt es ein Leben nach dem Tod, gibt es eigentlich Gott und wenn ja, wie kann ich mit dieser in Verbindung treten? Während zunächst nur der nicht vollzogene Abschied von Bedeutung für Ute war, spürte sie im Lauf des Vorbereitungsprozesses, dass es um wesentlich mehr ging.

Die Fragen nach ihrer eigenen Schuld und Vergebung (sie sprach einmal von Absolution) traten in dem Moment auf, als sie begann, sich gedanklich auf die konkrete Ausführung des Rituals einzulassen. Ebenso entdeckte sie religiöse Anteile bei sich selbst, die sie so gar nicht gekannt hatte. Ich erlebte das religiöse Potential in ihr von unserer ersten Begegnung, spätestens von dem Moment an, als sie ihr Bild gemalt hatte und die Spirale als Hoffnung, die Sichel als Begleitung benannt hatte. Von daher war ich mir der Interventionen bzgl. des Rituals auch recht sicher.

Letztendlich war die Vorbereitung und Planung des Rituals wesentlich für Utes Prozess. Sie entdeckte in ihrem Wunsch, ganz konkret Abschied zu nehmen, ihre unausgedrückte Trauer, die fehlende Begleitung und die Unerlöstheit ihrer Situation.

Einige Fragen bleiben offen: Zunächst die Frage, ob ich mit meiner schnellen Entscheidung, mit Ute ein Ritual durchzuführen, nicht über ihre Bedürfnisse und vor allem über ihren Rhythmus hinweg geplant habe.

Vielleicht hätte ich einen längeren Zeitraum für die Vorbereitung ansetzen müssen, um Ute wirklich selbst ihren Rhythmus entfalten zu lassen? In der Begegnung mit Ute war das Thema des Abschieds von Beginn an ein konstitutives Element. So wie ihr eigentliches Thema, der nicht vollzogene Abschied von ihrem ungeborenen Kind, so wurde auch in der seelsorgerlichen Beziehung zwischen Ute und mir deutlich, dass das Abschiednehmen schwierig und mit größten Hemmschwellen verbunden ist.

Für mich als Seelsorgerin tauchte in dieser Beziehung vor allem die Frage nach der eigenen Unvollkommenheit auf. Gerade an dem Punkt des Abschiednehmens, des eigentlichen Ritualvollzugs, aber auch des Abschieds von mir, muss ich sehen und erkennen, dass ich bestimmte Prozesse nicht unterstützt habe, vor allem während der Arbeit mit Ute nicht stark genug auf ihre eigentlichen Themen, Gefühle und Verstrickungen geachtet habe. Im Nachhinein sehe ich, dass Ute in unserem Kontakt etwas von der unterlassenen Trauerarbeit wiederholte, die im Fall ihres ungeborenen Kindes zu körperlichen Symptomen führte. Fraglich ist für mich auch, inwieweit ich in dem begrenzten Rahmen des seelsorgerlichen Settings die Möglichkeiten für eine intensive Traueraufarbeitung anbieten konnte, die Ute gebraucht hätte. Vielleicht brauchte sie viel mehr Zeit und Raum, um die Schuldfrage zu klären, Absolution also Lossprechung zu erfahren und ihre Scham loszuwerden. Vielleicht war ihr persönlicher Umgang mit dem gesamten Schuld- und Schamkomplex auch für mich zu bedrohlich, um ihr den Raum anzubieten. Fest steht, dass Ute ihre eigenen Ressourcen entdeckte, indem sie das gläserne Herz gemalt hat und dies auch zu ihrem persönlichen Schatz erklärte.

Bis zum Schluss bleibt für mich die Frage offen, ob der eigentliche Vollzug des Rituals in Utes Prozess noch mal eine weitere Tiefung bedeutet hätte oder ob die Tiefung eben gerade darin bestand, dass sie für sich entschied, das Ritual nicht mit den anderen teilen zu wollen.

Ein wichtiges Element in diesem Zusammenhang ist die doppelte Scham, der Ute sich ausgesetzt fühlte, und die auch in Ansätzen in unseren Gesprächen und in ihren eigenen Bildern auftauchte. Doppelte Scham insofern, als sie sich schuldig wegen der Abtreibung fühlte, zugleich aber auch einen schweren Zugang zu der Schwangerschaft mit einem behinderten Kind fand.

In unserer Gesellschaft wird es ja immer schwieriger, sich als Frau nicht zu schämen, wenn ein behindertes Kind schon vom ersten Monat seiner Existenz mit grundsätzlichen Existenzanfragen konfrontiert wird. Wahrscheinlich habe ich hier als Seelsorgerin versäumt, mehr Platz für die Scham einzuräumen. Vielleicht wäre das für Ute ihr Ritual gewesen, die doppelte Scham zu benennen, sie nicht in eine Kiste der Vergessenheit zu packen, sondern sie zuzulassen und letztendlich loszulassen.

Inwieweit ich während der Trauerarbeit mit Ute Elemente der Scham aufgegriffen habe, wage ich nur zu vermuten. Während der Besprechung der Bilder formulierte sie selbst im Grunde genommen alles, was für sie wichtig war: die Scham, die Schuld (das gläserne Herz), die Sehnsucht nach Begleitung (die Sichel), Abschied und Vergebung (die Versenkung). Mir ist jedenfalls bewusst, dass ich während des Prozesses mit Ute zu wenig Offenheit für andere Gefühle als die der Trauer und die der Schuld hatte. In Ansätzen taucht das Benennen der Scham im Gebet auf, da es mir aber selbst als Hauptthema nicht bewusst war, vernachlässigte ich auch an dieser Stelle die Fokussierung. Erst im Nachhinein, im Reflektieren dieses Prozesses tauchte die Scham als wesentliches Gefühlsmoment so stark auf, dass ich mich frage, warum ich sie während der unmittelbaren seelsorgerlichen Begleitung nicht in den Blick genommen habe. So ist im Nachhinein auch erklärbar und einsichtig, warum Ute das Ritual zwar visualisierte, warum sie sich ausmalte, das Ritual mit ihren vertrautesten Menschen durchzuführen, warum sie aber dennoch allein blieb. Auch wenn sie sich vielleicht wünschte, alle ihre Gefühle, die mit der Abtreibung des ungeborenen Kindes zusammenhängen, mit ihrem Partner und ihrer Freundin zu teilen, so war sie dazu nicht in der Lage, weil die Gefühle von Scham und Schuld, jedenfalls zu diesem Zeitpunkt, noch zu wenig Raum hatten, zu wenig ausgedrückt waren und eben, wie sie dann auch selbst formulierte, nicht mitteilbar waren.

Für mich selbst war es eine schwere Prüfung, das eigentliche Beratungsziel, nämlich das Ritual auch bis zum Schluss durchzuführen, nicht zu erreichen. Ich möchte jedoch explizit darauf hinweisen, wie elementar und entscheidend das Wahrnehmen der Bedürfnisse der Klientin ist. Auch wenn die Seelsorgerin sich relativ sicher ist, dass ihre Interventionen und Vorschläge genau das Richtige für die Klientin sind, so muss sie dennoch überlegen, ob sie dabei ihre eigenen Wünsche verfolgt oder im Sinne der Klientin handelt. Letztendlich ist die Klientin diejenige, die den Weg geht, ihren Weg, und die Seelsorgerin begleitet sie, so gut sie kann.

Das schwarze Zelt

Ursula Riedel-Pfäfflin

Thematischer Aspekt: Töchter und Mütter

Die Erzählung der Begegnung in Exodus 33 ist eine meiner Lieblingsgeschichten in der hebräischen Bibel. Das Zelt derer, die in eine neue Heimat aufbrechen, ist ein Ort, an dem eine Begegnung mit der Macht der Lebendigkeit und des Todes möglich ist. Wer Gott befragen will, geht hinaus zum Zelt der Begegnung vor dem Lager. Dort begegnet auch Mose der Gegenwart Gottes, die in der jüdischen Tradition Schechinah heißt, das Wohnen Gottes auf Erden. Mose spricht mit ihr von Angesicht zu Angesicht wie mit einer Freundin (Exodus 33,7-11).

In der Frauenwerkstatt des Evangelischen Kirchentages in Leipzig bot sich die Gelegenheit, meine langjährige Arbeit zum Thema Raum, Macht und Geschlecht als ein ganzheitliches Projekt durchzuführen. Theologische und soziologische Reflexionen wollte ich mit einer künstlerischen, symbolischen Gestaltung des Raumes verbinden, so dass ihre Vielschichtigkeit deutlich wurde: soziale, psychische, politische, geistige und spirituelle Dimensionen des Raumes im Leben der Frauen in einer Welt, die nach Vatergesetzen und Bruderkontrakten funktioniert. Mit einer Künstlerin, Ute Werner, und einer Mitarbeiterin der landeskirchlichen Frauenarbeit Sachsens, Kathrin Pflicke, wurde die Idee geboren, die Halle als ein großes Zelt zu gestalten, in welchem dann in seinen vier Ecken wiederum Orte der Begegnung geschaffen würden. Nach einführenden Gedanken zur Bedeutung des Raumes sollten die TeilnehmerInnen Gelegenheit haben, sich zu bewegen, sich im Zelt ihrer Wahl zu begegnen, miteinander zu reden oder zu schweigen, sich anzumalen, zu schreiben oder zu tanzen, einen Ausdruck zu finden für ihren Platz, ihren Ort, an dem sie sind oder sein möchten.

Die Vielseitigkeit des Projektes inspirierte mich sehr. Monatelang bereiteten wir uns auf die Gestaltung des Raumes, auf den Aufbau und die Reflexionen vor. Als der Kirchentag begann, fingen wir mit viel Enthusiasmus und wenigen MitarbeiterInnen an, die Mitarbeiterinnen und Aufsicht der Sportuniversität für unser Projekt gnädig zu stimmen, was eine nervenaufreibende Arbeit für sich war, aber schließlich in einer schönen Kooperation endete! Es dauerte drei Tage, bis die Zelte schließlich in die Riesenhalle gehängt waren, aber kurz vor der Veranstaltung sah es schließlich wunderschön aus. Ich war total erschöpft, aber ich war gespannt, was nun passieren würde.

Es kamen ungefähr genau so viel Teilnehmerinnen wie Plätze vorbereitet waren (fünfzig). In der Mitte des Raumes standen zwei Schalen mit Wasser und Blüten. In jeder Ecke des Raumes ein Zelt, das die verschieden Zeiträume des Lebens symbolisierte:

Ein weißes Zelt für den Lebensraum des Unberührten, des Neuen, des Erprobens, des Jungen, des Neugierigen und Abenteuerlustigen, aber auch des Zarten und Schützenswerten. Ein rotes Zelt für die Frauen, die sich im Raum der Freundschaft, der Liebe, der Intensität, des Menstruierens, der Sinnlichkeit, des Feuers aufhalten wollen. Ein schwarzes Zelt für diejenigen, deren Leben sich erdet, die die Tiefe suchen, das Feste und Starke, die Klarheit, den Zorn, die Trauer, die Verwandlung von Tod in Leben. Und ein Zelt des Schutzes, der Ruhe, der Meditation: ein blaues Zelt. In jedem Zelt saß eine Frau, die genau mit denselben Farben des Zeltes bemalt und gekleidet war, von Kopf bis Fuß: weiß, rot, schwarz, blau.

Nach einer Begrüßung wurden die TeilnehmerInnen in den Raum theologischer und soziologischer Gedanken geleitet, eröffnet mit einer Lesung der Geschichte von La Loba aus dem Buch »Die Wolfsfrau« von Clarissa Estes (1993). Danach wurden alle eingeladen, in das Zelt ihrer Wahl zu gehen und sich dort einen Raum zu schaffen oder einen Raum zu erleben, der für sie im Moment wichtig war.

Ich bin zunächst erschöpft nach dem gemeinsamen Vortrag mit meinen Kolleginnen Barbara Feichtinger, die aus der Wolfsfrau vorgelesen hatte, und Birgit Effinger, die den soziologischen Teil übernommen hatte. Wir hatten uns abgewechselt, um die vielseitigen Aspekte der Raumkategorie aufzuzeigen. Es war mir aber zwischendrin deutlich geworden, dass der Vortrag insgesamt viel zu lang wurde, und viele der Teilnehmerinnen in der Nachmittagszeit auch sehr müde waren. Ich hatte Angst, dass etliche gehen würden und dass nicht genug Zeit bliebe für die Stimmen der Teilnehmerinnen. Deshalb hatte ich gleich nach dem letzten Teil des Referates in die Zelte eingeladen.

Während die Frauen sich schon in verschiedene Zelte begeben, bin ich unschlüssig. Soll ich in das blaue Zelt gehen, in die Ruhe? Oder in das rote, das in seiner intensiven Farbe mit der rotbemalten Künstlerin eine pulsierende Lebendigkeit ausstrahlt? Ich entscheide mich, in das schwarze Zelt zu gehen, weil ich jetzt in einer Lebensphase bin, in der eine tiefe Verwurzelung dran ist, Festigkeit, Klarheit, Konzentration.

Bevor ich das Zelt erreiche, taucht noch eine Irritation auf: die Fernsehleute, mit denen ich vor der Veranstaltung gesprochen hatte, beginnen, ohne zu fragen, die Frauen in den Zeiten aufzunehmen. Eine Frau erregt sich besonders darüber. Sie hat ihr kleines Baby mitgebracht und sitzt mit dem Kind auf dem Schoß am Eingang des schwarzen Zeltes. Die schwarz bemalte Frau sitzt in der

Mitte des Tipi-ähnlichen Zeltes. Es geht eine starke Wirkung von dem Kreis aus, von dem Schwarz, von der schwarzen Frau.

Die TeilnehmerInnen bitten diese, mit in den Kreis zu kommen. Die Frau mit dem Kind spricht ihren Zorn über die Fernsehleute aus, eine weitere hat sich auch geärgert. Ich denke, gut, dass dieser Raum da ist, um Wut und Zorn zuzulassen.

Ich beobachte, dass eine Frau mit schwarzen Wachsmalstiften etwas auf ihre Arme malt. Sie fängt an zu weinen. Ich möchte sie ansprechen, warte aber erst noch ab, um genug Zeit zu lassen. Sie weint sehr und andere merken es jetzt auch. Ich frage sie, ob sie etwas sagen möchte und sie sagt: »Ja, ich habe so viel Angst, meine Mutter beschuldigt mich so schlimm und macht mich für schreckliche Dinge verantwortlich, ich kann es nicht mehr aushallen.« Auf ihre Arme hat sie mit großen Buchstaben ANGST und SCHMERZ geschrieben. Sie sagt, sie möchte aus der Angst endlich herauskommen. Eine andere Teilnehmerin reagiert auf sie und meint, sie müsse dann eben diesen Schritt tun und sich trauen, das sei wichtig. Während sie spricht, befürchte ich, dass jetzt eine der berühmten Ratschlagrunden losgeht, wo andere sofort von ihren eigenen Erfahrungen sprechen, ohne der Betroffenen erst einmal zuzuhören, damit die Offenheit zudeckeln und ein Ja-aber-Spiel beginnen. Ich bin auch fasziniert von der Situation. Das Baby, das auf dem Schoß der Mutter liegt, schaut mit großen aufmerksamen Augen auf die Weinende, als verstünde es alles.

Ich frage diese Teilnehmerin daher, ob sie ihre Gedanken noch zurückhalten kann, und wir zunächst erst einmal genauer hören, was diese junge Frau bewegt. Sie spricht dann auch mehr, erzählt von ihrem Konflikt und äußert sehr klare Bilder davon, was ihr jetzt gut tun würde. Sie möchte der Mutter sagen, was sie wütend macht. Die Mutter jedoch soll zuhören und nichts sagen. Und sie möchte eine Dogge an ihrer Seite haben.

Ich bin beeindruckt von dem Mut und der power, die in dieser Tochter stecken, und wie sie ihre Gefühle so offen in die Situation gibt. Auch die Klarheit, mit der sie beschreibt, was sie machen möchte. Das bestärkt mich, die Gruppe zu fragen, ob sie bereit sind, mitzumachen.

Die Gruppe der Anwesenden stimmt zu. Eine Frau steht auf: Ich bin bereit, Deine Mutter zu sein. Sie legt sich eine Hand auf den Mund, so dass sie nicht sprechen kann. Die junge Frau mit dem Kind sagt, ich bin gerne Deine Dogge und bin neben Dir. Eine andere nimmt das Baby und trägt es im Raum umher. Theresa stellt sich gegenüber der Mutter auf. Ich lade sie ein, ihren Platz zu finden, ihre Kraft zu spüren und auszuprobieren, welcher Abstand der richtige für sie ist. Die Dogge setzt sich an ihre Seite. Theresa bittet mich, meine Hände schwarz zu malen und ihr Kraft zu geben. Eine andere Teilnehmerin, die mich später als eine meiner ehemaligen Studentinnen begrüßt, fragt, ob sie uns mit der Trommel begleiten soll, was von allen bejaht wird. Theresa beginnt nun, ihrer Mutter zu sagen, was sie empfindet, was sie quält, was ihr Angst macht, worüber sie zornig ist. Die anderen Frauen sind im Kreis um uns herum. Die Trommel begleitet die Gefühle, die zum Ausdruck kommen.

Ich bin total mittendrin, ich spüre eine ungeheure Energie in dem Zelt, in Theresa., in mir, in den Frauen, auch in den anderen Zelten wird aufgehorcht, einige Frauen beginnen, zu uns herüberzukommen. Nachdem Theresa gesagt hat, was sie sagen wollte, dreht sie sich plötzlich zu mir: Wenn Du ein Wort aus der Bibel für mich hast, das jetzt passt, dann sag es mir jetzt. Ich bin sehr überrascht, aber dann auch wieder gar nicht. Ich weiß sofort, was ich sagen will, ein Wort, das ich selbst oft als Stärkung bei Angst empfunden habe.

Ich nehme ihre beiden Hände fest in meine und sage: Ja, ich weiß, was ich Dir sagen will. »Fürchte Dich nicht, siehe ich bin bei Dir. Ich habe Dich bei Deiner Rechten genommen, Du bist mein«. Ich spüre die Kraft, die zwischen uns entsteht. Theresa gibt ein Zeichen, dass es jetzt für sie gut ist so.

Inzwischen sind viele Frauen aus den anderen Zelten zu uns herübergekommen. Ich lade jetzt die Trommlerin ein, für uns den Rhythmus zu geben und frage Theresa, ob sie den Spiraltanz führen möchte. Sie beginnt, und wir gehen vom schwarzen Zelt zum blauen, zum weißen und zum roten und gehen in die Spirale und wieder heraus, so dass alle sich sehen können. Dann tanzen die Frauen von den verschiedenen Zelten ihren Tanz in der Mitte und die anderen klatschen dazu. Wir beenden dieses Seminar wieder mit einigen Worten aus der Wolfsfrau:

»Es gibt eine alte Frau, die an einem verborgenen Ort lebt, den alle kennen, der aber nur wenigen Menschen zugänglich ist (...) die in der Wüste und unter dem Meeresspiegel lebt, in den Tiefen, oder an dem Ort zwischen den Welten, wo der Geist der Wölfe mit dem Geist der Menschen verschmilzt. Sie ist die große Mutter, die alle Welten gebiert (...) Mutter Nyx, Herrscherin über das Dunkle und Schlammige. Sie ist Durga für die Hindus, Gebieterin über die gedankliche Kraft, aus der die gesamte äußerliche, sichtbare Realität hervorgeht, sie ist Hekate, die Seherin und vieles mehr in den Mythen aller Völker von Beginn an. La Loba, die weise Alte, existiert in jeder Frau. Sie bewohnt den Raum in unserer Psyche, wo das Instinktive, das noch Ungezähmte und noch wild-natürliche in den bewussten Verstand übergeht. Ihr Zuhause ist der Punkt, an dem das Ich und das Du miteinander verbunden sind« (Estes 1993, 34).

Einige bleiben noch im Raum und sprechen. Andere fangen an aufzuräumen. Eine Frau aus dem schwarzen Zelt bietet Theresa eine Entspannungsmassage an. Sie jedoch möchte jetzt gehen, sich mit Freunden treffen, abspannen. Es war viel für sie. Sie bittet mich jedoch, mir am kommenden Tag eine Stunde Zeit für sie zu nehmen. Sie möchte das nächste Telefongespräch mit ihrer Mutter vorbereiten. Wir vereinbaren einen Zeitpunkt. Ich bin noch den ganzen Nachmittag völlig wie in Trance von der Macht dieses Erlebnisses. Ich hatte meinen älteren Sohn eingeladen, an der Veranstaltung teilzunehmen, und er war aus seinem Studienort, Berlin, gekommen. Er war der einzige männliche Teilnehmer gewesen und ich fragte mich die ganze Zeit über, was er wohl denken und fühlen würde. Er war im blauen Zelt gewesen und hatte dort mit meiner Freundin gesprochen. Es dauerte lang, bis ich alle Siebensachen zusammengesammelt hatte, so erfüllt war ich noch. Ich war dankbar über die Geduld der anderen, und dass wir uns Zeit nahmen. Mit Birgit, Barbara und Kathrin wurden erste Sätze ausgetauscht, was habt Ihr denn bei Euch erlebt? Wie war es für Euch? Dann gingen wir zusammen essen und sprachen über unsere Wahrnehmungen. Es war gut, die Gedanken zu hören, die meinen Sohn beschäftigen.

Am nächsten Tag hätte ich gern Zeit für andere Veranstaltungen gehabt, da ich noch ganz wenig von den Angeboten anderer Frauen mitbekommen hatte. Aber die Vereinbarung war mir wichtig und so traf ich mich mit Theresa.

Wir setzten uns auf eine Bank in den Park. »Wie ist es Dir gestern noch ergangen?« frage ich. »Gut, es war sehr wichtig für mich. Ich hätte eigentlich die Massage doch noch gut brauchen können. Und, weißt Du was, das Bibelwort, das Du mir gesagt hast, ist mein Konfirmationsspruch! Das hat mich ungeheuer beeindruckt. Die ganze Situation, die Kraft der anderen Frauen. Und dass ich den Tanz dann angeführt habe. Und wie hast Du die Situation und mich erlebt?« Ich erzähle ihr, was ich wahrgenommen habe, ihre Intensität, den Schmerz, die Klarheit ihrer Wünsche, ihre Stärke. »Und jetzt möchte ich noch darüber sprechen, wie ich in Zukunft mit meiner Mutter spreche. Es gibt etwas Wichtiges, das ich mit ihr aushandeln muss, obwohl ich zurzeit keinen Kontakt mit ihr habe.«

Ich frage sie noch einiges zum Hintergrund ihrer Konflikte und wir sprechen über Möglichkeiten, damit umzugehen, auch ganz konkrete Verhaltensweisen. Wieder bin ich beeindruckt, wie deutlich Theresa sagen kann, was sie braucht und will, wie sehr sie sucht und spürt, was ihr gut tut und was nicht. Wie gestern habe ich das Gefühl, dass eine ungeheure Macht zwischen uns ist, etwas Unbenennbares und gleichzeitig sehr Klares, Benennbares. Theresa erzählt mir noch, dass sie Freunde und Helfer hat, und dass es ihr jetzt gut damit geht, das Gespräch und unsere Begegnung zu beenden. Ich wünsche ihr viel Kraft und gehe, während sie noch auf der Bank sitzen bleibt.

Methodischer Aspekt: Seelsorge in der kirchlichen Öffentlichkeit

Als Theresa im schwarzen Zelt saß und zu weinen anfing, war deutlich, dass etwas ganz Persönliches in ihr zum Ausdruck kommen wollte, etwas, von dem nur sie wusste und was sie ganz individuell betraf. Obwohl ich schon viele Situationen miterlebt und mitgestaltet habe, in denen ganz intime Mitteilungen im Beisein von Gruppen geäußert wurden, hielt ich doch den Atem an, als Theresa begann, ihre Gefühle so stark zum Ausdruck zu bringen. Üblicherweise sprechen wir über solche Dinge nur mit unseren besten Freundinnen oder Personen, die wir lange kennen, denen wir vertrauen. Wenn wir große Probleme erleben, suchen wir uns eventuell professionelle Hilfe, eine Beratung oder Therapie, die wir sorgfältig aussuchen. Auch Seelsorge wird normalerweise als etwas angesehen, das unter vier Augen stattfindet, ähnlich wie im Beichtstuhl, im verschwiegenen Amtszimmer, unter Schweigepflicht der Pastorin.

Gerade das Mutter-Tochter-Thema gehört doch in den intimsten Bereich einer Familie und viele haben gelernt, dass es das Schlimmste ist, private Dinge nach außen zu tragen, das »Nest zu beschmutzen«. Besonders Frauen fühlen sich leicht schuldig, wenn sie sich über ihre Ehe oder ihre Kinder beklagen. Selbst wenn sie geschlagen und missbraucht werden, schweigen sie oft so lange, bis sie es nicht mehr verheimlichen können. Sie fühlen sich selbst verantwortlich für alles, was im Bereich der Familie stattfindet, und durch das Öffentlichmachen würden sie sich noch mehr in Schuld bringen. Das Schlimmste, das eine Tochter tun kann, ist, die Verlässlichkeit, Bravheit und aufopfernde Liebe aufzukündigen, die von ihr gerade gegenüber der eigenen Mutter erwartet wird und undankbar zu sein, eigensinnig oder gar aggressiv. Bilder der bösen, schwarzen, faulen, frechen Tochter, die ihre gerechte Strafe findet, durchziehen die Weltliteratur, angefangen von Lots Töchtern bis zur Pechmarie.

Die Dänische Psychoanalytikerin Nina Lykke bringt eine interessante Analyse des Märchens »Bei der schwarzen Frau« aus dem Donauland, in welchem das berühmte Motiv des Verkaufens einer Tochter durch den Vater um seiner Interessen willen und deren schweren Weg durch zahllose lebensbedrohliche Prüfungen entwickelt wird, bis das Mädchen schließlich zur angesehenen Frau und Mutter (Königin) wird. Das Mädchen wird als älteste von sieben Kindern im Alter von zwölf Jahren an die schwarze Frau verkauft, um bei ihr zu dienen. Es muss also vom geschützten Innenraum, in dem keine Mutter mehr da ist, in den ungeschützten Außenraum, wo sie auf die Probe gestellt wird. Im Schloss der schwarzen Frau darf sie in allen 99 Zimmern saubermachen, jedoch das hundertste darf sie nicht betreten.

Zunächst wird das Mädchen gleich für seine Dienstbarkeit belohnt.

Diese Pflichterfüllung behält das Mädchen auch bei. Nur als sie alle neunundneunzig Zimmer gesäubert hat, wagt sie es schließlich, aus Neugierde einen Blick in das hundertste Zimmer zu werfen. Dort erblickt es die schwarze Frau, die nun fast ganz weiß geworden ist. (Die schwarze Frau ist verwunschen und braucht die Gewissenhaftigkeit des Mädchens, um erlöst zu werden). Der weitere Gang des Märchens erzählt die harten Prüfungen, das Ausgesetztwerden des Mädchens, die Verbindung zu einem Prinz, die Gefährdung ihrer Mutterschaft bis hin zum drohenden Scheiterhaufen. Erst kurz vor dem Verbranntwerden wird sie schließlich durch ihre Standhaftigkeit und Aufrichtigkeit rehabilitiert, von der Frau, die nun weiß wie Schnee geworden ist und ihr ihre Belohnung gibt.

Nina Lykke interpretiert das Märchen als Ausdruck der Domestizierung von Tochter und Mutter im Patriarchat, das beide, Mutter und Tochter nur als Eingefügte duldet und nutzt. Die Potentiale (Aktivität, lustvolle Sexualität, Reichtum) der Mutter als schwarzer Frau werden als veränderungsnotwendig und erlösungsbedürftig abgewertet. Nur die weiße (liebevolle, keusche, reine, gebende) Frau ist die wahre, erlöste. Nur die Tochter, die auf die Erforschung und das lustvolle Besuchen der innersten Räume der Mutter verzichtet, und sich erfolgreich auf die sexuelle Begegnung und Mutterschaft mit dem Prinzen in dessen Raum einfügt, ist die wahre, bestätigte Tochter.

Hier sieht Lykke einen Patriarchatsfetischismus wirksam, der Mädchen und Frauen massiv von ihren eigenen Potentialen und Kräften entfremdet, und zwar durch Verletzen, durch Abschneiden ihrer wichtigsten Ressourcen, die in einer tiefen Lust zwischen Frauen, zwischen Mutter und Tochter verborgen sind. Leider wurde und wird dieser Fetischismus auch von der Psychoanalyse unterstützt und muss durch feministische Analyse entlarvt werden. Auch hier liegt eine Herausforderung für die Seelsorge, nicht blindlings analytisch-therapeutischen Paradigmen zu folgen, die gerade in der Abwertung der Mütter und der Abrechnung mit den Müttern eben nicht zu einer Aufhebung der Entfremdung führen kann.

Theresa wählte die Veranstaltung zum Thema Raum und sie wählte das schwarze Zelt. In den theologischen und soziologischen Überlegungen war die Bedeutung angesprochen worden, welche der Aufbruch der Frauen in neue Räume für das Machtverhältnis zwischen den Geschlechtern hat. In der Gestaltung des Raumes und der Einladung, sich einen Ort für die eigene Lebenssituation zu wählen, wurde die Farbe Schwarz entgegen bisherigen Abwertungen als Ressource für Kraft, Tiefe, Stärke, Klarheit der Gefühle, auch des Zornes umgedeutet. Das schwarze Zelt und die schwarze Frau wurden von mir bewusst nicht als Ort des Bösen, Verwunschenen und Gefährlichen interpretiert, sondern als Ort der Begegnung mit dem Kraftvollen, dem Geerdeten, dem Unausweichlichen, der Verwandlung von Tod zu Leben. Hier wird eine der wichtigsten Methoden ressourcenorientierter Seelsorge und Theologie deutlich. Alte Bilder von sich, von Frau-Sein und Tochter-Sein, die seit Jahrhunderten negativ besetzt worden sind, werden umgedeutet und anhand des Aufzeigens von anderen Quellen des Wissens zu neuen Ressourcen.

An diesem Ort ist es wichtig, dass genug Schutz gegeben wird, um die starken Emotionen zu halten, die in einer jeden Lebensgeschichte enthalten sind, und die durch die Stimmen verschiedener Frauen zum Ausdruck kommen. So wie ich es erlebt habe, konnte Theresa sich so tief und klar äußern, weil sie durch die ganze Art der Veranstaltung, durch die Gestaltung des Raumes, durch das Zelt und den Kreis der Frauen einen geschützten Raum spürte, innerhalb dessen auch so etwas Tabuisiertes wie der Schmerz und der Zorn zwischen Tochter und Mutter, aber auch die Sehnsucht nach Gehaltenwerden und Nähe, Lust und Wildheit, ansprechbar und erlebbar wurde.

Allerdings bin ich mir auch der Gefahren bewusst, die in der Verbindung von Öffentlichkeit und Intimität liegen. Es ist wichtig, in solchen Situationen Schritt für Schritt konkrete Verträge zu schließen (Was ist jetzt wichtig für Dich/Sie? Was brauchst Du jetzt? Seid Ihr damit einverstanden, dass wir dieser Frau jetzt zuhören? etc.) und das Vorgehen miteinander abzustimmen. Jedoch gibt es auch Personen, die, durch einen Vortrag oder eine Situation angeregt, ihre eigenen Grenzen momentan nicht spüren und sich dann hinterher als ausgeliefert erleben. Auch ist es möglich, dass die Leiterin einer Veranstaltung die Situation nicht genügend überblickt und wichtige Informationen nicht hat. Hier erweist sich erweiterte Aufmerksamkeit als notwendig, die mit der Erfahrung wächst, und die Zusammenarbeit mit Kolleginnen als hilfreich. So wichtig es ist, vorsichtig, langsam und konkret an den Stimmen der Beteiligten orientiert zu arbeiten, so befreiend ist auch die Erfahrung, dass die eigene Professionalität noch von anderen Kräften, nämlich Vertrauen in den Prozess und Vertrauen in die geteilte Macht einer großen Gruppe erfahrener Frauen, getragen wird.

Die Frauenbewegung, feministische Forschung und feministische Therapie haben hier eine heilsame und heilende Funktion gehabt. Indem einzelne Frauen Tabus gebrochen und verheimlichte Themen öffentlich gemacht haben, wurde es für andere Frauen auch möglich, aus den in Wohn- und Schlafzimmern versteckten Leidens- und Gewaltsituationen aufzubrechen. Ihre persönlichen Geschichten wurden als Ausdruck struktureller und systemischer Probleme deutlich, die nicht nur Frauen angehen, sondern alle, Frauen, Männer und Kinder, die Gesellschaft in ihrem weltweiten Kontext. Indem Frauen und gerade auch Mädchen anfingen, sich gegenseitig und öffentlich zu berichten, was sie erlebten und worin sie verstrickt waren, wurde es möglich aufzudecken, dass das traute Heim der Familie, das noch immer als Hort des Glückes und als Fundament der Gesellschaft gilt, der gefährlichste Ort für Frauen und Kinder ist, und zwar global.

Theologie, kirchliche Gemeindearbeit und Seelsorge haben sich lange nicht aus ihrer Teilnahme an der Mystifizierung des Privaten gelöst. Kirche habe nichts mit weltlicher Öffentlichkeit und dem Politischen zu tun und solle sich da ganz heraus halten, wurde immer wieder betont. Gerade Seelsorgerinnen müssten neutral sein, damit sie Ansprechpartnerinnen für die verschiedensten Menschen sein könnten. Jedoch waren Kirche und auch Seelsorge nie frei von gesellschaftlichen Werten und politischen Stellungnahmen. Sie wurden nur implizit vollzogen und nicht offen benannt. Die schon im Kindergottesdienst und Konfirmandenunterricht eingeprägten Gebote, Gott allein als dem allmächtigen Vater zu dienen und Vater und Mutter zu ehren, haben es vielen Mädchen und Jungen aus christlichen Elternhäusern unmöglich gemacht zu merken, was mit ihnen geschah, geschweige denn, davon öffentlich zu sprechen.

Erst jetzt, nachdem in den USA eine jahrelange öffentliche Auseinandersetzung um das Ausmaß und die Folgen sogenannter dysfunktionaler und missbrauchender familiärer Beziehungen stattgefunden hat, greifen auch Theologie und Seelsorge diese Tabuthemen auf. So hat zum Beispiel Mary Fortune (1983) eine sehr effektive Aufdeckung sexuellen Missbrauches auch in Gemeinden und durch Geistliche durch ihre Untersuchungen in Gang gesetzt und Theologinnen wie Rita Nakashima Brown, Susan Thistlethwaite, Beverly Harrison, Carter Heyward, Katie Canon, Hildegund Wöller und andere haben tabuisierte Themen wie lustvolle Sexualität und Erotik zwischen Frauen, Machtmissbrauch, Kindesmissbrauch, Homosexualität, Prostitution als theologische Herausforderung angesprochen.

Feministische Seelsorge öffnet und gestaltet nicht nur den blauen Raum, das Zelt, in welchem dem Zeugnis der Frauen und Mädchen aufmerksam zugehört und Schutz gegeben wird; das weiße Zelt, in welchem neue Wege ertastet und erprobt werden; das rote Zelt, in welchem intensive, leidenschaftliche, lustvolle und Grenzen respektierende Nähe erlebt wird. Sie ist auch ein advokatorischer Prozess, in welchem Grenzen gesetzt und Verantwortung und Rechenschaft in Fragen von Leben und Tod eingefordert werden, das schwarze Zelt. Die Begegnung mit der Präsenz Gottes, Schechinah, von Angesicht zu Angesicht, wie mit einer Freundin.

Perspektiven im Rückblick

Julia Strecker

Es ist 15 Jahre her, dass wir beiden Autorinnen uns zum ersten Mal begegneten. Beide wollten wir ein Buch über Feministische Seelsorge schreiben. In unserer seelsorgerlichen Arbeit als Pastorin, Professorin, Seelsorgerin, Beraterin, Supervisorin sahen wir uns mit vielen einschneidenden Fragen und Aufgaben konfrontiert. Verzweifelt suchten wir in der Literatur nach Beispielen und Modellen, aber wir befanden uns in einer Wüste. Es gab im deutschsprachigen Raum so gut wie gar keine Literatur, keine Arbeitshilfen, die uns im frauenspezifischen Seelsorgebereich Anregungen und Inspirationen verschafft hätten.

Uns war es sehr wichtig, im gegenseitigen Austausch und Miteinander, im Sinne des *Affidamento*, zu schreiben. Als wir uns das erste Mal im Beisein unserer Lektorin trafen, standen wir uns gegenüber, waren uns fremd und doch vertraut, und wir realisierten, dass es hier um etwas Wesentliches, um eine Herzensangelegenheit für uns beide geht. Innerhalb eines Tages entwickelten wir, die wir uns vorher noch nie gesehen oder ausgetauscht hatten, aus vorhergehenden Studien und Konzepten ein Exposé für ein gemeinsames Buch und schrieben dann in regelmäßigen Abständen, gemeinsam und allein. Das Spannende in unserem gemeinsamen Prozess war unsere unterschiedliche Perspektive und zugleich gemeinsame Ausrichtung. Aus zwei unterschiedlichen Generationen kommend, entdeckten wir in unseren Biographien sehr viel Gemeinsames und zugleich auch große Unterschiede. So sehr wir uns auch in einer politisch orientierten Ausrichtung eines Seelsorgeansatzes einig waren, so sehr unterschieden wir uns doch hinsichtlich der Bewertung und Einschätzung gewisser theologischer Richtungen. Wir entdeckten beim gemeinsamen Schreiben, wie unterschiedlich unsere Schreibarten sind, wie schwer es für uns war, sich der anderen jeweils verständlich zu machen und zugleich lernten und profitierten wir viel von unserer Unterschiedlichkeit.

Beim gemeinsamen Schreib- und Reflexionsprozess erfuhren wir voneinander vieles, was uns auch inhaltlich beschäftigte: die Gegenseitigkeit, die Differenz, das Affidamento, die Konkurrenz, die Bedeutsamkeit der Transparenz und des geteilten Wissens. Ebenso wurde uns immer wieder deutlich, wie sehr die Begegnung mit den Frauen, deren Geschichten wir hier erzählen, unser Leben und Denken verändert hat. In den Reflexionen bemühten wir uns, ehrlich mit uns und dem Erlebten, auch dem Scheitern und den nicht ausgeschöpften Möglichkeiten, umzugehen. Das war schwierig und kostete immens viel Kraft. Als wir in einem Sommer in der Eifel unsere Ferien mit dem Laptop verbrachten, waren die Frauen und Mädchen in unseren Gesprächen und Gedanken häufig so anwesend, dass es sogar zu körperlichen Erscheinungen kam, von denen wir nicht wussten, ob wir sie als Empathie oder Erschöpfung deuten sollten. In manchen Phasen des Schreibens erlebten wir die Grenzen unserer kreativen Schaffenskraft und fühlten uns gnadenlos auf uns selbst und die Sehnsucht nach »Flügeln für alle« zurückgeworfen. In vielen Stunden, in denen wir uns diesem Buch widmeten, öffneten wir uns für göttliche Einge-Sbungen und Offenbarungen.

Zum Schluss bleibt uns noch die gemeinsame perspektivische Ausrichtung und Vision einer feministischen Seelsorge, die uns nicht müde werden und den langen Atem behalten ließ. Es ist die Vision, dass wir uns wünschen, in einer Welt zu leben, in der strukturelle Ungerechtigkeit zwischen Frauen und Männern nicht mehr existiert und in der Frauen und Mädchen wie Jungen und Männer Raum haben, ihre unterschiedlichen Ressourcen und Lebensformen auf der Grundlage gleicher Rechte und gerechter ökonomischer Bedingungen zu entfalten.

»Flügel für alle« bedeutet, dass Frauen und Mädchen ihren spirituellen Ort der Vergewisserung und der Heimat finden. Es bedeutet, dass in den Einrichtungen, in denen wir arbeiten, Bedingungen geschaffen werden, die Autonomie und Affidamento für Frauen und Mädchen ermöglichen und fördern. Und es bedeutet, in unseren Verbindungen mit anderen Frauen, Netzwerke zu kreieren und zu fördern und dafür einzutreten, dass über Grenzen hinweg Orte geschaffen werden, wo Frauen und Mädchen voneinander und miteinander lernen, an denen sie wachsen, sich selbst und sich gegenseitig ermutigen, sich kritisch-konstruktiv begleiten und beflügeln.

Dies gilt auch für die Gegenwart, in der die feministische Bewegung, die schon immer divers und vielfältig in ihrer Ausrichtung war, in verschiedensten Institutionen und Bereichen zunehmend weltweit einem gender-orientierten Ansatz Platz gemacht hat.

Wir glauben nach wie vor an ein Leben mit Flügeln, das allen Menschen versprochen ist – und das allen Menschen zugängig sein sollte.

Wir wünschen den LeserInnen der überarbeiteten Texte, dass sie beflügelt werden, ihr eigenes Wissen und ihre eigenen Träume eines guten Lebens anzuschauen und achtsam in die Dialoge und Verwirklichungen mit Frauen und Männern ganz unterschiedlicher Erfahrungen einzubringen.

Literaturverzeichnis

Agger, Inger, The Blue Room. Trauma and Testimony among Refugee Women. A Psycho-Social Exploration, London/ New Jersey. 1992.

Anderson, Tom, The Reflecting Team, New York, 1991.

Ayma, Juan Evo Morales, 10 Gebote zur Rettung der Erde, in: Matriaval – Zeitung für matriarchale Werte, 8, 22-25, 2009.

Bass, Ellen/ Davis, Laura, Trotz allem – Wege zur Selbstheilung für sexuell missbrauchte Frauen, Berlin, 1992.

Bauman, Zygmunt, Postmoderne Ethik, Hamburg, 1995.

Belenky, Mary F. et al., Women›s Ways of Knowing. The Development of Self, Voice and Mind. New York, 1986. dt.: Das andere Denken. Persönlichkeit, Moral und Intellekt der Frau, Frankfurt, 1991.

Benjamin, Jessica, The Bonds of Love. Psychoanalysis, Feminism and the Problem of Domination, New York, 1988.

Bennholdt-Thomsen, Veronika/ Mies, Maria, Eine Kuh für Hillary. Die Subsistenzperspektive, München, 1997.

Brock, Rita N., Journeys by Heart, New York, 1988.

Brückner, Margrit, Die Liebe der Frauen. Über Weiblichkeit und Misshandlung, Frankfurt am Main, 1983.

Buber, Martin, Ich und Du, Köln, 1966.

Butler, Judith, Körper von Gewicht. Die diskursiven Grenzen des Geschlechts, Frankfurt am Main, 1997.

Casalis, Georges, Die richtigen Ideen fallen nicht vom Himmel. Grundlagen einer «induktiven Theologie», Stuttgart/ Berlin/ Köln/ Mainz, 1980.

Chodorow, Nancy, The Reproduction of Mothering, Berkeley, 1978. dt.: Das Erbe der Mütter, München, 1985.

Christ, Carol, Warum Frauen die Göttin brauchen, in: Schlangenbrut, 8, 6-19, 1985.

Cobb, John F./ Griffin, David R., Process Theology. An Introductory Exposition, Philadelphia, 1976.

Crüsemann, Frank/ Harmeier, Christof/ Kessler, Rainer (Hg.), Was ist der Mensch. Beiträge zur Anthropologie des Alten Testamentes. Festschrift für Hans Walter Wolff, München, 1992.

Daly, Mary, Gyn/Ökologie, München, 1981.

Dinnerstein, Dorothee, Das Arrangement der Geschlechter, Stuttgart, 1979.

Dirks, Marianne (Hg.), Glauben Frauen anders? Erfahrungen, Freiburg/ Kassel/ Wien, 1983.

Ebbecke-Nohlen, Andrea, Die Geschlechterperspektive in der systemischen Familientherapie. in: Rücker-Embden-Jonasch, Ingeborg/ Ebbecke-Nohlen, Andrea (Hg.): Balanceakte. Familientherapie und Geschlechterrollen, Heidelberg, 1992

Estes, Clarissa Pinkola, Die Wolfsfrau. Die Kraft der weiblichen Urinstinkte, München, 1993.

Ferel, Martin, Etliches fiel auf ein gutes Land. 25 Jahre Seminar für Seelsorge in Frankfurt am Main, Festansprache vom 27. 6. 97, Frankfurt am Main, 1997.

Ferel, Martin, Willst du gesund werden? Das systemische Verständnis von Krankheit und Heilung als Orientierung für die Seelsorge. in: Wege zum Menschen, 48, 359-374,1996.

Fiedler, Adelheid/ Wopat, Kristina (Hg.), Gerechtiskeit und Heilung. Vernetzte Wirklichkeiten. Eine Festschrift für Ursula Riedel-Pfäfflin, Grimma, 2008.

Flitner, Bettina, Mein Herz, Köln, 1995.

Formaini, Heather, Inner Landscape: Outer Landscape, in: Hurcombe, Linda (Hg.), Sex and God, New York/ London, 1987.

Fortune, Marie M., Sexual Violence, New York, 1983.

Foucault, Michel, Der Wille zum Wissen. Sexualität und Wahrheit 1, Frankfurt am Main 1977

Foucault, Michel, Die Geburt der Klinik, Frankfurt am Main, 1991

Foucault, Michel, Überwachen und Strafen, Frankfurt am Main, 1995

Fox-Keller, Evelyn, Liebe, Macht und Erkenntnis. Männliche oder weibliche Wissenschaft? München/ Wien, 1986.

Freud, Sigmund, Vorlesungen zur Einführung in die Psychoanalyse, Leipzig/ Wien, 1916.

Gavranidou, Maria, Migrantinnen, in: Bilden, Helga (Hg.), Das Frauentherapie-Handbuch, München, 1992.

Gerber, Uwe, Die feministische Eroberung der Theologie, München, 1987.

Gilligan, Carol, In a Different Voice. Cambridge, 1982. dt.: Die andere Stimme, München, 1984.

Goldenberg, Naomi, Spiritualität und Thealogie, in: Kassel, Maria (Hg.), Feministische Theologie. Perspektiven zur Orientierung, Stuttgart, 1988.

Göttner-Abendroth, Heide, Die Göttin und ihr Heros. Die matriarchalen Religionen in Mythos, Märchen und Dichtung, München, 1985.

Goulding, Mary McClure/ Goulding, Robert, Neuentscheidung. Ein Modell der Psychotherapie, Stuttgart, 1979.

Grözinger, Albrecht, Seelsorge als Rekonstruktion von Lebensgeschichte, in: Wege zum Menschen, 38, 178-188, 1986.

Günter, Andrea, Autorität und Frauenbeziehungen, in: Schlangenbrut, 59, 13-18, 1997.

Hare-Mustin, Rachel T., Making a Difference. Psychology and the Construction of Gender, New Haven/ London, 1990.

Harrison, Berverly W., Making The Connections. Essays in Feminist Social Ethics, Boston, 1985.

Haug, Frigga, Frauenformen, Berlin, 1983.

Heimbrock-Stratmann, Hildegard, Klinische Seelsorgeausbildung und Sexismus, in: Heimbrock-Stratmann, Hildegard/ Heimbrock, Hans-Günther, Ich schwieg wohl eine lange Zeit. Essays, Predigten, Gedichte, Rheinbach-Merzbach, 1993.

Herman, Judith Lewis, Trauma and Recovery. The Aftermath of Violence - From Domestic Abuse to Political Terror, 1992. dt.: Die Narben der Gewalt. Traumatische Erfahrungen verstehen und überwinden, München, 1994.

Heyward, Carter, When Boundaries Betray Us. Beyond Illusions of what is Ethical in Therapy and Life, San Francisco, 1993.

Hilsenbeck, Polina, Grenzgängerinnen – Feministische Alternativen zur Psychiatrie, in: Bilden, Helga (Hg.), Frauentherapie-Handbuch, München, 1992.

Holifield, E. Brooks, A History of Pastoral Care in America. From Salvation to Self-Realization, Nashville, 1983.

Irigaray, Luce, Die Zeit der Differenz. Für eine friedliche Revolution, Frankfurt am Main/ New York, 1991.

Jenkins, Alan, Therapy for Abuse or Therapy as Abuse?, in: Dulwich Centre Newsletter, 4, 11-20, 1994.

Johnson, Elizabeth A., Ich bin, die ich bin. Wenn Frauen Gott sagen, Düsseldorf, 1994.

Jordan, Judith V./ Kaplan, Alexandra G./ Baker-Miller, Jean/ Stiver, Irene P./ Surrey, Janet, Women›s Growth in Connection. Writings from the Stone Center, New York/ London, 1991.

Jürgens, Gesa, Überblick zur Familientherapie: Ausbildung, berufliche Situation, Supervision, in: Schneider, Kristine (Hg.): Familientherapie in der Sicht psychotherapeutischer Schulen, Paderborn, 1982.

Kang, Chong-Sook, Von Selbstbestimmung keine Rede. Frauen im Ausländerinnen- und Asylrecht, in: Hügel, Ina/ Lange, Chris et al., Entfernte Verbindungen. Rassismus, Antisemitismus, Klassenunterdrückung, Berlin, 1993.

Karle, Isolde, Seelsorge in der Moderne. Eine Kritik der psychoanalytisch orientierten Seelsorgelehre. Mit einem Geleitwort von Joachim Scharfenberg, Neukirchen-VIuyn, 1996.

Kegler, Jürgen, Beobachtungen zur Körpererfahrung in der hebräischen Bibel, in: Keller, Catherine, From A Broken Web. Separation, Sexism, and Self, Boston, 1986. dt.: Der Ich-Wahn. Abkehr von einem lebensfeindlichen Ideal, Zürich, 1989.

Keßler, Hildrun, Bibliodrama und Leiblichkeit. Leibhafte Textauslegung im theologischen und therapeutischen Diskurs, Stuttgart/ Berlin/ Köln, 1996.

Korenhof, Mieke (Hg.), Gehen. Scheidungs- und Trennungsliturgien, Düsseldorf, 1996.

Kutter, Erna, Wachsen am „Mehr der anderen Frauen", in: Schlangenbrut, 59, 10-12, 1997.

Leehan, James, Pastoral Care for Survivors of Family Abuse, Louisville, 1989.

Lerman, Hannah, The Limits of Phenomenology: A Feminist Critique of the Humanistic Personality Theories, in: Brown, Laura/ Ballou, Mary (Hg.), Personality and Psychopathology, 8-20, 1992.

Libreria delle donne di Milano (Hg.), Wie weibliche Freiheit entsteht. Eine neue politische Praxis, Berlin, 1989.

Lorde, Audre/ Rich, Adrienne, Macht und Sinnlichkeit. Ausgewählte Texte, Berlin, 1983.

Lugones, Maria C./ Spelman, Elizabeth C., Konkurrenz, Mitleid und Gemeinschaft. Vorschläge für ein feministisches Ethos, in: Miner, Valerie/ Longino, Heien E. (Hg.), Konkurrenz. Ein Tabu unter Frauen, München, 1990.

Luther, Henning, Religion und Alltag. Bausteine zu einer praktischen Theologie des Subjekts, Stuttgart, 1992.

Lykke, Nina, Rotkäppchen und Ödipus, Wien, 1993.

Maturana, Humberto und Varela, Francisco, Der Baum der Erkenntnis. Die biologischen Wurzeln der menschlichen Erkenntnis, Bern, 1987.

McGoldrick, Monica/ Anderson, Carol M./ Walsh, Froma, Women In Families. A Framework for Family Therapy, New York/ London, 1991.

Merlan, Svende (Hg.), Scheiden tut weh, Predigten und Ansprachen, Gütersloh, 1995.

Meyer-Wilmes, Hedwig, Zwischen Lila und Lavendel, Schritte Feministischer Theologie, Regensburg, 1996.
Miller, Jean Baker, Toward a New Psychology of Women, Boston 1991.
Mirkin, Marsha, The Social and Political Contexts of Family Therapy, Boston/ London/ Sydney/ Toronto, 1990.
Mollenkott, Virginia R., Gott eine Frau? Vergessene Gottesbilder der Bibel, München, 1985.
Moltmann-Wendel, Elisabeth (Hg.), Frau und Religion. Gotteserfahrungen im Patriarchat, Frankfurt am Main, 1983.
Morton, Nelle, The Journey Is Home, Boston, 1985.
Mulder, Claire, Eine Ästhetik des Dazwischen. Die ethische Conditio sine qua non eines friedlichen Zusammenlebens, in: Moser, Michaela/ Prätorius, Ina (Hg.), Welt gestalten im ausgehenden Patriarchat, Sulzbach, 2003.

Nelson, James B./ Longfellow, Sandra P., Sexuality and the Sacred: Sources for Theological Reflection, Louisville, 1994.

Pasero, Ursula/ Pfäfflin, Ursula (Hg.), Neue Mütterlichkeit. Ortsbestimmungen, Gütersloh, 1986.
Pfäfflin, Ursula, Frau und Mann. Ein symbolkritischer Vergleich anthropologischer Konzepte in Seelsorge und Beratung, Gütersloh, 1992.
Pfäfflin, Ursula/ Pfau-Effinger, Birgit, Frauenräume – Lebensräume. Spiritualität und Ökologie des Raumes, in: epd-Dokumentation, 34, 49-57, 1997.
Pfäfflin, Ursula/ Smith, Archie Jr., Der Tod und das Mädchen. Über die Komplexität traumatischer Verletzungen und der Wege zur Heilung. Eine Herausforderung für Seelsorge und Beratung, in: Atkins, Ulrike/ Federschmidt, Karl H. (Hg.), Menschenbilder und Lebensgeschichten in der Vielfalt der Kulturen. Düsseldorf, 1996.
Pohl-Patalong, Uta, Seelsorge zwischen Individuum und Gesellschaft. Element zu einer Neukonzeption der Seelsorgetheorie, Stuttgart/ Berlin/ Köln, 1996.
Poling, James N., Deliver us from Evil. Resisting Racial and Gender Oppression, Minneapolis, 1996.
Poling, James N., The Abuse of Power. A Theological Problem, New York, 1991.

Rahm, Dorothea/ Otte, Hilka/ Bosse, Susanne/ Ruhe-Hollenbach, Hannelore, Einführung in die lntegrative Therapie, Paderborn, 1993.
Riess, Richard, Seelsorge. Orientierung, Analysen, Alternativen, Göttingen, 1973
Rohde-Dachser, Christa, Expedition in den dunklen Kontinent. Weiblichkeit im Diskurs der Psychoanalyse. Berlin/ Heidelberg/ New York, 1991.

Satir, Virginia, Peoplemaking. Palo Alto, 1972. dt.: Selbstwert und Kommunikation: Familientherapie für Berater und zur Selbsthilfe, München, 1988.
Scharfenberg, Joachim, Sigmund Freud und seine Religionskritik als Herausforderung an den christlichen Glauben, Göttingen, 1968.
Schaumberger, Christine/ Maaßen, Monika (Hg.), Handbuch feministische Theologie, Münster, 1986.
Schaumberger, Christine/ Schottroff, Luise, Schuld und Macht. Studien zu einer feministischen Befreiungstheologie, München, 1988.
Schmitt Pantel, Pauline (Hrsg.). Geschichte der Frauen. Frankfurt am Main, 1993.
Schmökel, Hartmut, Heilige Hochzeit und Hohes Lied, Wiesbaden, 1956.
Schüssler-Fiorenza, Elisabeth, Zu ihrem Gedächtnis. Eine feministisch-theologische Rekonstruktion der christlichen Ursprünge, München, 1988.
Smith Jr., Archie/ Riedel-Pfäfflin, Ursula, Siblings by Choice. Race, Gender, and Violence, St. Louis, Missouri, 2004.
Sölle, Dorothee, Leiden, Stuttgart, 1973.
Sölle, Dorothee, Lieben und arbeiten. Eine Theologie der Schöpfung, Stuttgart, 1985.
Sölle, Dorothee/ Schottroff, Luise, Hannas Aufbruch. Aus der Arbeit feministischer Befreiungstheologie, Gütersloh, 1990.
Sorge, Elga, Religion und Frau, Stuttgart, 1985.
Starhawk, Truth or Dare. Encounters with Power, Authority, and Mystery, San Francisco, 1987.
Stern, Daniel N., Die Lebenserfahrung des Säuglings, Stuttgart, 1986.
Strahm, Doris, Aufbruch zu neuen Räumen. Eine Einführung in feministische Theologie. Freiburg, 1987.
Strecker, Julia: Die Bedeutung und Besonderheit von Ritualen in Seelsorge und Beratung, in: Zeitschrift für systemische Therapie und Beratung, 3, 2009.

Tamasese, Kiwi/ Waldegrave, Charles, Cultural and Gender Accountability in the Just Therapy Approach, reprinted in: Dulwich Centre Newsletter, 2 & 3, Adelaide, 1994
Thürmer-Rohr, Christina, Mittäterschaft und Entdeckungslust. Zur Dynamik feministischer Erkenntnis, in: Studienschwerpunkt Frauenforschung am Inst. f. Sozialpädagogik der TU Berlin (Hg.): Mittäterschaft und Entdeckungslust, Berlin, 1990.
Thürmer-Rohr, Christina, Vagabundinnen. Feministische Essays, Berlin, 1987.

von Schlippe, Arist/ Schweizer, Jochen, Lehrbuch der Systemischen Therapie und Beratung, Göttingen/ Zürich, 1996.

Voss, Hannelore, Ein feministisches Fortbildungsprojekt: Frauenspezifische sozialtherapeutische Fortbildung (FSF), in: Bilden, Helga (Hg.), Das Frauentherapie-Handbuch, München, 1992.
Wagner-Rau, Ulrike, Zwischen Vaterwelt und Feminismus. Eine Studie zur pastoralen Identität von Frauen, Gütersloh, 1992.
Wagner-Rau, Ulrike, Segensraum. Kasualpraxis in der modernen Gesellschaft, Stuttgart, 2000.
Waldegrave, Charles, Just Therapy, in: Dulwich Centre Newsletter, 1, 1990.
Waldegrave, Charles/ Tamasese Kiwi/ Tuhaka, Flora/ Campbell, Walpiri, Just Therapy – a Journey. Adelaide, 2003.
Walters, Marianne et al. (Hg.), The Invisible Web. Gender Patterns in Family Relationships, New York/ London, 1988, dt.: Unsichtbare Schlingen. Die Bedeutung der Geschlechterrollen in der Familientherapie, Stuttgart, 1991.
Weiler, Gerda, Der enteignete Mythos, München, 1985.
Welter-Enderlin, Rosemarie, Wie aus Familiengeschichte Zukunft entsteht. in: Rücker-Embden-Jonasch, Ingeborg (Hg.), Balanceakte. Familientherapie und Geschlechterrollen. Heidelberg, 1992
White, Michael/ Epston, David, Die Zähmung der Monster. Literarische Mittel zu therapeutischen Zwecken, Heidelberg, 1994.
Wiesel, Elie, Dawn, New York, 1970.
Winkler, Klaus, Seelsorge, Berlin/ New York, 1997.
Wirtz, Ursula, Seelenmord. Inzest und Therapie, Stuttgart, 1989.
Wöller, Hildegunde, Vom Vater verwundet. Töchter der Bibel, Stuttgart, 1991.
Wörterbuch der feministischen Theologie, hg. v. Gössmann, Elisabeth, u.a., Gütersloh, 1991.

Weiterführende Literatur

Barz, Monika,/ Leistner, Hertha/ Wild, Ute, Hättest Du gedacht, dass wir so viele sind? Lesbische Frauen in der Kirche, Stuttgart, 1987.

Bolen, Jean S., Goddesses in Everywoman, San Francisco, 1984.

Cady, Susan,/ Ronan, Marian/ Taussig, Hal, Sophia. The Future of Feminist Spirituality, San Francisco, 1986.

Carr, Anne/ Schüssler-Fiorenza, Elisabeth (Hg.), Motherhood: Experience, Institution, Theology, Concilium, Edinburgh, 1989.

Doan, Rob/ Bullard, Cassie, Reflecting Teams: Exploring the Possibilities, in: Dulwich Centre Newsletter, 4, 35-39, 1994.

Ernst, Sheila/ Goodison, Lucy, Selbsthilfe-Therapie. Ein Handbuch für Frauen, München, 1982.

Essen, Siegfried, Systemische Therapie als Praxis des Nichtanhaftens, in: Zeitschrift für Systemische Therapie, 1, 32-39, 1993.

Francia, Luisa, Mond -Tanz - Magie, München, 1986.

Gimbutas, Marija, The Language of the Goddess, San Francisco 1989.

Glaz, Maxime/ Stevenson Moessner, Jeanne, Women in Travail and Transition. A New Pastoral Care, Minneapolis, 1991.

Goldenberg, Naomi, Changing of the Gods: Feminism and the End of Traditional Religons, Boston, 1979.

Goldenberg, Naomi, Returning Words to Flesh. Feminism, Psychoanalysis, and the Ressurection of the Body, Boston, 1990.

Goodrich, Thelma et al., Feministische Familientherapie, Frankfurt, 1991.

Göttner-Abendroth, Heide, Das Matriarchat II, 1. Stammesgesellschaften in Ostasien, Indonesien, Ozeanien, Stuttgart/ Berlin/ Köln, 1991.

Günter, Andrea (Hg.), Feministische Theologie und postmodernes Denken. Zur theologischen Relevanz der Geschlechterdifferenz, Stuttgart, 1996.

Halkes, Catharina J.M., Suchen was verlorenging. Beiträge zur feministischen Theologie, Gütersloh, 1985.

Hare-Mustin, Rachel T./ Marcek, Jeanne, Feminism and Postmodernism: Dilemmas and Points of Resistance, in: Dulwich Centre Newsletter, 4, 13-20, 1994.

Heyward, Carter, Our Passion for Justice. Images of Power, Sexuality and Liberation, New York, 1984.

Heyward, Carter, Und sie rührte sein Kleid an. Eine feministische Theologie der Beziehung, Stuttgart, 1986.

Iglehart, Hallie, Weibliche Spiritualität. Traumarbeit, Meditationen und Rituale, München, 1987.

Imber-Black, Evan, Familien und größere Systeme. Heidelberg, 1990.
Irigaray, Luce, Ethik der sexuellen Differenz, Baden-Baden, 1991.
Irigaray, Luce, Genealogie der Geschlechter, Freiburg, 1989.
Irigaray, Luce, Speculum, Spiegel des anderen Geschlechts, Baden-Baden, 1980.
Janowski, Gudrun/ Miethner, Reinhard (Hg.), Lebendige Systeme. Martin Ferel zum 60. Geburtstag, Frankfurt am Main, 1997.
Jenkins, Alan, Invitations to Responsibility. The Therapeutic Engagement of Men who are Violent and Abusive, Adelaide, 1990.
Kästner, Sibylle, Vom Mythos zur Realität? in: Schlangenbrut, 42, 14-16, 1993.
Krattiger, Ursa/ Riedel, Ingrid/ Wöller, Hildegunde, Die Suche nach der Göttin-Spiritualität, in: epd-Dokumentation Kirchentag Leipzig, 34, 10-16, 1997.
Law, lan, A Conversation with Kiwi Tamasese and Charles Waldegrave, in: Dulwich Centre Newsletter, 1, 20-28, 1994.
Leehan, James, Defiant Hope. Spirituality for Survivors of Family Abuse, Louisville, 1993.
Lee-Linke, Sung-Hee (Hg.), Fenster zum Göttlichen. Weibliche Spiritualität in den Weltreligionen, Neukirchen-VIuyn, 1997.
Maihofer, Andrea, Ansätze zur Kritik des moralischen Universalismus. Zur moral-theoretischen Diskussion um Gilligans Thesen zu einer „weiblichen Moralauffassung“, in: Feministische Studien, 1, 32-52, 1988.
Mitchell, Juliet, Psychoanalyse und Feminismus, Frankfurt am Main, 1976.
Moltmann-Wendel, Elisabeth, Das Land, wo Milch und Honig fließt. Perspektiven einer feministischen Theologie, Gütersloh, 1985.
Moltmann-Wendel, Elisabeth/ Janssen, Claudia/ Henze, Dagmar/ Schottroff, Luise, Kann denn Liebe Sünde sein? Auf dem Weg zu einer befreienden Sexualität, in: epd-Dokumentation, 34, 28-39, 1997.
Mulack, Christa, Die Weiblichkeit Gottes. Matriarchale Voraussetzungen des Gottesbildes. Stuttgart, 1983.
Mulack, Christa, Im Anfang war die Weisheit. Feministische Kritik des männlichen Gottesbildes, Stuttgart, 1988.
Neuger, Christie Cozad/ Poling, James Newton, The Care of Men. Nashville, 1997.
Pasero, Ursula, Soziale Zeitmuster. Kontingenzerfahrung und das Arrangement der Geschlechter, in: Geschichte und Gegenwart, 2, 93-101, 1994.
Pasero, Ursula/ Braun, Friederike (Hg.), Konstruktion von Geschlecht, Pfaffenweiler, 1995.
Pfäfflin, Ursula, Die Kunst der Landkartenzeichnerin. Spiritualität und Ethik in einer Kartographie der Kreativität, des Haltens und der partnerschaftlichen Rechenschaft, in: Lee-Linke, Sung-Hee (Hg.): Fenster zum Göttlichen. Weibliche Spiritualität in den Weltreligionen, Neukirchen-VIuyn, 1997.

Pfäfflin, Ursula, Mothers in a Patriarchal World. Experience and Feminist Theory, in: Carr, Anne und Schüssler-Fiorenza, Elisabeth, Motherhood: Experience, Institution, Theology, Concilium, Edinburgh, 1989, 15-21.

Pfäfflin, Ursula, Teaching The Unspeakable, in: Encounter, 3, 261-278, 1992.

Riedel-Pfäfflin, Ursula, Gestalteter Kairos. Interreligiöse Seelsorge in Event, Kunst und Ritual, in: Weiß, Helmt/ Federschmidt Karl/ Temme, Klaus (Hg), Handbuch Interreligiöse Seelsorge, Neukirchen-Vluyn, 2010, S. 97-113

Riedel-Pfäfflin, Ursula/ Stachowske, Ruthard, Generationen, in: Herrmann, Volker/Hoburg, Ralf/ Evers, Ralf/ Zitt, Renate (Hrsg.): Theologie und soziale Wirklichkeit. Grundbegriffe, Stuttgart, 2011, S. 93-106

Reiter, Ludwig/ Brunner, Ewald J./ Reiter-Theil, Stella (Hg.), Von der Familientherapie zur systemischen Perspektive, Berlin/ Heidelberg/ New York, 1988.

Rijnaarts, Josephine, Lots Töchter. Über den Vater-Tochter-Inzest, Düsseldorf, 1988.

Satir, Virginia, Familienbehandlung. Kommunikation und Beziehung in Theorie, Erleben und Therapie, Freiburg im Breisgau, 1991.

Scharfenberg, Joachim, Einführung in die Pastoralpsychologie, Göttingen 1985.

Schmer, Silvia, Die Weisheit hat ihr Haus gebaut. Studien zur Gestalt der Sophia in den biblischen Schriften, Mainz, 1996.

Schmidt, Siegfried J. (Hg.), Der Diskurs des radikalen Konstruktivismus, Frankfurt am Main, 1990.

Schüssler-Fiorenza, Elisabeth, Jesus. Miriams Child. Sophia›s Prophet. Critical Issues in Feminist Christology, New York, 1994.

Sered, Susan S., Priestess, Mother, Sacred Sister. Religions Dominated by Women, New York, 1994.

Siegele-Wenschkewitz, Leonore (Hg.), Verdrängte Vergangenheit, die uns bedrängt. Feministische Theologie in der Verantwortung für die Geschichte, München, 1988.

Sorge, Elga, Religion und Frau, Stuttgart, 1985.

Starhawk, Dreaming the Dark. Magic, Sex and Politics, Boston, 1982.

Strecker, Julia, Die Frage hinter der Frage. Feministische Seelsorge – Perspektiven im Neuland, in: Schlangenbrut, 46, 5-8, 1994.

Streib, Heinz, Heilsames Erzählen. Pastoraltheologische und pastoralpsychologische Perspektiven zur Begründung und Gestaltung der Seelsorge, in: Wege zum Menschen, 48, 339-359, 1996.

Swietlik, Gabriele, Was Religion betrifft, da ist die Mauer noch sehr dick. Bireligiöser Alltag in Deutschland, in: Schlangenbrut, 48, 28-30, 1995.

Wacker, Marie-Theres, Der Gott der Männer, Düsseldorf, 1987.

Walker, Leonore E., The Battered Woman. New York, 1979.

Weiler, Gerda, Ich verwerfe im Land die Kriege, München, 1986.
Williams, Delores S., Sisters in the Wildernis. The Challenge of Womanist God-Talk, New York, 1993.
Wintzer, Friedrich, Seelsorge. Texte zum gewandelten Verständnis und zur Praxis der Seelsorge in der Neuzeit, München, 1985.
Wobbe, Theresa/ Lindemann, Gesa (Hg.), Denkachsen. Zur theoretischen und institutionellen Rede vom Geschlecht, Frankfurt am Main, 1994.

Adressen

Folgende Organisationen und Projekte möchten wir für die Arbeit mit interkulturellen, systemischen und feministischen Ansätzen der Seelsorge und Beratung empfehlen:

International Council on Pastoral Care and Counselling (ICPCC)
www.icpcc.net

European Council on Pastoral Care and Counselling (ECPCC)
www.ecpcc.info

Deutsche Gesellschaft für Pastoralpsychologie (DGfP)
www.pastoralpsychologie.de

Deutsche Gesellschaft für Systemische Therapie, Beratung und Familientherapie (DGSF),
Fachgruppe Systemische Seelsorge
www.dgsf.org

Society for Intercultural Pastoral Care and Counseling (SIPCC)
www.sipcc.org

American Associaton of Pastoral Counselors (AAPC)
www.aapc.org

Evangelische Hochschule Dresden
www.ehs-dresden.de

sofi - Sozialwissenschaftliches Fortbildungsinstitut - Zentrum für Forschung, Weiterbildung und Beratung an der ehs Dresden gGmbH
www.ehs-sofi.de
(bietet unter anderem zweijährige Weiterbildungen in Systemischer Beratung und Seelsorge an)

Vereinigung für Systemische Seelsorge und Beratung (versys)
www.versys-systemische-seelsorge.de
FrauenBildungsZentrum Dresden
www.frauenbildungszentrum-dresden.de

Interkulturelle FrauenNetzwerkUniversitas e.V.
www.frauenuni-dresden.de

Internationale Labyrinthkongresse
www.labyrinth-international.org

MatriaVal - Verein zur Unterstützung matriarchaler Gesellschaften und Vermittlung matriarchaler Werte
www.matriaval.de

Schlangenbrut – Zeitschrift für feministisch und religiös interessierte Frauen
www.schlangenbrut.de

Akademie Alma Mater
Feministisch - matriarchale Akademie für Kultur - Ethik - Religion - Spiritualität.
www.alma-mater-akademie.de

Julia Strecker
www.juliastrecker.de

Die Autorinnen

Ursula Riedel-Pfäfflin, Dr. theol., Professorin em. der Evangelischen Hochschule für Soziale Arbeit (ehs) Dresden, wo sie seit 1995 als Professorin für Gender Studies und Praktische Theologie wirkt. Sie hat u.a. an der Universität Kiel und acht Jahre in Chicago und Indianapolis gelehrt. Sie ist Pastoralpsychologin, Trainerin für Systemische Seelsorge und Lehrsupervisiorin der DGfP. Seit Jahrzehnten ist sie in der internationalen Seelsorgebewegung engagiert und war von 2004 bis 2007 Präsidentin des Weltverbandes für Seelsorge, ICPCC. Sie hat die Interkulturelle FrauenNetzwerkUniversitas e.V. Dresden gegründet und hat zwei Söhne, die in Berlin leben und arbeiten.

Julia Strecker, Dipl.-Theol., Pfarrerin in Köln und Therapeutin/Supervisorin in eigener Praxis. Wesentliche Impulse für dieses Buch erfuhr sie in ihrer dreijährigen Zeit als Sozialarbeiterin in einem Frauenprojekt in den USA, in ihrer vierjährigen Tätigkeit als Pastorin für Frauenberatung und Mädchenarbeit im Kirchenkreis Köln-Mitte und der jahrelangen Berufserfahrung als Seelsorgerin, Therapeutin, Trainerin und Supervisorin. Ihre Dissertation zum Thema »Rituale in systemischer Seelsorge und Beratung unter besonderer Berücksichtigung der Geschlechterdifferenz« wurde an der Universität Paderborn eingereicht und die Promotion abgeschlossen. Sie lebt mit ihrem Sohn Jacob in Köln.